江苏安全生产年鉴

2012~2013

JIANGSU WORK SAFETY YEARBOOK

江苏省安全生产监督管理局
江 苏 煤 矿 安 全 监 察 局 编

江苏凤凰美术出版社

图书在版编目（CIP）数据

江苏安全生产年鉴. 2012～2013 / 江苏省安全生产监督管理局，江苏煤矿安全监察局编. — 南京：江苏凤凰美术出版社, 2015.6

ISBN 978-7-5344-9382-9

Ⅰ.①江… Ⅱ.①江… ②江… Ⅲ.①安全生产—江苏省—2012～2013—年鉴 Ⅳ.①X931-54

中国版本图书馆CIP数据核字(2015)第130550号

责任编辑　王林军
装帧设计　谷菲菲
制　　作　江苏尚宇文化发展有限公司
责任校对　吕猛进
责任监印　吴蓉蓉

出版发行　凤凰出版传媒股份有限公司
　　　　　江苏凤凰美术出版社（南京市中央路165号　邮编：210009）
出版社网址　http://www.jsmscbs.com.cn
经　　销　凤凰出版传媒股份有限公司
印　　刷　南京艺中印务有限公司
开　　本　889mm×1194mm　1/16
印　　张　21.25
版　　次　2015年6月第1版　2015年6月第1次印刷
标准书号　ISBN 978-7-5344-9382-9
定　　价　220.00元

营销部电话　025-68155677　68155683　营销部地址　南京市中央路165号
江苏凤凰美术出版社图书凡印装错误可向承印厂调换

江苏省委书记罗志军检查指导安全生产工作。

江苏省省长李学勇会见国家安全监管总局局长杨栋梁。

2012年10月24日至25日，国家安全监管总局局长杨栋梁率调研组检查指导我省安全生产工作。

国家安全监管总局副局长杨元元检查指导我省安全生产工作。

时任国家安全监管总局副局长王德学检查指导我省安全生产工作。

国家安全监管总局副局长孙华山检查指导我省安全生产工作。

江苏省政府召开全省安全生产工作会议。

江苏省政府召开全省安全生产工作会议。

时任江苏省副省长、省安委会主任史和平代表省政府与各地签订年度目标责任书。

时任江苏省副省长、省安委会主任缪瑞林检查指导安全生产工作。

江苏省安监局、江苏煤监局党组书记、局长王向明检查安全生产工作。

时任江苏省安监局党组副书记、江苏煤监局副局长于宗立（左）检查安全生产工作。

江苏省安监局党组副书记、副局长赵利复（左二）检查安全生产工作。

江苏省安监局副局长陆贯一检查安全生产工作。

江苏省安监局党组成员、江苏煤监局巡视员刘振田检查安全生产工作。

江苏省安监局副局长喻鸿斌检查指导企业安全文化建设工作。

江苏省安监局党组成员、江苏煤监局总工程师徐林检查煤矿安全生产工作。

江苏省安监局副局长陈忠伟（右二）检查安全生产工作。

江苏省安监局副局长柏利忠检查安全生产工作。

江苏省安监局副巡视员赵启凤检查安全生产工作。

江苏煤监局副巡视员单昕光检查安全生产工作。

时任江苏省安监局党组成员、纪检组长梁杰指导安全生产工作。

各市安全生产工作掠影

◎ 时任南京市副市长罗群检查安全生产工作。

◎ 时任江苏省委常委、无锡市市委书记黄莉新检查安全生产工作。

◎ 徐州市市长朱民检查安全生产工作。

◎ 常州市市长费高云检查安全生产工作。

◎ 苏州市市长周乃翔检查安全生产工作。

◎ 南通市副市长黄爱军检查化工搬迁企业安全生产工作。

◎ 连云港市市委书记杨省世检查安全生产工作。

◎ 淮安市市委书记姚晓东检查安全生产工作。

◎ 时任盐城市市长魏国强检查安全生产工作。

◎ 扬州市市长朱民阳检查安全生产工作。

◎ 镇江市市长朱晓明检查安全生产工作。

◎ 泰州市副市长杨杰检查安全生产工作。

◎ 时任宿迁市市委书记蓝绍敏调研安全生产工作。

南京市

◎ 时任南京市副市长罗群检查安全生产工作。

◎ 2013年4月25日，南京市安监局局长张新年检查加油站安全生产工作。

◎ 2013年6月21日，“亚青青奥”南京都市圈安全生产合作联席会在南京召开。

无锡市

◎ 2013年6月17日，无锡市市长汪泉检查安全生产工作。

◎ 2012年6月20日，无锡市副市长曹佳中与市民一起观看全市安全生产宣传用语有奖作品。

◎ 2012年6月20日，无锡市安监局局长魏持红走进无锡新传媒与广大网友交流安全生产热点问题并解答相关咨询。

◎ 无锡市开展安全生产宣传用语有奖征集活动。

徐州市

◎ 2013年11月3日，徐州市安监局局长张继闯走进徐州电视台，参加电视行风热线特别节目“对话一把手”栏目专访。

◎ 2013年10月29日，徐州市安监局在徐州市新闻发布大厅举行安全生产工作新闻发布。

◎ 2013年6月28日，徐州市举行危险化学品安全生产事故应急演练。

常州市

◎ 2012年6月10日，常州市举行“安全生产月”咨询日活动。

◎ 2012年6月5日，常州市安监局局长宋明岗参加政风热线。

◎ 2013年8月15日，常州市举办职业卫生监管培训班。

◎ 2013年11月20日，常州市召开安全生产基层基础建设推进会。

苏州市

◎ 2012年9月12日，苏州市举办乡镇街道负责人安全生产培训班。

◎ 2012年6月10日，苏州市举行“安全生产月”现场咨询文艺演出活动。

◎ 2013年8月6日，苏州市安监局组织召开安全警示教育会议。

◎ 2012年4月18日，苏州市开展轨道交通列车火灾事故应急救援联合演习。

南通市

◎ 2012年8月24日，南通市人大听取全市安全生产工作情况汇报。

◎ 2013年12月17日，南通市政协专题听取全市安全生产工作情况汇报。

◎ 2013年10月17日，南通市开展石油化工企业石油库和油气装卸码头安全专项检查。

◎ 2012年6月21日，南通市人民政府举办氯气泄漏综合演练。

连云港市

◎ 2013年6月6日，连云港市市长赵晓江检查连云港新磷矿化有限责任公司安全生产工作。

◎ 2013年6月9日，连云港市委常委、市政府党组成员、市港口管理局局长吴以桥在新浦区华联广场出席全市“安全生产月”咨询周活动启动仪式。

◎ 2013年9月18日，连云港市副市长董春科带队检查连云港泰乐化工有限公司安全生产工作。

◎ 2012年7月10日，连云港市安监局局长王从金带队检查原锦屏磷矿尾矿库治理工程现场。

淮安市

◎ 2013年6月13日，淮安市市长曲福田检查安全生产工作。

◎ 2013年3月20日，淮安市召开集约化安全生产监管监察预警平台建设现场会。

◎ 2013年6月9日，淮安市开展安全生产宣传咨询活动。

◎ 2013年8月16日，淮安市举行全市乡镇长（街道办主任）安全生产培训班。

盐城市

◎ 2013年9月10日，盐城市政府召开全市安全生产大检查工作点评会。

◎ 2012年10月19日，盐城市安监局局长洪家宁检查企业安全生产工作。

◎ 2012年7月7日，盐城市安委会举行全市危化品事故应急救援综合演练。

◎ 2013年6月9日，盐城市组织开展安全生产宣传咨询日活动。

扬州市

◎ 2012年10月16日，扬州市安监局局长熊佳芝调研邗江区安全生产工作。

◎ 2013年6月9日，扬州市安监局举行执法服装配发仪式。

◎ 2012年6月10日，扬州市组织开展“安全生产月”宣传咨询日活动。

◎ 2013年6月20日，扬州市在江都区举行江苏油田石油罐区突发火灾重大涉险事故应急演练。

镇江市

◎ 2013年6月3日，镇江市副市长王常生参加“安全生产月”咨询活动。

◎ 2013年7月5日，镇江市举行危化品重大涉险事故应急演练。

◎ 2013年4月26日，镇江市召开安全生产工作季度点评会。

泰州市

◎ 2013年6月21日，泰州市安监局局长赵昶东带队检查安全生产工作。

◎ 2013年7月29日，泰州市政府召开全市深化化工企业专家安全检查工作推进会。

◎ 2012年5月30日，泰州市在靖江市新桥镇召开全市安全生产管理规范化示范乡镇（街道）现场会。

◎ 2013年7月9日，泰州市安监局举行安全生产新闻发布会。

宿迁市

◎ 2013年9月14日，宿迁市副市长曹秀明带队检查双节期间安全生产工作。

◎ 2013年11月27日，宿迁市安监局局长庄国波到泗洪县调研安全生产工作。

◎ 2013年6月22日，宿迁市举办安全文艺晚会。

◎ 2013年7月9日，宿迁市安监局工作人员参观警示基地。

《江苏安全生产年鉴》编纂委员会

《江苏安全生产年鉴》编辑部

序　言

安全生产事关经济发展、社会进步、人民幸福。去年底，习近平总书记在江苏视察时对安全生产工作作出重要指示，要求强化安全生产，加强安全生产监管，从源头上消除安全生产隐患。江苏安全监管监察系统坚持以习近平总书记重要指示精神为指导，以对党和人民高度负责的精神，完善制度、强化责任、加强管理、严格监管，把安全生产责任制落到实处，努力为全省经济社会发展创造良好的安全生产环境。

古人云：苟日新，日日新，又日新。《江苏安全生产年鉴》编撰工作自省安监局独立组建以来出了4本，始终秉持革故鼎新、与时俱进的理念，总结历次编撰工作的经验，不断充实、不断创新、不断提高，以客观、严密、全面为原则，正确把握安全发展规律，详实记录全省各地、各行业领域在建立健全安全生产责任体系、强化企业主体责任落实、加快安全监管改革创新、全面构建长效机制等各方面的信息和资料，成为各地、各部门、各单位之间相互学习、交流经验的重要平台，成为推广有效做法、优良成果的重要载体，成为促进安全发展、科学发展的强劲助力。

在大家共同努力下，《江苏安全生产年鉴2012～2013》顺利完成了编撰工作，这本年鉴紧紧围绕习近平总书记关于安全生产工作的系列重要讲话精神，认真贯彻党中央、国务院和省委、省政府关于安全生产工作的一系列决策部署，记录了江苏省2012−2013年度安全生产工作的动态、经验和成就，记载充分、内容详实、结构严谨、真实可信。

以史为鉴，可以知兴替。认识、适应、引领新常态，要始终坚持把解决发展过程中的安全问题作为重点，要始终坚持“安全第一、预防为主、综合治理”的方针，要进一步强化安全生产红线意识，以毫不手软的狠劲，久久为功的韧劲，加大安全生产治理力度，以改革为动力、以法治为保障，切实维护人民群众生命财产安全和公共财产安全，努力为建设经济强、百姓富、环境美、社会文明程度高的新江苏筑牢坚实的安全基础！

编辑说明

一、《江苏安全生产年鉴2012～2013》由江苏省安全生产监督管理局（江苏煤矿安全监察局）组织编纂、江苏省安全生产宣传教育中心具体负责编辑出版工作。旨在全面系统、准确翔实地记载2012～2013年江苏省安全生产方面的基本情况、工作经验和发展态势，具有重要的史料价值、实用价值。

二、《江苏安全生产年鉴2012～2013》采用分类法编辑，全书在保持特载、全省安全生产大事记、江苏省安全生产工作综述、直属单位安全生产工作、各行业安全生产工作、全省各市安全生产工作、附录等篇目和风格的基础上，着重对内容进行了条目式编录，尽可能反映出全省各地、各部门安全生产的特色、亮点工作。

三、《江苏安全生产年鉴2012～2013》的编纂出版，得到各级领导、各有关单位的大力支持和帮助。省各有关厅局、江苏省安全生产监督管理局各处室、各直属单位，各市各安全生产监督管理局提供了各方面数据资料。稿件撰写的认真和负责保证了编辑出版质量。在此向关心支持本书的各级领导，编纂人员和有关单位致以诚挚的感谢。

四、《江苏安全生产年鉴2012～2013》由于编纂时间仓促，编者水平有限，不足之处在所难免。在此，热忱欢迎各界人士提出改进意见，不断提高年鉴的编纂质量。

目　录

特载

罗志军书记关于安全生产工作的批示 …………（3）
李学勇省长关于安全生产工作的批示 …………（3）
罗志军书记关于安全生产工作的批示 …………（4）
李学勇省长关于安全生产工作的批示 …………（4）
罗志军书记关于安全生产工作的批示 …………（5）
李学勇省长关于安全生产工作的批示 …………（5）
在全省安全生产工作会议上的讲话 ………… 史和平（6）
在全省安全生产工作会议上的讲话 ………… 史和平（10）

2012～2013年全省安全生产大事记

2012年全省安全生产大事记 …………（17）
2013年全省安全生产大事记 …………（25）

江苏省安全生产重点工作综述

安全生产培训 …………（35）
安全生产政策法规 …………（37）
安全生产规划科技 …………（40）
危险化学品安全监管 …………（41）
非煤矿山及冶金等工贸行业安全生产 …………（45）
安全生产综合监管 …………（47）
职业卫生监管工作 …………（50）
安全生产统计和应急救援 …………（52）
煤矿安全监察 …………（54）
安全技术装备保障 …………（55）
安全生产执法监察 …………（56）

直属单位安全生产工作

徐州煤矿安全监察分局 …… (59)
江苏省安全生产科学研究院 …… (61)
江苏省安全生产宣传教育中心 …… (63)
徐州机电工程高等职业学校 …… (64)
徐州机电高级技工学校 …… (66)
扬州生活科技学校 …… (67)

各行业安全生产工作

道路交通 …… (71)
消防 …… (74)
特种设备 …… (77)
民航 …… (79)
铁路 …… (82)
电力 …… (83)
工会劳动保护 …… (84)

全省各市安全生产工作

南京市 …… (91)
无锡市 …… (98)
徐州市 …… (103)
常州市 …… (106)
苏州市 …… (111)
南通市 …… (115)
连云港市 …… (122)
淮安市 …… (128)
盐城市 …… (135)
扬州市 …… (140)
镇江市 …… (146)
泰州市 …… (149)
宿迁市 …… (155)

附录

2012～2013年新颁布、修订的安全生产法律、法规、规章制度及相关标准

目　录

铁路安全管理条例 …………………………………………………………………（161）
突发事件应急预案管理办法 ………………………………………………………（171）
关于建立中小学校舍安全保障长效机制的意见 …………………………………（175）
危险化学品输送管道安全管理规定 ………………………………………………（177）
安全生产培训管理办法 ……………………………………………………………（181）
危险化学品建设项目安全监督管理办法 …………………………………………（186）
煤层气地面开采安全规程（试行）………………………………………………（194）
工作场所职业卫生监督管理规定 …………………………………………………（210）
职业病危害项目申报办法 …………………………………………………………（218）
用人单位职业健康监护监督管理办法 ……………………………………………（219）
职业卫生技术服务机构监督管理暂行办法 ………………………………………（223）
建设项目职业卫生“三同时”监督管理暂行办法 ………………………………（229）
煤矿安全培训规定 …………………………………………………………………（235）
危险化学品登记管理办法 …………………………………………………………（240）
烟花爆竹生产企业安全生产许可证实施办法 ……………………………………（244）
危险化学品经营许可证管理办法 …………………………………………………（250）
安全生产监管监察部门信息公开办法 ……………………………………………（256）
危险化学品安全使用许可证实施办法 ……………………………………………（260）
煤矿矿长保护矿工生命安全七条规定 ……………………………………………（266）
工贸企业有限空间作业安全管理与监督暂行规定 ………………………………（267）
化学品物理危险性鉴定与分类管理办法 …………………………………………（270）
烟花爆竹企业保障生产安全十条规定 ……………………………………………（273）
非煤矿山外包工程安全管理暂行办法 ……………………………………………（273）
国家安全监管总局关于修改《生产经营单位安全培训规定》等11件规章
　　的决定 ………………………………………………………………………（278）
化工（危险化学品）企业保障生产安全十条规定 ………………………………（280）
烟花爆竹经营许可实施办法 ………………………………………………………（284）
省政府关于坚持科学发展全面提升全省安全发展水平的意见 …………………（289）
省政府关于加强道路交通安全工作的实施意见 …………………………………（294）

特载

JIANGSU ANQUAN SHENGCHAN NIANJIAN

2013年6月8日，罗志军书记、李学勇省长分别就贯彻落实习近平总书记、李克强总理关于安全生产工作的重要批示精神，进一步加强安全生产工作作出批示。

罗志军书记关于安全生产工作的批示

习近平总书记关于“人命关天，发展决不能以牺牲人的生命为代价”的批示，非常及时，十分重要，对于我们坚持以人为本、执政为民，特别是做好当前安全生产工作、切实维护人民群众生命财产安全，具有很强的针对性和指导性。各地、各部门、各单位要认真贯彻落实习近平总书记、李克强总理、张高丽副总理等中央领导同志对安全生产工作的重要批示精神，始终把人民生命安全放在首位，严字当头、完善制度，强化责任、严格监管，全面排查安全隐患，堵塞事故漏洞，突出抓好重点行业、重点领域，深化“打非治违”专项行动，切实防范重特大事故发生，确保全省安全生产形势持续稳定。

2013年6月8日

李学勇省长关于安全生产工作的批示

全省各地、各部门、各单位要认真贯彻落实习近平总书记、李克强总理关于安全生产工作的重要批示精神，牢固树立“以人为本、生命至上、安全第一”的理念，切实把人民生命安全摆在首要位置。要按照国务院常务会议和全国安全生产电视电话会议的工作部署，迅速开展一次全面系统的安全生产大检查，及时消除各类安全隐患，坚决杜绝重特大安全事故的发生。各级领导干部要高度重视，把安全生产责任层层落实到一线、落实到基层、落实到每个岗位、落实到每个干部职工，加强安全监管，健全长效机制，推动安全生产形势持续稳定好转，为全省经济社会又好又快发展和人民群众安居乐业营造良好的安全环境。

2013年6月9日

罗志军书记关于安全生产工作的批示

过去五年，各地、各部门、各单位认真贯彻省委、省政府决策部署，强化领导责任，深化依法治理，夯实安全基础，健全长效制度，安全生产形势持续稳定好转，为全省经济社会持续健康发展提供了有力的安全保障。新的一年里，希望全省上下大力实施安全发展战略，居安思危、警钟长鸣、强化责任，继续突出抓好重点行业领域安全监管，深入开展“打非治违”专项行动，不断完善安全生产法规政策体系，扎实推进安全科技保障和基层基础建设，坚决杜绝重特大安全事故的发生，努力推动全省安全生产工作再上新台阶，为江苏开创科学发展新局面营造良好环境。

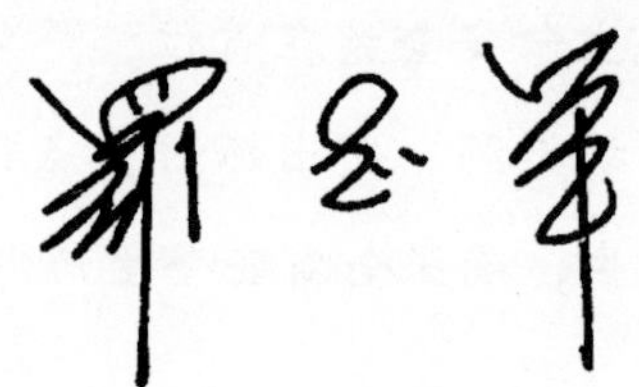

2013年1月24日

李学勇省长关于安全生产工作的批示

2012年，全省安全生产战线奋勇拼搏、扎实工作，圆满完成了安全生产年度目标任务，连续11年生产安全事故和死亡人数“双下降”，连续11年杜绝了特别重大生产安全事故。2013年，希望各地、各部门、各单位坚持科学发展安全发展，将安全生产纳入经济社会发展全局统一规划、统一部署、统一推进；落实企业主体责任、政府和部门监管责任、属地管理责任，形成纵向到底、横向到边、不留死角的安全生产责任体系；深入开展重点行业领域安全专项整治，严厉打击非法违法生产经营行为，在预防和治本上下更大功夫；强化公共安全体系和企业安全生产基础建设，坚决遏制重特大安全事故的发生，推动全省安全生产形势持续稳定好转，为加快推进“两个率先”提供有力的安全保障。

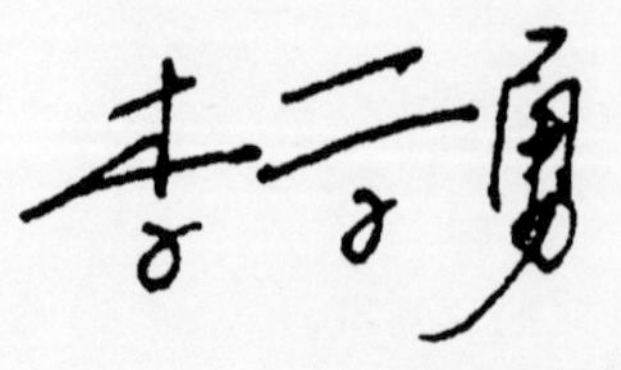

2013年1月26日

罗志军书记关于安全生产工作的批示

安全生产事关人民群众生命财产安全，事关经济发展和社会稳定全局。过去一年，各地、各部门、各单位按照省委、省政府的部署要求，强化领导责任，落实防范措施，加强安全监管，安全生产形势持续稳定好转，安全事故起数和死亡人数连续十年实现“双下降”，为全省实现“十二五”良好开局创造了安全稳定的社会环境。安全生产必须警钟长鸣，不能有丝毫的麻痹和懈怠，希望各地、各部门、各单位在新的一年里要进一步牢固树立安全发展理念，从制度化、规范化、长效化入手，夯实安全生产基层基础，深化安全隐患排查治理，加强安全监管工作，推动全省安全生产状况实现根本好转，为在新起点上开创江苏科学发展新局面作出新的更大贡献。

2012年1月13日

李学勇省长关于安全生产工作的批示

2011年，全省安全生产战线深入贯彻省委、省政府安全生产工作部署，圆满完成了安全生产各项目标任务，安全事故和死亡人数连续十年实现“双下降”，为实现全省“十二五”良好开局作出了积极贡献。2012年，希望全省安全生产战线坚持统筹兼顾、协调发展，正确处理好安全生产与经济发展的关系，促进区域和行业领域科学、安全、可持续发展；坚持安全第一、预防为主、综合治理方针，健全安全生产制度体系，严格安全生产执法，推动安全生产工作规范、有序、高效开展；坚持强化责任落实，全面落实企业主体责任和政府安全监管责任，强化安全投入、技术标准、教育培训、应急救援保障，强化安全监管，不断提升安全监管监察水平，为江苏建设更高水平小康社会、全面开启基本实现现代化的新征程提供有力的安全保障。

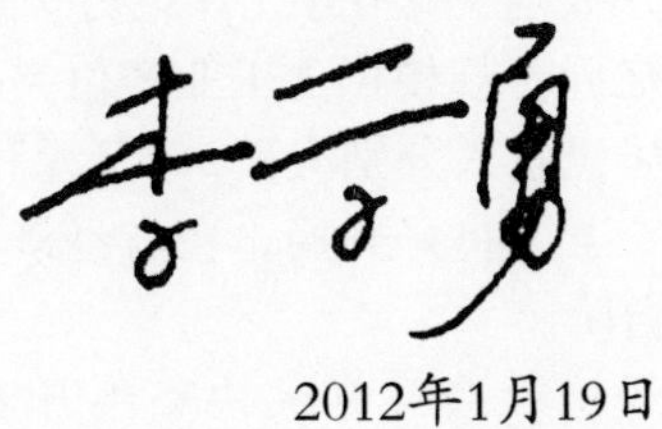

2012年1月19日

在全省安全生产工作会议上的讲话

史和平

（2012年1月19日）

同志们：

这次全省安全生产工作会议的主要任务是，贯彻落实《国务院关于坚持科学发展安全发展促进安全生产形势持续稳定好转的意见》以及全国安全生产电视电话会议、全省经济工作会议精神，总结2011年工作，分析面临形势，部署2012年任务，动员全省安全生产战线进一步统一思想、落实责任、强化措施、完善制度，坚决遏制重特大事故的发生，推动全省安全生产形势持续稳定好转，以优异成绩迎接党的十八大胜利召开。罗志军书记、李学勇省长对这次会议非常重视，专门作了批示，各地、各部门、各单位要深刻学习领会，认真贯彻落实。刚才，向明同志代表省安委办通报了2011年全省安全生产情况和2012年主要工作安排；省公安厅、住房城乡建设厅，苏州市、连云港市、南京市江宁区、海门市政府的负责同志分别作了发言，他们讲得都很好。会上，省政府与各市政府签订了2012年安全生产目标管理责任书；省安委会向省有关部门和单位下达了2012年安全生产目标管理任务书。希望大家结合实际，认真抓好落实，确保完成全年目标任务。下面，我讲几点意见。

一、齐心协力，全省安全生产工作实现了“十二五”良好开局

刚刚过去的2011年，面对国际宏观环境新变化和国内经济运行新情况，全省上下坚决贯彻落实党中央、国务院和省委、省政府的决策部署，紧扣科学发展主题和转变经济发展方式主线，全力做好稳增长、转方式、抓创新、控物价、惠民生、促和谐各项工作，巩固和发展了科学发展的好势头、和谐稳定的好局面。预计去年全省地区生产总值增长11%左右，总量超过4.8万亿元，人均突破6万元；地方一般预算收入突破5000亿元，规模以上工业产值突破10.7万亿元；城乡居民收入分别突破2.5万元和1万元，实现了“十二五”良好开局，全省经济社会发展跨上了新的台阶。

经济社会又好又快离不开安全生产的有力保障和支撑。省委、省政府高度重视安全生产工作，罗志军书记、李学勇省长多次对安全生产工作作出重要指示，省第十二次党代会、全省经济工作会议等重要会议都对安全生产工作提出了明确要求，省委常委会、省政府常务会议定期研究部署安全生产工作。省政府制定实施了省“十二五”安全生产规划、推行高危行业安全生产责任保险等政策文件，先后39次召开专题会议，组织开展检查督查，有力地促进了全省安全生产形势稳定好转。各地、各部门、各单位认真贯彻落实省委、省政府的决策部署，继续深入开展“安全生产年”活动，狠抓安全生产责任和措施的落实，各项工作取得了积极进展。经过全省上下共同努力，2011年全省安全生产形势继续保持总体稳定态势，安全生产工作取得了四个方面的显著成效：一是事故总量明显下降。全省共发生各类生产安全事故18708起、死亡5520人，同比分别减少851起、163人，下降4.35%和2.87%，事故起数和死亡人数已连续10年实现“双下降”。二是较大事故明显下降。全省共发生较大事故45起，死亡203人，同比分别减少17起和40人，下降27.42%和16.46%，较大事故起数占国家下达控制指标的76.92%。三是大多数地区和行业领域安全生产形势明显好转。道路交通、铁路交通、煤矿、危险化学品、特种设备、烟花爆竹、农业机械等行业领域安全生产形势总体平稳，民航飞行继续保持安全零事故纪录；大多数地区以及主要节假日、“两会”期间安全生产形势保持平稳。四是安全发展水平明显提高。亿元GDP事故死亡率、煤炭百万吨死亡率、工矿商贸10万从业人员死亡率、道路交通万车死亡率等四项反映安全发展水平的主要相对指标均未突破国家下达的控制目标，部分指标处于全国领先地位。主要做法是：

（一）坚持治理隐患、预防事故，大力推进重点行业领域隐患排查治理。各地按照省委、省政府的统一部署，深入组织开展交通运输、建筑施工、工业、消防、矿山等行业领域安全生产大

检查，全面系统排查安全隐患，层层挂牌督办整治重大隐患。深入开展“清剿火患”战役、“三超一疲劳”、道路上跨铁路桥梁安全等专项整治，积极推进区域联防联控和综合治理。对水患严重无法根治的徐州东部矿区6对矿井实施了整体关闭，妥善安置职工8500多人。全省所有27家烟花爆竹生产企业全部关闭退出。全省共排查出安全隐患632325条，已整改579386条，整改率达91.63%

（二）坚持依法治安、重典治乱，严厉打击非法违法生产经营建设行为。健全“打非”工作责任体系，确保“打非”责任落实到县乡政府，关闭措施落实到生产现场，惩处手段落实到实际控制人。完善联合执法、跟踪查处机制，按照“四个一律”的要求，对无证无照或证照不全、关闭取缔后擅自恢复生产、拒不执行停产整顿指令等典型非法违法行为，依法加大打击力度，对规范经济秩序、有效预防事故发挥了重要作用。今年仅各级安监部门就检查生产经营单位47万多个，使用各类执法文书9.3万余份，责令停产停业生产经营单位1454家。

（三）坚持完善制度、夯实基础，不断提高企业和全社会的本质安全水平。稳步推进企业安全生产标准化工作，去年底全省所有煤矿企业均按时达标。进一步健全高危行业企业安全生产费用提取使用、主要负责人风险抵押金和责任保险制度，引导企业加大安全投入。从2012年开始，省政府首次整合设立5000万元安全生产专项资金，各市也普遍设立了1000万—2000万元专项资金，用于安全生产教育培训、应急救援、专项补助等。道路交通“3.20”监控系统、城市“地下管网数字化工程”、安全生产“金安”信息化工程建设步伐加快。修订完善了多个行业领域安全生产应急预案，加强了应急联动机制和实训演练，与国家安监总局成功举办南京市化工园区重大化工事故应急演练。

（四）坚持注重教育、深化宣传，不断提高各类人员的安全意识和应急防范本领。大力开展领导干部安全意识教育，省委组织部与省安监局首次联合举办了全省县（市、区）政府分管领导参加的安全生产专题研究班。一年来，全省共培训企业负责人、安全管理人员和特种作业人员58.32万人次、监管执法人员1621人。深入开展“安康杯”竞赛以及“平安畅通县区”、“平安渔业”、“安全文化示范企业”、“安全社区”创建活动，着力培育富有江苏特色的安全文化。

（五）坚持严格责任、严肃法纪，切实加大事故查处和责任追究力度。按照“四不放过”和科学严谨、依法依规、实事求是、注重实效的原则，严肃查处每一起事故，严厉追究相关责任人，起到了良好的教育警示作用。省政府负责查处的3起重大事故，已结案2起，9人被追究刑事责任，20人受到党纪政纪处分；省安委办挂牌督办的20起较大事故，已结案15起。严格安全生产年度目标考核责任制，对今年辖区内发生重大事故的市实行“一票否决”，对主管行业领域内发生重大事故的省级部门考核成绩降低一个等次。

这些成绩的取得，是省委、省政府高度重视、正确领导的结果，是各地、各部门、各单位团结拼搏、共同奋斗的结果，也是全省安全生产战线牢记使命、攻坚克难的结果。这充分表明，只要全省上下坚决贯彻中央和省委、省政府的决策部署，真正重视和加强安全生产工作，做到坚持不懈、从严过细、扎实深入，就一定能够实现安全生产形势持续稳定好转。借此机会，我代表省政府和省安委会向大家表示衷心的感谢和崇高的敬意！

二、认清形势，进一步增强做好新时期安全生产工作的责任感、紧迫感

在肯定成绩的同时，我们必须清醒地认识到，当前我省各类生产安全事故总量仍然偏大，重大事故时有发生，职业病防治形势不容乐观，安全生产形势依然严峻、任务依然艰巨。去年仍发生了无锡市惠山区“6·19”房屋坍塌、南钢集团“10·5”铁水外溢、徐州市丰县“12·12”校车安全等3起重大事故，虽然未突破国家下达的控制指标，但造成了重大人员伤亡和财产损失，在全国范围内也造成了一定负面影响。此外，去年最后两个月南通连续2艘渔船先后在上海海域发生安全事故，分别造成10人和11人失踪。这些都充分暴露出我省安全生产中依然存在不少突出问题，主要表现在以下几个方面：

一是安全发展理念仍不牢固。一些地方和行业领域经济发展与安全生产不协调，没有正确处理好安全与速度、质量、效益的关系，没有做到发展以安全为前提和基础，盲目上项目、抢速度、赶工期，抓安全生产失之于宽、失之于软。特别是当前经济发展面临的环境趋于复杂严峻，企业经营困难加剧，安全生产工作压力也将随之加大，这方面的矛盾必将更加突出。

*二是“打非”行动成效仍不明显。*尽管近年来我们不断加大打击非法违法行为力度，安全生产法制秩序有所好转，但少数地方“打非”管理监督不严格、联合执法不得力，执法整顿所受到的制约因素多，尚未形成对非法违法行为的强大威慑力。由此导致的事故比例仍居高位，造成的较大以上事故占50%以上，去年发生的3起重大事故中均不同程度地存在非法违法行为。

*三是安全隐患治理仍不彻底。*交通运输、人员密集场所等公共安全领域以及煤矿、危险化学品等高危行业安全隐患大量存在。不少企业包括大型企业内部安全管理不规范、制度落实不严格，习惯按照老思路、老经验组织生产，存在诸多安全风险。各地虽然多次开展安全检查，发现了不少隐患和问题，但后续治理措施跟不上，一些重大隐患长期得不到有效治理。

*四是事故责任落实仍不到位。*国家和省对重特大事故的处理是严肃到位的，也起到了很好的警示作用，但各市、县对较大以下事故的责任追究还不到位，有的责任追究层次偏低、处罚力度偏弱，一定程度上放松了安全生产责任要求。此外，少数行业领域主管部门之间的安全监管职责尚未完全理顺，影响了安全监管责任的层层落实。

*五是安全生产基础仍不扎实。*我省中小企业面广量大，外来务工人员数量众多，仅靠严防死守的传统方式难以实现有效监管。一些地方和行业领域应急预案和应急机制不健全，遇到重大险情应急处置不当，导致事故升级。全省自主申报职业危害的企业数虽居全国前列，但总量仍然不大，职业病的前期预防、职业病患者的诊治与保障工作需要进一步加大力度。

安全生产必须如履薄冰、警钟长鸣。特别是我省目前正处于工业化、城镇化快速发展的进程中，仍处在生产安全事故易发多发的特殊时期，更不能有丝毫的麻痹和懈怠。随着经济发展和社会进步，人民群众对安全生产工作的要求越来越高，对安全生产状况的关注也越来越高。我们要准确把握江苏经济社会发展的新要求，准确把握当前安全生产工作的新规律，准确把握全社会和广大职工对保障安全健康权益的新期待，进一步增强责任感、紧迫感和使命感，采取更加坚决的措施，推动全省安全生产形势继续稳定好转。

三、明确目标，扎实做好2012年安全生产各项工作

2012年是党的十八大召开的喜庆之年，也是全面实施“十二五”规划目标任务的重要一年。做好今年的安全生产工作，对于巩固全省经济社会发展的好势头、以优异成绩迎接党的十八大胜利召开，具有特殊重要的意义。2012年安全生产工作的总体要求是：以科学发展安全发展为总要求，以贯彻落实国发〔2011〕40号文件为主线，以扎实开展“安全生产年”为载体，以筑牢安全生产责任网、监督网、保障网为主要措施，以“双降”、“双控”、“一杜绝”（事故起数和死亡人数双下降、较大事故和重大事故数量双控制、杜绝特大事故）为工作目标，从制度化、长效化、规范化工作入手，把各项责任和措施落实到位，促进全省安全生产形势持续稳定好转，以安全生产的新成效迎接党的十八大胜利召开。

工作重点，概括起来就是“突出一个核心、狠抓两个关键、强化三个保障”：

*（一）以落实责任为核心，完善安全生产责任体系。*责任是安全生产的灵魂。要充分运用责任手段，调动各方力量和资源共同加强安全生产，明确和落实各级责任，防止安全生产责任层层衰减现象；严格“一岗双责”制度，使所有部门、单位和从业人员在履行岗位职责的同时，承担相应的安全生产责任。一要突出企业主体责任。落实企业法定代表人、实际控制人安全生产第一责任人的责任，督促其严格遵守安全生产法律法规和规章制度，加大安全投入，加强职工培训，切实做到不安全不生产。二要突出政府监管责任。各级政府和有关部门要坚持“守土有责”和“管生产必须管安全”，落实属地责任和行业管理责任，防止失控漏管。今年要重点研究工业、交通运输等有多个主管部门的行业领域安全监管职责分工问题，进一步理顺部门协调机制，完善齐抓共管的工作格局。三要突出职工行为主体责任。全面推行“1+3”安全监控工作体系和先进工作法，督促职工自觉接受安全生产教育，遵守安全操作规程，提高安全防范意识和应急自救本领。

*（二）以隐患整改为关键，健全安全风险预防机制。*要牢固树立“隐患就是事故”的预防理念，着力构建隐患排查治理长效机制。以长途客

车、危险化学品运输车、校车为重点，完善技术标准和监管措施，加强重点路段安全防护设施，严厉整治超速、超载、超限以及酒后驾车、疲劳驾驶等交通违法违规行为。今年上半年，要结合贯彻《校车安全条例》，研究建立符合我省实际的校车安全管理体系。针对我省沿海沿江开发深入推进、水上安全风险持续提升的新形势，及时加强水上安全监管力量。以安全环保为标准，开展全省第三轮化工生产企业专项整治，推动企业加快“入园进区”。加强施工作业现场监管，提高施工人员安全防范意识，严厉打击工程招投标、转包、分包等过程中的违法行为。抓好煤矿瓦斯、水害、煤尘、地热、冲击地压等各类事故防治，确保我省煤矿生产安全。严格落实渔船出海编组作业、通讯装备配备、自救互救等制度，杜绝重特大渔业安全事故。各有关主管部门要继续抓好消防、铁路交通、冶金、民爆物品等安全专项整治，确保行业领域安全生产形势平稳。

*（三）以依法治安为关键，提高安全生产规范化水平。*依法治安，就是要用制度保障安全生产，制度不仅要建立到位，更要执行到位、落实到位。今年着力抓好三个方面：一是出台国发〔2011〕40号文件贯彻意见。国务院文件提出了高危行业建设项目安全许可前置审批、职业危害防护设施“三同时”、安全生产失信惩戒等新制度。请省安委办结合我省实际，抓紧研究制定贯彻意见报省政府下发。各地也要根据国务院和省政府贯彻意见，制定相应实施办法并抓好落实。二是继续深入开展“打非”专项行动。加强地方、部门、区域间的日常执法、重点执法和跟踪执法，依法强化停产整顿、关闭取缔、从重处罚和厉行问责的“四个一律”措施，切实维护政府的公信力和法律的严肃性。三要积极贯彻新修订的《职业病防治法》。县级层面要加快理顺职业病防治职责，形成责权一致、运转有效的职业卫生监管体系。同时，要统筹抓好企业职业危害申报、职业危害监测检测、职业病患者治疗等各项工作，争取我省职业病防治工作走在全国前列。

*（四）以科技支撑为保障，增强安全保障能力。*要依托江苏科教大省的优势，坚持以企业为主体、以市场为导向、产学研用相结合，加快研发和推广先进适用的安全科技成果，建立与工业化、信息化融合发展要求相适应的安全科技支撑体系。强化政策的引导和带动作用，认真落实安全费用提取使用、安全技术改造、安全产品所得税优惠、自主创新装备增值税即征即返等经济政策，进一步加大安全专项投入。2012年年底前，我省所有煤矿要争取在全国率先建成井下安全避险“六大系统”。以公安、交通运输现有监控资源为基础，加快建设全省高速公路信息综合管控平台。以大型客车、危险化学品运输车、渔业船舶等移动危险源为重点，加强GPS系统的运用和管理，统一接入标准，实现联网联控。突出抓好化学工业园区等固定危险源集中区域的安全监控，提高事故预防预警、综合防治、执法监管、应急处置等智能化水平。

*（五）以应急处置为保障，提升事故救援水平。*从近年来全国和我省的实际情况看，及时高效的应急救援，对于减少事故损失、防止事故升级起到了重要作用。要搞好企业预案与地方政府、行业部门和相关专业机构预案之间的衔接，提高预案的严谨性、针对性和操作性。要坚持“平战结合、常备不懈”，经常性地开展应急演练，不断提高事故应急响应和善后处置水平。扎实推进省级和13个市级政府综合应急救援平台建设，加快建设道路交通等7个省级安全生产专业应急救援综合基地。大型企业特别是化工、煤矿等高危企业都必须建立应急救援队伍，配备必需的应急救援器材，确保能够及时开展应急救援。要重视突发事件新闻发布工作，事故发生后要第一时间及时、准确、连续发布消息，主动引导舆论。特别需要强调的是，各市、县要严格执行事故信息报告规定，及时、准确向上报告事故信息，坚决杜绝漏报、谎报、瞒报。对于因信息报告不及时造成严重后果的，要严肃追究相关单位和责任人的责任，并在全省范围内通报。

*（六）以基层基础为保障，推动安全生产状况不断改善。*一要进一步推进企业安全生产标准化。对一级企业抓巩固、二级企业抓提升、三级企业抓改进、不达标企业抓整改，经限期整改仍不达标的要责令关闭退出，促进企业安全条件明显改善、管理水平明显提高。2012年年底前，全省交通运输、危险化学品企业要全面实现达标。二要进一步深化安全生产宣传教育。完善安全培训体系，提高全员培训、技能培训、重点岗位培训质量和水平。深入开展以“科学发展、安全发展”为主题的第4个“安全生产年”活动和我省第19个“安全生产月”系列活动，积极开展“安

康杯”竞赛以及“安全发展城市”、“安全校园”等创建活动。三要进一步加强安全监管监察队伍建设。坚持关口前移、重心下移，完善省、市、县、乡四级监管网络，探索加强县、乡两级安全监管力量，建设一支作风扎实、业务精通、严格执法、廉洁奉公的安监队伍。

最后，我要特别强调做好春运、春节和全国、全省“两会”期间的安全生产工作。各地、各部门、各单位要按照罗志军书记、李学勇省长批示要求，深入组织开展安全生产大检查，及时消除安全隐患，坚决杜绝重特大事故的发生。节日期间正常生产经营的企业要严格岗位安全生产责任制和各项安全防范措施，节日停产放假和节后恢复生产都要制订并严格落实安全保障措施，严防放松警惕导致事故发生。要加强对人员密集场所、文化娱乐场所和大型集会活动的安全管理，严格落实烟花爆竹经营、燃放等各环节的监管措施，坚决杜绝火灾、踩踏等群死群伤事故。公路、铁路、民航、水运等部门要切实抓好春运期间安全生产工作，保畅通、保供应、保安全、保稳定，针对可能出现的雨雪冰冻天气加强值班值守，确保人民群众过一个安康、幸福、和谐、欢乐的节日。

同志们，安全生产责任重于泰山。全省上下要以对党的事业和人民群众生命财产安全高度负责的精神，牢固树立科学发展、安全发展理念，坚定信心、迎难而上，狠抓落实、发奋工作，促进安全生产形势持续稳定好转，为全省全面建设更高水平小康社会、开启基本实现现代化新征程作出新的更大贡献，以优异成绩向党的十八大献礼！

还有三天就是春节了，借此机会，向同志们拜个早年，祝大家新年愉快、身体健康、阖家幸福、万事如意！

在全省安全生产工作会议上的讲话

史和平

(2013年1月28日)

同志们：

这次全省安全生产工作会议的主要任务是，贯彻全国安全生产电视电话会议、全省经济工作会议精神，总结回顾五年来特别是2012年安全生产工作，深入分析面临的形势任务，部署安排今年的重点工作。罗志军书记、李学勇省长对这次会议十分重视，专门作出批示，各地、各部门、各单位要认真学习贯彻。刚才，向明同志代表省作了情况通报；省公安厅、泰州市政府、昆山市安监局负责同志分别作了交流发言；省政府与各市政府签订了2013年安全生产目标管理责任书；省向省有关部门和单位下达了2013年安全生产目标管理任务书。希望大家认真抓好落实，确保完成今年安全生产年度目标任务。下面，我讲三点意见：

一、充分肯定五年来全省安全生产工作取得的成绩

过去五年，省委、省政府高度重视安全生产工作，认真贯彻落实党中央、国务院关于安全发展的各项决策部署，始终把安全生产作为落实科学发展观的重要内容摆在突出位置，省委常委会、省政府常务会议定期听取安全生产工作汇报，着力解决制约全省安全生产的突出问题和深层次矛盾，筑牢安全生产责任网、监督网、保障网，夯实了安全生产工作的根基。各地、各部门、各单位认真贯彻省委、省政府工作部署，强化安全生产管理和监督，狠抓安全生产各项责任和措施的落实，推动了全省安全生产形势持续稳定好转。

（一）重点行业安全整治进一步加强。突出抓好道路交通、煤矿、危化品、建筑施工、海洋渔业、消防等重点行业领域，积极推进重大隐患治理整顿。对存在重大突水隐患的徐州东部矿区6对煤矿实施了整体关闭，稳妥分流煤矿职工8500余人，从源头上消除了这个矿区的安全隐患。引导全省所有烟花爆竹生产企业关闭退出江苏市场，彻底根治了烟花爆竹生产事故。全面开展交通安全生命保障工程，从严整治超速超员、

超载超限和酒后、疲劳驾驶等交通违法行为。特别是去年8—10月，根据省委、省政府“四项排查”要求，全省各地、各行业领域开展了拉网式安全隐患排查治理，共发现安全隐患25.2万条，整改23.5万条，整改率达93.12%，全省生产安全事故显著减少，为党的十八大胜利召开营造了良好环境。

（二）“打非治违”专项行动进一步深化。按照国务院安委会统一部署，对所有重点行业领域的所有非法违法行为，严格落实停产整顿、关闭取缔、从重处罚、厉行问责“四个一律”打击治理措施，切实维护安全生产法制秩序。针对江苏沿海渔业安全事故一度多发的严峻形势，深入开展以整顿海洋涉渔“三无”船舶为重点的海洋渔业安全生产专项整治，并健全了长效管理制度，海洋渔业安全生产形势明显好转。2012年，全省共打击各类非法违法生产经营行为33.8万起，实施行政处罚1.3亿多元，有力地遏制了非法违法生产经营行为多发势头。

（三）安全生产责任体系进一步健全。建立健全了“属地管理”和“一岗双责”的安全生产责任体系，严格安全生产年度目标考核责任制，对辖区内发生重大事故的市实行“一票否决”，对主管行业领域内发生重大事故的省级部门考核成绩降低1—2个等次。建立了省级查处重大、市级查处较大、县(区)级查处一般事故的事故调查处理机制，按照“四不放过”原则严肃查处每一起事故，充分发挥了事故查处问责的教育警示作用。五年来，省政府共查处重大事故10起，27人被追究刑事责任，48人受到党纪政纪处分。2011年较大事故挂牌督办制度实施以来，省安委办共督办较大事故43起，59人被追究刑事责任，160人受到党纪政纪处分，62人受到行政处罚。

（四）安全生产基层基础进一步夯实。省政府出台了《关于进一步加强企业安全生产工作的意见》、《关于坚持科学发展全面提升全省安全发展水平的意见》等一系列重要文件，颁布实施了“十二五”安全生产规划，制定完善了煤矿企业负责人风险抵押金、安全费用足额提取使用、企业安全生产责任保险、安全控制指标考核激励等数十项政策性制度。2012年，省政府设立了5000万元安全生产专项资金，13个省辖市也都设立了500万—1000万元以上的专项资金，带动社会安全投入6亿多元。稳步推进企业安全生产标准化达标工作，截至去年年底，全省安全生产标准化达标企业已达13575家，位居全国前列。目前，全省92%的县(市、区)建立了安全生产监察大队，全省所有乡镇(街道)都建立了安全生产监管机构，切实做到了安全生产工作有部门负责、有人员负责。

（五）社会安全发展意识进一步提高。高度重视各类重点群体的安全培训。省安委会为全省所有县(市、区)政府新上任分管负责人举办了安全生产专题培训班。2012年，建成省和各市安全生产培训考试考核中心，培训党政领导干部、企业主要负责人和安全管理人员24.5万余人，生产经营单位特种作业人员267万余人。加强企业和全社会安全文化建设，深入开展“安康杯”竞赛、“安全生产月”等主题活动，以及“平安畅通县区”、“安全文化示范企业”、“安全社区”等创建活动，引导广大职工群众将安全意识内化于心、外化于行，形成了有利于安全生产的浓厚社会氛围。淮安市总结的“1+3”安全监控工作体系在全国得到推广。

5年来，经过全省上下的共同努力，全省安全生产工作取得了可喜的成绩，主要表现为“三下降、一提升”：一是事故总量明显下降。全省各类事故起数和死亡人数分别下降31.94%和19.46%，已连续11年实现“双下降”，事故死亡人数从2007年的6644人降至2012年的5351人。二是较大以上事故明显下降。较大事故起数和死亡人数分别下降46.99%和55.71%，重大事故每年发生2起左右，2012年只发生1起。全省已连续11年杜绝特别重大事故。三是主要相对指标明显下降。亿元GDP事故死亡率、工矿商贸10万就业人员事故死亡率、道路交通万车死亡率、煤矿百万吨死亡率，分别下降61.99%、19.68%、35.02%、60.82%，每年都较好地完成了国家下达的控制指标。四是安全生产整体水平明显提升。无锡、常州、苏州、南通、连云港、镇江、宿迁等市事故死亡人数下降幅度超过20%以上；南京、无锡、常州、连云港、盐城、扬州、镇江、泰州、宿迁等市较大事故死亡人数下降幅度超过50%以上。上述成绩的取得，是省委、省政府高度重视、正确领导的结果，是各地、各部门、各单位共同努力、真抓实干的结果，是全省安全生产战线攻坚克难、奋勇拼搏的结果。在此，我代表省政府和省安委会向大家并通过你们向全省安全生产战线上的同志们表示衷心的感谢和诚挚的问候!

5年来，经过不断实践、不断探索、不断总结，我们深化了对安全生产规律的认识，完善了许多行之有效的制度、措施和办法，积累了许多宝贵经验，可以概括为“四个必须坚持”：第一，必须坚持科学发展、安全发展。用科学发展观统领安全生产工作全局，把安全生产纳入经济社会发展的总体战略布局，同步规划、统筹部署、协调推进。第二，必须坚持加强领导、强化责任。明确和督促各级政府、行业主管部门以及生产经营单位严格落实自身的安全生产责任，加强对安全生产工作的领导，充分发动各方力量共同加强安全生产，形成全社会支持、参与和监督安全生产工作的良好局面。第三，必须坚持预防为主，综合治理。狠抓基础性、苗头性、倾向性问题，针对重点行业领域存在的突出问题．加大隐患排查治理和安全执法力度，从根本上掌握安全生产工作的主动权。第四，必须坚持立足长效、健全制度。紧密结合省情，从制度化、长效化、规范化工作入手，着力筑牢安全生产责任网、监督网、保障网，努力实现安全生产长治久安。这些好经验、好做法要在今后的工作中继续坚持和发扬。

二、切实认清当前全省安全生产工作面临的形势

近年来，虽然全省安全生产工作取得了较好成绩，创造了不少好的经验和做法，但我们更要清醒地认识到，全省安全生产形势依然严峻、不容乐观。

（一）安全生产存在的问题依然突出。尽管全省生产安全事故连年大幅下降，但事故起数仍然较多，重大事故时有发生，每年有5000多人在各类事故中失去生命，给人民群众的生命财产安全带来了严重损害。同时，非法违规行为屡禁不止，安全隐患大量存在，部分企业的安全生产主体责任和政府部门的安全监管责任落实不够到位。这就需要我们高度重视，始终警钟长鸣，保持清醒头脑。

（二）安全生产面临的挑战依然严峻。一是安全生产基础总体薄弱。一些地区特别是基层单位安全生产工作进展不平衡，安全欠账较多，技术装备落后，管理方式粗放，安全生产根基不够稳固。二是部分企业生产条件相对落后。特别是一些中小企业、家庭作坊、个体经营户等生产经营条件差，安全标准偏低，安全隐患突出，安全生产压力很大。三是一些高危行业员工技能素质偏低。一线艰苦岗位从业人员绝大多数为农民工，安全知识和意识欠缺，岗位操作技能缺乏，因违规操作造成的事故频繁发生。四是监管监察力量相对不足。基层特别是乡镇、街道监管力量单薄，难以满足安全监管工作的实际需要。这就需要我们积极研究破解措施，积极推动安全生产工作有效开展。

（三）经济社会发展对安全生产工作提出了更高的要求。当前，我省正处于新型工业化、信息化、城镇化、农业现代化进程加快的发展阶段，随着经济的发展、社会的进步，各类生产经营活动频繁，诱发生产安全事故的不确定因素增多，人民群众对安全生产的期望和要求也越来越高，这些都对安全生产工作提出了更高的标准和要求。各地、各部门、各单位一定要充分认识安全生产工作的长期性、艰巨性、复杂性，以对党和人民群众高度负责的态度，扎实抓好安全生产各项工作，推动安全生产形势持续稳定好转。

三、扎实做好2013年各项安全生产重点工作

党的十八大强调，要强化公共安全体系和企业安全生产基础建设，遏制重特大安全事故，保障人民生命财产安全。这为我们抓好今后一个时期安全生产工作指明了方向，提出了更高要求。今后几年是我省深化改革开放、加快转变经济发展方式的攻坚时期，也是努力实现全省安全生产状况根本好转的关键阶段。我们要自觉地把思想和行动统一到十八大精神上来，深刻领会加快推进“两个率先”对安全生产工作提出的新任务、新要求，科学把握江苏新时期安全生产工作的规律特点，以更加奋发的精神、更加坚决的态度、更加有力的措施、更加务实的作风，认真做好安全生产各项工作，为加快实现安全生产形势根本好转努力奋斗。

做好2013年安全生产工作，总的要求是：认真学习贯彻党的十八大精神，大力实施安全发展战略，以事故起数和死亡人数“双下降”、较大事故和重大事故数量“双控制”、特别重大事故“一杜绝”为工作目标，进一步筑牢安全生产责任网、监督网、保障网，有效防范和坚决遏制重特大事故的发生，促进全省安全生产形势持续稳定好转，为江苏经济社会持续健康发展营造良好

环境。

（一）突出强化责任，加大企业主体和政府监管责任落实力度。各类企业必须落实安全生产主体责任，严格执行安全生产法律法规和技术标准，加大安全投入，健全管理机构，强化员工安全培训教育，提高安全防范能力。坚持“守土有责”和“管生产必须管安全”的原则，坚决杜绝安全监管责任“真空”。各级政府都要认真落实行政首长负责制和“一岗双责”制，强化安全生产政绩业绩考核。行业主管部门要切实履行综合监管、专业监管和行业管理职责，制定完善、有利于安全生产的政策措施，并确保落实到位。

（二）突出预防为主，加大安全隐患排查治理力度。认真贯彻《国务院关于加强道路交通安全工作的意见》，全面实施交通安全生命保障工程，加强长途客车、危险化学品运输车、校车等重点车辆的安全管控，严厉打击超速、超载、超限以及酒后、疲劳驾驶等交通违法行为。抓好煤矿瓦斯防治，加强煤矿建设安全管理、深部矿井开采和水害治理，加快推进井下安全避险系统建设和机械化改造。认真组织实施好全省金属非金属矿山整顿关闭工作，确保2013年再关闭18座不具备安全生产条件的矿山。继续深入开展全省第三轮化工生产企业专项整治，提高危化品生产、储存、运输、经营等各环节的本质安全水平。加强施工作业现场监管，严厉打击建筑领域借用资质和挂靠、违法分包转包、以包代管等突出非法违规行为。强化渡口渡船安全监管，健全和落实长效管理制度。抓好铁路、民航、海洋渔业、农业机械、消防、烟花爆竹、民爆等安全专项整治，确保各行业领域安全生产形势平稳。

（三）突出依法治理，加大非法违法行为打击力度。进一步强化“打非治违”工作力度，对非法违法生产经营行为坚决落实“四个一律”措施，始终保持高压态势。针对危化品运输、长途客运、“三无”渔船非法出海捕捞等难点问题，健全跨部门、跨地区的联合执法机制，形成齐抓共管的工作合力。严格执行安全生产责任追究制度，做到有职必担当、问责必从严。落实生产安全事故挂牌督办制度，加大生产安全事故的调查处理和责任追究力度，切实维护安全生产法纪的严肃性和权威性。

（四）突出科技先导，加大安全科技推广应用力度。完善产学研用相结合的安全技术创新体系，今年要重点建设煤矿、非煤矿山、职业卫生三个省级安全生产技术中心实验室。加快安全生产先进适用技术、新型适用产品的推广应用，继续推进矿山井下安全避险、尾矿库在线监测监控等安全技术示范工程。大力加强安全监管信息化建设，对重点监管化工工艺、重点危化品装置设施、危化品重大危险源实施自动化控制改造。突出抓好化学工业园区等固定危险源集中区域的安全监控。

（五）突出固本强基，加大安全生产基层基础建设力度。按照“未达标抓创建、三级抓整改、二级抓提升、一级抓巩固”的思路，大力加强安全生产标准化建设，切实抓好岗位达标、专业达标和企业达标。加强救援能力建设，健全省、市、县三级应急管理机构，完善应急救援协调联动机制，改善应急救援装备，加强应急物资储备，提高生产安全事故的应急处置效率。加强高危行业和一线员工安全培训，推进安全文化创建，开展安全公益宣传。坚持关口前移、重心下移，完善省、市、县、乡四级监管网络，探索加强县、乡两级安全监管队伍建设，确保基层安全生产工作有机构、有人员负责。

（六）突出转变作风，加大工作措施落实力度。要认真执行中央和省委关于改进工作作风、密切联系群众的有关规定，牢固树立宗旨意识，努力解决少数地方、少数部门、少数干部存在的抓安全生产作风漂浮、管理松懈、工作不实等问题。要深入基层、深入现场开展调查研究，全面深入地了解基层一线的实情、检查决策政策的实效、探讨推动安全发展的实招。要在持之以恒抓落实上下工夫，树立责任心、增强责任感、健全责任制，努力提升安全监管监察的工作效能。

最后强调一下，再过10多天就是新春佳节，全国“两会”接踵而至。在这一特殊时期，各地、各部门、各单位要按照罗志军书记、李学勇省长批示要求，深入开展冬季安全大检查，加强对人员密集场所、大型集会活动、节日正常生产企业的安全管理。严格落实民用燃气、危化品运输、烟花爆竹经营燃放等安全监管措施，坚决杜绝火灾、拥挤踩踏等群死群伤事故的发生。公路、铁路、民航、水运等部门要切实抓好旅客和生产生活物资的安全运输工作，保畅通、保供应、保安全、保稳定，确保春运安全有序进行，确保人民群众过一个幸福祥和的节日，确保全国“两会”期间安全生产形势稳定。

同志们，安全生产工作任务艰巨、责任重大、使命光荣。我们要在省委、省政府的正确领导下，大力推进科学发展安全发展．坚定信心、迎难而上，狠抓落实、打牢基础，促进全省安全生产形势持续稳定好转，为江苏在新的起点上开创科学发展新局面作出更大贡献！

新春佳节即将来临，借此机会，向同志们拜个早年，祝大家新年愉快、身体健康、阖家幸福、万事如意！祝新的一年里江苏安全生产工作再上新台阶！

2012~2013年
全省安全生产大事记

JIANGSU ANQUAN SHENGCHAN NIANJIAN

2012年全省安全生产大事记

1月4日，省安监局（江苏煤监局）召开党组中心组学习会暨局长办公会传达学习全省经济工作会议精神。局党组书记、局长王向明主持会议并讲话，局领导于宗立、赵利复、陆贯一、刘振田、喻鸿斌、徐林、陈忠伟、梁杰、赵启凤、戚新中，机关各处室负责人参加会议。

会议传达了全省经济工作会议、省政府常务会议和全省组织部长会议精神，学习了有关安全生产工作的指示和要求。有关处室汇报了2011年度安全生产目标管理责任落实考核情况，2011年较大事故挂牌督办总体情况和12月份较大事故挂牌情况以及沪蓉高速常州段“8·24”道路交通较大事故挂牌督办情况。

1月6日，省安监局（江苏煤监局）召开机关干部大会，总结2011年度工作。局党组书记、局长王向明主持会议并讲话，局领导于宗立、赵利复、刘振田、喻鸿斌、徐林、陈忠伟、梁杰、赵启凤、戚新中出席会议，机关全体干部参加会议。

1月9日至12日，江苏煤监局副局长于宗立、总工程师徐林分别带队对全省春节前煤矿安全生产工作进行检查，并对全省6家煤炭集团公司主要负责人落实安全生产责任的情况进行考核。

1月12日，省安监局（江苏煤监局）举行老干部新春联欢会。局长王向明、副局长赵利复出席联欢会，局机关相关处室负责人参加了联欢会。

1月17日，省安委会在徐州召开全省煤矿企业主要负责人2011年度安全目标兑现会暨2012年安全目标责任书签字仪式。省安委办主任、省安监局（江苏煤监局）局长王向明出席会议并作重要讲话，江苏煤监局副局长于宗立主持会议。江苏煤监局总工程师、徐州监察分局局长徐林、省安监局副局长陈忠伟、江苏煤监局副巡视员戚新中和省经信委、财政厅、省局相关处室负责人，各煤矿企业主要负责人参加会议。

会上，王向明分别与各煤企主要负责人签订了2012年安全目标责任书，徐州矿务集团、大屯煤电公司、华润天能公司、扬州煤炭公司作了经验交流发言。

1月19日，全省安全生产工作会议在南京召开。副省长史和平出席会议并作重要讲话，省安委办主任、省安监局局长王向明，省公安厅副厅长陈逸中，省监察厅副厅长洪慧民，省总工会副主席王爱平出席会议。省政府副秘书长王志忠主持会议。

会议传达了罗志军书记、李学勇省长有关安全生产工作的重要批示。史和平要求，各地各部门要以落实责任为核心，强化企业安全主体责任、政府属地管理责任和部门行业监管责任；要以隐患整改和依法治安为关键，深入开展重点行业领域专项整治，严厉打击非法违法行为，健全安全生产风险预防机制；要以科技支撑、应急处置、强化基础为保障，完善并不断落实安全生产制度，加快安全生产监控系统建设，不断提高企业和全社会的安全管理水平。

王向明通报了2011年全省安全生产基本情况，总结了2011年主要工作，并对2012年主要工作任务进行了部署。

会上，省政府与13个省辖市政府签订了2012年安全生产目标管理责任书，省安委会向15个省级部门和单位下达了2012年安全生产目标管理任务书。省公安厅、住房和城乡建设厅，苏州市、连云港市、南京市江宁区、海门市政府作了大会交流发言。各市、县（区）政府分管领导、安监局长，省安委会成员单位负责人，省安委会专家组成员参加了会议。

1月19日，省安监局（江苏煤监局）举办2012年新春联欢会。局长王向明，局领导于宗立、赵利复、陆贯一、刘振田、喻鸿斌、陈忠伟、梁杰、赵启凤、戚新中出席联欢会，局机关全体同志，驻宁直属单位主要负责人参加了联欢会。

1月30日，省安监局（江苏煤监局）召开安全生产新闻通气会，副局长喻鸿斌通报了2011年和2012年春节期间的全省安全生产情况，介绍了2012年全省安全生产重点工作安排，并就媒体关心的热点问题进行了解答。

2月6日，省安监局（江苏煤监局）召开机关干部大会。通报了国家安监总局和省委组织部对局领导班子2011年度考核情况和局机关公务员考核测评情况，宣布了2011年度机关优秀公务员名单，对各处室2011年亮点工作进行了点评，并对当前工作和机关作风建设进行了部署。局长王向明主持会议并作重要讲话，局领导于宗立、赵利复、陆贯一、刘振田、喻鸿斌、徐林、陈忠伟、梁杰、赵启凤、戚新中出席会议，局机关全体干部参加了会议。

2月12日至14日，国家安监总局监管一司副巡视员张炳曾一行来我省调研非煤矿山安全生产法律法规和标准体系建设工作，省安监局副局长赵利复出席调研座谈会。

2月14日至16日，国家安监总局监管四司司长欧广、副司长马锐一行来我省调研指导安全生产标准化、隐患排查治理体系建设工作。省安监局局长王向明汇报了全省安全生产标准化、隐患排查治理体系建设工作有关情况，副局长赵利复汇报了2011年冶金等工贸行业安全生产监管主要工作，局机关相关处室负责人参加了汇报会。

2月14日至15日，江苏煤监局开展“提高执法能力、实现根本好转”为主题的学习讨论活动，副局长于宗立、总工程师徐林出席活动。

2月16日，全省煤矿应急资源数据库建设推荐工作会议在徐州召开，江苏煤监局副局长于宗立出席会议并讲话。

2月16日，全省非煤矿山及冶金等工贸行业安全生产工作会议在南京召开，省安监局副局长赵利复出席会议并讲话。

2月16日至17日，省安监局副局长喻鸿斌一行到南通市考核安全文化建设示范企业创建工作，并对海安县安全文化、安全法制建设工作进行调研。

2月20日，全省煤矿安全生产工作会议在徐州召开。副省长史和平出席会议并作重要讲话。省政府副秘书长王志忠主持会议。省安监局（江苏煤监局）局长王向明通报了2011年全省煤矿安全生产情况。徐州市市长张敬华到会致辞。省经信委副主任顾瑜芳，省国土资源厅副厅长刘聪，江苏煤监局副局长于宗立、总工程师徐林出席会议。

徐矿集团、中煤大屯煤电公司、华润天能徐州煤电公司、扬州市煤炭公司负责人分别作了发言。

2月20日，纪念江苏煤矿安全监察体制创建10周年座谈会在徐州召开。副省长史和平出席会议并作重要讲话，省政府副秘书长王志忠，省安监局（江苏煤监局）局长王向明，省经信委副主任顾瑜芳，省国土资源厅副厅长刘聪，徐州市副市长周宝纯，江苏煤监局总工程师、徐州监察分局局长徐林等出席会议。江苏煤监局副局长于宗立主持会议。

2月28日，省监察厅副厅长雷根娣率省级机关依法行政第六考核组对省局2011年度依法行政工作进行检查考核。省安监局局长王向明与考核组交换了意见，副局长喻鸿斌出席汇报会，局机关处室主要负责人参加了汇报会。

3月5日至9日，江苏煤监局副局长于宗立带队开展煤矿安全生产大检查。

3月6日至7日，省安监局副局长喻鸿斌到泰州市考核安全文化建设示范企业创建工作。

3月8日，江苏煤矿安全培训工作会议在连云港召开。局党组成员、巡视员刘振田，总工程师徐林出席会议并讲话。

3月12日，安徽省安监局局长程传如一行来省局调研职业卫生监管工作。省安监局局长王向明主持座谈会并讲话，副巡视员赵启凤出席会议，局相关处室负责人参加会议。

3月15日，全省石油天然气管道安全生产工作会议在镇江召开。省安监局副局长赵利复出席会议并讲话。

3月15日至16日，全省危险化学品安全监管工作会议在南京召开。省安监局副局长陆贯一出席会议并讲话。

3月17日，全省职业卫生监管工作会议在南京召开。国家安监总局职业安全健康监督管理司司长高世民对新修改的《职业病防治法》进行了专题讲解，省安监局副巡视员赵启凤出席会议并讲话。

3月18日，省安监局党组成员、巡视员刘振田出席徐州机电工程高等职业学校校企合作订单培养签约仪式并讲话。会上，41家企业与学校签订定向培养人数达5000余人。

3月19日，全省安全生产培训工作会议在南通召开。省安监局党组成员、巡视员刘振田出席会议并讲话，南通市副市长徐辉到会致辞。

3月20日，全省煤矿企业安全生产费用提取和使用管理工作座谈会在徐州召开。省安监局党组副书记、江苏煤监局副局长于宗立出席会议并讲话，省安监局副局长陈忠伟主持会议，江苏煤监局副巡视员戚新中通报了全省煤矿安全经济政策监察情况、安全费用提取和使用情况，省财政厅有关人员进行了政策解读。

3月27日，省安委办组织召开2012年安全生产专项整治工作推进会，省安监局副局长喻鸿斌出席会议并讲话，省安委会有关成员单位、局相关处室负责人参加会议。

3月29日至30日，全省烟花爆竹安全生产监管工作会议在南京召开，省安监局副局长陆贯一出席会议并讲话。

3月29日至30日，国家安监总局职业健康司监察专员杨国顺到苏州市调研指导木制家具制造企业职业卫生安全许可证试点工作，省安监局副巡视员赵启凤陪同调研。

3月30日，全省安全生产宣传暨安全文化建设工作会议在南京召开。省安监局副局长喻鸿斌出席会议并讲话。

4月9日，省安监局党组成员、巡视员刘振田出席丰县“五方挂钩”帮扶协调工作会议，丰县“五方挂钩”后方帮扶单位相关负责人参加会议。

4月10日，省安监局（江苏煤监局）召开全省安全监管监察系统党风廉政建设工作会议，深入学习贯彻中纪委十七届七次全会、国务院第五次廉政工作会议、省纪委十二届二次全会和全国安全监管监察系统党风廉政建设工作会议精神，总结2011年反腐倡廉工作，安排部署2012年工作任务。局党组书记、局长王向明出席会议并作重要讲话，局领导于宗立、陆贯一、徐林、陈忠伟、梁杰、赵启凤、戚新中出席会议，机关全体干部，省局直属单位主要负责人，各市安监局纪检组、监察室负责人参加了会议。于宗立主持会议。

4月12日，全省各市安监局长座谈会在泰州召开。局长王向明主持会议并作重要讲话，泰州市副市长杨杰出席会议并致辞，局领导陆贯一、刘振田、陈忠伟、梁杰、赵启凤、戚新中出席会议。会议期间，王向明与泰州市市长徐郭平就进一步加强安全生产工作交换了意见。

4月12日，2012年华东区矿山救护协作网工作会议在镇江召开，江苏煤监局副局长于宗立出席会议并讲话。

4月13日，省安监局召开“三解三促”活动协调会，明确局机关处以上领导干部“三解三促”活动安排。局党组成员、纪检组长、机关党委书记梁杰出席会议并讲话，局机关各支部书记（处长）和联络员参加了会议。

4月16日，省安委会召开主任（扩大）会议，传达贯彻罗志军书记、李学勇省长重要批示精神，部署全省安全生产专项整治和大检查工作。副省长史和平出席会议并作重要讲话，省安委办主任、省安监局局长王向明通报了一季度全省安全生产情况，部署了下一步重点工作。省政府副秘书长王志忠主持会议。

4月16日至17日，中纪委驻国家安监总局纪检组监察局监察一室主任付伟带队对省局开展“教育规范整治”活动情况进行检查验收。局党组书记、局长王向明主持汇报会，副局长于宗立、纪检组长梁杰，局有关处室负责人参加汇报会。

4月17日，省安监局（江苏煤监局）召开全体机关公务员大会，集中开展机关公务员职业道德主题教育活动。局党组书记、局长王向明带领局机关人员进行集体宣誓，局党组成员、巡视员刘振田主持会议。局领导于宗立、赵利复、陆贯一、喻鸿斌、陈忠伟、戚新中出席会议。

4月17日，省安监局（江苏煤监局）召开安全生产新闻通气会，副局长喻鸿斌通报了一季度全省安全生产情况，介绍了下一阶段重点工作安排，并回答了媒体关心的热点问题。

4月21日，徐州机电工程高等职业学校云龙校区举行教学综合楼奠基仪式，省安监局党组成员、巡视员刘振田，江苏煤监局副巡视员戚新中出席奠基仪式。

4月24日，全省煤矿安全生产紧急会议在徐州召开，部署煤矿安全生产专项整治、安全大检查和“打非治违”专项行动。江苏煤监局副局长于宗立出席会议并讲话，局总工程师、徐州监察分局局长徐林主持会议。

4月24日，省安监局召开全省安全生产调度统计（控制指标）座谈会，省安监局副巡视员赵启凤出席会议并讲话。

4月27日，省政府召开电视电话会议部署“五一”安全生产工作，省政府副秘书长王志忠出席会议并讲话，省安委办主任、省安监局局长王向明部署了当前全省安全生产重点工作，省安监局副局长喻鸿斌主持会议。省安委会主要成员单位分管负责同志参加会议。

4月28日，省政府办公厅下发苏政办发〔2012〕77号文，印发了关于集中开展安全生产领域“打非治违”专项行动的通知。

5月2日，省安监局（江苏煤监局）召开局长办公会，局长王向明主持会议并讲话。局领导于宗立、赵利复、陆贯一、刘振田、喻鸿斌、徐林、陈忠伟、赵启凤、戚新中，机关各处室负责人参加会议。

会议进一步讨论了《省政府关于坚持科学发展安全发展促进安全生产形势持续稳定好转的意见》，听取了2011年和2012年1—4月全省较大事故挂牌督办情况及有关较大事故督办审核情况汇报，部署了5月份重点工作。

5月9日至11日，江苏煤监局副巡视员戚新中带队对全省六大煤炭集团公司执行安全生产经济政策情况进行专项监察。

5月18日至21日，省安监局分别组织召开木制家具制造企业职业卫生安全许可证试点工作座谈会，省安监局副巡视员赵启凤出席会议并讲话，部分市安监局、技术服务机构相关人员及专家参加了座谈会。

5月23日，省安委办组织召开2012年全省“安全生产月”活动协调会，省安监局副局长喻鸿斌出席会议并讲话。

5月23日，省安监局召开扎实推进“打非治违”专项行动，积极开展“安全生产月”活动视频会议，省安监局副局长喻鸿斌出席会议并讲话。

5月28日，省安监局副局长赵利复到镇江新区调研隐患排查治理体系建设工作，并与镇江市委常委、新区党工委书记李小平就安全生产工作进行了交流。

5月30日，江苏省煤炭学会第六届二次常务理事会暨《能源技术与管理》第二届理事会、编委会在徐州召开。江苏煤监局副局长、《能源技术与管理》编委会主任、总编辑于宗立，局总工程师徐林出席会议。江苏省煤炭学会理事和《能源技术与管理》编委等参加了会议。

6月5日，省安委会副主任、省安监局局长王向明受省政府委托，带领公安厅交巡警总队、交通运输厅运管局等部门主要负责同志专程赴杭州“最美司机”吴斌家中吊唁，并送上从江苏省见义勇为基金会中拨付的10万元慰问金，转达江苏省委、省政府和相关部门以及江苏人民对吴斌烈士的崇高敬意、对其家人的深切问候。

6月5日，全省安全生产应急管理工作座谈会暨“应急预案与应急资源数据库管理系统”建设工作推进会议在盱眙召开，省安监局副巡视员赵启凤出席会议并讲话。

6月6日，省安监局（江苏煤监局）召开局长办公会，局长王向明主持会议并讲话。局领导于宗立、赵利复、陆贯一、刘振田、喻鸿斌、徐林、陈忠伟、梁杰、戚新中，机关各处室负责人参加会议。

会议传达了省委领导干部会议和全省维稳工作会议精神，通报了中纪委关于刘志军严重违纪违法案件查处情况，听取了相关处室关于隐患排查治理及标准化工作推进情况和2012年1—5月较大事故挂牌及有关较大事故督办审核情况汇报，部署了6月份重点工作。

6月6日，全省煤矿应急救援工作会议在盱眙召开，省安监局副巡视员赵启凤出席会议并讲话。江苏煤监局救援指挥中心、徐州监察分局、徐州市安监局、徐州市气象局有关负责人参加会议。

6月10日，2012年江苏省“安全生产宣传咨询周”启动仪式在南京市江宁区天印广场举行。副省长史和平、中国职业安全健康协会理事长张宝明、省政府副秘书长王志忠、南京市副市长罗群，省安委会成员单位负责人，江宁区委、区政府领导，南京市及江宁区有关部门领导等出席启动仪式。省安委会副主任、省安监局局长王向明主持启动仪式。

启动仪式结束后，史和平一行到江宁区东山街道外港社区及警务室，实地了解安全社区创建工作，向社区居民赠送安全书籍和宣传资料，并到居民家中参观居家安全和社会治安等安全社区促进项目建设情况。

6月10日至20日，江苏煤监局副局长于宗立带领国家煤监局第三监察执法组到湖南省开展异地专项监察执法工作。

6月20日，省政府办公厅下发苏政办发〔2012〕121号文，印发了《全省开展第三轮化工生产企业专项整治方案》。

6月26日，全省安全监管监察系统喜迎党的十八大暨“创先争优”总结授牌大会在南京举行，副省长史和平出席大会并作重要讲话。省政府副秘书长王志忠，局领导王向明、于宗立、赵利复、陆贯一、刘振田、喻鸿斌、徐林、陈忠伟、梁杰出席大会。

大会为10位“安全发展忠诚卫士”、10家“为民务实清廉安监机构”，以及省局机关、直属单位10个先进基层党组织、10名优秀共产党员进行了颁奖，播放了“安全发展忠诚卫士”和“为民务实清廉安监机构”电视片。

6月27日至28日，全省冶金等工贸企业安全生产标准化建设工作推进会在无锡召开，省安监局副局长赵利复出席会议并讲话。

6月27日，省安委办、泰州市安委会、泰州医药高新区管委会主办的较大化工生产安全事故应急演练在中海油气（泰州）石化有限公司举行，省安监局副局长陆贯一、泰州市副市长杨杰观摩了演练。

6月29日，省安监局党组成员、纪检组长梁杰带队检查了扬州生活科技学校上半年廉政工作及工程建设廉政情况。

7月2日，省安监局（江苏煤监局）召开局长办公会，局长王向明主持会议并讲话。局领导于宗立、赵利复、陆贯一、刘振田、喻鸿斌、徐林、陈忠伟、梁杰参加会议。

会议听取了关于隐患排查治理和标准化推进工作进展情况及隐患排查治理现场推进会筹备情况、上半年较大事故挂牌督办和事故调查处理情况汇报，总结了6月份工作，部署了7月份重点工作。

7月4日至6日，国家煤矿安监局副局长黄玉治率国务院安委办第十督查组对我省“打非治违”工作进行检查指导。副省长史和平与督查组就安全生产工作交换意见，省政府副秘书长王志忠代表省安委会专题汇报了全省“打非治违”工作开展情况，省安监局（江苏煤监局）局长王向明，局领导于宗立、喻鸿斌、徐林陪同检查。

7月5日，《中国安全生产报》头版刊发了题为《典型高扬旗帜　群体筑牢堡垒——江苏省安全监管监察系统“双十佳”表彰侧记》的通讯，报道了我省安全监管监察系统“创先争优”活动中的“双十佳”典型。

7月11日，省安监局（江苏煤监局）召开安全生产新闻通气会，副局长喻鸿斌通报了上半年全省安全生产情况，介绍了下一阶段重点工作安排，并回答了媒体关心的热点问题。

7月12日，全省煤矿安全生产重大事项调度暨煤矿安全新技术交流会在徐州召开，江苏煤监局副局长于宗立出席会议并讲话，省局总工程师、徐州监察分局局长徐林主持会议。

7月17日，省安委会召开主任（扩大）会议，贯彻落实省委书记罗志军、省长李学勇关于全力做好安全生产工作的重要指示精神，部署党的十八大前和下半年全省安全生产工作。省安委会主任、副省长史和平出席会议并作重要讲话；省安委会副主任、省安监局（江苏煤监局）局长王向明通报了全省重点行业领域专项整治和集中开展“打非治违”专项行动阶段性工作情况，并部署下一步重点工作；省安委会副主任、省政府副秘书长王志忠主持会议。

7月24日，全省安全生产事故隐患排查治理体系建设工作现场推进会在镇江召开，省安监局局长王向明出席会议并讲话，镇江市委常委、新区党工委书记李小平出席会议并致辞，副局长赵利复、陆贯一出席会议。

7月24日至26日，国家安监总局立法调研组在江苏召开《危险化学品安全使用许可证实施办法》、《安全生产监管监察信息公开办法》等部门规章草案征求意见会。省安监局局长王向明、副局长陆贯一出席会议，副局长喻鸿斌参加了会议讨论。

7月25日，全省各市安监局长座谈会在镇江召开，局长王向明主持会议并讲话，局领导于宗立、赵利复、陆贯一、刘振田、徐林、陈忠伟、赵启凤出席会议。

8月2日，江苏煤监局在徐州召开全省煤矿企业主要负责人会议，省安监局（江苏煤监局）局长王向明主持会议并作重要讲话，副局长于宗立、总工程师徐林出席会议。

8月9日，省安委会召开专题会议，传达贯彻省委“四项排查”工作部署，组织开展全省安全隐患排查。省安委会主任、副省长史和平出席会议并作重要讲话，省安委会副主任、省安监局局长王向明就全省集中开展安全隐患排查工作作总体安排，省安委会副主任、省政府副秘书长王志忠主持会议。

8月10日，省安监局（江苏煤监局）召开局长办公会，局长王向明主持会议并讲话。局领导于宗立、赵利复、陆贯一、刘振田、喻鸿斌、陈忠伟、赵启凤参加会议。

会议听取了1—7月较大事故挂牌督办情况和事故调查处理情况、2012年省级安全生产专项资金项目承办情况汇报，总结了7月份工作，部署了8月份重点工作。

8月17日，省安监局党组书记、局长王向明以“维护党组织纯洁，永葆勤政廉洁本色”为主题，给局机关党员干部上了“警示教育周”专题党课。局领导于宗立、赵利复、陆贯一、刘振田、陈忠伟、赵启凤参加党课学习。

8月19日，省政府下发苏政发〔2012〕112号文，印发了《省政府关于坚持科学发展全面提升全省安全发展水平的意见》。

8月22日至24日，省安监局副巡视员赵启凤赴镇江丹阳和苏州昆山两地开展职业卫生与安全生产一体化监管试点工作调研。

8月24日，江苏省煤炭工业协会召开会长（扩大）会议，省安监局（江苏煤监局）局长、江苏省煤炭工业协会会长王向明，副局长于宗立出席会议，江苏省煤炭工业协会副会长、秘书长及有关单位负责人参加会议，副会长刘文华主持会议。

8月25日至26日，省安监局党组成员、巡视员刘振田到丰县检查指导帮扶工作，出席了省安监局爱心助学入学仪式并讲话。

8月29日至30日，中共江苏省安监局（江苏煤监局）机关第二次代表大会隆重召开，省委省级机关工委书记邢春宁，省安监局党组书记、局长王向明出席会议并作重要讲话。大会听取和审议了纪检组长梁杰代表中共江苏省安监局（江苏煤监局）机关第一届委员会作的工作报告，选举产生了新一届委员会和纪律检查委员会委员。局领导于宗立、赵利复、陆贯一、刘振田、陈忠伟、赵启凤出席会议。

9月3日，省安监局（江苏煤监局）召开局长办公会，局长王向明主持会议并讲话。局领导于宗立、陆贯一、刘振田、喻鸿斌、徐林、陈忠伟、梁杰、赵启凤参加会议。

会议听取了1—8月较大事故挂牌督办情况、2012年省级安全生产专项资金使用管理工作进展情况和项目承办进展情况汇报，总结了8月份工作，部署了9月份重点工作。

9月5日，省政府在徐州召开全省煤矿安全隐患排查治理工作推进会，副省长史和平出席会议并作重要讲话，省政府副秘书长王志忠主持会议，省安监局（江苏煤监局）局长王向明通报了今年以来全省煤矿安全隐患排查治理工作情况，徐州市副市长周宝纯就加强徐州煤矿安全监管工作作了发言，省经信委副主任顾瑜芳，江苏煤监局副局长于宗立、总工程师徐林出席会议。

9月5日，江苏煤监局副局长于宗立、总工程师徐林带队赴徐矿集团庞庄煤矿到原岩温度高达36℃的−1100米以下采掘工作面检查工作，并组织召开了安全矿长和总工程师座谈会，传达贯彻全省煤矿安全隐患排查治理工作推进会精神。

9月12日，江苏省铁矿重大突水事故应急演练在徐州铁矿集团举行，省安监局副巡视员赵启凤观摩演练并讲话。

9月14日，全省安全生产监管监察系统纪检组长座谈会在南京召开，省安监局党组成员、纪检组长梁杰出席会议并讲话。

9月17日至21日，国家工商总局党组副书记、副局长刘玉亭带领国务院安委会第九督查组到我省督查安全生产工作。省安委会主任、副省长史和平汇报了江苏经济社会发展及安全生产总体情况，省安委会副主任、省安监局局长王向明汇报了全省安全生产工作情况并陪同督查，省安监局副局长喻鸿斌陪同督查。

督查组先后赴南京、常州、扬州等市对“打非治违”专项行动开展情况和安全生产工作情况进行督导检查。

9月18日，第六届中国国际安全生产论坛暨中国国际安全生产及职业健康展览会在北京召开。江苏煤监局副局长于宗立参加论坛，并在煤矿安全监管监察理论与实践分论坛上作了题为《大处着眼　细处着手　扎实推进煤矿安全根本好转》的发言。

10月8日，省安监局（江苏煤监局）召开局长办公会，局长王向明主持会议并讲话。局领导于宗立、赵利复、陆贯一、刘振田、喻鸿斌、徐林、陈忠伟、赵启凤参加会议。

会议听取了1—9月较大事故挂牌督办情况、宣传贯彻国发40号和省政府112号文件相关意见、2012年省级安全生产专项资金使用管理工作进展情况、隐患自查自报系统及标准化工作推进情况及基层安监机构能力建设推进会筹备情况汇报，总结了9月份工作，部署了10月份重点工作。

10月9日，省安监局（江苏煤监局）召开安全生产新闻通气会，副局长喻鸿斌通报了中秋国庆期间和三季度全省安全生产情况，介绍了省政府112号文件宣传贯彻的有关情况，并回答了媒体关心的热点问题。

10月10日至12日，江苏煤监局副局长于宗立、总工程师徐林在徐州监察分局主持召开全体监察员会议，传达省安监局（江苏煤监局）局长王向明10月8日局长办公会重要讲话精神，听取近期监察情况汇报，逐个剖析煤矿存在的重大隐患，分析存在问题的原因，部署十八大期间和四季度执法重点工作。会后，于宗立深入大屯煤电公司孔庄煤矿、徐州矿务集团张双楼煤矿井下，检查指导安全隐患排查治理工作，并召开了部分煤矿总工程师和安全处（站）长会议。

10月13日，《中国安全生产报》头版刊发了题为《创新制度　织密责任网监督网保障网——江苏省政府出台〈意见〉全面提升安全发展水平》的文章，宣传报道了我省贯彻国发40号文的创新举措，构建安全生产“三张网”，全面提升全省安全发展水平的鲜明特色。

10月15日至16日，省安监局副局长赵利复深入江苏油田试采二厂、西气东输刘庄储气库，对石油天然气企业安全生产落实情况进行督查。

10月16日至17日，江西煤监局党组成员、巡视员朱怀萍任组长的华东区矿山救护协作网检查组对我省煤矿应急救援和安全生产工作进行检查，江苏煤监局副局长于宗立陪同检查。

10月17日，《新华日报》专版刊发了题为《全面提升安全发展水平　更好地服务“两个率先”——省安监局（江苏煤监局）负责人谈学习贯彻〈意见〉的要点》的文章，报道了省安监局局长王向明就深入学习领会、全面贯彻落实《意见》精神等问题的解读。

10月17日，省政府办公厅下发苏政办发〔2012〕180号文，印发了《贯彻落实省政府坚持科学发展全面提升全省安全发展水平意见重点工作分工方案》。

10月18日，全省各市安监局长座谈会在苏州召开，局长王向明主持会议并作重要讲话，局领导赵利复、陆贯一、刘振田、喻鸿斌、徐林、陈忠伟、赵启凤出席会议。各省辖市及昆山市、泰兴市、沭阳县安监局长等参加会议。

10月24日，全省安全生产执法监察工作会议在南京召开，局长王向明，省政府法制办副主任马太建，副局长、监察总队长喻鸿斌出席会议并讲话。

10月24日至25日，国家安监总局局长杨栋梁率调研组视察指导我省安全生产工作，并主持召开部分省市安全监管监察局长座谈会。省委书记罗志军、省长李学勇分别会见了杨栋梁，并就加强安全生产工作交换了意见。副省长史和平陪同调研。国家安监总局副局长、国家煤监局局长付建华，国家煤监局副局长兼总局办公厅主任李万疆，国家安监总局有关部门负责人参加调研。调研组实地检查了金陵石化公司和江苏金翔石化有限公司的安全生产工作。

10月26日，川气东送管道安全生产工作会议暨川气东送管道应急救援演练在南京举行，省安监局副局长赵利复观摩演练并讲话。

10月31日，省政府召开迎十八大安全生产工作电视电话会议，传达贯彻国家安全监管总局局长杨栋梁和省委书记罗志军、省长李学勇对当前安全生产工作的重要指示，动员各级、各部门抓好十八大前后安全生产工作，确保全省安全生产形势稳定。副省长史和平出席会议并作重要讲话，省安监局局长王向明通报了今年以来全省安全生产基本情况，部署了年底前重点工作。省政府副秘书长王志忠主持会议。

10月31日至11月2日，江苏煤监局副局长于宗立带队开展煤矿安全专项督查，徐矿集团副总经理孙海陪同检查。

11月2日，副省长史和平视察指导省安全生产科技支撑基地规划建设工作，省政府副秘书长王志忠，省安监局局长王向明、副局长赵利复、陈忠伟，省科技厅副厅长蒋跃建，南京市副市长罗群陪同视察。

史和平一行实地察看了省安全生产科学研究院工作环境和办公条件，听取了该院发展和建设情况汇报，对安全科技一线工作人员表示了慰问。随后赴麒麟科技园实地考察了省安全生产科技支撑基地选址情况，听取了麒麟科技创新园建设和省安全生产科技支撑现状及中心建设情况汇报。

11月5日，省安监局（江苏煤监局）召开局长办公会，局长王向明主持会议并讲话。局领导于宗立、赵利复、陆贯一、刘振田、徐林、陈忠伟、梁杰、赵启凤参加会议。

会议传达了省委维稳工作会议精神，听取了1—10月较大事故挂牌督办情况和事故调查处理情况、2012年省级安全生产专项资金工作总体进展情况、隐患排查治理体系项目建设总体情况及有关项目推进建设情况汇报。

11月12日至13日，全省基层安监机构能力建设推进会在大丰召开，省安监局局长王向明出席会议并作重要讲话，局领导赵利复、陆贯一、刘振田、陈忠伟、梁杰出席会议，盐城市副市长周绍泉出席会议。

11月13日，江苏煤监局组织召开贯彻落实国家煤监局《关于进一步加强煤矿安全监管监察工作的通知》精神座谈会，副局长于宗立，总工程师、徐州监察分局局长徐林出席会议。

11月15日，《中国安全生产报》头版刊发了题为《全省近98%乡镇（街道）建立安监机构，年底前要全覆盖——江苏基层安监机构建设势如决战》的报道，宣传介绍了我省加强基层安监机构建设、提升安监队伍能力建设水平的有益探索。

11月22日，省政府召开安全生产工作电视电话会议，贯彻十八大精神和省委书记罗志军、省长李学勇的要求，部署年底前安全生产各项重点工作。副省长、省安委会主任史和平出席会议并讲话，省安委会副主任、省安监局局长王向明通报了全省十八大期间安全生产工作情况，并对年底前安全生产重点工作作了安排，省安委会副主任、省政府副秘书长王志忠主持会议。

11月22日至23日，华东区矿山救护协作网2012年工作总结会议在无锡召开，国家安全生产应急救援指挥中心指挥协调部副主任高寿峰、省安监局副巡视员赵启凤出席会议并讲话。

11月26日，省安监局（江苏煤监局）召开十八大精神宣讲会，省委党校党史党建部主任董连翔教授进行了授课。局党组书记、局长王向明主持会议并讲话，局领导于宗立、赵利复、陆贯一、刘振田、喻鸿斌、陈忠伟、梁杰、赵启凤，局机关全体党员干部和在宁直属单位负责人参加学习。

11月27日，省安监局与南京市政府签署《江苏省安全生产监督管理局 南京市人民政府战略合作共建协议》。

12月3日，省安监局（江苏煤监局）党组中心组召开十八大精神学习暨局长办公会，局党组书记、局长王向明主持会议并讲话，局领导于宗立、赵利复、陆贯一、刘振田、喻鸿斌、徐林、陈忠伟、梁杰、赵启凤参加会议。

会上，王向明作了题为《认真学习领会党的十八大精神 努力提升江苏安全生产水平》的报告，其他局领导结合所分管工作实际，就深入学习贯彻十八大精神作了交流发言。

会议传达了省委十二届四次全会和省政府第103次常务会议精神，听取了1—11月较大事故挂牌督办情况及事故调查处理情况、2012年省级安全生产专项资金工作总体进展情况、隐患排查治理体系项目建设情况和安全生产考试考核中心项目建设等情况汇报。

12月6日至7日，江苏煤监局召开全省煤矿“一通三防”暨2013年煤矿安全生产条件审查会，副局长于宗立出席会议并讲话，宿迁市政府副秘书长蒋复洋到会致辞，局总工程师、徐州监察分局局长徐林主持会议。

12月13日，省安监局召开全省生产安全事故统计工作会议，省安监局副巡视员赵启凤出席会议并讲话。

12月14日，省煤炭工业协会第二届第二次理事会暨煤炭行业“先进区队”、“优秀区队长”表彰大会在徐州召开，省安监局（江苏煤监局）局长王向明、中国煤炭工业协会副会长姜智敏出席会议并讲话，江苏煤监局副局长于宗立出席会议，省煤炭工业协会副会长刘文华主持会议。

12月18日，省安监局局长王向明率调研组对镇江丹阳市安全生产工作进行调研指导，并与镇江市委书记张敬华就安全生产有关工作交换意见。省安监局副巡视员赵启凤，有关处室负责人参加调研，镇江市副市长王常生、丹阳市市长裔玉乾陪同调研。

12月18日，省委省级机关工委副书记陈保华率省级机关依法行政第四考核组，对省安监局2012年度依法行政工作进行检查考核。省安监局局长王向明介绍了省局依法行政工作总体情况，副局长喻鸿斌具体汇报了相关工作。

12月18日，《新华日报》刊发了题为《全面夯实安全生产基础工作 努力实现科学发展和谐发展——省安监局（江苏煤监局）负责人谈企业安全标准化建设》的文章，专版报道了全省大力推进企业安全生产标准化建设工作的创新举措。

12月26日，全省煤矿无尘化管理现场会在中煤集团大屯煤电公司召开，江苏煤监局副局长于宗立出席会议并讲话，局总工程师、徐州监察分局局长徐林主持会议，中煤集团大屯煤电公司党委书记、副董事长义宝厚到会致辞。省经信委、省安监局有关部门负责人，各产煤市、县安监局分管煤矿安全监管负责人，各煤矿企业（矿井）分管领导、分管部门负责人参加了会议。

12月28日，省安委会召开主任（扩大）会议，总结2012年、研究2013年安全生产工作，并对“两节”、省“两会”期间全省安全生产工作作出部署。副省长、省安委会主任史和平出席会议并讲话。省安委会副主任、省安监局局长王向明通报了2012年全省安全生产情况，提出了2013年安全生产工作总体思路。省安委会副主任、省政府副秘书长王志忠主持会议。

省安委会主要成员单位分管负责人，省局领导班子成员，有关处室负责同志，各市安监局局长参加了会议。

2013年全省安全生产大事记

1月4日，省安监局（江苏煤监局）召开党组中心组学习会暨局长办公会，传达学习全省经济工作会议精神。局党组书记、局长王向明主持会议并讲话。局领导、机关各处室负责人参加会议。

会议传达了全省经济工作会议精神和《中共江苏省委关于改进工作作风密切联系群众的十项规定》、《中共国家安全监管总局党组贯彻落实中央政治局关于改进工作作风密切联系群众八项规定实施办法》文件精神，听取了2012年1—12月较大事故挂牌督办及事故调查处理情况、2012年度全省安全生产目标管理责任考核工作准备情况汇报。

1月5日至11日，省安监局副局长赵利复率省安委会第二考核组对常州市、淮安市2012年安全生产目标管理责任落实情况进行考核。

1月5日至8日，省安监局副局长陆贯一率省安委会第三考核组对苏州市、南通市2012年安全生产目标管理责任落实情况进行考核。

1月6日至9日，省安监局党组成员、江苏煤监局巡视员刘振田率省安委会第四考核组对镇江市、泰州市2012年安全生产目标管理责任落实情况进行考核。

1月6日至7日、14日至15日，省安监局副局长喻鸿斌率省安委会第五考核组对无锡市、南京市2012年安全生产目标管理责任落实情况进行考核。

1月6日至7日，江苏煤监局总工程师徐林率省安委会第六考核组对连云港市2012年安全生产目标管理责任落实情况进行考核。

1月7日至9日，江苏煤监局副局长于宗立率省安委会第一考核组对徐州市和徐州铁路办事处2012年安全生产目标管理责任落实情况进行考核。

1月7日至10日，省安监局副局长陈忠伟率省安委会第七考核组对宿迁市、盐城市2012年安全生产目标管理责任落实情况进行考核。

1月7日至8日，省安监局副巡视员赵启凤率省安委会第八考核组对扬州市2012年安全生产目标管理责任落实情况进行考核。

1月9日，全省煤矿企业主要负责人2012年安全生产目标考核兑现会暨2013年安全生产目标责任书签字仪式在徐州举行。省安委办主任、省安监局（江苏煤监局）局长王向明出席会议并讲话，江苏煤监局副局长于宗立主持会议，江苏煤监局总工程师徐林出席会议。省经信委、江苏煤监局相关处室负责人，各煤矿企业党政主要负责人及有关部门负责人参加会议。

1月10日，省安监局（江苏煤监局）局长王向明、江苏煤监局副局长于宗立到徐州监察分局看望慰问奋战在一线的煤矿安全监察员。

1月10日，省安监局局长王向明到徐州市调研指导安全生产工作，实地查看了徐州市安全生产考试考核中心工作环境和办公条件。

1月11日，省职业病防治工作联席会议第二次全体会议在省安监局召开，省安监局局长王向明主持会议并讲话，省安监局副巡视员赵启凤出席会议。

1月14日，省安监局（江苏煤监局）召开安全生产新闻会，省安监局副局长喻鸿斌通报了2012年全省安全生产情况和2013年工作思路，回答了媒体关心的安全生产热点问题。

1月17日，全省职业卫生监管工作会议在南京召开，省安监局副巡视员赵启凤出席会议并讲话。

1月21日，省安委办召开安全生产应急救援联络员会议。省安监局副巡视员赵启风出席会议并讲话。

1月28日，全省安全生产工作会议在南京召开，省委书记罗志军、省长李学勇对安全生产工作作出重要批示，副省长史和平出席会议并作重要讲话，省政协副主席洪慧民、省安监局局长王向明、省交通运输厅厅长游庆仲、省公安厅副厅长陈逸中、省总工会副主席王爱平出席会议，省政府副秘书长王志忠主持会议。

省公安厅、泰州市政府、昆山市安监局作了交流发言，各市政府分管领导、省安委会成员单位负责人、省局领导班子及处室负责同志、各省辖市和县（市、区）安监局长、省安委会专家组员代表参加了会议。

1月29日，省安监局举行2013年离退休干部新春联欢会，局长王向明、副局长赵利复出席联欢会。

1月31日，省安监局召开机关干部大会，总结2012年度工作并对局机关公务员进行民主测评。局党组书记、局长王向明主持会议并讲话，各处室主要负责人汇报了2012年度工作情况，局机关全体干部参加会议。

2月1日，省安监局（江苏煤监局）召开党组中心组学习会暨局长办公会，局党组书记、局长王向明主持会议并讲话，局领导、机关各处室负责人参加会议。

会议传达了省委书记罗志军在省纪委第三次全体会议上的讲话精神和省政府组成人员扩大会议精神，听取了2012年度全省安全生产目标管理责任考核情况汇报。

2月1日，省矿山应急救援徐州基地专题汇报会在省安监局召开，省安监局（江苏煤监局）局长王向明出席会议并讲话，江苏煤监局副局长于宗立主持会议，省经信委副主任顾瑜芳、江苏煤监局总工程师徐林、省安监局副巡视员赵启凤出席会议。

2月4日，江苏煤监局副局长于宗立、总工程师徐林在徐州监察分局主持召开专题会议，传达全国安全生产视频会议精神，部署春节、“两会”期间江苏煤矿安全监察重点工作，研讨《煤矿矿长保护矿工生命安全七条规定》的具体落实措施。

2月22日，省安监局（江苏煤监局）召开2012年度机关考核情况点评暨机关作风建设大会。局党组书记、局长王向明主持会议并作重要讲话，局领导、机关各处室负责人参加会议。王向明对2012年各处室的工作亮点作了点评，通报了机关公务员2012年度考核测评情况及先进处室、优秀个人评选结果。

2月25日至27日，江苏煤监局总工程师徐林对王庄煤矿开展为期3天的解剖式监察。

2月26日，江苏煤监局副局长于宗立对拾屯煤矿开展安全检查，并对《煤矿矿长保护矿工生命安全七条规定》进行宣讲。

2月26日至27日，省安监局副局长喻鸿斌带队调研安全文化建设和行政执法工作。

2月28日，江苏煤监局组织召开安全避险“六大系统”建设使用情况调度会，重点调度井下紧急避险系统建设使用情况。江苏煤监局副局长于宗立出席会议并讲话，江苏煤监局总工程师徐林主持会议。

2月28日，全省非煤矿山及冶金等工贸行业安全生产工作会议在南京召开，省安监局副局长赵利复出席会议并讲话，省局相关处室负责人、各市安监局分管领导及业务处室负责人、部分重点县（市、区）安监局负责人和省属有关单位安全管理人员参加了会议。

3月4日，副省长缪瑞林到省安委办、省安监局调研指导安全生产工作。省安委办主任、省安监局（江苏煤监局）局长王向明汇报了全省安全生产工作情况和2013年主要工作安排，省安委会主要成员单位汇报了各自职能及主要工作情况，省政府副秘书长王志忠主持会议，省安委会主要成员单位分管负责人、省安监局领导、机关各处室负责人参加会议。

3月4日，省安监局（江苏煤监局）召开党组中心组学习会暨局长办公会，局党组书记、局长王向明主持会议并讲话，局领导、机关各处室负责人参加会议。

会议传达了习近平总书记在新进中央委员会委员、候补委员学习贯彻党的十八大精神研讨班上的讲话精神和省维稳工作领导小组会议精神，听取了2013年1—2月较大事故挂牌督办及事故调查处理情况。

3月5日，副省长缪瑞林到徐州调研指导煤矿安全生产工作。缪瑞林深入江苏最深的矿井徐矿集团张集煤矿−1260米井下，实地检查掘进工作面的生产和安全管理情况。下午，省政府在徐州召开全省煤矿企业安全生产工作座谈会，缪瑞林出席会议并作重要讲话，省安委办主任、省安监局（江苏煤监局）局长王向明汇报了全省煤矿安全生产工作情况及下一步工作安排，省政府副秘书长王志忠主持会议。

省经信委、省国资委、江苏煤监局有关处室负责人，省煤矿企业主要负责人、分管负责人和安全管理部门负责人参加会议。

3月6日至8日，国家煤监局副局长李万疆带领国家安监总局第十一督导调研组检查指导我省煤矿安全生产工作，宣讲《煤矿矿长保护矿工生命安全七条规定》，省安委办主任、省安监局（江苏煤监局）局长王向明主持宣贯会。

徐州市副市长周宝纯到会致辞，江苏煤监局副局长于宗立、江苏煤监局总工程师徐林参加宣贯会。

3月15日，全省安全生产控制指标分解会议在南京召开，省安监局副巡视员赵启凤出席会议并讲话。

3月21日，省安监局召开全省安全生产培训工作视频会议，局长王向明出席会议并作重要讲话，局党组成员、江苏煤监局巡视员刘振田总结部署安全生产培训工作，有关处室负责人、省宣教中心负责人参加会议。

3月22日，江苏煤监局总工程师、徐州监察分局局长徐林在王庄煤矿组织召开通报会，通报前期对该矿解剖式监察的情况，要求王庄煤矿安全稳定有序地组织生产。

3月28日，国家煤监局召开推进煤矿井下紧急避险系统建设视频会议，江苏煤监局总工程师、徐州监察分局局长徐林介绍了煤矿紧急避险系统建设进展情况和下一步工作措施。

4月1日，省安监局（江苏煤监局）召开党组中心组学习会暨局长办公会，局党组书记、局长王向明主持会议并讲话，局领导、机关各处室负责人参加会议。

会议传达学习了习近平总书记在十二届全国人大一次会议江苏代表团参加审议时的讲话、李克强总理在国务院第一次廉政工作电视电话会议上的讲话和王勇国务委员在安全监管总局调研座谈会上的讲话精神。

4月9日，全省安全生产宣传文化建设工作会议在南京召开，局长王向明、副局长喻鸿斌出席会议并讲话。

4月12日，省政府在南通召开2013年一季度全省安全生产工作点评会，贯彻国务院和省委、省政府关于安全生产工作的最新要求，总结点评一季度工作，部署全省安全生产大检查及二季度重点任务，副省长、省安委会主任缪瑞林出席会议并作重要讲话，省政协副主席、省监察厅副厅长洪慧民出席会议，省安委会副主任、省政府副秘书长王志忠主持会议。

省安委会副主任、省安监局局长王向明通报了一季度全省安全生产工作情况，部署二季度重点工作。

4月12日，各市安监局长座谈会在南通召开，局长王向明主持会议并作重要讲话。南通市副市长黄爱军出席会议并致辞。

4月16日，省安监局（江苏煤监局）召开一季度安全生产新闻发布会，副局长喻鸿斌发布了一季度全省安全生产情况和二季度重点工作，并回答了媒体关心的安全生产热点问题。

4月23日，省安委办召开全省“打非治违”工作推进视频会，省政府副秘书长王志忠就贯彻全国会议精神，推进全省“打非治违”工作提出要求，省安监局局长王向明主持会议。

4月24日至25日，全省安全生产综合监管和烟花爆竹安全监管工作会议在南京召开，省安监局副局长陆贯一出席会议并讲话，各市安监局分管领导和相关处室负责人参加会议。

4月26日，全省安全生产执法监察工作座谈会在常熟召开，省安监局副局长、省安全生产监察总队总队长喻鸿斌出席会议并讲话，各市监察支队、省管县监察大队负责人及省局政策法规处、监察总队相关人员参加会议。

4月30日，省安监局党组书记、局长王向明就“中国梦 安监梦”接受省广播电台专访。

5月2日，省安监局（江苏煤监局）召开党组中心组学习会暨局长办公会，局党组书记、局长王向明主持会议并讲话，局领导、机关各处室负责人参加会议。

会议传达了罗志军书记、李学勇省长在省委中心组学习会上的讲话精神和李学勇省长在省政府全体（扩大）会议上的讲话精神，交流了“深入推进反腐倡廉建设，着力打造为民务实清廉安监队伍”专题学习体会，总结了4月份工作，部署了5月份重点工作。

5月6日，省安监局副巡视员赵启凤到南京市建邺区检查指导重大赛事突发安全事故应急演练准备工作。

5月23日，省安委办召开2013年全省“安全生产月”活动协调会，省安监局副局长喻鸿斌出席会议并讲话，省委宣传部、省公安厅、省广电局、省总工会、团省委、省妇联等省安委会成员单位有关负责人，南京市及建邺区安监局，新华日报、省电视台、省电台等16家新闻单位参加协调会。

5月28日至6月1日，内蒙古煤监局党组成员、总工程师张瑞庭率国家煤监局异地交叉监察执法组到我省检查《煤矿矿长保护矿工生命安全七条规定》贯彻落实情况。省安监局党组成员、江苏煤监局巡视员刘振田陪同检查。

5月30日，国家安监总局副局长王德学率队来我省检查指导雨季防汛安全生产工作，副省长、省安委会主任缪瑞林代表省政府汇报了全省安全生产工作总体情况，省安委会副主任、省安监局局长王向明汇报了今年以来安全生产情况、汛期安全生产工作安排及下一步打算。国家安监总局统计司司长彭玉敬、监管四司司长欧广出席汇报会，省政府副秘书长王志忠主持汇报会。

5月31日，省安委办召开全省“安全生产月”活动动员视频会，省“安全生产月”组委会主任、省安监局局长王向明对认真开展“安全生产月”活动作了动员部署，省安监局副局长喻鸿斌主持会议。

6月3日，省安监局（江苏煤监局）召开党组中心组学习会暨局长办公会，局党组书记、局长王向明主持会议并讲话，局领导、机关各处室负责人参加会议。会议总结了5月份工作、6月份重点工作，交流了“建设学习型、服务型、创新型机关，深入推进科学发展和安全发展”专题学习体会。

6月7日，国务院召开全国安全生产电视电话会议，通报了全国近期发生的多起重特大事故，传达了中央领导重要指示和国务院常务会议精神。全国会议结束后，省政府紧接着召开电视电话会议，就落实国务院会议要求作出部署。副省长、省安委会主任缪瑞林出席会议并讲话。省政协副主席、监察厅副厅长洪慧民，省安监局局长王向明出席会议，省政府副秘书长王志忠主持会议。

省安委会成员单位主要负责人在主会场参会，各市主要领导和安委会成员单位主要负责人在分会场参加会议。

6月8日，江苏煤监局召开专题会议，传达学习6月7日下午召开的全国、全省安全生产电视电话会议精神，研究部署全省煤矿安全生产大检查工作。局长王向明出席会议并作重要讲话，副局长于宗立主持会议，相关处室负责人等人员参加会议。

6月9日，2013年江苏省“安全生产宣传咨询周”启动仪式在南京市建邺区万达广场举行。副省长缪瑞林、南京市副市长罗群、省安委会主要成员单位负责人，建邺区区委、区政府领导出席启动仪式，省安委会副主任、省安监局局长王向明主持仪式。

启动仪式结束后，缪瑞林一行到建邺区应急救援指挥中心大厅，观摩南京市重大体育赛事突发安全事故应急演练。

6月18日，副省长、省安委会主任缪瑞林率队检查南京市安全生产工作，省政府副秘书长王志忠、省安监局局长王向明、南京市副市长罗群陪同检查，并请3位专家一同检查点评，现场提问考核。

6月20日，江苏油田石油罐区突发火灾重大涉险事故应急演练在扬州举行，省安监局副局长赵利复、扬州市副市长董玉海、江苏油田分公司副总经理钟志国及省安委会主要成员单位有关部门负责人观摩或参加了演练。

6月21日，“亚青青奥”南京都市圈安全生产合作联席会在南京召开，省安监局局长王向明、南京市副市长罗群出席会议并讲话。南京、合肥、镇江、扬州、淮安、泰州、芜湖、马鞍山、滁州等9个城市安委会领导及南京市安委会主要成员单位负责人和各区（园区）安监局局长参加会议。

6月28日，全省安全监管监察系统迎“七一”先进集体、先进个人表彰会在南京举行，副省长缪瑞林出席表彰会并作重要讲话，省政府副秘书长王志忠、省人力资源和社会保障厅副厅长、省公务员局局长周广侠，局领导王向明、于宗立、赵利复、陆贯一、刘振田、喻鸿斌、徐林、陈忠伟、赵启凤出席表彰会。

7月1日，省安监局（江苏煤监局）召开党组中心组学习会暨局长办公会，局党组书记、局长王向明主持会议并讲话，局领导、机关各处室负责人参加会议。

会议学习了《中共国家安全监管总局党组关于认真学习贯彻习近平总书记重要指示精神的通知》和《中共中央关于在全党深入开展党的群众路线教育实践活动的意见》，总结了6月份工作，部署了7月份重点工作，交流了“加强安全文化建设，提高全社会安全意识”专题学习体会。

7月2日至4日，省安监局局长王向明先后赴南京市溧水区、淮安市清浦区和金湖县调研基层安监机构和队伍建设情况。

7月5日，由省安委会、镇江市政府主办，镇江市安全生产委员会、镇江市应急管理委员会、镇江新区管理委员会承办的危险化学品重大涉险事故应急演练在镇江举行。省安委会副主任、省安监局局长王向明，镇江市副市长王常生、省安监局副巡视员赵启凤及各省辖市安监局分管负责人观摩了演练。

7月5日，省煤炭学会第六届二次理事会在苏州召开，江苏煤监局副局长于宗立出席会议并讲话，省煤炭学会第六届理事会理事、常务理事及专业委员会主任委员参加会议。

7月9日至12日，工业和信息化部党组副书记、副部长苏波率国务院安委会第三综合督查组到我省检查指导安全生产工作，副省长、省安委会主任缪瑞林汇报了全省安全生产工作情况并陪同督查，省政府副秘书长王志忠主持汇报会，省安监局局长王向明、副局长喻鸿斌陪同督查。

7月17日，省政府在南京召开2013年上半年全省安全生产工作点评会，副省长、省安委会主任缪瑞林出席会议并作重要讲话，省安委会副主任、省安监局局长王向明通报了上半年全省安全生产工作及安全生产大检查开展情况，并就下半年重点工作作出安排，省安委会副主任、省政府副秘书长王志忠主持会议。

会上，南京、无锡、盐城、泰州、宿迁市政府及省公安厅、交通运输厅作了大会交流发言，各市政府分管领导、安监局局长、省安委会主要成员单位分管负责人、省安监局领导班子成员及有关处室负责人参加了会议。

7月17日，省安监局（江苏煤监局）召开安全生产新闻发布会，副局长、新闻发言人喻鸿斌发布了上半年全省安全生产情况和下阶段重点工作，并回答了媒体关心的安全生产热点问题。

7月18日，江苏煤监局在徐州召开全省煤矿安全生产大检查调度会暨煤矿安全许可证延期工作座谈会，江苏煤监局副局长于宗立出席会议并讲话，江苏煤监局总工程师徐林主持会议，各产煤市煤矿安全监管部门、徐州监察分局、各煤矿企业分管领导、分管处室负责人等参加会议。

7月24日，省安监局（江苏煤监局）召开党的群众路线教育实践活动动员大会。省委第十一督导组组长周毅之、国家安监总局第三督导组组长汪永高分别对开展教育实践活动提出意见和要求，局党组书记、局长王向明主持会议并就省局开展党的群众路线教育实践活动进行全面动员部署。省委和国家安监总局督导组成员、省局领导和近期退出班子的老同志、局机关全体干部、直属单位领导班子成员参加会议。

7月26日，全省输油气管道安全生产工作会议在扬州召开，局领导赵利复、单昕光出席会议，各市安监局分管领导及相关部门负责人、省管县安监局分管领导、各长输油气管道单位相关负责人参加会议。

8月3日，四川省安监局（四川煤监局）局长孙建军带队到我省调研安全生产监管监察工作情况，局长王向明主持座谈会并讲话，副局长喻鸿斌参加座谈会。

8月5日，省安监局（江苏煤监局）召开局长办公会，局长王向明主持会议并讲话。

会议总结了7月份工作，部署了8月份重点工作，听取了事故挂牌督办和1—7月全省较大事故情况汇报，通报了全国典型事故情况。

8月5日，省安监局（江苏煤监局）召开局党组中心组（扩大）集体学习会议，邀请《群众》杂志社副总编、教授苗成斌从党的群众路线历史回眸、时代挑战与路径创新等方面对党的群众路线进行了专题辅导。局党组书记、局长王向明主持会议，局领导班子成员、全体机关干部、驻宁直属事业单位领导班子成员参加会议。

8月7日至8日，省安监局局长王向明赴苏州太仓市、常州武进区和金坛市调研县级安监机构能力建设情况。

8月12日，省政府召开全省安全生产大检查综合督查工作会议，副省长、省安委会主任缪瑞林出席会议并讲话，省安委会副主任、省安监局局长王向明就《全省安全生产大检查综合督查工作方案》作了说明，省安委会副主任、省政府副秘书长王志忠主持会议。

8月12日，省安监局组织全体机关干部开展正反典型教育活动，观看了正面典型《信仰——时代先锋行》和《失德之害》警示案例视频片，局党组书记、局长王向明主持活动，局领导班子成员、全体机关干部参加活动。

8月15日，全省安全培训考试中心建设现场推进会在徐州召开，局长王向明出席会议并作重要讲话，徐州市副市长周宝纯到会致辞，局领导刘振田主持会议，各省辖市安监局长、分管局长、有关处室负责人及有关县（市）安监局长参加了会议。

8月15日，全省煤矿安全生产大检查第二次调度座谈会在徐州召开，江苏煤监局副局长于宗立出席会议并讲话，江苏煤监局总工程师徐林主持会议。

8月16日，各市安监局长座谈会在徐州召开，局长王向明主持会议并作重要讲话，局领导于宗立、赵利复、刘振田、喻鸿斌、徐林、陈忠伟、单昕光出席会议，各省辖市、省管县（市）安监局长，省局机关处室负责人参加会议。

8月19日，省安监局召开党的群众路线教育实践活动党组中心组学习交流会，省委第十一督导组组长周毅之出席会议并对群众路线教育实践活动下阶段工作提出了要求，局党组书记、局长王向明主持会议。

8月20日至21日，省安监局副局长喻鸿斌率省安委会第一督查组对南京市开展安全生产大检查情况进行综合督查。

8月20日至22日，江苏煤监局总工程师徐林率省安委会第三督查组对徐州市开展安全生产大检查情况进行综合督查。

8月21日至23日，省安监局副局长陆贯一率省安委会第五督查组对苏州市开展安全生产大检查情况进行综合督查。

8月22日，全省煤矿机电装备安全大检查推进会在淮安召开，江苏煤监局副局长于宗立出席会议并讲话。

8月28日，省安监局（江苏煤监局）党组书记、局长王向明到扬州生活科技学校调研指导党的群众路线教育实践活动。

8月28日至30日，省安监局局长王向明到扬州调研县乡安监机构能力建设情况。

9月2日，省安监局（江苏煤监局）召开局长办公会，局长王向明主持会议并讲话。

会议传达了省委省政府党委政府秘书长会议精神和《关于深入贯彻落实中央八项规定坚决刹住公款请客送礼不正之风的通知》精神，听取了事故挂牌督办和8月份全省较大事故情况汇报，通报了全国典型事故主要情况。

9月2日，省安监局副局长喻鸿斌就液氨安全生产监管工作接受了江苏人民广播电台的专访。

9月4日，省安监局党组成员、江苏煤监局巡视员刘振田到徐州机电高级技工学校检查指导党的群众路线教育实践活动开展情况。

9月5日，省安监局党组成员、江苏煤监局巡视员刘振田到徐州机电工程高等职业学校检查指导党的群众路线教育实践活动开展情况。

9月6日，江苏省煤炭工业协会会长（扩大）会议在连云港召开，省安监局（江苏煤监局）局长、省煤炭工业协会会长王向明出席会议并讲话，中国煤炭工业协会副会长姜智敏作全国煤炭经济形势报告，省局有关处室负责人及有关煤炭企业负责人参加会议。

9月17日，省安监局副局长喻鸿斌到省安全生产宣传教育中心检查指导党的群众路线教育实践活动开展情况。

9月18日，省安监局组织机关党员干部到南京雨花台烈士陵园凭吊革命先烈。

9月23日，省安监局副局长陆贯一、江苏煤监局总工程师徐林率调研组到徐州机电工程高等职业学校调研指导工作。

9月24日至26日，工业和信息化部党组副书记、副部长苏波率国务院安委会第三综合督查组到我省开展第二轮安全生产综合督查，省政府副秘书长王志忠主持汇报会，省安监局局长王向明、副局长喻鸿斌陪同督查。

9月25日，江苏煤监局总工程师徐林带队督查徐州市煤矿安全监管监察工作，并实地检查了华润天能大刘煤矿。

9月29日，副省长、省安委会主任缪瑞林率队在南京检查国庆节日安全生产工作，省政府副秘书长王志忠、省安监局局长王向明、南京市副市长罗群、省公安厅、住建厅、交通运输厅、商务厅、旅游局及省消防总队分管负责人陪同检查，并请3位专家一同检查点评，现场提问考核。

10月8日，省安监局（江苏煤监局）召开局长办公会，局长王向明主持会议并讲话，局领导、机关各处室负责人参加会议。

会议传达学习了习近平总书记在河北省委常

委专题民主生活会上重要讲话精神和罗志军书记在全省组织工作会议上的讲话精神，听取了事故挂牌督办和1—9月份全省较大事故情况汇报，通报了全国典型事故主要情况。

10月12日，省安监局（江苏煤监局）召开安全生产新闻发布会，副局长喻鸿斌发布了全省三季度和国庆长假安全生产情况、安全生产大检查开展情况以及下阶段重点工作，并回答了媒体关心的安全生产热点问题。

10月16日，省政府在宿迁召开2013年三季度全省安全生产工作点评会，副省长、省安委会主任缪瑞林出席会议并作重要讲话。省安委会副主任、省政府副秘书长王志忠主持会议并宣讲了习总书记关于安全生产工作的重要讲话精神。省安委会副主任、省安监局局长王向明通报点评了前三季度全省安全生产工作及安全生产大检查开展情况、部署四季度重点工作。各市政府分管领导、安监局局长，省安委会主要成员单位分管负责人，省安监局领导班子成员及有关处室负责人参加会议，宿迁市代市长王天琦到会致辞。

10月18日，江苏省煤炭经济研究会第三次会员代表大会在南京召开，江苏煤监局副局长于宗立出席会议并讲话。

10月29日至30日，省安监局局长王向明到泰州市调研隐患排查体系建设工作，并与泰州市市长徐郭平就安全生产工作交换了意见。

10月30日，省教育厅厅长沈健到徐州机电工程高等职业学校检查指导工作，省安监局（江苏煤监局）局长王向明，江苏煤监局总工程师徐林，徐州市副市长孔海燕以及徐州市有关部门负责人陪同检查指导。

10月30日，省安监局副局长喻鸿斌到丰县调研安全生产工作。

11月4日，省安监局（江苏煤监局）召开党组中心组学习会暨局长办公会，传达学习全省经济工作会议精神。局党组书记、局长王向明主持会议并讲话，局领导、机关各处室负责人参加会议。

会议传达了《中共江苏省委关于加强意识形态工作的意见》精神，听取了2013年省级安全生产专项资金项目申报及资金下达总体情况、事故挂牌督办和1—10月份全省较大事故情况汇报，通报了全国典型事故主要情况。

11月12日，省安监局局长王向明到镇江调研隐患排查治理体系建设工作，并与镇江市委书记杨省世就安全生产工作交换了意见。

11月14日，江苏煤监局副局长于宗立率纪检监察室、执法监督处、科技装备处、安全监察处有关人员对徐州监察分局今年以来监察执法、廉洁执法等工作进行年度检查和考核。

11月15日，全省煤矿学习贯彻《国务院办公厅关于进一步加强煤矿安全生产工作的意见》座谈会在徐州召开，江苏煤监局副局长于宗立出席会议并讲话，总工程师徐林主持会议。

11月19日，全省安全生产事故隐患排查治理体系建设现场推进会在无锡召开，省安监局局长王向明出席会议并作重要讲话。期间，王向明与无锡市代市长汪泉就安全生产工作交换了意见。

11月20日，各市安监局长座谈会在无锡召开，省安监局局长王向明主持会议并作重要讲话，局领导于宗立、赵利复、陆贯一、喻鸿斌、徐林、陈忠伟、柏利忠、赵启凤、单昕光出席会议，各省辖市、省管县（市）安监局长，局机关处室负责人参加会议。

11月22日，华东六省一市职业卫生监管工作第三次专题研讨会在苏州举行，国家安监总局副局长杨元元出席会议并作重要讲话。江苏省安监局局长王向明主持会议，国家安监总局职业健康司领导、华东六省一市安监局主要领导、分管领导、职业卫生监管处室负责人、有关重点市（区）安监局的领导出席会议。

杨元元充分肯定了华东六省一市职业卫生监管工作研讨会所取得的成果，并就加强职业卫生监管、职业卫生评估考核、落实企业职业卫生管理主体责任等工作提出要求。

11月22日，省安监局副局长喻鸿斌出席《南京市安全生产条例》颁布实施座谈会。

12月2日，省安监局（江苏煤监局）召开党组中心组学习会暨局长办公会。局党组书记、局长王向明主持会议并讲话，局领导、机关各处室负责人参加会议。

会议传达学习了党的十八届三中全会、省十二届人大常委会六次会议精神，听取了事故挂牌督办和1—11月份全省较大事故情况汇报，通报了全国典型事故主要情况。

12月3日，省经济和信息化委员会、江苏煤矿安全监察局联合在徐州召开全省煤矿安全质量标准化工作会议，省经信委副主任顾瑜芳、江苏煤监局副局长于宗立出席会议并讲话。全省煤矿企业分管负责人、部门负责人和所属煤矿矿长，有关市经信委、徐州监察分局的分管负责人和处室负责人参加了会议。

12月4日，江苏煤监局会同省经信委、省国土厅联合召开了徐矿集团旗山煤矿、三河尖煤矿深部安全开采论证结果审查会。省经信委副主任顾瑜芳、江苏煤监局副局长于宗立出席会议并讲话，江苏煤监局总工程师徐林主持会议。省经信委、省国土厅、江苏煤监局及徐州监察分局相关部门负责人及徐矿集团有关负责人参加会议。

12月5日，江苏煤监局副局长于宗立带队到夹河煤矿开展安全生产许可证持证条件及“一通三防”专项监察。

12月5日，省安监局党组成员、江苏煤监局巡视员刘振田到丰县检查指导扶贫工作完成情况和安全生产工作。

12月9日，副省长、省安委会主任缪瑞林率队检查南京非煤矿山和道路交通安全工作，并听取全省非煤矿山安全生产工作情况汇报。省政府副秘书长王志忠、省安监局局长王向明、南京市副市长罗群，省公安厅、省国土资源厅、省安监局、省能源局等单位分管负责人陪同检查。

12月10日，扬州生活科技学校召开领导班子专题民主生活会。省安监局（江苏煤监局）党组书记、局长王向明，省委第十一督导组副组长、省农委副巡视员唐明珍到会指导。

12月10日，省安监局副局长喻鸿斌出席大丰市落实企业主体责任推进会并提出明确工作要求。

12月12日，省科协党组书记、副主席陈惠娟来省局调研指导省煤炭学会、省劳动保护科学技术学会工作。江苏煤监局副局长、省煤炭学会名誉理事长于宗立，省煤炭学会、省劳保学会有关负责同志参加了汇报会。

12月13日，全省煤矿安全生产“7个十佳”评选结果审查会在南京召开，江苏煤监局副局长于宗立出席会议并讲话。省经信委、省总工会、省妇联、团省委有关部门负责人，省局有关处室负责人参加了会议。

12月13日，全省生产安全事故统计工作会议在南京召开，省安监局副巡视员赵启凤出席会议并讲话。

12月18日至20日，江苏煤监局副局长于宗立、总工程师徐林分别带队到徐州矿务集团、中煤大屯煤电有限公司、中煤第五建设公司等煤矿企业开展安全生产大检查“回头看”，考核煤矿企业主要负责人2013年安全目标完成情况。

12月20日，全国安全生产标准化建设现场推进会在无锡市召开。国家安监总局副局长孙华山出席会议并作重要讲话，副省长缪瑞林出席会议并致辞。省安监局局长王向明作大会交流发言。各省、自治区、直辖市、新疆生产建设兵团及副省级城市、示范试点城市安监局相关负责人，有关行业协会、科研院所和企业相关负责人，国务院有关部门以及国家安监总局有关司局、直属事业单位相关负责人参加会议。

12月26至27日，2014年度全省煤矿安全生产条件审查会在扬州召开，江苏煤监局总工程师徐林出席会议并讲话。

江苏省
安全生产重点工作综述

JIANGSU ANQUAN SHENGCHAN NIANJIAN

安全生产培训

2012年

【概况】 2012年，全省举办安全生产监管人员执法资格培训班31期，培训安全监管人员4116名；举办安全生产监管人员业务培训班5期，培训安全监管人员645名；举办安全培训机构师资培训班8期，培训安全培训机构教师739人。培训生产经营单位“三项岗位”人员58.6万人次，其中主要负责人和安全生产管理人员27.2万人次，特种作业人员31.4万人。

【落实安全培训责任】 省安委会2012年将安全培训考试机构建设、培训费用投入和“三项岗位”人员持证上岗率作为对各市年度安全生产目标责任考核的重要内容，并增加了考核比重。南京市制定了安全培训工作专项考核办法，明确了安全培训工作的要求，规范了“三项岗位”人员安全培训基础台账，细化了评分标准，定期对企业和安全培训机构进行考核奖励。

【认真学习宣传国务院安委会《决定》】《国务院安委会关于进一步加强安全培训工作的决定》下发后，省安委会办公室及时将《决定》转发到省安委会成员单位和各市政府，并对贯彻落实提出了明确要求；认真组织省安委会成员单位、全省安监部门相关人员收看了国务院安委办宣传贯彻《决定》视频会议。南通市安监局印制了《决定》和国家安监总局44号令宣传手册5000余本，免费发放到危化品生产（储存）企业、烟花爆竹批发企业、修造船及规模以上企业。宿迁市组建了“安全生产培训讲师团”，深入到企业宣讲国务院安委会《决定》精神，营造了良好的安全培训氛围。

【规范安全培训工作】 为加强和规范安全培训管理，修订完善了《江苏省安全生产培训管理实施细则》，制定了《江苏省安全生产培训监督检查办法》《关于进一步加强特种作业人员考试工作的通知》，促进了安全培训工作的健康发展。无锡市政府下发了《企业安全生产管理人员任职资格管理办法》，要求全市所有生产经营单位的安全生产管理人员，必须通过国家注册安全工程师资格考试或者通过无锡市安监局统一组织的安全知识和管理能力考试后方可上岗，通过培训和考试，已有14921人取得安全生产管理人员任职资格。

【提升安全培训教学水平】 积极组织全省各培训机构参加国家安全监管总局举办的第一届安全培训教师讲课比赛，经各市安监局推荐、省安监局初审，共报送8名优秀教师讲课录像参评。今年2月，总局公布了比赛结果，上海大屯能源股份有限公司培训中心张爱芹老师获个人二等奖，镇江市安全生产宣教中心鲁明和殷伟芬老师分别获个人三等奖，省局获优胜组织奖。扬州市安监局经常组织安全培训教学观摩和交流研讨活动，每年都组织机构专职教师深入生产经营单位进行现场调研，有效地提高了教师授课水平。

【提升安全培训教学水平】 2012年，省安监局投入安全生产专项资金510万元，支持建设省级和13个省辖市安全培训考试中心和远程监控平台。为统一考试机构建设标准，制定下发了《全省安全培训考试中心建设方案》，完善了安全培训考试软件和考试题库。各市安监局高度重视安全培训考试中心建设，积极争取政府和相关部门支持，想方设法协调场地和资金。连云港市政府多次召开相关部门协调会，在人力、物力、财力上给予全方位支持，市考试中心投入资金170余万元，划拨使用面积2100平方米，满足了安全培训考试工作的需要。徐州市安监局投入资金200多万元，依托徐州机电高等职业学校建设了1500平方米的安全培训考试中心；中心设有办公室、接待室、档案室、远程监考室、口试室等，建设了1个标准化的理论机考室和电工作业、焊接与热切割作业、高处作业等3个实操考场，现已与省考核审批中心联网，并进行了试运行。

【推进全员安全培训工作】 2012年，全省基层安监机构建设得到了有效推进，为提高基层安全监管人员的执法能力，省安监局依托省安全生产宣教中心主动到各市举办安全监管人员执法资格培训班，聘请长期工作在监管一线的领导和专家授课。多途径开展班组长安全培训。常州市认真制定班组长安全培训实施方案，指定专门机构负责班组长安全培训工作，加强班组长安全培训监督检查，到2012年年底，全市企业班组长已基本轮训一遍；大丰市安监局在经济开发区和港区等企业相对集中区域，对班组长进行免费的安全培训，受到了企业的好评。深入开展以农民工为主体的全员安全培训。淮安市全面开展企业安全培训普查活动，建立安全培训数据库，初步建立了1000余家企业的安全培训情况档案。南通市安监局充分发挥远程网络教育优势，大力实施全员安全培训工程，有889家企业通过远程网络培训平台培训职工13.6万人。

【加强安全培训监督检查】 各级安监部门将安全培训作为日常执法检查的内容，有效地推动了全员安全培训的开展。省安监局2012年9—11月部署开展了全省安全培训专项检查，各级安监部门共检查企业12675家，安全培训机构156家，发现问题2593件，下达整改通知书846份。镇江市安监局坚持把安全培训作为安全生产执法检查的必查内容，结合隐患排查治理，认真开展安全培训督查，通过执法检查促进培训工作的全面开展。泰州市安监局2012年对1432家企业开展安全培训专项检查，发出整改指令书690份，对75家企业进行了处罚，促进了安全培训主体责任的落实。

2013年

【落实安全培训监管责任】 省局党组高度重视安全培训工作，党组书记、局长王向明多次强调要充分发挥安全培训的保障作用，加强安全培训基础建设，加大安全培训工作力度，提高从业人员的安全素质。各市、县政府把安全培训作为安全生产的一项基础性工作列入重要议事日程，采取措施，狠抓落实。省安委办牵头建立了安全培训联席会议制度，指导相关部门履行安全培训监管职责，协调解决安全培训工作中存在的问题。其他各单位也都结合自身实际，采取目标责任考核、培训例会等方式，加强安全培训工作的管理，有力地推动了安全培训监管责任的落实。

【安全监管人员培训】 制定安全监管监察人员执法资格和业务培训计划。省局委托省宣教中心开发网上报名系统和在线学习平台，开设法律法规、安全管理、应急救援等网络课程，减少集中面授时间。提高培训的针对性，省宣教中心每年定期组织师资专题研讨会，并通过座谈会、调查问卷等形式，了解不同类型、不同层次人员的岗位特点和培训需求，完善课程设计和培训内容。

【提升安全培训教学水平】 全省各级安全监管监察部门、培训机构和企业积极推进培训方式多样化、培训手段现代化、培训内容规范化，安全培训教学水平有所提升。

【完善考试考核体系】 建设了全国领先的安全培训考试考核体系。建成省局和13个省辖市安监局安全培训考试考核中心，52个区域性考试点，72个计算机理论考场，46个实际操作能力考场，配备了101名考试管理工作人员，制定了全省统一的理论和实操考试工作流程，明确了工作职责、程序及规范，开发升级了全省安全培训考试平台和信息管理系统，实现了培训考试在线申请审批、计算机考试、远程视频监考等功能。8月份，省局在徐州市召开现场推进会，进一步推进全省安全培训考试中心建设。省局在安全生产专项资金中安排670万元用于支持各级考试机构的建设。据统计，省及各市考试中心建设总投资4200余万元，占地面积近5万平方米。

【以查促培强化监督检查】 各级监管监察部门将安全培训作为日常监督检查的重要内容，有力推进了企业安全培训主体责任的落实。连云港市针对新成立的徐圩新区、新海新区新投资企业、新上马项目多的实际情况，开展了“逐项目、逐人次”安全培训行动，在对新区企业从业人员进行全面排查的基础上，专门安排分管局长监督培训过程，确保企业岗前培训率达到100%。徐州、南通等市均组织开展了企业从业人员持证上岗专项执法检查，查处了一批违法违规企业和安全培训机构。

【煤矿安全培训】 注重加强机构建设，加大经费投入，强化日常管理，严格监察执法，培训工作已由“量”向“质”的方向转变。加强机构建设。徐矿集团在机构改革中，进一步充实培训机构力量，提高培训中心专兼职教师准入门槛。强化日常管理。全省煤矿从业人员安全培训实现了全脱产，全面推行了电子设备考勤，实行一天四考勤制度，中煤五公司在特种作业人员培训报到时，将学员个人信息全部扫描进系统，出勤情况一目了然，杜绝了替学、替考现象。夯实培训基础。徐州监察分局和江苏煤矿安培中心组织编发了《瓦斯检查工》教材，大屯公司编写了矿井六大系统培训教材，丰富了煤矿安全培训内容。严格执法检查。徐州监察分局每月至少安排8个工作日开展安全培训监察，在检查中突出“细”、“实”、“严”。

安全生产政策法规

2012年

【“安全生产年”活动】 代拟起草并配合下发《省政府办公厅关于继续深入扎实开展“安全生产年”活动的通知》（苏政办发〔2012〕45号），进一步明确了2012年扎实开展“安全生产年”活动的总体要求和目标。下发《省安委会办公室关于认真学习和贯彻落实〈省政府办公厅关于继续开展“安全生产年”活动的通知〉的通知》（苏安办〔2012〕18号），制定各市政府、省有关部门和单位2012年安全生产目标管理责任考核实施细则，将“安全生产年”活动开展情况纳入到对各市政府、省有关部门和单位安全生产目标管理责任考核实施细则内容，多次下发目标管理责任考核通知，并组织考核，通过奖优罚劣，促进“安全生产年”活动的深入开展。

【推进安委会各项重点工作】 代拟起草《省政府关于坚持科学发展全面提升全省安全发展水平的意见》（苏政发〔2012〕112号），起草了《省政府办公厅关于印发贯彻落实〈省政府关于坚持科学发展全面提升全省安全发展水平的意见〉重点工作分工方案的通知》(苏政办发〔2012〕180号）。代拟省领导在全省安全生产工作会议上的讲话稿，起草会议方案及省政府与13个市政府和15个省有关部门签订了安全生产目标管理责任书，配合省政府办公厅召开全省安全生产工作会议的各项议程与会务保障任务。起草了给国务院安委办《关于我省贯彻落实全国安全生产电视电话会议精神等情况的报告》（苏安〔2012〕22号）、给国家总局《安全发展战略顶层设计与安全监管监察机制创新有关情况》的报告、全省“打非治违”专项行动情况报告、全省关于中央企业安全监管的情况报告。下发了《关于切实做好全国“两会”期间全省安全生产工作的通知》（苏安电〔2012〕1号）、《关于在重点行业领域继续开展安全生产专项整治的通知》（苏安办〔2012〕10号）。转发了《国务院安委会办公室关于认真贯彻落实国务院第六次全体会议和全国安全生产电视电话会议精神切实加强第一季度安全生产工作的通知》的通知、《国务院安委会办公室关于认真贯彻落实中央领导同志重要指示精神，进一步加强安全生产工作的通知》的通知（苏安办电〔2012〕2号）、《国务院安委会办公室关于加强汛期安全生产工作的通知》，指导各地、各有关部门和单位做好重大节日、重要时期和重点时段的安全生产工作。同时，配合有关处室做好国务院安委办7月、9月等4次对江苏省安全生产的督查工作。

【开展“打非治违”和“四项排查”工作】 代拟起草了《省政府办公厅关于集中开展安全生产领域“打非治违”专项行动的通知》（苏政办发〔2012〕77号），大力推进全省各地、省有关部门和单位有序开展打击非法违法生产经营建设行为专项行动。完成了全省召开“打非治违”专项行动电视电话和视频会议会务工作，起草了省政府领导和局领导在“打非”专项行动视频会议讲的话稿，按国务院安委办要求，每周、每月上报全省开展“打非治违”专项行动工作情况。完成全省安全生产隐患排查工作。按照省委省政府“四项排查”要求，组织召开省政府“四项排查”安全隐患治理部署会议。

【深化重点行业领域综合治理】 扎实开展安全生产专项整治工作，3次下发2012年安全专项整治工作通知，进一步明确各专项整治的分工安排、目标任务、时间进度和考核验收标准。会同省公安、交通、住建等部门召开安全生产专项整治工作推进协调会，分析重点行业领域安全生产形势，研究制定专项整治工作措施和实施方案。配合省有关部门和省安监局各处室认真抓好重点行业领域安全专项整治工作。根据省政府办公厅通知要求，起草并上报《中共江苏省委常委会2012年工作重点任务分解方案》的实施建设，以及起草上报关于对“八项工程”推进情况及省委常委会工作要点、省政府重点工作落实情况汇报稿。按时参加省综治办每季度召开的综合治理和平安创建工作形势分析会议，对《社会管理创新工程实施方案》提出修订意见。

【提升安全生产监管监察水平】 承办各类征求意见文稿，完成《江苏省劳动合同条例》、《江苏省禁毒条例》、《江苏省道路运输条例》和《工贸企业较大安全风险作业监督管理规定》、《江苏省社会法人失信行为联合惩戒试行办法》、《江苏省自然人失信行为联合惩戒试行办法》、《江苏省治理公路超限运输办法》等法律、法规、规章征求意见稿40多件。办理江苏省人民代表大会代表议案、省政协提案2件。完成江苏省全面推进依法行政工作领导小组办公室2011年度依法行政考核工作的迎检工作，完成国家安监总局关于征求2012年度安全监管行政执法互查工作、省政府关于对职业病危害评价收费来信有关事项进行研究处理、省依法治省领导小组要求报送领导干部述法考评工作情况等汇报稿件数十份。梳理省安监局审批、征收、服务、交易等事项，与省法制办交换意见后，确定省安监局进驻政务中心事项。完成2013—2017年省人大常委会立法规划及次年立法计划项目建议的有关工作。审核省安监局相关处室起草的文件3件。参与法制监督平台网站建设工作。畅通复议申请渠道，按时提交行政复议答复书及相关证据材料。

【宣传贯彻省政府112号文件精神】 《省政府关于坚持科学发展全面提升全省安全发展水平的意见》出台后，以省安委办名义制定下发了宣贯方案，在《新华日报》作了专版宣传，江苏卫视和江苏广播电台分别对省安监局领导作了专题采访，编印了学习读本发到各地和省安委会成员单位，广泛宣传《意见》出台的意义、作用和主要内容。同时通过在江苏安全生产网上设立宣贯专栏，及时总结和推广各地、各有关单位在宣传贯彻工作中的典型经验和做法。

【开展安全生产月活动】 “安全生产月”活动主题鲜明，亮点纷呈，突出了“省市联动、部门联动、媒体联动”。省安委办召开了省委宣传部等省安委会成员单位的代表、江苏卫视等14家新闻媒体的代表参加的“安全生产月”活动协调会，组织各类送安全进社区、进企业、进基层活动共约8500场，社会累计受教育人数超过1500万人次。

【推进安全文化建设工作】 开展安全生产普法宣传教育，组织开展“法佑安全—纪念安全生产法实施十周年”征文活动。继续开展安全文化建设示范企业创建。在全省培育和树立了一批具有鲜明特色的企业安全文化建设典型，推荐了两家企业申报成为全国安全文化建设示范企业。加快安全社区建设步伐。今年南京三个街道已经通过了全国安全社区的验收。省安委办下发了《关于进一步深入推进安全社区创建工作的意见》，制定了江苏省安全社区创建管理办法和建设标准。持续开展“安康杯”竞赛、“青年安全生产示范岗”创建，举办安全文艺进基层、安全歌曲大家唱、安全演讲比赛等群众性安全文化活动。

【建立和完善新闻发言人制度】 召开了5次安全生产新闻通气会，省安监局领导接受主流媒体专题采访，积极、主动、及时地公布安全生产重大决策部署及重点工作进展情况、重大隐患挂牌督办情况、重大事故救援和事故查处情况，以及安全生产企业“黑名单”等内容，就社会普遍关注的热点问题进行解答，接受媒体和公众的监督，促使全社会更加关注、关心、理解、支持和参与安全生产工作。

【协调推进全省安全生产执法监察工作】 开展摸底调研工作，对基层机构建设、人员编制、执法装备配置、业务培训、人员待遇等情况进行全面了解，广泛听取了基层执法人员的意见和建议，在此基础上召开了全省安全生产执法监察工作会议。协调全省安全生产领域“打非治违”专项活动，总队组织起草下发文件5份，召开专题会议8次，收集基层数据报表832份，工作动态4612份，上报国家安监总局数据报表71份，上报工作总结、工作动态211份、21万字。今年以来，全省组织检查2.1万次，8.9万人次，打击非法违法、治理违章违规46万起，责令停产、停业、停建企业2594家，暂扣或吊销证件8650个，关闭非法违法企业206家，行政拘留885人，实施处罚2.15亿元。组织编写全省安全生产执法监察工作手册，制定全省安全生产执法卷宗评查方案，提出了统一全省安全生产执法服装的工作方案。推动全省安全生产执法交流工作，总队参与基层执法活动4次，召开了7个座谈会，145名基层执法人员参与了座谈，协调区域执法交流活动6次。

2013年

【安委办综合协调指导】 起草贯彻落实习总书

记等中央领导同志关于安全生产重要指示情况的汇报，省委常委会、省政府常务会议上安全生产工作的专题汇报。做好全省安全生产工作会议、安委会会议、季度安全生产点评会等会议材料准备工作。起草在全国安全生产工作会议、全国安全生产宣传工作会议、全国安全生产标准化推进会上江苏的经验材料。拟定省政府与13个市政府、15个省有关部门签订的安全生产目标管理责任书和任务书，制定考核细则，协调开展年度目标考核工作。指导各地、各有关部门和单位做好重大节日、重要时期和重点时段的安全生产工作，协调省政府领导节日期间安全生产督查。协助做好《全省安全生产状况率先基本实现根本好转目标体系》、《建立和完善安全生产“党政同责”制度的思考》等课题研究。

【安全生产大检查工作】 制定全省安全生产大检查工作方案，明确总体安排、工作分工和重点举措。编印13个市和49个行业部门的大检查方案，确保组织严密、全面深入。制定全省安全生产暗访抽查工作方案，逐条梳理暗查情况，向13个市书面通报。各市党政主要负责人迅速批示，督促整改。及时报送大检查周报、月报并编发专刊简报。选择一批典型案例，通过省级主流媒体曝光。省安委办制定下发《江苏省安全生产暗访抽查工作制度》，加强“四不两直”的暗访抽查力度。针对国务院安委会督查组提出的意见，及时跟踪整改情况。会同有关处室完成国务院安委会对江苏省安全生产的综合督查，组织对各市开展综合督查，形成暗查、督查资料汇编和工作总结。

【综合治理工作】 起草并上报了《中共江苏省委常委会2013年工作重点任务分解方案》的实施建设、《关于深化安全生产改革总体思路和重点举措》和省安监局关于对“八项工程”推进情况、十大重点工作百项考核指标和十项重点举措进展情况以及省委常委会工作要点、省政府重点工作落实情况汇报稿。按照省综治办要求，认真做好季度综合治理和平安创建工作形势分析，及时报送安全生产工作情况。省局的综治考评绩效工作位居全国前列，在全省综治迎考大会上作了典型发言。

【健全完善法规制度】 出台《关于进一步推行行政指导工作的实施意见》、《江苏省安全生产监督管理局行政调解工作制度（试行）》等9个规范性文件。协助编制《执法工作手册》，制定《全省安全生产执法监察年度考核评比细则》。将加强执法工作纳入省政府对各市政府年度安全生产目标考核。将《江苏省工作场所职业卫生监督管理规定》列入2014年度规章立法计划，上报省政府。

【梳理行政权力】 对照省安监局的职责，对涉及省安监局的工作内容，逐项提出贯彻落实意见，明确序时进度和具体措施。与省有关部门交换意见后，上报省安监局17项行政审批事项。

【提升行政复议水平】 配合省安监局相关处室办理2起省安监局被复议案件。处理3起对下级安监部门提起的行政复议案件。

【承办各类征求意见文稿】 完成各类征求意见稿45件。办理省人大代表议案提案1件。依法行政考核工作中，省安监局被评定为优秀等级，并在全国深化安全生产行政执法工作会议上作经验发言。

【推动宣传工作创新】 下发《关于进一步加强全省安全生产新闻宣传工作的意见》等文件，明确宣传工作新任务、新举措。召开新闻发布会4次，其他新闻发布活动8次。省安监局新闻发布工作受到国家安监总局和省委宣传部的表彰并作经验介绍。制定省安监局政务微博管理办法，2014年初省安监局新浪政务微博正式上线。与新华网合作编印江苏省安全生产舆情参考。与南京市安监局联合开展原创安全文化宣传作品征集活动，协助制作安全生产公益宣传广告及手册、《江苏省实施安全发展战略生动实践纪实》电教片。

【增强“安全生产月”效果】 围绕“强化安全基础，推动安全发展”主题，突出“省市联动，部门联动，媒体联动”，省安委办召开由省委宣传部等省安委会成员单位代表、江苏卫视等16家新闻媒体的代表参加的“安全生产月”活动协调会，研究部署，广泛动员。组织省公安厅、住建厅等相关部门共同参与“宣传周”活动。省安监局被评为全国“安全生产月”优秀组织单位。

【深化安全文化建设】 修订了评选标准，严格申报推荐、考核验收和网上公示程序，编印了《安全文化建设示范企业范本》加以宣传推广。完成《安全文化建设“十二五”规划》中期评估。有8家企业被评为国家级安全文化建设示范企业，命名了省级示范企业96家。省安委办下发

《进一步加强全省安全社区建设实施方案》，成立省安全社区促进办公室，制定管理办法和建设标准，全面推进省级安全社区建设。全省共建成国家级安全社区5个，江阴申港街道成为全省首个国际安全社区，命名首批省级安全社区5个。组织参加全国“打非治违”和“同煤杯”知识竞赛，省安监局荣获两个竞赛优秀组织奖，38家先进单位和11名先进个人受到国家安监总局和全国总工会的表彰。深化“安康杯”竞赛、“青年安全生产示范岗”创建活动，全省建立安全文化教育“六进”宣传小分队180余个；组织全省“生命之旅”安全生产文艺巡演。

安全生产规划科技

2012年

【实施安全生产“十二五”规划】 汇编全省安全生产“十二五”规划。组织编写《信息化建设暨应急指挥技术支撑平台建设》、《矿山救援基地建设》两个建议书上报省发改委。

【安全生产科技工作】 召开“规划科技工作会议”，研讨和部署“十二五”规划科技工作、信息化建设工作、安全标准化工作、重大危险源和重大隐患普查等工作。组织了2012年度省安全生产科技成果奖评选，评选出一等奖2项、二等奖9项、三等奖13项。组织全省2012年安全生产重大事故防治关键技术科技项目遴选，上报46项，国家安监总局审核批准31项。

【专家库管理】 召开安委会专家工作会议，提出省安委会专家换届调整意见。

【中介机构管理】 2012年推荐两家乙级安评机构申报甲级，国家安监总局批准一家。对2011年度安全评价机构标准化管理考核中存在问题的14家单位开展复查，形成复查通报，对14家机构存在的六方面问题，逐一提出整改期限和处罚标准。组织对外省在苏开展业务的甲级机构报告质量抽查。组织安评机构对安全生产工作的技术支撑作用调查，全省甲级安评机构已达8家、乙级机构34家。2012年省内机构共完成各类评价报告2124份，通过安评、标准化评审查出事故隐患35723条，提出整改措施42196项，为各级安监部门提供无偿服务1418人次。分两批组织专家对三家申请检测检验单位进行现场评审，并已公示、公告。截至2012年底，全省安全生产检测检验机构8家，其中甲级3家、乙级5家。

【安全生产标准化】 理顺专业处室、评审组织单位和评审单位的关系，定期召开会议，公开、公正、公平分配标准化评审任务。2012年，分四批公示二级达标企业149家。建立了标准化工作统计网，逐月统计全省标准化工作推进情况。截至12月底，全省累计达标企业13575家。其中，一级安全标准化企业63家，二级安全标准化企业368家，三级安全标准化企业13144家。

【隐患排查体系建设】 召开了全省隐患排查体系建设现场会。组织各市县（市、区）的试点报名。召开了全省安全生产事故隐患排查治理体系建设工作座谈会，以会代训，培训各市、各试点单位的人员120余名。从9月份开始每月三次调度试点工作进展，掌握试点进度。

【安全生产信息化建设】 积极配合电子监察、法制监督平台建设，协调开发软件、网络等技术单位逐一化解出现的问题。在镇江新区隐患排查软件的基础上，提出更符合隐患排查指南要求的通用版软件的开发需求，为试点单位推广使用隐患排查软件提供了技术保障。组织相关软件公司编制省安监系统软件开发、应用环境等方面的标准，为建设全省安监系统统一的工作平台做好基础工作。

2013年

【认真抓好《安全生产“十二五”规划》的落实】 组织编写《信息化建设项目立项报告》和“初步设计”，分别报送省发改委、省电子政务办。与安全监察处配合，将《矿山救援基地立项报告》报送省发改委。组织编写上报《江苏煤矿安全生产监管监察示范工程可研报告》，国家安监总局批复立项，给予资金预算500万元。编制完成《“十二五”规划中期评估报告》，分别报国家安监总局和省发改委。

【积极做好安全生产科技工作】 向国家安监总局组织推荐全省安全科技“四个一批”项目，

有3项当选。推荐全省重大事故防治关键技术项目，参加国家安监总局遴选，有28项当选。组织申报全省安全科技成果。

【安全隐患排查治理体系建设】 组成4个验收组，验收并公告了73个县（市、区）。现已完成了120个县（市、区）和两个地级市信息平台的验收。在原隐患排查治理信息平台中增加职业卫生管理的内容。召开了全省隐患排查治理体系建设现场推进会。每月调度各地隐患排查治理体系建设情况，为准确把握体系建设中出现的问题提供数据。

【开展企业安全生产标准化建设】 主动与各专业处室配合，协调评审组织单位，全年共完成二级标准化评审278家，并于12月26日在《新华日报》专版刊出。国家安监总局在无锡召开“全国安全生产标准化建设现场推进会”，对全省安全生产标准化建设工作予以充分肯定。每月调度各市标准化建设情况。组织了机械行业标准化暗访，形成书面报告。支持省纺织协会开展“特种劳防品经营管理标准化”，共评审通过145家经营企业，新创建38家。协调省质监局配合出台了《江苏省冶金等工贸行业小微企业安全生产标准化基本要求》的地方标准。

【严格各类安全技术服务机构管理】 安评机构管理。召开相关机构会议，通报年检情况。加大监管力度，对三家申报材料弄虚作假的机构暂停资质半年。召开“安评机构专委会”年会，坚持轮值制度，主任委员单位由省安科院轮值到无锡诺信安全科技公司。在违规调查、安评机构技术支撑作用调查、新安评师的培训等方面，发挥专委会作用。一年来，全省安评机构共完成各类评价2099项，提出隐患12498条，其中重大隐患960条，提出整改措施12796项。参与企业标准化咨询或评审2608家，提出不符合项59762项，提出整改措施63932项。

充分调研，下发了《乙级机构资质认可意见》，规范了乙、丙级资质认可工作程序。部署了32家到期机构的换证工作。

安全生产检测检验机构管理。组织专家对省安科院检测检验乙级机构资质申报材料现场评审，公示后批准其乙级资质。开展省内安全生产检测检验机构专项检查。

危险化学品安全监管

2012年

【开展隐患排查治理】 组织开展全省危险化学品事故隐患排查工作，明确以涉及危险化工工艺、重点监管危险化学品、重大危险源的企业和城镇化工企业为重点，全面排查治理事故隐患。组织开展危险化学品领域“打非治违”专项行动，明确“打非治违”行动的重点范围、重点内容、责任分工和工作要求，督促指导企业按照《危险化学品企业事故隐患排查治理实施导则》要求，建立健全隐患排查治理制度体系，规范隐患排查治理工作。在“打非治违”专项行动中，全省共查处无安全生产许可证或经营许可证从事生产经营活动63起，生产、经营许可证过期后继续从事生产经营企业107家，超许可范围生产经营危险化学品104起，危险化学品建设项目违法行为23起，责令停产整顿434家，吊销、暂扣许可证件15家，关闭（取缔）、拆除非法生产经营场所、装置设施91家（处），经济处罚合计1138万元。

【促进重点监管措施落实】 2012年初，制定下发了《关于深入开展全省危险化学品企业安全生产专项整治工作的通知》，明确了全年专项整治的范围、内容和工作要求。10月份，根据国家安监总局的部署和江苏省化工企业专项整治的工作安排，下发了《关于深入开展全省危险化学品企业安全生产专项整治工作的通知》，制定了分年度实施计划，用三年时间，通过加快企业自动控制技术改造、严格规范危险化学品重大危险源安全管理、对危险化学品生产储存装置进行设计安全隐患排查、危险化学品输送管道治理等重点工作的实施，进一步提升危险化学品企业的本质安全水平。

【推进自动控制系统的技术改造及运行】 组织开展了自动控制改造“回头看”工作，重点对改造后的自动控制装置设施的适用性、有效性进行评估，对其正常运行、维护保养和相关测量仪表的检测检验情况进行专项检查。经检查，共有1890家对自动控制仪表进行了检测检验。部分地区还根据本地区化工企业的特点，有针对性地细化规定自动控制改造的指导性意见。

【管理危险化学品重大危险源】 按照国家安监总局40号令的规定，组织对危险化学品重大危险源重新辨识、评估和备案，完善监测监控措施。全省完成危险化学品重新评估备案工作，组织重大危险源的监测监控系统改造工作。经排查，有涉及危险化学品重大危险源的企业1057家，其中构成一级危化品重大危险源的企业171家，二级重大危险源企业89家。

【落实危险化学品输送管道安全管理责任】 全省排查穿越公共区域的危化品输送管道720公里，其中埋地370公里，涉及125段管道47个责任单位，输送介质主要有原油、成品油、天然气、空气化工产品、基本化工原料等。全部明确了管理责任，落实了安全防护措施。

【开展化工企业专项整治】 自2012年起，开始了为期3年的化工企业专项整治，争取到2014年底，全省化工企业安全生产和环境保护标准全部达到国家相关要求，重点区域内的化工企业全部迁出，化工集中区安全、环保监管机制基本建立，长效管理机制进一步加强。2012年，322家企业实施关停并转搬。

【加强和规范化工集中区的建设和管理】 全省2012年有化工集中区62家。其中，国家级开发区内的化工集中区有13家，省级开发区内的化工集中区有35家。化工集中区内入驻化工企业1746家，占全省化工企业总数的30%。2011年，全省石化行业规模以上企业实现工业现价总产值1.43万亿元，其中，化工集中区内化工企业完成产值约6500亿元，占39.4%。62个化工集中区中，有48家完成了产业和布局规划，57家通过了省环保厅的区域环评，25家完成了区域安全评价，45家化工集中区成立了安全管理机构，26家化工集中区有地方安监局的专门派驻机构。所有化工集中区都建立了专门消防站，其中有46家获得省政府100万元的专项补助。有25家建立了化工集中区集中监测监控系统，对重大危险源和重点区域、重点企业实施监控和应急预警。

【推进危化品企业安全生产标准化建设】 对危化品企业标准化达标实施分类管理，三级达标实行月度报表制度，并细化统计口径，按照危化品生产企业、使用企业和有储存设施的经营企业三类，分类统计汇总，根据不同类型企业达标情况采取相应推进措施，及时协调推进工作进度。各地采取多种措施，从加强企业内审员和标准化评审人员的专业培训、加强对企业主要负责人的宣传教育培训、加强对考评机构和考评标准的细化管理、加强对达标企业的后续管理等方面，规范企业的达标考评工作。严格对二级标准化企业的达标考核工作，加强与二级标准化考评机构的沟通，协调解决二级达标中存在的技术性问题，加强监督管理，不符合达标条件的，一律不予通过。2012年，全省应达标危险化学品企业9998家，其中有7741家企业开展了标准化达标创建，2052家生产企业、879家使用企业、1726家经营企业实现三级达标，有175家危险化学品企业实现二级达标，二级标准化企业达标数占全省二级以上标准化企业的50%。

【建立企业安全生产标准化持续运行机制】 加强和巩固标准化达标的成果，各地因地制宜采取相应的措施，取得了一定效果。苏州市开展危化品企业作业现场可视化管理，把标准化的工作标准显示到作业现场的每一个岗位、每一步作业环节，促进作业人员自主按照安全标准化要求工作，提高现场作业安全管理水平，减少和杜绝“三违”现象。全市共346家企业推广作业现场可视化管理工作，新增各类设备、管道标识845个，作业指导书2062个，岗位应急卡1283个，各类警示标识4253个，安全信息板403个。南通市在全市化工企业中，重点推广应用HAZOP分析方法，从工艺、设备、仪表、控制、应急响应等方面开展系统工艺过程的风险分析，全市有176家化工企业开展了风险分析，排查和消除了一批设计隐患，增强了关键装置和重点部位的安全可靠性。各地普遍开展了危险作业环节的安全监管，重点加强对承包作业的安全管理，全省承包商作业中生产安全事故起数较往年有较大幅度下降。

【落实企业安全生产主体责任】 继续强化企业主要负责人履职报告制度、从业人员素质达标制度、化工企业专家检查制度、安全生产约谈制度、重大隐患挂牌治理制度、隐患排查治理制度的执行，进一步提高企业安全生产意识和依法依规生产经营的自觉性。

【促进行政许可规范】 根据《危险化学品安全管理条例》等相关规定，制定一系列配套的执行文件，保证新、旧条例的有序衔接。完成了与省交通主管部门有关港口码头危化品仓储管理职能的移交，明确了管理权限范围和职能分工。制定了《江苏省危险化学品建设项目安全监督管理实施细则》，明确了各级安监部门负责监管的危险化学品建设项目安全审查的责任部门，细化了许可条件和程序。规范了建设项目安全审查的标准，制定了安全审查三个环节的《危险化学品建设项目安全审查要点》，确定了建设项目审查要点和要求。根据不同性质项目需要，制定了《危险化学品建设项目安全审查简易程序管理规定》，明确了适用简易审查程序的建设项目的范围、条件和审查程序规定，既方便企业又保证安全审查条件不降低。与省经信委联合下发了《危险化学品建设项目工艺安全可靠性论证实施办法》，对国内首次使用的化工工艺安全可靠性，组织专家进行专项审查，2012年，共对38家企业的136个产品工艺是否属于国内首次使用的生产工艺进行确认，并对其进行安全可靠性论证。在136项产品工艺中，自主研发工艺有122项，占项目总数的90%。下发了《关于贯彻〈危险化学品经营许可证管理办法〉有关问题的通知》，对市、县级安监部门危化品经营许可权限进行细化规定，明确责任分工，并专门编制了《危险化学品经营企业现场核查表》，对加油站、无危险化学品储存的批发经营和储存危险化学品数量不构成重大危险化学品的经营企业等不需企业提供现状安全评价报告的几类企业，规定了许可证审查时现场安全检查的内容和范围，规范基层监管部门的许可行为。

2013年

【全面开展危险化学品领域安全生产大检查】 6月中旬，全省启动危险化学品从业单位安全生产大检查。印发《危险化学品领域安全生产大检查指导意见》（苏安监〔2013〕175号），重点突出对涉及“两重点一重大”企业，大型油库、储罐区、装卸区等重点区域的检查力度。大检查期间，国家安监总局分别对盐城、淮安、徐州市部分危险化学品生产企业进行突击检查；根据省安委会安排，省安监局组织人员对无锡、苏州等7市的部分危险化学品企业进行突击检查，针对国家安监总局和省安监局在检查中发现的安全管理和作业现场安全方面存在的共性问题，下发了《关于进一步加强危险化学品企业事故隐患排查治理工作的通知》（苏安监〔2013〕351号），进一步指导各地改进前一阶段大检查工作中的不足，推广先进经验，并对今后的大检查工作提出工作要求。在全省各级危险化学品安全监管部门的努力下，自大检查工作开展以来，全省危险化学品企业共自查互查出事故隐患25456条，已整改23556条，整改率达92.5%；全省各级安监部门共出动安全检查人员37000余人次，排查危险化学品企业21626家，排查出安全隐患33675条，其中31266条已经得到整改，整改完成率92.8%。大检查期间全省共下发隐患整改通知书551份，责令停产停业整顿48家，关闭3家。

【开展石油化工企业、石油库和油气装卸码头安全专项检查】 根据国务院安委会办公室组织开展石油化工企业、石油库和油气装卸码头安全专项检查的要求，省安监局组织经信、公安、环保、能源、交通运输等部门相关负责人参加国务院安委会办公室组织的全国石油化工企业、石油库和油气装卸码头安全专项检查视频会议，并转发国务院安委会办公室相关文件，明确了专项检查的工作目标、范围和内容，要求将专项检查与安全生产大检查相结合，统筹安排、强化手段，全面推进，按照“企业负责、属地监管，专业督查、行业主管”的原则，认真组织开展安全专项检查工作。

【强化危险化学品重大危险源的安全管理】 严格按照国家安监总局《危险化学品重大危险源监督管理暂行规定》的要求，对全省危险化学品重大危险源进行重新辨识、分级和备案，将其全部纳入监控范围，做到“一源一档、分类管理”，要求企业逐一制订应急预案，落实监控单位、责任人和监控措施。截至2013年年底，全省有涉及危险化学品重大危险源的企业1057家，其中构成一级危化品重大危险源的企业171家、二级89家、三级392家、四级405家。

【加快推进“两重点一重大”企业的自动化控制系统改造】 自2008年起全面开展涉及高危工艺设备的自动化控制改造工作以来，省安监局先后下发了《危险工艺自动控制改造建议方案》、《关于规范化工企业自动控制技术改造工作的意见》等文件，对危险工艺自动化控制改造的确认、改造、验收等各个环节提出了明确的工作要求，同时明确要求安全评价机构在对危险化学品企业进行安全现状评价（包括领证评价）时，必须对企业危险化工工艺生产装置的自动化控制系统改造和运行进行专门评价；对凡涉及危险化工工艺的新、改、扩建危险化学品建设项目，要将自动化控制系统作为安全审查时的A项（否决项）。对改造没有完成或不符合规定要求的，一律不予通过三级标准化评审，一律不予换发安全生产许可证。全省涉及首批公布的15种重点监管危险化工工艺的自动化控制改造全面完成，涉及危险化学品重大危险源自动化控制改造的企业992家，涉及装置1077个，已完成装置改造932个，占应完成改造装置数量的87%。

【开展在役化工生产装置安全设计诊断工作】 根据国家安监总局要求，全省自2012年年底开始全面启动了对未经正规设计的在役化工生产装置的安全设计诊断工作。2013年，全省重点推动了企业在申请相关安全生产行政许可时，其所提交的安全评价报告，应当包括对危险化学品生产储存装置安全设施设计诊断完成情况进行专门评价，重点针对原设计单位资质的符合性、未经正规设计的危险化学品生产储存装置与设计标准的符合性、需要进行安全设施设计复核的生产储存装置隐患整改完成情况等进行评价，并要形成明确的评价结论。常州市多次组织设计单位、评价机构、辖区和部分企业相关人员座谈调研，分析研究工作中存在的问题和困难，细化落实工作措施，提出了《关于进一步推进化工装置设计安全诊断工作的指导意见》。

【推广应用HAZOP分析方法】 2013年起，全省要求新建危险化学品建设项目涉及重点监管危险化工工艺的大型生产装置和涉及重点监管危险化学品中的有毒气体、液化气体、易燃液体、爆炸品且构成重大危险源的生产装置，在设计阶段，应当进行HAZOP分析，并将分析结果应用于装置的安全设施设计。

【强化危险化学品输送管道专项整治】 2013年初对全省范围内穿越公共区域的危险化学品输送管道进行调查摸底，逐一登记建档，明确责任主体。截至2013年年底，全省共有穿越公共区域的危险化学品输送管道1120公里，其中在用155条，涉及178段管道，57个责任单位，输送介质主要有原油、成品油、空气化工产品和基本化工原料等，输送管道全部明确了管理责任单位，落实了安全防护措施。

【推进危化品企业安全生产标准化创建工作】 明确企业安全生产标准化创建要求。制定出台了《关于全面开展危险化学品企业安全生产标准化工作的指导意见》，对标准化达标创建工作提出了具体要求。自2013年开始，对未实现三级以上标准化达标的企业，不予延期相关安全生产许可证件。创新安全生产标准化工作机制。根据全省中小型危险化学品企业偏多的实际，结合国家安监总局发布的《危险化学品从业单位安全生产标准化评审标准》，先后编制了《江苏省危险化学品企业安全生产标准化评审标准》、《江苏省小微型危险化学品企业安全生产标准化评审标准》，研究制定了《江苏省危险化学品企业安全生产标准化二级企业评审办法》，确定二级标准化企业达标评审组织单位、评审单位及其职责，规范企业达标申报条件和程序，规定评审程序和要求，建立了二级标准化达标申报、考评、复审和持续提升的管理机制，进一步规范了标准化创建行为。连云港市印发了《关于对危化品企业安全标准化体系运行管理工作开展互查互评活动的通知》，在全市已达标危化品企业开展安全标准化体系运行管理互查互评活动，对在互查互评活动中发现企业未按安全标准化体系运行管理的，约谈企业主要负责人。苏州市通过“安全标准化半月谈”系列专题讲座等活动，进一步提升标准化创建水平。扬州市出台了奖励政策，对创成一级标准化和二级标准化的企业分别奖励5万元和2万元，有效地推动了企业创建标准化的积极性。加强安全标准化工作的日常管理。全省采取多种措施，从加强企业内审员和标准化评审人员的专业培训、加强对企业主要负责人的宣传教育培训、加强对考评机构和考评标准的细化管理、加强对达标企业的后续管理等方面，规范企业达标考评工作。盐城市实行安全标准化动态考核，在市安全生产网站首页对各地危化品企业达标情况实行动态公示，对未按期完成达标创建工作的责任企业、挂钩服务人员进行红色警示，并将各地达标创建情况定期告知各县（市、区）政府分管领导和安监部门主要负责人，督促企业和挂钩服务人员推进安全标准化达标创建工作。

【深化化工生产企业专项整治】 省安委会印发了《关于进一步加强化工集中区安全管理的通知》，为进一步加强化工集中区安全管理提供了指导依据。

【加快重点区域化工企业的搬迁关停】 全省各地对重点区域内的化工生产企业进行摸底调查，摸清企业现状，列出需关停并转的企业名单，按照“一企一策”的原则，制订有针对性的搬迁、转产、关闭方案。扬州市成立了以市委书记为组长的推进化工企业搬迁工作领导小组，有力地保障了此项工作的开展。徐州市下发了《市政府关于印发徐州市主城区化工生产企业关停转迁实施方案的通知》和《市政府关于对主城区38家化工生产企业实施搬迁转产的通知》，确保化工生产企业在关闭、搬迁、转产过程中的停车作业、化工装置拆除和留滞化工物料的安全，防止企业在关闭、搬迁、转产过程中各类生产安全事故的发生。

【规范化工集中区安全管理】 2013年11月，省政府在南通市召开全省化工集中区安全工作汇报会，会议要求正确处理好安全生产与经济发展的关系，把安全第一的方针贯穿于产业发展和园区建设的全过程，努力把化工集中区建设成为安全发展的示范区。截至2013年年底，全省共有60个化工集中区，国家级开发区内的化工集中区有13家，省级开发区内的化工集中区有35家。有48家完成了产业和布局规划，57家通过省环保厅的区域环评，25家进行了区域安全评估。有55家化工集中区专门消防站建成投用并通过省安委会验收，其中46家分别获得省政府100万元专项补助。有45家集中区成立了安全管理机构。

【严格规范行政许可行为】 2013年，省安监局下发了《关于进一步加强危险化学品建设项目安全设计管理的通知》（苏安监〔2013〕369号）、《江苏省危险化学品生产企业安全生产许可证实施细则》（苏安监〔2013〕119号）和《关于认真做好危险化学品安全使用许可工作的通知》（苏安监〔2013〕356号）等一系列规范性文件，为相关行政许可工作的有序开展提供了保障。同时，坚持“谁发证，谁负责”的原则，严格许可准入，严格把关，对照标准逐条逐项审查验收，严格源头控制。

【强化安全教育培训】 2013年先后集中组织了两期由相关监管人员参加的全省危险化学品监管人员业务知识培训班，重点学习国家安监总局和省安监局出台的一系列重要文件，提高基层危险化学品安全监管人员的业务能力。

【基本完成危险化学品安全监管信息系统】 系统包含了危险化学品安全许可事项审批、企业基本情况、危险化学品安全管理信息发布、相关报表报送和统计报表生成等功能。2013年年底，生产许可、经营许可审批已上网正式运行，开展安全生产许可证审核系统与金安系统的对接工作。

【做好非药品类易制毒化学品监管工作】 按时完成了2013年度全省非药品类易制毒化学品企业信息年报和季报上报工作。转发了《国家安全监管总局办公厅关于印发非药品类易制毒化学品综合管理信息系统（第二期）实施方案的通知》，于10月8日起，全部实现了在线受理、颁证。

非煤矿山及冶金等工贸行业安全生产

2012年

【推进安全生产标准化建设】 完善安全生产标准化创建工作的长效机制，进一步明确冶金等工贸行业安全生产标准化建设推进过程中的职责分工。创新工作方法，拓展安全生产标准化创建工作的实施领域，通过多次调研，确定南京市、常熟市、无锡新区旺庄街道、泰兴市虹桥镇新市村作为冶金等工贸企业安全生产标准化创建工作的市、县、乡、村四级示范区域。同时，选定251家二级标准化试点企业，发挥引领作用。强化服务指导，充分发挥安全专家的作用。及时总结提高，召开了全省冶金等工贸企业安全生产标准化建设工作推进会。2012年，全省冶金等工贸行业完成安全生产标准化达标建设企业共计8539家，分别为一级达标企业19家、二级达标企业86家。三级达标企业8434家。

【推动隐患治理体系建设】 积极推进隐患排查工作，下发《关于深化非煤矿山及冶金等工贸企业隐患排查治理工作的通知》，对2012年全省非煤矿山隐患排查治理工作作出安排。8月，下发《全省集中开展非煤矿山安全隐患排查工作方案》、《全省集中开展冶金等工贸企业安全隐患排查工作实施方案》，进一步明确隐患排查的工作目标和工作要求。着力提高隐患排查水平，组织专家分别在冶金、建材、机械、地下矿山等行业选择了5家企业开展了剖析式的安全检查。全省各级安监部门共剖析检查了冶金等工贸企业595家。及时推广先进经验，组织调研镇江新区、无锡新区等地隐患排查自查自报工作以及信息平台建设的情况，确定了52个试点县（市、区），明确了全省安全隐患治理体系建设工作实施方案和具体工作要求。重视业务培训，邀请专家讲解辅导了《安全生产事故隐患排查治理体系建设实施指南》，提高了隐患治理体系建设工作的针对性和有效性。强化安全保障，省安监局制定出一系列指导帮助各地加强安全隐患治理体系建设的服务措施，在政策、资金和技术等方面给予强力支撑，免费提供给各地“江苏省隐患排查治理信息系统”软件，并进行相应的系统操作培训。同时，对建成体系并通过验收达标的县（市、区）实施以奖代补政策，一次性奖励10万元。全省有44家县（市、区）的安全隐患治理体系建设项目通过了省局验收。

【开展安全生产专项治理行动】 制定并下发了《关于进一步加强全省金属非金属矿山安全生产工作的通知》、《关于开展全省石油天然气安全生产大检查工作的通知》、《2012年江苏省冶金企业安全生产专项整治工作方案》、《全省工贸企业有限空间作业专项治理工作方案》、《深入开展全省铝镁制品机加工企业安全生产专项治理工作实施方案》、《全省集中开展冶金等工贸企业安全隐患排查工作实施方案》，督促指导各地深入开展各项专项治理行动。在全省金属非金属矿山“打非治违”行动中，共取缔非法盗采9处，责令停产整顿25家，提请关闭超建设周期矿山1家，处罚边建设边生产矿山1家，并有一批违规开采行为得到纠正。开展了冶金企业煤气及高炉安全管理专项课题研究工作，共有14篇课题研究成果入选汇编并下发冶金企业。全省工贸企业有限空间作业和铝镁制品机加工企业安全生产专项治理行动共检查企业4890家次，排查出安全隐患7485个。各级安监部门组织专题培训的企业负责人及安全管理人员9271人次，企业自行组织专题培训的从业人员61847人次。

【严格安全准入】 按照省政府的要求，各级安监部门积极参与矿产资源开发秩序整顿，严把安全设施“三同时”和许可证审查质量关，对不符合相关规定要求的矿山，一律不予办理行政审批手续，并及时注销了61家不符合相关要求或因资源整合而被关闭矿山的安全生产许可证。

【推进地下矿山安全避险“六大系统”建设】 下发《江苏省金属非金属地下矿山安全避险“六大系统”建设实施方案》，对全省地下矿山安全避险“六大系统”建设提出了明确的时间要求。9月份，召开了全省地下矿山安全生产工作会议，各地下矿山（包括在建矿山）逐一汇报了“六大系统”的建设完成情况。同时对部分矿山“六大系统”的建设情况进行了专项检查。

【加强应急管理】 在徐州铁矿集团举办了一次地下矿山透水事故应急演练。组织各市安监局负责人观摩了由省安监局、南京市安监局、中石化川气东送管道分公司和栖霞区人民政府共同主办的“川气东送管道应急救援演练”，并召开川气东送管道安全生产工作会议。

【做好尾矿库安全生产工作】 加强尾矿库的安全监管和日常监督检查工作，督促企业切实落实安全生产主体责任。对列入中央财政支持的连云港锦屏磷矿尾矿库隐患综合治理工程，多次赴现场进行督查，督促建设单位严格控制工程质量和工程进度。

【落实建设项目“三同时”规定】 各地把企业落实建设项目“三同时”规定作为日常监督检查的必要内容之一，建立了企业建设项目安全设施“三同时”监管档案。同时，主动加强与相关企业的联系，指导企业做好“三同时”工作，履行相关的备案手续。

【事故调查处理工作】 按照“四不放过”原则，严肃认真做好事故以及来信来访的调查处理工作，严格执行事故挂牌督办制度。同时，着重加强对事故发生原因的分析研究并制定相关措施，防止同类事故的发生。

2013年

【安全生产标准化建设】 加大标准化建设推进力度，全年全省冶金等工贸行业达标企业31657家（其中，一级企业11家、二级189家、三级31475家），同比增加了24532家。强化部门联动和标准完善，联合省经信委、人社厅、国资委、工商局、质监局、银监局等有关部门下发了《江苏省安监局等部门关于全面推进全省工贸行业企业安全生产标准化建设的实施意见》，组织制定了《冶金等工贸行业小微企业标准化基本要求》（地方标准），并正式颁布实施，牵头起草了《江苏省工贸行业小微企业安全生产标准化评分细则》，为推进小微企业标准化建设提供了制度保障。

【开展四个专项治理】 组织制定了金属非金属地下矿山防中毒窒息、餐饮场所燃气、涉氨制冷企业液氨使用、油气管道安全管理等4个专项治理和专项检查行动方案。治理行动和专项检查工作中，共检查督查相关企业3617家次，组织培训安监人员1453人次、企业负责人及安全管理人员26042人，责令停产整顿企业45家，提请政府关闭企业7家，维护了安全生产秩序。推进矿山整顿关闭工作。按照《江苏省2012—2015年金属非金属矿山整顿关闭工作方案》，认真执行整顿关闭计划，列入今年关闭任务的18家企业已全部完成。严格落实邳州石膏矿停产整顿工作，督促当地政府加强矿山企业兼并重组，确保整顿到位。

【组织安全生产大检查】 下发《关于开展非煤矿山安全生产大检查的指导意见》、《江苏省冶金等工贸行业安全生产大检查实施方案》和开展陆上石油天然气安全生产大检查的通知。全省非煤矿山和冶金等工贸行业共组织检查企业53363家次，查处安全隐患117966项，其中重大隐患363项（重大隐患挂牌督办270项），整改354项；一般隐患117603项，整改115715项。责令停产整顿362家，提请政府关闭39家。积极创新检查的方式方法。选择7家典型企业开展安全审计，发现481条隐患并跟踪监督整改到位；组织了13个组次，对35家企业进行暗查暗访，发现的113个安全隐患全部限期督促整改到位，对1家地下矿山企业作出停产整顿，1家露天矿山企业暂扣安全生产许可证；协助完成了国家安监总局委托辽宁省安监局对全省石油开采企业的全面安全检查，对检查发现的问题全程实施跟踪督办。突出抓好重大节日、重大活动以及事故易发季节的安全生产工作。

【推动依法监管】 严格准入条件，按照“三个一律”的要求，严把非煤矿山许可证网上办理审批关，非煤矿山许可证网上审批工作进一步规范、完善和透明。全年颁发许可证32个，办理延期22个、变更16个、变更和延期12个，注销许可证19个。抓源头控制，严把建设项目安全设施预评价、设计审查以及竣工验收的关口。大力推进地下矿山安全避险“六大系统”建设。强化石油天然气管道建设项目安全设施“三同时”的监管，共备案《安全预评价》报告4份，组织了7个建设项目《安全专篇》评审和4个建设项目竣工验收并给予批复，对5个建设项目进行了竣工验收，对3个验收合格项目给予了批复。

【强化基础工作】 制定下发了《江苏省石油天然气长输管道安全生产监督管理暂行办法》，规范了长输管道的安全管理工作；制定下发《江苏省冶金等工贸企业有限空间作业安全管理办法》，进一步细化了有限空间作业的安全监管具体要求和方法；编印了《江苏省非煤矿山及冶金等工贸行业（2011—2012年）挂牌督办事故案例》，用事故教训强化警示教育，推进工作落实；组织起草了《江苏省冶金企业高炉作业安全管理指导意见》，进一步推广运用冶金企业14项课题研究成果；与省宣教中心共同制作了《冶金企业煤气安全》电教片1000余盒。

【事故和信访事件调查督办工作】 先后督办了“4·17”连云港巨隆特钢有限公司钢水喷爆、“9·9”南京久鼎制冷空调设备有限公司爆燃、“9·14”镇江江苏恒神纤维材料有限公司窒息和“11·24”南京市中石化管道分公司鲁宁输油处管道漏油等4起事故和19起信访事件和群众举报，其中3起事故已完成督办并解除挂牌，信访事件和群众举报已完成调查处理并办结，确保了事事有答复、件件有回音。

安全生产综合监管

2012年

【履行综合监管职责】 会同公安、交通等部门和单位深入开展道路运输安全综合治理。大力宣传贯彻落实《道路交通安全“十二五”规划》，以“道路客运安全年”为载体，以长途客车、旅游客车、卧铺客车和县级客运企业为重点，深入开展道路客运安全专项整治工作，开展了以整治超速、超员、超载、疲劳驾驶违法行为的“三超一疲劳”专项行动，长途卧铺客车清理整顿，吸毒和酒后驾驶专项整治工作。实现了中秋国庆长假小型客车免费放行的安全保障工作。会同住建、交通、水利、铁路、电力等部门深入开展建筑施工安全隐患排查和专项整治。开展了以起重机械、脚手架等施工设施设备安全隐患为重点的排查治理及在建工程涉及的深基坑、高大模板、脚手架、建筑起重机械设备等施工部位和环节的重点整治，及时消除安全隐患，有效防范坍塌等事故发生。会同住建部门开展文明施工工地创建活动和信息化安全管理系统推进应用工作。配合铁路部门深入开展高铁安全专项整治。开展了“铁跨公和公跨铁”等安全隐患排查治理，强化铁路运输企业安全责任制落实。协调京沪高铁沿线“打非治违”专项行动后续工作。配合农机部门开展“平安农机”示范创建工作。会同省农机局开展“平安农机”示范县、示范乡（镇）建设，向农业部和国家安监总局推荐“平安农机”示范县工作。督促协调农机部门加强农机安全管理，深入开展农机合作社组织创建工作。会同海洋与渔业部门开展“文明渔港”和“平安渔业”示范县创建活动并向农业部和国家安监总局推荐“文明渔港”工作。会同海洋渔业部门深入开展“三无”渔船专项整治和渔船编组出海作业工作。配合旅游部门开展旅游安全专项整治工作。推进安全生产专项资金使用项目的落实。分别为省住建厅建设工程施工现场安全生产应急救援管理信息平台建设项目和江苏海事局水上救助快艇建设项目。

【加强企业安全生产标准化建设】 推进道路运输客运企业标准化建设。会同交通运输、公安部门落实道路旅客运输企业安全管理规定，制定《交通运输企业安全生产标准化考评管理办法》，督促运输企业落实安全生产主体责任，确保客运安全。推进电力企业安全生产标准化建设。按照国家电监会和国家安监总局的工作部署，会同省电监办督促指导电力企业开展电力安全生产标准化建设，培育了一批安全生产标准化一级、二级、三级发电企业。推进建筑施工企业安全生产标准化建设。指导协调住建等部门对施工企业的安全生产条件和施工现场安全生产状况进行检查评估和分级考核，督促企业加强施工现场安全过程控制。推进船舶造修企业安全生产标准化建设。会同经济和信息化、海洋渔业等部门，逐步推进船舶造修企业安全生产标准化建设，推进船舶造修企业加强安全基础能力建设和程序化管理，按照安全生产标准化基本要求，开展达标评级工作。推进民爆行业企业安全生产标准化建设。协调省国防工办制定《江苏省民爆行业安全生产标准化细则》，在全省范围内开展达标创建工作。推进水上运输企业体系审核标准化建设。配合交通运输、海事部门建立健全船舶安全管理体系审核制度，督促航运公司提高安全管理水平，完善安全条件，保障船舶安全。推进铁路运输企业标准化作业建设。配合铁路部门通过实行管理制度标准化、人员配备标准化、现场管理标准化、过程控制标准化，全面提高铁路运输企业安全管理水平。

【新、改、扩工程项目的安全评估及其“三同时”工作】 对综合监管领域有较大安全风险的新建、改建、扩建的建设项目（工程），督促建设单位做好安全预评价和安全设施设计工作，做好预评价报告、安全设施设计审查和安全设施专项验收备案等工作。

【强化烟花爆竹安全许可】 严格执行《烟花爆竹工程设计安全规范》，督促各地市安监局指导企业加大安全投入，改善安全生产条件，完善安全基础设施。在安全设施的设计审查和竣工验收环节，充分发挥专家的技术支撑作用。全年共有32家企业完成仓储安全设施改造提升的设计审查和竣工验收任务，其中18家完成建设任务，并通过竣工验收投入使用。

【完成烟花爆竹批发企业三级安全生产标准化达标任务】 根据国家安监总局企业安全生产标准化工作的要求，在总结2008年烟花爆竹企业安全生产标准化工作经验基础上，依据新办法和新标准，制定了具体工作方案和实施计划。年底前，全省所有烟花爆竹批发企业全部达到三级以上安全生产标准化水平。

【氯酸钾专项治理工作】 按照《关于深入开展氯酸钾专项治理工作的通知》要求，委托省乡镇企业烟花爆竹安全质量监督检测有限公司对13个市52家烟花爆竹批发企业212个批次的产品进行了抽检，未发现批发企业存在违规购进含氯酸钾产品的情况。针对极个别企业购进产品还存在含违规药物的问题，要求各地市安监局进一步强化日常安全监管工作，指导企业严格执行购销合同制度，严把进货质量关，避免再次出现购进违规含氯酸钾产品的问题。

2013年

【履行综合监管职责】 召开宁连高速公路六合段跨线桥安全隐患整治协调会，针对多年来存在的产权不明、责任不清、隐患得不到及时整改的情况，明确整治责任和具体任务，强调整改期间有关部门和单位的防范措施。组织省公安厅、交通运输厅，按照《国务院安委会办公室关于开展道路交通安全专项督查的通知》（安委办〔2013〕11号）精神，在全省范围内开展道路交通安全专项督查行动。组织督查各市贯彻落实《国务院关于加强道路交通安全工作的意见》（国发〔2012〕30号）的具体工作措施。会同省公安厅、交通运输厅、农机局开展338省道农用车非法超载专项整治。针对全省各类（经济、技术、高新）开发区建设工程事故频发势态严重的状况，协调省住建厅下发了《关于开展各类开发区建设工程安全监管专项检查的通知》，组织督查组对各地工作开展情况进行督查，严厉查处整治未批先建、非法施工等导致的安全隐患。

针对一个时期省内建筑施工坍塌事故多发的特点，组织协调省住建厅、交通运输厅、水利厅、质监局、铁路办、电监办、能源局、通信管理局等单位开展工程建设领域预防施工起重机械脚手架等坍塌事故专项整治工作，各地、各有关行业主管部门按照统一部署，结合行业实际，利用半年时间逐项排查整治突出问题。协调省综治办、公安厅、经信委、交通运输厅共同研究下发《全省危爆物品安全大检查大整治工作方案》，并对全省危爆物品安全大检查大整治情况进行督查。

【深化平安创建】 会同省有关部门，在道路交通、建筑施工、水上交通、农机、教育、医疗等行业领域继续深化“平安畅通县市”、“平安渔业示范县”、“文明渔港”、“平安农机示范县”、“校安工程”、“平安医院”创建活动，及时“推出一批典型、抓出一批试点”。截至2013年年底，全省创建“平安畅通县市”25个，“平安渔业示范县”国家级6个、省级8个，“文明渔港”国家级4个、省级6个，“平安农机示范县”国家级26个、省级48个。

【安全生产标准化达标创建工作】 会同有关行业主管部门，全力推进安全生产标准化工作，与经信、交通、国防工办、电力等部门联合发文，创建联动机制。积极推进第三方机构在客运、水运、港口码头、航道等企业开展安全管理规范评估，并作为行业行政许可审批的重要依据；大力开展施工企业现场安全生产状况分级考核，全面加强施工现场安全过程控制，并将结果与工程建设招投标管理和诚信体系考核相结合；持续推进水上运输企业体系审核标准化、铁路运输企业风险评估标准化、民航运输企业安全审计标准化以及电力、军工、民爆、道路运输、水上运输等企业安全生产标准化工作。会同省经信委提出以标准化创建为抓手，全面提升造修船行业安全管理水平的思路，并联合发文，开展造修船企业安全标准化达标创建工作，提高企业安全管理规范化和科学化水平。

截至2013年年底，全省民爆企业达标27家，军工企业达标76家，发电企业达标52家，建筑施工企业达标6787家，交通运输企业（含港口、码头）达标55家，水利施工企业达标683家，特种设备达到标准化管理要求使用单位9.7万家，海洋渔业达到标准化渔船431艘，民航达到标准化管理企业9家。综合监管行业领域安全生产标准化达标企业（使用单位）已达105271家。

【完成事故调查处理和结案工作】 按照“四不放过”原则和“依法依规、实事求是、注重实效”的基本要求开展事故调查工作。跟踪指导地方各类事故40余起。积极参与并协调相关部门做好苏州市“6·11”液化石油气泄漏重大爆炸事故调查处理工作。指导、协调并帮助解决市、县安监部门在事故调查处理中遇到的各类问题。积极主动协调海洋与渔业部门共同向国家安监总局和农业部客观反映南通“10·8”重大渔船翻沉事故，协调南通市相关部门开展调查，促成事故调查合理定性。

【强化烟花爆竹安全许可】 2013年，严格执行新标准新规范的要求，督促各地市安监局指导企业加大安全投入，改善安全生产条件，完善安全基础设施。严格安全设施的设计审查和竣工验收环节，全年共有17家企业完成仓储安全设施改造提升的设计审查和竣工验收任务，其中3家完成建设任务，并通过竣工验收投入使用。

【开展烟花爆竹安全生产标准化建设】 组织开

展了三级标准化建设“回头看”和二级标准化企业创建工作。通过“回头看”活动的开展，进一步完善了安全生产基础条件，健全了各项安全生产规章制度，规范了安全生产行为，企业安全管理水平得到整体提升。为进一步提高企业本质安全水平，各地市选定了1—2家二级标准化试点企业，有计划有步骤地开展二级标准化创建工作。截至2013年年底，有9家批发企业达到二级标准化标准。

【加强行政许可过程监督】 根据《国务院关于第六批取消和调整行政审批项目的决定》（国发〔2012〕52号）和《烟花爆竹经营许可实施办法》（安监总局第65号令）精神，及时将烟花爆竹批发企业的行政许可工作下放至设区的市安监局，并要求各市严格申报受理和条件审查，确保审批过程严格、规范、合法。在下放过程中，坚持权力与责任同步下放，调控和监管同步强化，防止出现管理真空，工作重心由事前向事中转移，主要精力放在监督和执法上，对各地的具体执行情况加大了指导和监督力度。

职业卫生监管工作

2012年

【宣传贯彻法律法规】 2012年，《职业病防治法》颁布实施10周年、新修改的《职业病防治法》实施第一年，国家安监总局连续发布职业卫生监管5部规章。为做好宣贯工作，省安监局专题下发17号文件，对宣贯工作做出部署，提出明确要求。在“安全生产宣传咨询周”启动仪式上，发放《职业病防治法释义》、《职业病防治知识读本》、《职业病防治宣传画册》1000多份。

【职业病危害专项治理】 推进石英砂加工企业粉尘危害、石棉制品企业粉尘危害专项治理，进一步加大治理力度，在规定时间内仍整改不到位的，该停产整顿的停产整顿，该关闭的提请关闭，确保整治行动取得明显实效。2012年，确定木制家具制造、电子产品制造、皮革箱包和制鞋、水泥生产和铅酸蓄电池生产5个职业病危害严重的行业作为专项治理的重点行业。全省职业病危害专项治理工作中，有3089项问题和隐患得到了整改，有233家企业被责令关闭或停产整顿，其中石英砂加工企业195家、石棉制品企业6家、木制家具制造企业32家。10月底，组织4个督查组对13个省辖市、26个县（市、区）、57家重点企业进行了抽查督导。

【职业卫生安全许可证试点工作】 根据修订后的《职业病防治法》和《工作场所职业卫生监督管理规定》（国家总局令第47号）等有关法律法规和规章的规定，结合前期试点工作实施中的困难和问题，省安监局组织力量对试行的许可证实施办法和条件评价表进行了重新修订。9月，部署在全省木制家具制造企业全面推开职业卫生安全许可证试点工作。

【职业卫生“三同时”审查工作】 对职业卫生“三同时”审查工作中的材料审核、专家技术审查、验收和许可时限要求等重要环节作出规范要求。自2012年年初，省安监局将本级负责的省投资主管部门和省政府授权的有关部门审批、核准或备案的建设项目（不含跨省辖市的建设项目）职业卫生“三同时”审查相关工作交由省辖市安监局承担。今年以来，省级完成建设项目职业卫生“三同时”审查、备案批复94项。新、改、扩建项目职业卫生“三同时”覆盖率较往年大幅度提升，特别是在危险化学品、国防科工和电力生产等行业覆盖率达到95%以上，港口码头、机械制造、纺织轻工等其他行业覆盖率达到70%以上。

【职业病危害基础性工作】 7月份，省安监局专题下发通报，根据新修订的申报办法（国家总局48号令）的具体要求，提出切实提高认识、加大申报力度、加强申报管理等具体要求。全省完成备案企业数共有40002家，新增14100家，正在填报的企业有4223家，申报总数较2011年提升50.9%，位居全国第二位。

【职业卫生监督执法】 专题下发《关于加强职业卫生监督执法工作的通知》，将职业病危害严重、接触人员多、易发生重大职业病危害事故的行业、企业作为重点监督执法对象。同时，积极探索事前预防和预警机制，配合做好职业病诊断、鉴定工作，充实完善日常监督检查信息，督促企业开展职业病危害因素检测评价、职业健康检查，研究制定现场调查工作总体方案和部门间协调机制。根据《职业病防治法》相关规定和职责要求，对群众的来信来访及时办理回复、及时化解矛盾，严防重大职业病危害事故和群体性职业病危害事件的发生。参与职业病省级鉴定6次，组织现场调查10次，处理争议5项，信访19件，群众来访6人次。

【职业卫生培训】 分两期开展职业卫生监管执法业务培训班，共培训市、县两级安监职业卫生监管和执法人员270多人。在全省范围内开展了石棉制品制造、石英砂加工和木制家具制造企业主要负责人和职业卫生管理人员的职业卫生培训工作。全省共培训三类企业2729家，培训企业负责人2633人，职业卫生管理人员3383人。全省各类企业开展了从业人员培训，共培训管理人员1.7万多人、从业人员19.8万多人次。

【职业卫生技术服务机构监督管理】 对经省安监局复核确认的106家职业卫生技术服务机构（其中乙A级评价和检测机构共52家，乙B级评价和检测机构共45家，检测机构共9家；具有非医疗放射防护检测与评价资质的共47家），进一步进行审核，换发国家安监总局统一印制的资质证书。编制完成《江苏省职业卫生技术服务机构设置规划》，提出到2015年全省职业卫生服务机构的设置类别、数量、规模及分布等的工作目标。开展职业卫生技术服务机构审核认定试点工作。组织现有职业卫生技术服务机构逐步开展新资质证书换发工作。组织职业卫生技术服务资质到期专业人员的复训和试点机构职业卫生技术服务专业人员的培训。加强对技术服务机构服务质量、服务行为的监管，完善监督检查机制，规范服务行为，采取年检、质量抽查、报告评优、实验室比对等方式，督促职业卫生技术服务机构提高技术服务水平和能力。

【推进监管制度建设】 省安监局把职业卫生工作摆上全局重要工作日程、列入重点工作计划。把职业卫生与安全生产工作一同考核，将职业卫生工作指标纳入政府年度安全生产考核内容之中，考核比重逐年增加。结合安全生产隐患排查、标准化创建等重点工作，把职业病危害治理工作作为重要内容，使职业病危害隐患和安全生产隐患一并排查、安全生产与职业卫生一并达标。充分利用现有安全监管机制体制和监管经验，将安全生产与职业卫生监管实行一体化，同部署、同推进、同实施、同考核。起草《江苏省工作场所职业卫生监督管理规定》、《江苏省职业病危害项目申报管理办法》、《江苏省用人单位职业健康监护管理办法》。

2013年

【职业卫生基础建设活动】 制定《江苏省开展职业卫生基础建设活动实施方案》，有针对性地选择在石英砂制品、石棉制品、木质家具制造、电子产品制造、皮革箱包及制鞋、水泥生产和铅酸蓄电池生产等职业病危害重点行业的企业开展职业卫生基础建设活动。突出企业主体推动基础建设活动，以企业自查自改为主、安监部门抽查为辅，增强企业责任意识。通过以点带面推动基础建设活动。2013年，从不同行业代表性、不同规模代表性、不同职业病危害因素代表性的企业中，着力培育一批职业卫生管理规范、防护措施到位、主体责任落实的企业，从中遴选了559家作为全省职业卫生基础建设活动示范企业。

【推进职业病危害专项治理行动】 全省列入专项治理的企业共5908家，从统计情况看，6项治理指标中，申报率达89%，培训率达86%，“三同时”工作开展率达95%，现状评价率达34%，危害因素监测率达74%，健康监护档案建档率达73%。从监督检查情况看，发现问题和隐患7835项，其中责令当场改正5231项，限期改正1253项，累计停产整顿企业53家，提请关闭或取缔非法企业106家。

【职业卫生“三同时”审查工作】 严格规范审查环节。针对各地职业卫生“三同时”进展不平衡、标准不统一等情况，省安监局从省级项目开始规范，专题发文对材料审核、专家技术审查、竣工验收和许可时限等重要环节作出规范要求。结合“简政放权”工作要求，将本级负责的省投资主管部门和省政府授权的有关部门审批、核准或备案的建设项目（不含跨省辖市的建设项目）职业卫生“三同时”审查相关工作交由省辖市安监局承担。切实加强源头控制。全省各地与发改、经信等建设项目审批部门加强联系，采取联合发文、事项告知等形式，推进建设项目职业卫生“三同时”工作的落实。“三同时”覆盖率较往年有大幅度的提升，对过去未做“三同时”就已投入生产运行的职业病危害严重项目，强力推进现状评价进行补课，全年现状评价1854项。不断强化督查抽查。9月至11月，组织专家对全省

13个省辖市、3个省管县、26个县（市、区）、58家企业的建设项目“三同时”工作实施了监督抽查，将存在的主要问题进行通报，提出要求。2013年，全省共完成建设项目审查1147项，其中预评价审核571项、设计专篇审查107项、竣工验收469项（含省级委托完成审查119项）。

【职业病诊断鉴定现场调查工作】 稳妥开展职业病诊断鉴定现场调查工作。下发了《关于做好职业病诊断、鉴定过程中现场调查等相关工作的通知》，对现场调查工作初步进行了规范。全年省、市、县三级共完成卫生部门提请的77起职业病诊断鉴定的现场调查工作。

【职业卫生监管基础性工作】 持续推进职业病危害申报工作。全年新增申报企业数为27537家，全省申报企业总数为64718家，申报总数列全国前列。启动职业病危害现状普查工作。第三季度，完成了普查软件的研制开发，第四季度依托安全生产隐患排查系统现有的信息平台，开展职业病危害现状普查。截至12月20日，有74个县（市、区）开展了普查工作，共有13174家企业录入了普查信息，占安全隐患排查企业的11.9%。继续推动向企业告知职业卫生事项的专项工作。全省各地通过“向企业写一封信”、分发告知书、张贴宣传公告、开辟媒体报道专题等方式，共发放企业告知书12万余份，签订承诺书5万多份，推动了企业职业病防治主体责任意识的提高。扎实开展宣传培训工作，部署开展了以“防治职业病，幸福千万家”为主题，各类大型集中宣传咨询活动，共出动宣传人员430人次，设立宣传展台110个，布置宣传展板800多块，悬挂宣传挂图1600多幅，分发宣传资料4万份，接受现场咨询讲解5000多人次，并通过报纸、广播、电视、互联网等媒体，广泛营造良好的舆论氛围。全年共培训监管执法人员1265人，企业负责人和职业卫生管理人员87365人，从业人员46.2万人。

【创新职业卫生监管方式】 继续推进职业卫生安全许可证试点工作。截至2013年年底，核发许可证332家。开展职业卫生与安全生产监管一体化试点工作，在昆山、丹阳两个县级市开展了一体化试点工作，两市充分利用现有安全监管体制机制和监管经验，将安全生产与职业卫生监管同部署、同推进、同实施。开展了职业卫生监管配套规范标准的研究制定工作。制定了《江苏省工作场所职业病危害因素检测工作规范》、《江苏省建设项目职业卫生“三同时”监督管理办法》、《江苏省用人单位职业病危害现状评价导则》等标准规范。同时，加强了职业病危害项目申报、职业卫生统计与职业病危害现状普查，进行数据共享和信息对接的研究。在构筑职业卫生监管信息平台，提升监管资源整合度，逐步提高监管效能，有效扩大监管覆盖面，推进职业卫生监管走上信息化和规范化轨道开展了探索。

安全生产统计和应急救援

2012年

【规范安全生产统计工作】 2012年，制定了《较大及以上事故信息报告情况定期通报制度》、《事故责任单位定期通报制度》、《安全生产控制指标实施工作完成情况年度表扬通报制度》等规章制度，进一步健全完善了全省安全生产统计工作制度体系。对一周内连续发生两起以上较大事故的地区下达警示通报；定期对较大事故信息报告情况进行通报，夯实了全省事故统计分析基础工作。每月4日前汇总上报全省各类重特大事故情况，初步建立了事故案例库。每月5日前向国家安监总局上报我省工矿商贸企业事故统计数据。每月6日左右汇总上报全省各类事故统计报表和全省安全生产控制指标实施进展情况，为全省安全监管工作提供了信息支持。建立了全省事故统计数据库。

【提升安全生产统计水平】 优化和明确了统计工作业务流程，开展逻辑审查，条块会审和统计、业务、快报三方核实的规范流程。对事故快报、日常统计、指标控制分析等10个方面的日常业务工作进行规范，加强考核和监督，着力提高统计业务的工作质量，有效解决统计报告不完整、不规范、不及时的情况。针对安全生产工作的新情况、新特点，围绕安全生产责任落实及控制指标管理，扩展生产安全事故信息渠道，提高生产安全事故报告的时效性，建立完善行业部门之间密切合作、互通信息、资源共享的部门联席会议制度。

【较大事故挂牌督办】 下发《关于进一步做好较大事故查处挂牌督办有关工作的通知》，有力地推动了全省事故挂牌督办工作。2012年1—11月，全省较大事故挂牌督办23起，完成挂牌督办事项并解除挂牌督办11起、结案1起、函复3起。

【煤矿应急救援】 组织煤矿安全生产应急专家对各煤矿企业的应急预案进行了评审，各煤矿企业高度重视，组织人员，结合本单位实际，按照专家的意见进行修订和备案，全省煤矿应急预案的覆盖率和备案率达到100%。全面推动煤矿企业开展救护队标准化建设，截至2012年年底，全省煤矿企业救护队全部通过标准化建设验收，达标率100%。

【开展预防性安全检查】 在指导救护队开展煤矿安全生产预防性检查的同时，采用定期和不定期的方式，组织煤矿救护队开展安全生产预防性自查和互查，全年开展预防性安全检查100多人次，检查矿井20多对次，提出安全生产工作建议300多条，提出监察整改意见200多条。

【安全生产应急演练】 “安全生产月”应急演练周活动期间，全省共组织规模较大的应急演练10余次，省安监局分别组织指导了6月27日泰州市较大危险化学品生产安全事故、8月16日徐州地区铁矿突发透水事故和9月12日无锡地区职业急性中毒事故应急演练。全年全省各级各部门开展的各种层次、各种规模、各种形式的演练或演习3万多次。

【安全生产应急预案与应急资源数据库管理系统】 全年共录入21901家企业基本情况、应急预案14284个、各类应急队伍资料8840个、各种应急装备物资15187个、各类应急专家571名，全面完成高危行业企业的基础数据收集工作，煤矿企业全面完成了应急预案与应急资源数据库管理系统建设。

【加强应急值班值守】 在党的十八大召开前后，落实24小时应急值班制度和领导带班制度，值班人员坚守岗位、尽职尽责，确保通信联络畅通，针对可能出现的情况随时做好各种应对防范准备。同时，加强与有关部门协调配合，每日调度安全生产信息情况，确保信息及时、准确、完整上报。

【安全生产应急救援工作】 制定《江苏省安全生产应急救援工作联络员联系制度》，将省经信委、省公安厅（交通管理局、消防局）、省住建厅、省交通运输厅、省卫生厅、省环境保护厅、省国有资产管理委员会等24个省安委会成员单位作为联系单位。成功主办华东区矿山救护协作网活动。在注重煤矿应急救援体系建设的同时，重点强化事故应急救援实战技能训练。注重救援实战效果，积极指导救护队开展模拟实战演练，2012年煤矿救护队在2次较大以上事故灾难救援中，抢救遇险人员近20人，成功救出遇险人员11人。4月10日，大屯公司孔庄矿发生透水事故，7人被困地下，经救护队全力施救，成功救出遇险人员3人。4月15日，徐州邳州石膏矿发生坍塌事故，10名职工被深埋地下，经煤矿救护队全力施救，成功抢救出遇险人员8人。

2013年

【安全生产信息统计工作】 创新部门联席会议，加强交流学习。每季度组织省有关部门召开全省安全生产形势分析联席会议，强化行业部门之间的信息互通、资源共享和协调合作。结合企业主体责任、结合日常监管工作、结合基础建设活动，确保统计内容、要求、人员和成效“四落实”。及时对工矿商贸企业职业卫生统计制度试行工作进行动员和全面部署，完成化工、建材、冶金等15个存在职业病危害因素行业统计上报共1449家，涉及从业人员共602038人，接触职业病危害的人员共128448人。

【应急值守和事故信息报送】 严格执行安全生产值班值守制度。认真履行岗位职责，严格落实24小时应急值班值守制度和领导带班制度，每日调度安全生产信息情况。建立事故信息协调联动机制，加强生产安全事故跟踪调度，定期汇总分析影响较大的生产安全事故信息情况。使用“应急平台综合应用系统”，通过专网在线向省政府应急办报送各类生产安全事故信息，并在线接收省政府领导对相关事故信息的反馈和指示。

【较大事故挂牌督办】 2013年全省较大事故挂牌督办共9起，结案6起，督促各地区对事故负有领导、监督、管理责任的单位和人员依法依规严肃责任追究和行政问责处理。编制完成《江苏省安委会2012年挂牌督办安全生产事故案例汇编》，为事故调查处理提供借鉴。按照《江苏省较大事故查处挂牌督办工作程序》规定，定期向省政府和各地通报较大事故查处挂牌督办工作情况。

【应急管理机制】 督促和推动各地应急救援机构和队伍建设，2013年13个省辖市安监局全部建立了安全生产应急管理机构。全省各县（区）均明确了应急管理具体的负责部门和监管人员。推进应急管理工作网络向乡镇（街道）和村（社区）延伸。召开了省安全生产应急救援联络员工作会议，建立了日常联系和定期会议制度。编印完成应急救援工作联系手册。草拟《生产经营单位安全生产应急管理工作检查表》、《江苏省危险化学品应急救援队伍社会化服务暂行办法》。组织开展《安全生产“十二五”规划》中期评估分析，对各项指标目标的实施、预测预警能力、综合保障能力等八个方面情况进行了客观的分析和评估。

【应急基础能力建设】 大力推进“应急预案与应急资源数据库管理系统”建设。先后四次组织工作组深入市县和企业检查工作进展情况，每个季度对各市完成情况进行通报和对下一阶段工作提出指导性意见。截至2013年12月20日，共录入安全生产重点行业企业信息24203条、应急预案信息16061条、应急队伍信息9747条、装备物资信息16702条、专家信息601条。高危行业、煤矿企业完成基础数据收集工作，基础信息数据总量位居全国前列。全面普查全省各行业应急资源数据，全省共普查汇总了矿山类39条、危化类1238条、综合类6922条、专家信息2250条、应急机构信息182条、物资装备储备库信息463条、事故案例信息396条；圆满完成应急资源物资全面普查工作。积极推进省安监局应急调度值班平台建设。2013年对省安监局应急调度值班平台进行升级改造，实现了互联互通且信息数据量居全国前列。

【应急预案管理及应急演练】 对2006年颁布的《江苏省工矿企业重特大安全生产事故应急预案》进行了修订。加强对部、省直企业尤其是跨地市输送石油、天然气企业应急预案编制、评审、备案的监督管理工作，着力强化提高预案质量和与当地应急预案的衔接。编印了《生产安全事故应急预案范例选编》。“安全生产月”应急演练周活动期间，组织指导了南京市重大体育赛事突发安全事故应急演练、扬州市江苏油田石油罐区突发火灾重大涉险事故应急演练、镇江市危险化学品重大涉险事故应急演练。通过演练，检验了预案，锻炼了队伍，磨合了机制，提高了我省各级政府部门和企业应对突发事故灾难的处理和协调能力。

【煤矿应急管理和矿山应急救援】 开展煤矿预防性安全检查和救护队质量标准化建设。组织矿山救护专家，对全省煤矿进行预防性安全检查。组织和指导全省煤矿救护队积极开展预防性安全自查，并督促整改查出各类安全隐患，隐患整改率100%。检查、指导全省煤矿救护队开展质量达标工作，全省煤矿救护队质量标准化达标率100%，居全国前列。建立救护队例会制度，研究制定《矿山救护队》管理办法。编制《中国煤矿救护志（江苏部分）》，参加华东区矿山救护协作网活动。

煤矿安全监察

2012年

【概况】 2012年，江苏省煤矿共发生生产安全事故3起、死亡7人，同比事故起数持平、死亡人数增加3人。其中原煤生产死亡事故2起、死亡3人；基本建设死亡事故1起、死亡4人。煤矿百万吨死亡率为0.143，同比减少0.047。

【开展“打非治违”专项行动和隐患排查】 2012年4月至9月，集中开展“打非治违”专项行动，明确目标任务，抓住工作重点，制定方法步骤，坚决打击、治理和纠正在水害、瓦斯、冲击地压等方面出现的非法违规生产行为，各企业认真开展自查自纠，江苏煤监局领导带队开展专项督查，共排查治理各类违法生产行为120件。贯彻江苏省委“四项排查”部署，扎实开展煤矿安全隐患排查。江苏煤监局、省经信委、徐州监察分局都成立了排查工作领导小组，确定了专业牵头人，处级干部实行包矿。省政府召开全省煤矿安全生产专题会议，推进以瓦斯治理为重点的安全大检查。

【推进煤矿企业主要负责人安全生产风险抵押金制度】 加强对煤矿企业主要负责人安全风险抵押责任考核制度，推进企业强化层级责任，使安全压力层层传递到岗位职工。2012年，江苏省财政奖励企业主要负责人75万元。

【强化重大灾害防范治理】 全面部署学习神华风险预控管理体系，建立健全全省煤矿安全生产长效机制管理。加强灾害防范治理，徐州矿务集团完成了张小楼井地面瓦斯抽采系统建设。大屯公司大力推进井下无防尘化建设，有效治理尘害。

【提高煤矿安全执法效能】 紧紧盯住灾害严重矿井，实行重点监察；继续开展解剖监察，联合徐州煤监分局先后对柳新、张双楼、李堂、孔庄等四对矿井进行解剖监察，分析查找漏洞和问题，共查出各类问题或隐患266条，提出监察意见及建议81条，作出停头、停面的处理决定7次。

【抓好“一通三防”管理】 坚持完善优化通风系统，督促张小楼井完善通讯系统。坚持从严落实瓦斯防治“十条禁令”，强化监察，发现瓦斯超限的，一律责令停产整改，并追查处理。坚持严格执行“四位一体”的防突措施，张集认真落实区域和局部两个“四位一体”的综合防突措施，在突出区域坚持不打钻不掘进、不抽放不回采、瓦斯浓度不降低不生产的原则，确保安全生产。

【加强煤矿安全避险“六大系统”建设】 初步建成全省煤矿“六大系统”，应对事故和处理突发事件的能力有新的提高。

【提高煤矿安全标准化管理水平】 全省煤矿安全标准化在全面达标的基础上不断向精细化方向迈进，国家局抽查全省4个矿全部达到国家级标准。同时，深入推进煤矿安全班组建设。

安全技术装备保障

2012年

【深化煤矿瓦斯专项整治】 加强煤矿瓦斯防治示范矿井建设，组织对全省10对瓦斯防治示范矿井检查验收。深化瓦斯专项治理，督促张集、张小楼、夹河等重点瓦斯监控矿井加强瓦斯抽放系统建设，建设完善7套抽放系统，抽采能力达2500立方米/分钟。组织开展瓦斯防治专项监察，抽查重点矿井12对，排查和督促整改隐患54条。

【加快煤矿安全避险系统建设】 开展全省煤矿井下安全避险六大系统建设专项检查，督促煤矿企业加快建设步伐。加强煤矿井下紧急避险示范工程建设，在大屯煤电公司孔庄煤矿召开井下紧急避难峒室载人试验现场观摩会。加强建设进度的跟踪调度。截至12月10日，全省煤矿紧急避险系统建设工程基本完成，共建成避难峒室56个，安装移动救生舱6台，投入建设资金5亿元，建设进度全国靠前。

【加强煤矿安全装备专项监察】 组织开展煤矿机电设备专项监察，与徐州监察分局集中检查矿井19对，发现问题42条，提出监察意见18条，下达执法文书36份。积极参加安全监察处组织的水害防治、一通三防、顶板管理、重要时段、三进三促等安全专项监察检查活动。参加国家安监总局组织的对甘肃省煤矿安全督查，现场检查16矿次、排查隐患30多条，提出多项监察意见和建议。

【矿用安标产品监管】 加强对矿用产品检测检验机构监督检查，及时向国家安监总局反馈检查情况。加强对矿用安标产品现场评审工作的监督，全年完成监督评审693家次。对三起涉假安标产品举报案件进行立案调查。开展煤矿安标产品管理专项检查。

【推进煤矿科技兴安工作】 开展煤矿淘汰落后装备专项检查，指导督促煤矿企业及时淘汰落后设备41638台。大力推进大屯矿区矿井监测、监控、视频系统信息集成和井下变电所无人值守等信息化示范工程建设。加强科技成果的转化和推广应用。组织专家对全省煤矿企业推荐的106个项目进行评奖，并印发文件向煤矿推广。督促和指导煤矿企业组织对矿井水害、瓦斯、热害和冲击地压等重大灾害进行科技攻关。

【提高安全监察业务保障能力】 组织编制上报

2012年省安监局监察执法装备计划实施方案。主动提出和组织煤矿安全技术、应急救援等中心基础建设项目的调研和申报工作，并全力跟进、积极协调，争取到国家安监总局2044万元立项批复。

安全生产执法监察

2012年

【推进全省安全生产执法监察工作】 开展摸底调研工作，对徐州、宿迁、扬州、镇江执法监察工作进行调研，对基层机构建设、人员编制、执法装备配置、业务培训、人员待遇等情况进行全面了解，广泛听取基层执法人员的意见和建议。召开了全省安全生产执法监察工作会议，为协调推进全省安全生产执法监察工作奠定了重要基础。

【统筹协调 “打非治违”专项活动】 “打非治违”专项活动开展以来，组织起草下发文件5份，召开专题会议8次，收集基层数据报表832份，工作动态4612份，上报国家安监总局数据报表71份，上报工作总结、工作动态211份，21万字。全省组织检查2.1万个，8.9万人次，打击非法违法、治理违章违规46万起，责令停产、停业、停建企业2594家，暂扣或吊销证件8650个，关闭非法违法企业206家，行政拘留885人，实施处罚2.15亿元。

【强化安全生产执法基础工作】 组织编写全省安全生产执法监察工作手册，手册内容包括常用安全生产法律法规、安全生产行政执法主要依据、执法文书制作规范、行政处罚常用自由裁量标准、事故调查报告撰写说明等内容。制定全省安全生产执法卷宗评查方案，调阅了各地部分执法卷宗，并开展了评比。提出统一全省安全生产执法服装的工作方案，对执法服装进行设计，对执法编号进行统一编排，制定下发《江苏省安全生产监管监察执法人员着装管理办法》。编印了全省安全生产监管监察执法人员通讯录。

【推动全省安全生产执法交流工作】 省安全生产执法监察总队参与基层执法活动4次，召开7个座谈会，145名基层执法人员参与座谈。协调区域执法交流活动6次。

2013年

【深入开展执法监察工作】 各地把日常执法检查同“打非治违”紧密结合起来，扎实开展执法监察活动，全年检查各类企业8.48万家，打击各类非法违法4.21万起，实施行政处罚4791万元，事前处罚同比增长2.6个百分点。同时推动了各行业领域打击非法违法131万起，实施行政处罚2.65亿元。

【开展“专项行动”和“专项整治”】 拟定安全生产领域的工作方案并组织实施，2次对各地专项行动进行抽查验收，组织13个市和3个县（市、区）进行互查。梳理存在问题237条，其中230条当期进行整改，其余7条已落实整改措施。在全省监管监察系统开展“规范安全生产事故查处维护群众利益”专项整治，整治方案在《新华日报》公布，对2013年所有较大以上事故处罚整改落实情况进行统计，督促对已结案案件中的具体不规范行为进行整改。

【推动基层执法机构队伍标准化建设】 拟定了《江苏省安全生产执法监察工作规范》和《江苏省安全生产执法监察队伍规范化建设方案》。对苏北5市的县级大队建设开展调研论证，就人员编制、办公场所、执法装备等内容与安监部门进行会商。对徐州支队装备建设，昆山大队、无锡开发区大队信息系统开发应用，宜兴大队分区域设置监察中队等工作进行指导。推进统一全省安全生产执法标识，95%队伍已经统一着装，并严格执行了着装管理办法。

【构建安全生产执法工作体系】 召开了全省安全生产执法监察工作座谈会。建立执法信息报送制度，在江苏安全生产网设置了报送窗口，将行政处罚情况、年度执法计划完成情况等设置成标准格式进行统一报送。建立卷宗评查制度，组织专业人员对13个支队和3个大队选送的26个卷宗进行评查。建立执法交流制度，开展1次覆盖全省的互查活动。建立业务培训制度，举办2期执法业务培训班，培训业务骨干263人。建立执法调研制度，开展5次调研活动，参与、观摩11次现场执法。

直属单位
安全生产工作

徐州煤矿安全监察分局

2012年

【概况】 2012年，徐州监察分局坚持科学发展、安全发展的理念，以认真学习贯彻落实十八大精神和国务院40号文件为主线，以深入扎实开展“安全生产年”活动为载体，以落实企业主体责任为主要措施，突出瓦斯、水害、冲击地压等灾害防治重点，紧紧围绕做好监察执法工作这一核心任务，充分发挥国家监察职能，确保了辖区煤矿安全生产形势的总体稳定。

【强化重点监察】 立足“抓大隐患，防大事故”，以贯彻执行《防治煤与瓦斯突出规定》和《煤矿防治水规定》为抓手，加大对高、突矿井、受水害威胁严重矿井以及冲击地压灾害严重矿井的重点监察。通过瓦斯治理重点监察，强力推进先抽后采、综合治理的治本措施，深化煤矿瓦斯防治。以通防系统为监察重点，通过监察督促煤矿改造、优化系统，提高矿井的防灾、抗灾能力。加大水害防治重点监察力度，督促企业健全机构、完善制度、充实队伍、落实规定。以冲击地压防治为重点，深入调查研究，强化现场监察。加强安全基础薄弱矿井和资源枯竭矿井重点监察，督促企业强化安全基层基础工作。

【深化专项监察】 随着辖区矿井开采深度的增加，开采条件日趋恶化，多数呈现出井深、线长、环节多、作业地点分散的特点，灾害严重。针对这些普遍性安全问题，徐州监察分局开展了“一通三防”、顶板管理、提升运输等专项监察活动。严格执行《国有煤矿瓦斯治理规定》和《国有煤矿瓦斯治理安全监察规定》的要求，每半年组织辖区内的夹河、张集、张小楼煤矿召开一次瓦斯治理汇报会。全年配合省局开展了矿用产品安全标志、安全培训、职业危害防治、煤矿安全费用及经济政策落实情况、煤矿建设工程“三同时”、生产计划与生产布局、紧急避险“六大系统”建设等专项监察，共计监察52矿次。

【开展定期监察】 2012年，按照年度监察执法计划安排，结合阶段性安全重点工作的要求，开展了定期监察。一是定期做好春节、两会、国庆前及年末的定期监察。重在检查领导干部带班值守和检修项目技术措施编制执行情况。二是十八大召开前及召开期间，组织全覆盖的安全监察，每天24小时有分局领导及监察员值班，同时集中开展隐患排查治理活动，指定监察人员包保相应矿井，包保责任人深入基层，深入采掘一线，督促企业及时消除重大安全隐患，做到每周一调度、半月一分析、每月一总结。三是定期对公司层面进行监察通报，推进矿井普遍问题公司层面整体解决。通过监察意见、执法座谈等形式，对徐矿、大屯等5家公司进行季度通报，推动系统改造、机构设置、人员配备、措施编制与落实等重大或共性问题得到解决。

【深化解剖式监察】 根据辖区煤矿安全特点，分局逐步实践并不断创新完善监察模式。每季度解剖一个矿井，先后对柳新、张双楼、李堂、孔庄等四对矿井组织解剖监察，共查出各类问题或隐患266条，提出监察意见及建议81条，行政处罚28000元，作出停头、停面的处理决定7次。

【实行动态突击监察蹲点监察】 针对中、夜班事故发生率高的特点，分局每月都安排一至两个矿井，打破常规，在不提前通知的情况下，利用中班时间对煤矿开展突击监察。

【监察与服务相结合】 多年以来，分局一贯秉承执法为民、监察与服务相结合的宗旨，在监察的同时，努力帮助企业解决安全生产中的难题。一是帮助企业优化生产布局，促进企业合理下达产量指标，从源头消除安全隐患。二是利用监察中掌握的信息，着力帮助企业解决安全管理中的难点问题。三是安排监察人员到企业培训中心授课，增强培训效果。

【加大违法行为处罚力度】 分局对柳新煤矿监察中，发现该矿矿井总风量不足、对监察人员隐瞒井下采掘工作面部署的真实情况，对此依法严肃处理，罚款61万元，下达了现场处理决定书，责令柳新煤矿立即重新核减井下采掘工作面数量，严禁超通风能力生产，保证各作业地点的风量符合规定，保证通风系统安全可靠，做到依法办矿，守法经营。

【推进监察执法科学化规范化】 强化业务培训，深化学习型队伍建设。邀请专家给分局全体监察员讲课。立足执法实践，监察员相互讲课，以学习促进监察人员苦练业务，提高监察员业务水平。加强基础工作，提高内业管理质量。推行主办监察员制度，对事故调查和大额处罚指定一名监察员全面负责，经过多环节的锻炼以及定期的轮换，促使每个监察员更加勤奋学习，注重新知识的积累和法律法规的理解。每季度开展一次监察内部管理自查，按照安全监察、行政执法、事故调查等内容开展检查、考评。

【推进监察执法标准化制度化】 用制度规范监察行为，完善分局各项制度，形成了5大类79项制度体系。修订《江苏煤矿安全监察执法手册》，细分了通防、防治水等18个执法种类和执法条目，列明执法顺序和具体执法依据与标准，同时对应配置《执法日志》，描述具体执法路径展开过程，记载现场、廉政等相关事项，实现执法全程规范可循。加强监察执法标准化建设。明确下矿监察必查必问内容，出台《关于做好安全监察相关准备工作的通知》，实现矿井接受监察资料准备、内容汇报的标准化和规范化。

2013年

【概况】 2013年，徐州监察分局以深入贯彻落实“双七条”规定为载体，以落实企业主体责任为主要措施，突出瓦斯、水害、冲击地压等灾害防治重点，紧紧围绕做好监察执法工作这一核心任务，充分发挥国家监察职能，确保了辖区煤矿安全生产形势的总体稳定。

【加强“七条规定”宣传贯彻工作】 按照《江苏煤矿安全监察局关于集中开展〈煤矿矿长保护矿工生命安全七条规定〉学习培训的通知》（苏煤安〔2013〕8号）要求，督促煤矿利用企业内部网站、新闻媒体、宣传栏等载体广泛宣传，确保覆盖到煤矿企业每一名从业人员。在日常监察时，对煤矿企业职工就七条规定内容进行提问，要求职工结合本职工作实际情况进行回答；在煤矿监察中必讲“七条规定”，督促煤矿企业在落实“七条规定”上有新的突破。在《江苏煤矿安全专刊》开辟煤矿矿长学习“七条规定”专栏，督促煤矿矿长在工作中落实到位。

【深入开展煤矿安全生产大检查】 制定《徐州监察分局煤矿安全生产大检查工作实施方案》，按照“全覆盖、零容忍、严执法、重实效”的总要求，全面深入排查治理安全生产隐患，堵塞安全管理漏洞，强化安全生产措施。一是设立煤矿首席安全监察员和责任区。安全首席监察员在大检查期间要全面动态掌握所负责煤矿的安全状况、信息，建立台账，定期调度，重点督促所负责煤矿的矿长认真组织开展安全隐患的排查和整改，并每月书面向分局报告所盯守煤矿的安全管理状况；二是指定煤矿专业牵头人及成员各专业牵头人每月书面向分局报告本专业隐患排查治理情况；三是督促煤矿企业认真开展自查及整改工作。督促各煤矿企业按照省局规定的19项检查内容认真开展自查工作，要求各煤矿企业、各矿井对排查出的隐患按照“措施、责任、资金、时限、预案”五落实的要求进行整改，实现闭环管理，每个月要将检查情况、整改方案和整改结果经企业主要负责人签字后上报。

【突出瓦斯防治水害治理】 立足“抓大隐患，防大事故”，以贯彻执行《防治煤与瓦斯突出规定》和《煤矿防治水规定》为抓手，加大对高、突矿井、受水害威胁严重矿井以及冲击地压灾害严重矿井的重点监察。通过瓦斯治理重点监察，强力推进先抽后采、综合治理的治本措施，深化煤矿瓦斯防治。以通风系统为监察重点，通过监察督促煤矿企业改造、优化系统，提高矿井的防灾、抗灾能力。加大水害防治重点监察力度，督促企业健全机构、完善制度、充实队伍、落实规定。加强安全基础薄弱矿井和资源枯竭矿井重点监察，督促企业强化安全基层基础工作。

【提升监察执法精细化与科学化】 对大屯公司开展解剖式监察，共查出各类问题或隐患205条，提出监察意见及建议62条，行政处罚4000元，作出停头、停面的处理决定3次。

【建立煤矿安全监察的超前预警机制】 利用会议形式逐一审查监察区域各煤矿的采掘接替计划、瓦斯防治能力，对不符合相关规定的、一律否决，从源头上防止煤矿企业发生采掘接替紧张，矿井抽、掘、采不平衡现象的发生。要求煤矿企业按期报送矿井灾害预防与处理计划、矿井年度生产计划、瓦斯鉴定资料、通风系统及避灾路线图、矿井季度生产计划等资料，通过资料的审查、整理，超前提醒煤矿企业注意安全生产重点。加强日常值班调度，通过调度煤矿企业重点头面的基础数据，了解安全生产情况，发现异常，立即责令处理。每季度定期与煤矿企业安全生产负责人及相关部门召开执法通报会，听取企业上季度安全工作总结，对本季度安全重点工作及打算，分局通报季度监察执法情况，对企业存在的共性及难点问题进行分析。

【开展延伸执法监察】 延伸执法监察是将在日常“三项监察”中查出的安全隐患，按类进行甄别、分析，摸清此类问题存在的共性特征，进而采取针对性监察措施，督促所有煤矿提高认识、进行整改，并进一步完善制度。达到“一点突破，整体推进”、“一处矿井有问题，所有矿井受教育”、大幅提高煤矿安全监察效能的目的。2013年，分局对风筒传感器安装情况进行了延伸式监察，现监察区域煤矿企业已全部规范安装了风筒传感器。

江苏省安全生产科学研究院

2012年

【科学研究】 完成2项省级科研项目验收：江苏省重大危险源监测预警中心建设（BM2008165）、江苏省重大危险源监测预警及事故应急系统建设（BM2009911）。成功申报省级项目1项、部级项目4项。获得横向科研多项，其中大型横向科研2项：常熟区域重大危险源风险评估项目、崇启大桥施工安全咨询。申报成果奖3项，获得省部级科技成果二等奖1项，“基于平灾战相结合的地下空间新型抗灾技术的研究与应用”获得中国职业安全健康协会科学技术奖二等奖。出版编著一部。发表论文30篇左右，其中EI、ISTP以上收录的6篇。完成国家及部级标准2项。

【人才队伍】 2012年，聘用1名博士。2人获得正高职称，3人获得副高职称，4人获得安全评价师执业资格。

【完善科技支撑体系】 推进江苏省安全生产科技支撑基地建设，编写《江苏省安全生产科技支撑基地项目建议书》。承担《常熟市重大危险源安全规划项目》，完成42家重大危险源企业的调研工作。登记证3年到期换证企业、登记信息变更企业累计发放登记证975家，共完成1000多家危险化学品企业登记信息审核，完成1338家生产企业的换证审核。全年完成37家危险化学品二级企业的初审、25家危险化学品二级企业的评审。开发“江苏省危险化学品安全监管信息系统”。参加“江苏省重大危险源监测预警与支持系统建设”课题研究相关工作，编写《氢气鱼雷车安全使用技术规程》、《危险化学品储存（含经营）单位事故隐患风险评估基本规范》、《现场使用液氯槽罐车安全管理规范》等标准。承担江苏省职业卫生检测规范的起草和职业卫生技术服务人员考试题库的编写工作。参加省安监局的木制家具制造企业职业卫生安全许可证试点以及六大重点行业职业危害专项整治工作的调研和督查。参加国家安监总局和省安监局组织的职业卫生技术服务机构资质延续现场技术考核。承办全省职业卫生技术服务机构专业技术人员培训班，先后在南京、苏州两地组织了3期共8个培训班，共培训1234人，派出培训班授课师资共计17人次。苏南分院对无锡约800家企业进行职业危害地毯式检查，为被检企业建立了职业卫生监督管理档案，对检查出的问题及时和企业沟通并及时向安监局通报，为政府决策提供了强有力的第一手数据资料。完成二级标准化咨询企业11个，均通过省安监局的二级考评。承担全国涂装作业以及省安标委秘书处、全省重大危险源及隐患排查办公室、省安全生产委员会专家组管理办公室、省重大危险源及隐患评估中心等日常事务性工作。全年完成注册安全工程师考试资格审查材料5760份，完成初始、延续、变更、重新注册人员共计2963人，发放注册证书共计2371本。

【安评和卫评工作】 职业健康所完成评价报告65个，完成职业卫生检测报告82个，签订职业卫生技术服务合同83份。苏南分院全年共计签订合同187份，完成评价报告125份、检测报告132份。安工所完成14家企业的安全生产标准化考评工作，全年完成3家企业安全评价工作，首次承接2家知名企业的卫生评价项目。化信所完成无锡尚德等数十家企业的安全生产标准化二级评审工作。

【劳防用品检测检验】 省劳防用品质检站共检测特种劳动防护用品466批（次），出具检测报告512份；推广应用劳动防护检测设备75台。

2013年

【科学研究】 获得省部级科技成果奖4项："第三代核电站职业安全评价"等获省部级社会力量奖3项，"高瓦斯煤层群瓦斯动力灾害防治理论及煤与瓦斯高效共采关键技术"获江苏省级科技进步二等奖1项。获得"基于人因组织因素的海洋平台火灾爆炸风险评估方法研究"等国家2013年安全生产重大事故防治关键技术科技项目9项，获得国家安监总局第二批安全科技"四个一批"项目1项。获得省交通厅、南京市住建委等厅局级项目2项，并与10多家企业合作开展多项横向科研项目。完成"江苏省重大危险源监测预警中心"（BM2008615）和"江苏省重大危险源监测预警与应急支持系统的建设"(BM2009911)等两个省级科研项目，并通过省科技厅验收。初步建成危险化学品鉴别分类实验室。发表论文、著作总数36篇，其中核心期刊(含EI/ISTP)22篇。获得"液氯安全充装关键技术"等发明专利授权1项、实用新型专利1项、软件著作权2项。开展了2项标准制度修订工作，完成3次标准宣贯会及年会工作，发行《涂装作业安全标准化通讯》内刊4期。

【人才队伍】 培养博士研究生1名，高级职称人才2人，培养江苏省"333工程"第二层次培养对象（江苏省中青年科技领军人才）1人，第三层次培养对象2人。

【科技支撑力度进一步增强】 全年共完成708家生产企业的换证技术审核，37家危险化学品二级企业的初审，25家危险化学品二级企业的评审。参加省安监局组织的木制家具制造行业许可证试点企业现场检测、职业病诊断现场调查、全省建设项目职业卫生"三同时"、基础建设活动情况调研；承担省安监局《江苏省工作场所职业病危害因素检测工作规范》、《建设项目职业卫生"三同时"审查要点》等多项文件、规范的编写、修改和研讨。组织实施了省职业卫生技术服务机构实验室检测能力比对。为无锡、常州、盐城等市、区安监局举办10多期培训班，组织了2期职业卫生技术服务机构专业技术人员培训班，共培训630人。对无锡市约800家企业进行地毯式的职业卫生基本情况普查，为无锡海力士火灾事故迅速开展现场检测、评估等工作，组织专家现场指导并编制恢复生产方案。全年完成注册安全工程师考试资格审查材料近2000份，完成初始、延续、变更、重新注册人员计2041人，发放注册证书共计2357本。承担全国涂装作业以及省安标委秘书处、全省重大危险源及隐患排查办公室、江苏省安全生产委员会专家组管理办公室、省重大危险源及隐患评估中心等日常事务性工作。完成重大危险源及隐患评估中心的年度报告及网上申报工作，协助省安监局完成了安委会专家换届工作，完成省安监局《江苏省安全生产信息系统暨江苏省事故应急技术支撑平台工程项目初步设计报告》。

【技术服务】 2013年，省安科院首批通过国家安监总局及国家煤监局职业卫生技术服务机构资质的现场审核，取得除石油开采以外的其他8个行业领域的甲级职业卫生技术服务资质证书。开创性地开展了泰州大桥工程建设安全监理、崇启大桥安全环保咨询服务，其中泰州大桥安全监理被交通运输部誉为"我国特大桥施工安全管理的典范"，崇启大桥安全工作被评为省级"示范工程"。9月，成功中标"353省道海安段安全管理服务项目"。承担了南京城西干道、过江隧道等安全环保技术服务。在全国率先开展职业危害治理工程，在中法合资的"帝斯曼"工程中成功发挥了综合治理的成效。在全国首次开展了城市（市域）重大危险源公共安全规划——《常熟市重大危险源公共安全规划》，被国家有关部门誉为具有开创性和示范性意义。承担了全国首次核电职业安全验收评估。

【安评与卫评工作】 全年完成《中国原子能科学研究院核电快堆工程研究中心建设项目职业安全预评价报告》等70多个项目的安全评价，《中国石化集团金陵石化公司》等近200家项目的职业卫生评价，《中国石油化工股份有限公司江苏油田分公司》等二级标准化考评完成70家、三级433家。

江苏省安全生产宣传教育中心

2012年

【“安全生产月”等重点宣传活动】 发挥省“安全生产月”活动组委会办公室职能，组织协调、指导服务全省“安全生产月”各项活动。协调、参与“安全生产月宣传咨询周”活动启动仪式，深入各市和各行各业了解掌握宣传全省“安全生产月”活动情况。通过《中国安全生产报》、《江苏安全生产》杂志、江苏安全生产网、《江苏省安全生产月活动简报》等及时反映各地、各部门及相关行业活动开展的整体情况和发展动态。共编发江苏省安全生产月简报4期600余份，制作宣传展板16块。编印《安全生产月活动资料汇编》，整理上报安全生产格言警句5700余条。在全国安全生产月好新闻评选活动中，推选的参评作品获得二等奖1项、三等奖4项。在全省范围内开展了主题为“生命之旅”的安全生产文艺巡演，演出近百余场。在徐州市丰县、南京市秦淮区等地开展了送安全知识进基层活动，先后向社区、工地、企业赠送《居民安全常识读本》、安全宣教片和安全知识挂图。

【安全生产新闻宣传工作】 依托中国安全生产报江苏记者站、《江苏安全生产》杂志，及时与省内各地沟通信息，围绕全省“安监机构队伍建设”、“打非治违”、“安全标准化建设”、“隐患排查体系建设”等重点工作，宣传各地的先进经验和成功举措。全年共编发《江苏安全生产》杂志12期、江苏安全生产简报24期、江苏安全宣传简报12期、安全生产技术信息简报6期。在省部级报刊、网络上撰写发表新闻稿件100余篇，在江苏安全生产网、江苏安全生产宣教网编辑上传各类信息2400余条。开展《安全生产法》实施10周年征文活动。完成国发〔2011〕40号文件精神和省政府112号文件精神学习读本的编印发放工作和《2010—2011年江苏安全生产年鉴》编纂工作。

【安全社区创建考评工作】 做好省级安全社区标准化建设，省安全社区创建促进办公室组织课题研究并展开调研工作，制定创建管理办法、建设评定标准、工作制度及岗位职责，编发安全社区创建指导手册、安全社区十步工作法手册、安全社区促进项目集锦等安全社区创建指导资料，对全省创建工作开展指导服务。

【安全生产培训工作】 全年共举办各类培训班73期，培训8238人。在安全培训方式方法上，积极探索新思路，采取了送教上门与企业内部会议、活动相结合等办法。开展安全培训需求调研和分析，有针对性地设计培训课程，安排专业师资。组织多次教学研讨，收集学员意见建议，对授课教师的教学质量进行评估分析、持续改进。为更好利用网络信息化手段为安全培训工作服务，与相关单位合作研发了安全培训网络报名系统并投入使用，学员资料的归类、整理更加规范化、程序化。

【特种作业人员考核管理】 制定了一套完整的IC卡管理制度，狠抓源头、严格把关，及时反馈审核中出现的问题，全年审核全省各类培训班8827期、发放特种作业人员IC卡26.9万套。

【安全培训教材和考核平台建设】 组织编写了《企业安全管理》、《煤气作业》、《职业健康监督管理》、《从业人员职业健康培训手册》、《企业班组长安全生产》和《三个安全主体责任》等培训教材，修订了《危险化学品生产企业安全管理》等教材，教材总数由原有的39本增加到了44本，发行21万多册。承担了省培训考核审批中心的建设任务。

【重点课题研究】 开展了《江苏安全生产监管特点与规律研究》、《江苏省安全社区标准化建设》及《江苏省安全生产培训机构管理标准化规范》等3项课题的研究工作并通过评审。完成《安全生产事故案例100篇》一书，合计20余万字。编写完成6期《安全生产技术信息》简报。开展安全生产政策、法规，安全技术标准的归纳整理。参加国家安监总局举办的国际安全生产与职业安全健康论坛，两篇论文得以入选，其中一篇登载在《中国安全生产科学技术》杂志增刊。《社区安全文化建设》一文在中国职业健康协会举办的论文评选中获得优秀奖，文章被收录到《全国安全社区建设工作会议文集》。

【开拓安全评审工作】 进一步发挥安全评价报告审核办公室职能，审核办公室通过调研走访和加强宣传，先后共组织有关专家100多人次，完成各类评审52次。

2013年

【安全生产重点宣传工作】 精心打造《神圣使命 永恒责任——江苏省大力实施安全发展战略生动实践纪实》专题宣传片。配合省安监局组织协调全省“安全生产月”宣传咨询周启动仪式及相关活动，编写了活动简报。创新开展公益宣传，和移动公司合作发放免费公益短信，利用地铁、广场LED显示屏投放公益广告。凸显《江苏安全生产》杂志办刊特色，更新封面图片创意，调整原有栏目设置，加强与读者、作者的沟通交流。

【安全生产新闻宣传工作】 加强与主流媒体的联系合作，强化重点选题策划，先后在《中国安全生产报》、《群众》杂志推出专版报道，并以安全规范化建设、安全文化创新实践等为主题，广泛宣传基层安全生产工作新经验、新成果、新典型。全年在《中国安全生产报》、中国江苏网等媒体上发表新闻稿件100余篇。

【安全社区创建考评工作】 拟定省级安全社区创建工作意见、创建管理办法、创建评定标准、创建工作须知、现场考核评定标准等，设计了证书及铜牌，初步建立全省安全社区创建专家库，开展了首批5家省级安全社区的评定和授牌工作。编写了《江苏省安全社区创建工作指南》，对全省安全社区资料库进行系统整理，开展了南京、扬州等地安全社区的现场初评工作。

【安全生产培训工作】 全年举办培训班共计72期，培训人数7278人。通过举办专家教研活动，有效解决了教学内容重复的问题。利用企业负责人座谈会以及调查问卷等形式，开展培训需求调研和分析，了解参培人员需求，及时采纳合理化建议。结合不同类型、不同层次人员的岗位特点和培训需求，完善培训课程设计，更新培训内容，切实增加培训的针对性和实效性。充实教师资源库，邀请对口专业领域的领导、专家参与授课。针对专业较强的类别，开展教学互动，及时收集学员反馈信息予以改进，教学质量得到进一步提高。对企业负责人和安全管理人员、培训机构师资全面实行计算机考试。

【安全培训教材建设和试题库开发】 围绕国家安监总局30号令，组织专家反复调研认证，编写了《危化品企业生产安全管理》、《煤气作业》等10本教材。建立了低压电工（初训）、高压电工（初训）等13个题库，完成了《低压电工》、《高压电工》等40多套实操题库样卷。承担国家安监总局安全生产资格考试《制冷空调安装修理》、《制冷空调操作运行》2个题库的编写和校审工作。

【特种作业人员考核管理】 全年共审核书面初训材料138098人，复训材料59313人。网上审核特种作业人员21万多人次，审核培训班6500多期。发放IC卡26.8万多张。

【省考核审批中心建设】 对各市考试中心的运行情况进行了充分调研，进行合理论证，对联网中出现的实际问题及时予以协调解决。2014年1月1日起，江苏省安全培训考试考核平台和管理系统已在全省范围内正式运行。该系统功能全、适用性强，在全国同类系统中处于领先地位。

徐州机电工程高等职业学校

【学校概况】 江苏省徐州机电工程高等职业学校（江苏工贸技师学院、江苏煤矿安全技术培训中心）是江苏省安全生产监督管理局（江苏煤矿安全监察局）直属的全额拨款事业单位，建有徐州云龙校区和贾汪校区，占地33公顷，总建筑面积18.8万平方米。2012年，全日制在籍学生14072人；2013年，全日制在籍学生12207人。学校设有数控技术系、机械工程系、电气工程系、信息工程系、安全工程系、汽车工程系和培训部、基础部等六系二部，共开设12个高职专业、30多个中职专业。2012年学校获得的荣誉有：“徐州市2012年职业学校技能大赛（国赛、省赛）特等奖”和江苏省“2012年江苏省职业院校技能大赛先进单位”；第九届全国中等职业学校“文明风采”竞赛“优秀组织奖”，并作为江苏省唯一代表受邀参加了在济南举办的全国“文明风采”竞赛活动颁奖晚会；“江苏省德育特色学校”；“五四”红旗团委。数控系团总支和机械系团总支分别获得江苏省“五四”红旗团总支和徐州市“五四”红旗团总支称号。2013年，学校被省教育厅认定为“江苏省高水平现代化职业学校”立项建设学校，“2013年江苏省职业院校技能大赛先进单位”；被省教育厅、省文明办、团省委授予第五届江苏省中等职业学校“文明风采”竞赛“优秀组织奖”；被教育部、中央文明办、中华职业教育社授予第十届全国中等职业学校“文明风采”竞赛“优秀组织奖”；被省人社厅评为“培训工作成绩突出院校”；被江苏煤监局授予“2012年度全省煤矿安全培训先进集体”称号；被省职业技能鉴定中心授予“2012年度省属职业技能鉴定工作先进单位”称号。

【各类培训】 2012年开展煤矿企业安全资格培训2156人，非安全资格培训1800人；开展驾驶员培训5500人，汽车驾驶员从业资格1100人；开展焊工、电工、汽车驾驶、道路养护、收银员等中高级工，汽车驾驶技师、煤炭特种作业技师等技能培训2725人，各类培训总计达13281人。2013年完成各类培训11592人，其中安全培训2492人。

【学历教育】 办学规模稳定：2012年招生4518人，2013年招生3169人。品牌创建成效显著：2012年高职机械加工技术（焊接方向）被评为省级品牌专业，高职数控技术、机电一体化技术、应用电子技术专业被认定为江苏联合职业技术学院重点专业，高职机械加工技术专业与中职焊接技术应用专业、机电技术应用专业定为市级品牌专业；2013年高职“机电一体化技术”专业被评为市级品牌专业，高职“矿山机电”专业被省教育厅认定为省级特色专业，焊接技术应用实训基地被认定为第二批省级职业教育技能教学研究基地，焊接技术及自动化、数控技术应用两个实训基地获得“江苏省职业教育高水平示范性实训基地”建设立项。各类竞赛成绩斐然：学校师生在2012年的省职业院校技能大赛中，荣获10金33银38铜；全国职业院校技能大赛荣获6金3铜，金牌数、总分位居全市第一，江苏省第三；全国煤炭行业职业技能大赛获得2金7银3铜；第42届世界技能大赛江苏省选拔赛，获得1金2银；第一届“江苏技能状元”大赛，获得1银1铜；第四届全国技工院校技能大赛江苏省选拔赛，获得2金1银；第四届全国技工院校技能取得1个全国第二名；2013年江苏省职业学校技能大赛，荣获17块金牌、24块银牌、42块铜牌，全国职业院校技能大赛荣获焊工1金2银，总成绩连续两年位居全省第三；徐州市职业学校技能大赛获一等奖64个、二等奖53个、三等奖28个，总分全市第一。2012年江苏省职业学校创新大赛荣获2金3银7铜；在第七届国际发明展览会暨国际教学新仪器和新设备展览会上，获得了2项银奖、2项铜奖的好成绩；2013年徐州市职业教育创新大赛，共有40件作品入围省创新大赛，占全市全部入围作品的2/3；在北京光华慈善基金会徐州赛区商业计划书大赛中，“狼牙健身俱乐部”项目获得特等奖，并代表徐州赛区参加了在北京举办的国赛，荣获“2013年度创业精神大奖”。内地新疆中职班运行良好：2012、2013年又分别接收了87名、52名新疆籍学生。

【升格发展】 在省安监局领导的高度重视下，江苏安全技术职业学院筹建工作取得突破性进展。2013年12月，曹卫星副省长和缪瑞林副省长分别批示同意学校挂筹。

【领导关心】 2012年9月25日，由甘肃煤监局党组成员、巡视员张琛，国家安监总局党组巡视组副组长、中纪委驻国家安监总局纪检组监察局一室主任付伟组成的巡视组在江苏煤监局纪检组组长梁杰的陪同下，莅临学校指导。

2013年3月6日，江苏省教育厅杨湘宁副厅长和职社处领导一行莅临调研。

2013年6月6日，国家安监总局副局长杨元元到学校云龙校区对徐州市安全生产培训考试考核中心进行安全生产工作检查。江苏省安监局局长王向明、徐州市安监局局长张继闯及相关部门负责同志陪同。

2013年10月30日，江苏省教育厅厅长沈健专程到校调研。江苏省安监局局长王向明、总工程师徐林，徐州市副市长孔海燕，徐州市教育局局长张德超以及徐州市有关部门的负责人一同到校。

【师资力量】 2012年晋升副教授2人，高级讲师9人，教育系列讲师7人，技校系列讲师8人；

5位老师获得“全国技能大赛优秀指导教师”称号；6名老师被授予“2012年江苏省职业院校技能大赛先进个人”，53名教师获得全国文明风采大赛优秀指导教师。2013年，晋升副教授5人，教授级高级讲师2人，高级讲师5人，教育系列讲师11人、技工系列讲师21人，高级会计师1人。2名教师分别被省人社厅授予“江苏省技工院校专业带头人”、“江苏省青年岗位能手”称号，1名老师荣获联院“教学能手”称号。在省市“两课”评比活动中，6名教师获市级示范课，19人获市级研究课；1人获省级示范课，5人获得获省级研究课。徐州市职业学校信息化教学大赛获得4个一等奖、10个二等奖、10个三等奖。

【基础建设】 2012年贾汪校区食堂通过徐州市卫生部门的A级食堂评估验收；成功创建徐州市“绿色学校”；贾汪校区学生宿舍楼、教学综合楼投入使用；云龙校区教学综合楼施工顺利；投入15万元建成了学生综合素质拓展训练基地。2013年云龙校区教学综合楼主体工程全面完工；新建电梯实训室400平方米、喷漆实训车间100平方米、演出化妆室350平方米、校内超市600平方米；建筑面积2800平方米的体育活动中心全面投入使用；新建6个校园雕塑，增设校园景观石14处；新建了“六艺广场”；开工建设了建筑面积1500平方米的校史陈列馆。成功购置了云龙校区东侧35亩土地。

徐州机电高级技工学校

【概况】 2012—2013年，徐州机电高级技工学校暨徐州机电工程学校在籍学生6023人，教职工152人，研究生学历（学位）教师30人，高级以上职称教师36人，“双师型”教师66人。学校重点建设了加工制造、信息技术、交通运输、资源环境、财经服务等五大类专业，常年开设机电一体化、数控车工、汽车维修、计算机及应用（图像处理、网络、动漫）、采矿技术、焊接技术、模具设计与制造、财会、公关礼仪、地铁安检、高铁乘服等20多个专业。现有省级示范专业3个，省级特色专业1个，省级重点专业9个，省级精品课程3门，省级实训基地3个，市级示范专业6个，市级品牌专业、特色专业各2个。学校现为“国家级重点职业学校”、“江苏省四星级中等职业学校”、“江苏省高水平示范性职业学校”、“徐州市平安校园”、“江苏省文明单位”、“江苏省省级机关文明单位”。

【建立系统性的安全工作责任体系】 强化校园安全领导机构、过程管控以及责任追究。学校成立了校长任组长、分管后勤工作的副校长担任副组长、各部门负责人为组员的校园安全管理责任制，切实做到安全工作一抓到底，落实到每个部门、每个教职工、每个班级，形成安全工作网络保障体系。制定详细的年度校园安全工作计划，不断完善学校安全管理制度，彰显综合治理特色。分学期召开安全工作专题会议，明确安全责任。安全管理工作质量只有更好没有最好，全力以赴抓安全，成为全校上下的共识。各单位通过中层干部例会、政工例会、升旗仪式及部门会议等形式多次强调“安全无小事，事事都重要”的思想，全校上下呈现出了“人人讲安全、处处讲安全、时时讲安全、事事讲安全”的良好局面。各单位主要负责人是本部门安全工作的第一责任人，负责查明责任区域内安全工作的薄弱环节和软肋，涉及师生的较大安全问题要在及时妥善处理的同时报告当天值班领导，对发生事故不报的，追究有关人员的责任。各单位结合自身实际，在思想上紧绷安全之弦，行动上真抓实干，落实责任制和责任追究制，努力创建最安全校园。

【坚持定期隐患排查制度】 各单位坚持做到安全工作“五个必查”，即查思想认识、查制度建设、查措施落实、查隐患整改、查实际效果，做到不出漏洞，标本兼治。扎实开展“平安校园”创建，对照“平安校园”创建标准，开展形式多样的创建活动，落实“人防、技防、物防”三位一体的防范措施，确保学校师生人身和财产安全。每年定期组织安全隐患自查，上报自查结果并限时整改，夯实了以“平安校园”为基础的“美好机电”建设。

【狠抓各项安全措施的落实】 调研和掌握学生的思想状态，了解学生的所思所想，加强对校园不安全、不稳定、不安定因素的摸底排查，做到早发现、早介入、早处置，及时有效处置各种危及安全的事端，防止安全隐患因小失大，将各种安全问题消除在萌芽阶段。学校与公安等社会职能部门形成联动机制，深入开展学校及周边治安隐患排查和整改，进一步加强夜间巡逻、进出校门登记和门岗管理，提高各类突发事件的防范和处置能力，净化了校园及周边地区的治安秩序。

【深化安全知识防范教育】 组织开展安全教育工作，对师生进行防火、防电、防踩踏、防诈骗以及突发事故的相关安全知识教育。严格日常值班巡视制度，在出操、集会、放学、上下楼梯、就餐等人员密集场所加大检查。每月进行两次安全隐患排查并及时整改，定期做好应急疏散预案演练、管制刀具收缴、学生身体和心理健康状况摸底等，提高学生的应急避险能力。

【抓好校园改扩建安全工作】 树立质量意识，注重施工安全管理，做好新校区施工区和老校区的隔离防护，按规定设置施工安全警示标志，杜绝无关师生进入施工区，严禁施工车辆通过老校区，确保了师生和施工人员安全。

【强化教学过程中的安全教育】 做好带电实验、实习、实训等场所的防护措施，严格执行操作规程，防止安全事故发生。对在企业从事顶岗实习和工学交替实习的学生进行全面的安全教育，明确实习指导教师及责任部门的安全职责，实现了安全实习、安全生活。聘请电视台相关专业人士来校讲学，增强了新形势下对传媒记者及网络媒体的应对能力。加强车辆运行管理，注重安全保密工作，做好档案、计算机和校园网的安全防护。

积极开展丰富多彩的消防宣传进校园活动，紧紧围绕“认识火灾、学会逃生”的主题，大力普及消防安全常识，严禁烟花、爆竹等易燃易爆物品进入校园，充分利用每年“119”消防安全宣传日契机，切实加强消防安全“四个能力”建设，增强师生消防安全意识，提高自救自护能力。学校被徐州经济技术开发区表彰为“2013年度消防工作先进单位”。

扬州生活科技学校

【概况】 扬州生活科技学校（江苏生活高级技工学校）是江苏省安全生产监督管理局（江苏煤矿安全监察局）直属的全额拨款事业单位，占地近50亩，总建筑面积近7万平方米。2014年，全日制在籍学生4007人。学校设有烹饪旅游系、机电信息系、成人教育部，共开设20个专业。2013年学校被国家安全生产监督管理总局授予“江苏名校、德艺双馨”称号，被省安监局党组授予“先进基层党组织”称号，被煤炭教育协会表彰为“全国煤炭职业教育教材建设先进单位”，被四川农业大学评为2013年度网络教育办学先进集体。2014年，学校被扬州市商务局授予扬州“三把刀”服务创新试点培训基地。在江苏省技能大赛中获得金牌1枚、银牌2枚、铜牌4枚，顺利完成了省人社厅对学校烹饪示范专业的现场视导工作。

【各类培训】 2013年开展中餐烹饪、中西面点、酒店服务与管理方面的培训284人，2014年完成各类培训178人。

【学历教育】 2013年招生1638人，2014年招生1217人。2013年，在省级技能大赛中，1名教师获金牌、1名教师获银牌、2名教师获铜牌。

【升格发展】 为实现学校进一步发展，经过分析、调研，在省安监局领导的高度重视下，顺利通过了江苏省人社厅组织的高级技工学校评审工作，省安监局党组成员、巡视员刘振田亲自为学校揭牌。

【师资力量】 2013年晋升高级讲师1人、讲师2人，2014年晋升高级讲师2人、讲师3人。在扬州市“两课评比”中共有4名教师中获“示范课”称号、7名教师获“研究课”称号，3名教师在江苏省文化基础课“两课评比”中获“研究课”称号，1名教师在江苏省专业课“两课评比”中获“研究课”称号，1名教师在扬州市信息化教学大赛中获一等奖、2名教师获三等奖，1名教师在省信息化教学大赛获三等奖，1名教师被评为江苏省技工院校专业带头人。

【基础建设】 经过紧张而有序的施工，学校建筑面积47101平方米的蕴博大厦已经投入使用。先后完成了男生宿舍门前安全通道的搭建及照明线的布放工作，校内主供水管、主电缆改造，行政楼办公室新空调、招待所空调增容放线、安装等工作。完成了男生宿舍安全通道地板的重铺工作，综合楼楼顶层面的加固，综合楼化粪池清理、吸污、管道疏通及重新更换盖板；完成了西南角男生宿舍化粪池的淤泥清理及排污管网疏通工作，配合基建完成了传达室周围部分建筑物的拆除及北面部分围墙重砌工作，配合基建完成了校内主水管、电缆及食为天酒店的电缆从地下起至地上并向北移位的工程等工作。

各行业安全生产工作

道路交通

2012年

【概况】 2012年，全省公安交巡警部门紧紧围绕党的十八大交通安保主线和“防事故、保安全、保畅通”工作中心，深入实施交通安全生命保障、文明交通、固本强基和队伍正规化建设四项工程，着力构建道路交通安全管理责任网、监督网和保障网，全省道路交通安全形势持续平稳，一次死亡3人以上较大事故同比减少10起，城市交通总体有序畅通，交通安全专项治理、车辆和驾驶人源头监管、文明交通建设、高速交通管理、执法规范化和科技信息化等工作走在全国前列。

【完善制度体系】 会同省有关部门提请省政府办公厅批转实施交通安全生命保障工程、文明交通工程意见；提请省政府召开电视电话会议、专门下发通知，专题部署高速公路雾天交通应急管理工作措施；提请省道路交通安全工作联席会议制定全省道路交通安全专项治理工作方案。深入开展“牵手平安行”活动，牵手职能部门、运输企业、驾驶人、交通参与者和相邻区域，大力推动道路交通安全综合治理。

【健全监管体系】 会同省交通运输厅、安监局建立全省公路客运企业安全例会制度，3次召开企业负责人会议。深化拓展公安、交通部门信息共享合作，建立双方业务数据常态化交互机制，交换营运车辆和驾驶人交通事故、违法数据近300万条。联合交通运输部门推广应用驾驶人培训与考试信息共享系统，全省498家驾校实现报名、培训和考试预约等信息网上运行、资源共享。建立全省重点车辆源头监管每月排名通报制度，督促重点运输企业加强内部管理，整改安全隐患。会同有关部门制定建筑垃圾和工程渣土运输处置管理工作意见，开展全省督查考核工作。认真贯彻《校车安全管理条例》，严格校车检验和驾驶人资格审查，组织实施中小学生交通安全保障工程。抓好公安部123号、124号令的贯彻实施，加快推进大中型客货车驾驶人科目三考试增加项目考场建设。组织开展客货运车辆档案集中清理，进一步提高客货运车辆检验率。

【推进示范建设】 深入开展平安畅通县市和“四项示范”创建，全省95个乡镇、88家企业、100所学校、82条道路达到示范创建标准。深入开展文明交通示范公路创建活动，京沪、京台、连霍等3条高速公路基本实现创建目标。按照“全程监控、设施良好、勤务规范、反应快速、安全有序”目标和“高清智能监控、高速传输3G移动视频、高清晰LED情报板、高音安全提示系统和高标准安全防护设施”等“五高”标准，着力推进重点干线公路“平安走廊”建设，全省创建道路新安装监控设备766处、信号灯449处、电子警察256处、信息提示板99块，排查整改隐患365处，盐城辖区204国道全面建成“平安走廊”示范工程。深入实施城市交通管理畅通工程，会同省住建厅下发加强城市规划交通影响评价工作的通知，大力推广畅通工程精品示范项目。

【创新文明交通建设】 会同省文明办等六部门提请省政府召开推进实施文明交通工程工作会议，制定深入实施文明交通工程工作意见。会同省文明办等部门出台城市文明交通指数测评办法、建立指数发布机制，组织对全省城市文明交通状况进行动态监测评价，向社会发布测评结果，同时纳入文明城市、文明单位创建考核。会同省文明办着手制定文明交通失信行为联动惩戒规定，建立文明交通信用档案，将公民和单位守法情况纳入全省社会信用体系。健全道路客运企业交通安全信誉等级管理制度，完善“荣誉驾驶人”和“黑名单”管理制度，共评出265名“金牌荣誉驾驶人”。在全省开展文明交通示范学校、示范企业、示范社区、示范路街、示范教育基地“五个一百”创建活动，着力提升城乡整体文明交通水平。开展争创文明公交车、文明出租车、文明客运班车和“客运之星”活动，深化行业文明交通创建，激励广大职业驾驶人自觉守法。

【加强交通安全文化建设】 组织实施交通安全文化精品战略，推广应用江苏文明交通系列形象标志，唱响文明交通主题歌，弘扬“自律、包容、礼让、文明”的现代文明交通理念。推广建设多功能交通安全教育基地，无锡、常州、苏州、江阴建成并投入使用。会同省文明办等五部门精心组织“全国交通安全日”主题活动，围绕“遵守交通信号，安全文明出行”主题，全省统一举行启动仪式，举办广场文艺演出，开展“文明红绿灯，平安斑马线”文明交通校园行大型公益活动，在主流媒体设立专栏专版，策划微话题讨论、访谈等活动，全省共组织各类宣传活动115场次，发放宣传资料20余万份，受教育群众190余万人。联合省电台组织开展“喜迎十八大　牵手平安行”2012·文明交通环省行新闻行动，邀请12家中央和省级新闻媒体参与，分赴全省13个市跟踪采访，播发报道74篇，形成全省统一、联动联播的良好效应，在全社会营造出浓厚的文明交通舆论氛围。

【强化严重违法行为专项整治】　组织“迅雷行动”等17次全省统一行动，大力整治“三超一疲劳”、酒驾毒驾、商品车运输车违法和高速公路严重交通违法行为。针对夏季道路交通事故、违法特点，组织开展全省道路交通秩序百日集中整治。扎实推进涉牌涉证专项整治，会同省军区及有关警种组织开展“亮牌行动”、军车涉牌涉证违法行为统一行动和交通违法数据集中清理。会同华东五省一市每月确定整治行动日、行动周，联动整治严重交通违法行为，巩固文明交通示范公路创建成果。

【强化交通安全隐患排查治理】　提请省道路交通安全工作联席会议部署道路交通安全隐患排查整治，会同省交通运输厅组织开展全省道路交通领域“打非治违”专项行动，推动落实道路交通安全源头性排查、基础性防范和常态化整治措施，全省共排查重点单位8158个，隐患车辆2.9万辆，重点驾驶人1.6万人，道路隐患4937处。以“客运安全年”为契机，联合交通运输、安监、旅游等部门开展道路客运安全联合督查，组织旅游包车客运安全专项整治及长途客运班线、卧铺客车清理整顿，督促运输企业严格落实客运车辆动态监管制度和夜间限速、凌晨停驶、落地休息或换班驾驶等措施，全省共排查公路客运等重点车辆2.7万辆，超长途班线268条，其中停运调整53条，解聘重点车辆驾驶员168人，设置长途客车休息点82个。开展有吸毒史客货运驾驶人排查清理，对查出的167名对象，一律取消营运资格或采取停驶、换岗、辞退等措施。组织开展城市交通管理设施和交通信号灯设置排查，集中解决一批管理设施不齐全、标志标线不规范、道路渠化不科学、指路标志不连续、信号设置不合理等问题。

【强化道路交通安全保卫】　组织开展十八大交通安保攻坚战，筑牢源头监管、路面防控、应急管理、宣传教育四道防线。精心组织春运、“两会”、环太湖自行车赛以及法定节假日交通安保工作。针对中秋、国庆首次实施小型客车免费通行政策，会同有关部门、相邻省市建立疏堵保畅协作机制，制定应对高速公路大流量和轻微事故现场快处工作规范。健全恶劣天气社会化联动处置机制，在高速公路经营单位职工、沿线村民、客运驾驶人中物建1836名信息员，实行信息报告奖励制度；联合消防和拥有大型救援设备的单位建立快速救援机制，与路政及清障部门实行统一排班、联合巡逻制度。

【强化道路治安打防管控】　全力投入百日集中打防、平安稳定攻坚月、灭枪、秋风集中清查等专项行动，切实加强卡口值守盘查，深化分析研判，精确制导、严厉打击涉车涉路违法犯罪。据不完全统计，全省共查破涉枪等案件274起，抓获、堵控涉案、涉稳人员1400余人。

【织牢动态化道路防控网络】　完成全省道路监控网“3·20”工程建设任务，在全省布建1.7万个监控点，增加8万台监控设备，覆盖3.5万公里城乡道路，采集车辆通行数据1944亿条，查处交通违法3151万起，查获被盗抢车辆732辆，抓获违法犯罪嫌疑人员13285人。推进公安检查站建设，溧水明觉、新沂北郊和沪宁高速花桥3个示范站建成投入使用，全年共查获违法犯罪嫌疑人120名。推广建设公路中队勤务指挥室，全省已有194个中队开展规划建设。加强智能交通管理系统建设应用，30多个支、大队建成交通指挥中心，46个城区大队建成二级交通指挥室，20个城市实现信号区域联网控制。完成国家道路交通安全科技行动计划　“课题六”示范建设任务，顺利通过公安部、科技部验收。开发全省交巡警信息服务系统，整合3000多路交通视频监控图像，推出“手机看交通”服务，通过短信、语音、视频等多种途径向公众提供实时路况、执法告知等信息服务。开展高速公路机动车全程区间测速系统建设，完成沪宁、宁杭高速公路试点工作，向全省24个区间推广。13个省辖市全部应用移动警务通。

【健全规范化执法管理机制】 开展全省执法教育整顿活动，深化执法理念大教育、问题大排查、业务大培训和纪律大整顿。制定深入推进执法规范化建设十项措施，实现执法执勤岗点24小时全覆盖监控，路面执勤民警和查验、考试员全部配备执法记录仪，执勤民警实施罚款处罚不收取现金。完善规范执法标准体系，制定超速超员超载疲劳驾驶交通违法行为查处工作规范、执法案卷考评办法等规范。加强执法监督，组织全省执法规范化建设和案卷质量考评，开展为期半年的推进公正廉洁规范执法暗访督查行动，两次召开视频调度会，督促各地整改了一批执法不规范和公路“三乱”苗头、倾向性问题。完善执法保障机制，加大对基层所队和基础设施建设的政策、资金倾斜力度，制定公路中队基础设施建设指导意见，全面完成执法功能区改造任务，补助374个基层单位新改建营房和信息化建设经费1.5亿元。

2013年

【概况】 2013年，全省公安交巡警部门紧紧围绕服务“两个率先”大局和建成“平安中国示范区”目标，深入实施交通安全生命保障工程和文明交通工程，扎实推进执法规范化、科技信息化和队伍正规化建设，全省道路交通安全形势持续平稳，在机动车新增121万辆、增长7.55%，驾驶人新增143万人、增长7.6%，大雾等恶劣天气多达103天、创历史新高的严峻形势下，交通事故死亡人数稳中有降，未发生10人以上和群死群伤的重特大事故。

【推进交通安全综合治理】 牵头制定并报请省政府下发《关于加强道路交通安全工作的实施意见》，提请省道路交通安全工作联席会议分解落实相关部门责任。提请省政府召开“如皋现场会”，部署深入实施交通安全生命保障工程，进一步加强农村道路交通安全工作。加强部门协作联动。联合交通运输部门扎实推进重点干线公路“平安走廊”建设，204、205、312国道已具备“五高”信息化系统和安全防护设施，基本实现建设目标。以实施公路安保工程“十二五”规划为契机，协调交通运输部门对1800公里普通国、省道交通安全防护设施进行建设改造，确定204、205国道和11处重点路段开展省级示范点创建。会同道路经营单位深化平安高速示范区路警共创，突出设施完善、勤务优化、违法查纠、规范执法、应急管控、宣传诱导六大重点，全面提升创建质态。

【推进农村交通安全工作】 深入开展平安畅通县市和“四项示范”创建，18个县（市、区）被评为国家级平安畅通县市，建成交通安全示范乡镇160个、示范企业170家、示范学校183所、示范公路131条。宿迁支队推动各县区实行农村道路交通管理“双考核制”，全面落实交通安全设施建设与道路建设“四同时”制度。沭阳大队建立道路交通安全评估机制，对全县1196条公路全部建立档案，实行户籍化管理。

【规范道路交通秩序】 提请省政府在宿迁召开道路交通管理工作现场会，部署推进文明交通工程建设，强化城市交通综合整治工作。会同省文明办、省交通运输厅聘请专业调查机构开展文明交通指数测评，结果通报各市政府，督促落实整改措施。联合省军区司令部深化文明交通军警共建，定期抄告军车交通违法信息，加强军车运行管理。组织城市交通管理等级评价工作，制定加强城市缓堵、推进公交优先、加强城市隧道管理三个指导意见，开展道路停车泊位管理立法调研，联合东南大学建立智能交通管理实验室。组织城市交通信号和交通技术监控设备排查，新增、更换交通标志牌1.5万块、信号灯8000余组，调校、更换交通技术监控设备3700余个，全省信号灯规范设置率达96.82%，交通技术监控设备规范设置率、检定合格率均达100%。部署开展不文明交通行为“三项整治”，大力查处闯红灯、乱停车、不让行等违法行为。

【推进立体化宣教】 会同省文明办等部门部署开展“学雷锋文明交通志愿服务周周行”活动，组织志愿者常态化开展文明交通劝导、引导、宣传行动。联合文明办等六部门精心策划“全国交通安全日”主题宣传活动，围绕“摒弃交通陋习，安全文明出行”主题，开展文明交通百城百台大联播、校园行、社区行等系列活动，形成强大聚焦联动和规模效应。推进社会化宣传阵地建设，建成交通安全情景校园、情景社区、主题公园、体验基地等78家，联合省广电总台开办“交巡警在线”电视专栏，打造“一路平安”、“文明交通在行动”等一批宣传阵地，全省所有支队都建成交巡警官方微博和政务微信平台，建立150余个宣传专栏。

【推进交通安全专项整治】 在全省集中开展“迎亚青、保安全、促畅通”夏季交通秩序集中整治行动，实施治危除患、治违保安、治乱疏堵、应急防范和宣传教育“五项攻坚”。扎实推进“大排查、大教育、大整治”货车违法行为专项行动，在全省组织4次交叉检查和异地执法“飞鹰”行动，共查处货车严重违法行为102万起，货车事故同比明显下降。深入实施公安部第123号令，严格落实记分、降级等管理制度，10496名大中型客货车驾驶人记满12分被降级。会同省住建部门组织工程运输车整治，会同省交通运输、安监、农机部门联合部署338省道变形拖拉机违法整治；统一开展查处超速违法“降速”行动、整治疲劳驾驶“警钟”行动；开展高速公路违法占用应急车道专项整治，查处违法29.2万起，形成严管严治的强大声势。在全省26个高速公路重点路段设立区间测速系统，接入机动车缉查布控系统监控点位481个，每周采集信息千余万条，提高了路面管控效能。

【强化隐患治理】 深入开展道路交通安全大检查，共排查运输企业1.8万家、车辆155万辆、驾驶人219万名，整改道路隐患2559处。会同教育等部门联合开展校车、接送学生车辆集中排查治理，审查驾驶人7926人，清退不合格驾驶人100人，取缔黑校车61辆，整改道路安全隐患670处，增加标志标牌164块。推进重点车辆交通安全源头监管规范化建设，列管各类重点车辆单位3.5万余家，重点车辆54万余辆，重点驾驶人51万余名，检查重点车辆单位3.6万余家，督促整改各类隐患1.2万余起。

【强化应急处置】 科学应对春节、“十一”期间交通大流量，会同有关部门、相邻省市建立疏堵保畅协作机制，向社会发布出行攻略，优化区域交通组织，科学诱导分流点位，有效实施大范围管制分流。针对大雾等恶劣天气多发频发特点，完善高速公路“一路三方”联合指挥调度制度，在全省高速公路布建169个气象监测点并接入高速大队，严格落实等级勤务管理制度，强化凌晨、恶劣天气等重点时段、路段巡逻管控，共实行等级管制1221起，同比增加61%。淮安支队联合气象、卫生部门建立“红、黄、绿”三色天气预警机制，实行边远地区救护车驻队、清障车驻站制度，全天候应对突发事件。

【强化大型活动安保】 围绕“平安亚青”目标，召开交通安保专题部署会、调度会，制定高速公路交通分流预案，实施远程分流。协调周边六省市加强区域警务协作，协同治安、派出所等警种合成作战，构筑“环宁护城河”，设立32个公安检查站、500个检查堵控点，检查车辆210万辆次。

消　防

【概况】 2012年，全省各级公安机关消防机构紧紧围绕建设更高水平“平安江苏”，以预防和遏制重特大火灾事故为目标，深入推进网格化消防安全管理，扎实开展“清剿火患”战役攻坚、十八大消防安保专项工作，全力防控火灾。年内，全省火灾事故保持平稳，没有发生一次死亡3人以上的较大火灾事故。

2013年，全省各级公安机关消防机构认真贯彻实施《消防法》等法律法规和国务院46号文件精神，推动落实各级消防工作责任，狠抓社会面火灾防控，强化监管服务措施，有效预防和遏制了重特大火灾事故的发生，全省连续14年未发生群死群伤恶性火灾事故。

【构建消防安全责任网】 全省各地认真学习贯彻《国务院关于加强和改进消防工作的意见》（国发〔2011〕46号），推动落实社会化消防工作责任。2012年，省委书记罗志军、省长李学勇、省委政法委书记李小敏先后对贯彻实施国务院《意见》作出批示，省政府下发《关于贯彻落实国务院加强和改进消防工作意见的通知》，对做好消防工作提出要求。省、市、县三级政府定期召开消防工作会议，签订年度消防工作责任书。2013年，省政府首次出台消防工作考核办法，各市按照“党政同责、一岗双责、齐抓共管”的要求制定下发考核办法。2013年，省政府成立了省消防安全委员会，明确细化成员单位工作职责，定期研究部署和协调解决全省消防安全重大问题。年底前，各市、县、乡镇（街道）全部成立了消防安全委员会，消防工作组织得到进一步健全。加强部门协调联动，省公安消防总队联合省宗教事务管理局、省监狱管理局分别出台了《江苏省宗教活动场所消防安全管理规定》、《关于监狱单位与驻地消防部门构建火灾应急处置机制的指导意见》，会同省住建厅开展建设工程施工现场大检查，联合省安监局开展易燃易爆场所、涉氨制冷行业专项检查，联合省文物局开展文物安全大检查，联合省工商、质监部署开展消防产品质量专项整治，联合省卫生厅研讨医院临时避难间等防火设施设置问题，组织开展行业系统消防安全检查和培训，政府机关、行业系统消防工作得到进一步加强。2012年，我省社会治安综合治理消防工作专项考核获全国第一。国务院组织开展的对省级政府2013年度消防工作考核中，我省取得“优秀”等次。

【推进消防安全标准化达标创建】 2012年，省政府颁布实施《江苏省高层建筑消防安全管理规定》，推动提升全省高层建筑消防安全管理标准化、规范化水平。组织开展消防安全重点单位“户籍化”管理工作，43831家重点单位通过应用“户籍化”管理系统实施动态管理。联合省住建厅出台建筑外墙外保温材料防火规定，全面施行建设工程消防设计、施工质量和消防审核验收终身负责制，组织实施消防安全不良行为公布制度，加强火灾源头管控。2013年，省政府办公厅出台了《江苏省火灾高危单位消防安全管理规定》，对火灾高危单位实施更加严格的管理。深入推进基层消防工作，省综治办、省公安厅联合召开基层消防工作现场会，出台基层消防安全管理“六有”标准，共同编制基层消防工作手册，推动形成消防工作齐抓共管的局面。全省383个街道、1048个乡镇以社区、行政村为单元，或以基层综治部门现有网格为标准，划分33648个消防安全管理网格，落实消防管理人员29073人。国家和省级试点经济发达镇推进消防工作专门机构建设，推动实现实体化运行。

【深化消防安全专项整治】 2012年，全省以“清剿火患”战役攻坚、十八大消防安保为主线，先后部署开展了消防安全领域“打非治违”、易燃易爆单位专项整治、市政消火栓专项治理、中秋国庆平安消防专项行动，狠抓隐患排查整治。省、市、县三级全部成立火灾隐患举报投诉中心，建立健全受理查处、跟踪督办、曝光奖励等工作机制。“清剿火患”战役攻坚、十八大消防安保工作声势浩大、力度空前，提请政府挂牌督办整改重大火灾隐患6785家，一大批火灾隐患得到迅速有效整改。公安部、省委省政府主要领导40多次批示肯定，专项工作成绩位居全国前列。

2013年，全省先后组织开展了“除火患，保平安”冬春专项行动、以非法建筑整治为重点的“查非除患”专项行动和消防安全大排查大整治行动以及冬春“清剿火患”战役，全面摸排隐患存量，及时督改了一大批火灾隐患和消防安全违法行为。全省共检查单位26.6万家次，排查非法建筑7.16万幢，督促整改火灾隐患27.4万处，责令“三停”4250家、实施临时查封3916处，挂牌督办重大火灾隐患331家，坚决预防和遏制较大以上和有影响火灾事故的发生，为社会经济发展和群众安居乐业创造了良好的消防安全环境。

【加强消防安全宣传教育】 2012年，全省各地深入贯彻实施《全民消防安全宣传教育纲要》，推进宣传教育专项行动，营造浓厚消防工作氛围。组织开展“119”消防宣传日等集中宣传活动，聘请2.5万名民间灾害信息员为社区消防宣传员，26万名消防志愿者组成9346支志愿者服务先锋队。建成消防知识联播网，利用全省4520台“消防之声”户外视频开展宣传。创建了52所国家级、260所省级“消防安全教育示范学校”，建设了24个“全国消防科普教育基地”，数量为全国第一。2个集体、2名个人分别被评为首届“119”消防奖先进集体、先进个人。推进消防职业技能鉴定工作，全省有13835人参加了初、中级消防职业技能鉴定考核。

2013年，全省开展了“防灾减灾日”“安全生产月”“119消防安全日”等集中宣传活动，组织了全省性消防公益广告设计大赛、《消防安全常识二十条》微电影大赛、学校消防第一课、“消防达人”竞赛等专题活动，10多家省级主流媒体开展“媒体看消防”记者环省行。组织省级机关处级干部和县处级干部进行培训，推动党政领导培训常态化开展。推进“96119”火灾隐患举报投诉中心建设，完善配套工作制度，最大限度地发动群众参与消防工作。推进消防职业技能鉴定，5084人、738人分别取得了初级、中级建筑物消防员职业资格证书，56人取得了初级灭火救援员职业资格证书。

【重点时段消防安全监管工作】 全省各级公安消防机构依法履行监管职能，加强对社会单位的消防监督检查，及时查处消防安全违法行为，及时督改火灾隐患，坚决预防和遏制重特大火灾事故的发生。围绕重大活动、重大节日消防安全保卫工作，全省各级公安消防机构严格落实消防监督检查职责，把警力调整部署在火灾多发时段和场所，加大对夜间营业场所尤其是公共娱乐场所检查的频次和力度，严格督促其落实消防安全管理、值班巡查、用火用电管理等规章制度，坚决保障消防安全，最大限度减少火灾发生。加大事关国计民生的供电、供水、供气等部门，金融、交通和通信枢纽等消防安全重点单位和要害部门，易发生重大人员伤亡的商场、宾馆、学校、医院等人员密集场所消防安全检查力度；对举办的具有火灾危险的群众性活动，督促主办单位制定灭火和应急疏散预案，落实专人加强现场监督检查，确保活动的消防安全。

【推进消防监督执法规范化建设】 2012年，制定和实施了《消防执法网上巡查监测工作办法》，定期组织开展网上执法自查、检查和监测工作，加强网上督导、研判和考评。修订了消防安全重点单位界定标准，明确单位分级监管要求，对发生火灾的严格责任倒查追究。开展执法工作规范修订，组织全省性消防业务大培训，编写监督执法业务咨询和技术问题汇编，促进提升监督执法水平和能力。我省1个消防大队被表彰为全国公安机关执法示范单位，1个消防支队、1个消防大队被表彰为全国消防监督执法示范单位，3名同志被表彰为全国优秀消防监督员。

2013年，出台了服务群众服务发展六项措施，优化建设工程消防服务，进一步改进和规范建筑内部装修材料消防检验、消防职业技能培训鉴定工作，最大限度地方便群众、提升服务效能。组织修订消防执法工作规范和执法档案管理办法，清理执法规范性文件，开展消防执法档案普查，建立责任交接、技术交底和档案移交工作制度，推行行政指导式监督检查。组织专项执法质量考评，定期开展网上执法巡查监测，强化执法评议。加大问责力度，组织对83起火灾实施倒查问责。

【加强消防应急管理工作】 2012年，全省各级消防部队加强核心战斗力建设，积极开展全员岗位练兵，全力打造江苏消防铁军。深化“防消结合”，健全防、灭火联动工作机制，推动提升消防监督执法效能和灭火救援实战能力。举办了省市两级基层指挥员比武竞赛，组织召开“铁军中队”创建工作现场会，评定“铁军中队”101个。深入开展建筑消防设施调查测试，开展闻警出动调查测试，大跨度大空间建筑“回头看”，石油化工单位、人员密集场所和高层、地下建筑等灭火救援专项行动，新组建搜救犬队伍1支、重型地震救援队4个、轻型地震救援队14个，先后开展2次全省性跨区域地震救援实战拉动、5次全省性跨区域灭火演练，组织各级开展实战和拉动演练22375次，完成21323家重点单位灭火救援预案，队伍攻坚克难能力显著提升。2012年，全省消防部队共接警出动7.03万次，出动警力13.5万辆次、73.3万人次，共救出人员5560人，抢救财产价值约7.65亿元。

2013年，全省公安消防部队狠抓执勤训练计划落实，突出技战术合成训练，规范“六熟悉”工作。完成“铁军中队”创建任务，探索构建“单兵、作业组、单车、中队”四位一体的执勤中队训练体系，组织开展高层、大跨度大空间建筑、人员密集场所无预案跨区域拉动演练，强化部队综合作战能力。针对辖区灾害事故特点，组建了高层、地下、化工、水域救援等23支专业队，组建了4支重型地震救援队和14支轻型地震救援队，并根据实战需要组织开展有针对性的拉动演练。全省13个市、106个县（市、区）依托公安消防部队全部组建了综合应急救援队伍。年内，省政府投入1.5亿元用于升级改造灭火应急救援中心训练设施，积极拓展各个灭火应急救援中心功能定位。全省消防部队共接警出动8.7万次，出动警力约17.1万辆车次、93.2万人次，共救出人员7147人，抢救财产价值约6.9亿元，圆满完成了各项灭火救援任务。

【建立消防安全评价体系】 2012年，启动了“江苏基本现代化消防安全指标体系”课题研究，对原有的消防安全指标体系进行优化和修正。修订完善的现代化消防安全指标体系包括“公共消防安全保障、社会火灾防范水平、灭火救援应急能力、公众消防安全素质”四大类结构18个指标，每个指标均设置了相应的目标值和权重，可以更加科学地测算出一个地区消防事业发展与经济社会发展、现代化进程相适应程度的综合评分。

【构建“防消结合”工作新机制】 2012年，省公安消防总队出台《深化“防消结合”优化工作效能指导意见》，探索建立内部“防消结合”警务机制的总体思路、工作措施、运作模式和配套保障，推进消防现代化建设步伐。在组织71个大队、27个中队开展试点的基础上，制定了《防消结合工作规范》，明确10个环节的工作流程、规范和要求。通过科学整合消防监督管理和灭火应急救援基础工作，逐步建立起信息互通、工作互联、警力互补、效能互增的内部工作新机制，大大提升了消防部队服务社会经济发展的效能。

【着力提升城乡火灾防控能力】 积极推进基层消防工作，提请省委政法委将消防安全管理纳入社会管理综合治理内容和社会管理创新工程，不断健全基层消防组织、监管制度和自治体系，着力完善纵向到底、横向到边的消防工作网络。推动国家和省级试点经济发达镇开展消防工作专门机构建设，各市、县全部成立派出所消防工作指导办，有效缓解基层消防监管“短腿”、能力水平不强的问题。推动多种形式消防队伍稳步发展，制定实施《江苏省多种形式消防队伍建设发展规划》，全省已建成政府专职消防队172支、企业专职消防队125支、乡镇保安消防队654支，全年多种形式消防队伍灭火救援出动数约占全国统计数据的30%。

特种设备

2012年

【概况】 2012年，全省特种设备安全监察工作以防范事故为中心，以使用管理标准化和分级分类监管为抓手，推进企业落实安全主体责任，深入开展专项整治和事故隐患整治，全省累计上报特种设备一般以上事故7起，共造成9人死亡，11人受伤。万台事故率和万台死亡率分别为0.06起和0.08人。与2011年同期相比，事故起数减少2起，下降了22.22%，死亡人数减少1人，下降了10%。万台事故率下降了0.03起，万台死亡率下降了0.02人。

【隐患整治】 2012年，全省共发现特种设备安全隐患20949条，其中质监系统特种设备安全监察机构排查发现安全隐患15798条，占发现隐患总数的75.41%；检验机构报告隐患3582条，占17.10%；稽查执法机构移交隐患45条；举报投诉或媒体曝光隐患932条；政府或者上级交办查处隐患243条；其他途径发现隐患349条。完成限期整改19646条，其中直接完成整改15196条，立案查处1197条，实施行政处罚176条，责令停用设备2733条，强制取缔31条，向政府报告重大隐患313条。

【落实特种设备安全责任】 全省各地市级政府都将特种设备安全列为市政府工作目标和考核项目；各市局都对特种设备安全监察工作实施目标管理。2012年，全省各级质监部门累计对2.7万家新增特种设备使用单位实行安全责任告知，新增特种设备使用单位安全责任告知率达到100%。全省累计在近11万家特种设备使用单位开展了特种设备使用管理标准化工作，覆盖率达到全省特种设备使用单位的85%，其中有75%的使用单位、约9.7万家达到标准化管理的要求。

【加强特种设备使用环节安全监管】 在隐患排查整治方面：全省质监部门结合落实安全责任，推动3.7万家企业开展自查自纠隐患。累计出动监察人员3.3万余人次，对1.6万余家特种设备使用单位进行了现场检查，查出各类安全隐患2.09万条，督促整改隐患1.96万条，有效防范了事故发生。2012年省特检院定期检验特种设备35.33万台，设备定检率达到98.6%，消除隐患和缺陷5.77万个。在落实上级专项安全检查活动方面：按照国务院和省政府、省安委会相关部署，认真开展了“安全生产年”、“打非治违”和重点时段的特种设备安全专项检查活动。专项检查期间，全省共下达安全监察指令书3682份，发现、整治各类特种设备安全隐患1.03万条。在省安委会指导下，与省旅游局联合开展了全省旅游设施专项检查活动，督促大型游乐设施使用单位做好隐患整治和应急能力建设。

【深入开展气瓶安全专项整治】 2012年，全省继续开展气瓶条码信息化管理专项整治工作，依法查处违法违规充装、检验气瓶和翻新报废钢瓶的行为，全力推行气瓶安全条码管理，杜绝气瓶违法违规现象回潮。全省气瓶使用登记网络平台使用正常，全省1100多万支在用气瓶都安装了条码，实现了气瓶使用登记、定点充装、检验和信息化管理。在2012年气瓶专项整治中，全省各级质监部门共出动现场监察人员1.06万人次，检查充装、检验单位5208家次，发出隐患整改指令147份，立案查处145起，报废各类气瓶33.22万支。

【服务全省经济社会发展】 在推进高耗能特种设备节能方面：全省继续在7000余家工业锅炉使用单位开展了安全节能双达标活动，已达标单位达到6639家。对纳入万家企业名单的锅炉使用单位进行节能检查，完成了400余台的在用锅炉能效测试。在推进特种设备制造企业升级提档和促进产业集群发展方面：通过981家特种设备制造企业“三合一”检查和诊断，为企业提高质量和技术进步提出了400多条意见和建议。在推动全省老旧电梯整治方面：全省质监部门组织对1359台老旧电梯进行检测评价并出具评价报告，为政府和相关方面对老旧电梯实施更新、改造和大修，维保单位加强维保工作提供了依据。我省电梯安全使用情况得到改善，各种传媒报道或公众举报的电梯故障比去年同期减少30%以上。在促进特种设备使用行业规范发展方面：与省住建厅联合开展了“两工地”起重机械检验检测机构重新核准工作，对全省51家“两工地”起重机械检验检测机构起重机械检验员进行培训、考核，帮助其达到质监系统综合检验检测机构基本要求，2012年完成现场核准近30家。

【提升特种设备科学监管能力】 分类分级监管推进工作取得阶段性成果。年初，制定下发了全省统一的特种设备使用单位分类分级监管工作意见，目前全省已有超过10万家使用单位完成分类分级监管，分类分级监管使用单位总数已达到全省使用单位总数的77%以上。顺利开展了电梯维保企业星级评定活动。全省质监系统按照维保行为规范程度、维保质量优劣以及用户满意度对全省483家电梯维保单位进行检查评级，共评定三星级单位124家、二星级单位382家，首次评定四星级单位6家，有效督促了电梯维保单位规范维修保养行为、提高电梯维修保养质量，推进电梯维保单位诚信服务。

【开展特种设备安全宣传工作】 全省累计开展“四进”（进企业、进社区、进校园、进农村）宣传活动3619次、“四上”（上电视、上广播、上报纸、上网站）宣传999条，组织广场大型宣传咨询活动263场。与省安委会、省教育厅、省旅游局在“安全月”期间联合开展了“小学生质量安全知识”宣教活动，在全省1000余所小学开展了宣传教育，组织了近万名学生参加有奖知识竞答。

【特种设备安全责任保险取得新突破】 南京市试点开展气瓶安全责任保险工作取得成功，在总结经验基础上，省质监局确定了全面推进气瓶安全责任保险和试点开展电梯安全责任保险的思路。

【特种设备应急管理工作取得新进展】 制定了江苏省质量技术监督局特种设备安全应急预案。各级质监部门组织开展各类特种设备应急演练超过184次。

2013年

【概况】 2013年，全省特种设备安全监察工作以防范事故为中心，落实各方责任，强化基础工作，强化使用环节安全监察，强化行政执法，没有发生重特大事故，全省特种设备安全继续保持平稳态势。2013年，全省累计上报特种设备一般以上事故11起，共造成11人死亡，直接经济损失约670万元。万台事故率和万台死亡率分别为0.08起和0.08人。与2012年同期相比，事故起数增加4起，上升了57.71%，死亡人数增加2人，上升了44.44%。万台事故率上升了0.02起。

【隐患整治】 2013年，全省共发现特种设备安全隐患18226条，其中质监系统特种设备安全监察机构排查发现安全隐患11987条，占发现隐患总数的65.77%；检验机构报告隐患4523条，占24.82%；稽查执法机构移交隐患95条；举报投诉或媒体曝光隐患805条；政府或者上级交办查处隐患286条；其他途径发现隐患531条。完成限期整改17714条，其中直接完成整改13809条，立案查处724条，实施行政处罚153条，责令停用设备2711条，强制取缔55条，向政府报告重大隐患262条。

【特种设备安全责任落实取得新进展】 各级政府均把特种设备安全工作列入政府工作目标考核，质监部门与相关主管部门的协调联动工作机制进一步加强；工贸企业特种设备使用安全标准化逐步融入安全生产标准化建设体系之中，全省达标企业累计达到11万家，全省15万家（占总数72%）使用单位实施分类监管，南京化工园区建成特种设备使用安全标准化示范园区；全省检验机构认真落实检验责任，完成了37.93万台特种设备检验，定期检验率达到 98%。

【安全大检查取得新成效】 各级质监部门认真贯彻国务院、省政府和国家质监总局开展安全生产大检查的一系列部署，按照“全覆盖、零容忍、严执法、抓长效”的要求，把安全生产大检查与特种设备安全现场监察相结合，与专项整治相结合，与行政执法、打非治违相结合，与推进企业落实安全主体责任相结合，精心组织开展安全检查和隐患整治（包括小锅炉、快开门压力容器、简易升降机、涉氨企业特种设备等专项整治），全省质监系统共出动3.48万人次，检查单位1.6万家次，发现并监督整治隐患1.82万条，发出安全监察指令书4517份，上报地方政府挂牌督办重大隐患 262条，立案查处违法行为724起。

【电梯安全监管工作取得新突破】 对全省5540多个住宅电梯小区物业管理人员进行电梯安全使用管理知识培训，使用管理责任的“确权签约”活动逐步展开；对1600多台老旧电梯实施了安全检测评价，更新改造450多台；全省13个市电梯困人救援网格化组织体系已经建成，南京市96333电梯困人救援系统取得了良好的使用效果。电梯维保质量星级评定工作全面开展，有力促进了维保质量提高。省政府办公厅发布了《关于推行电梯安全责任保险的实施意见》，由政府支持推动的电梯责任保险全面启动。省政府规章《江苏省电梯安全监督管理规定》完成征求意见。

【特种设备安全监察基础工作取得新发展】 20个县推广使用特种设备动态监管信息化系统，特种设备生产行政许可全部实现网上运行，特种设备安全风险预警预报机制初步形成，以“四库”建设为重点的应急管理工作有了新突破。省政府办公厅发布了《关于建立江苏省特种设备较大事故调查处理工作制度的意见》，进一步明确和规范了我省特种设备事故处理要求，与省安监、公安、监察部门和省总工会共同建立了特种设备事故调查处理协调工作机制。《特种设备安全法》宣贯活动全面展开，全省累计开展“四进”（进企业、进社区、进校园、进农村）宣传活动2000余次、“四上”（上电视、上广播、上报纸、上网站）宣传600余条，组织广场大型宣传咨询活动近200场。对132名新进特种设备安全监察人员进行了取证培训，230多名特种设备安全监察员证持证人员进行了知识更新培训。

民　航

2012年

【概况】 2012年，民航江苏监管局坚持“安全第一、预防为主、综合治理”方针，以“安全生产年”、“打非治违”为全年工作主线，以安全管理和安全监管双效能考核为着力点，以安全管理体系建设为切入点，切实落实安全监管责任，不断提高监管效率，保持了江苏民航平稳的安全态势。

【完善监管制度】 制定《民航江苏监管局2012年安全监管工作重点任务分解表》，层层分解监管责任，落实完成时限。加强内部监管制度建设，制定了《民航江苏监管局工作规则》、《民航江苏监管局监察员培训管理办法》，强化监管工作力度和监管队伍建设。制定了《民航江苏监管局安全隐患排查治理实施办法》、《民航江苏监管局行政约见实施办法》，确保安全隐患排查治理的常态化、制度化。同时，坚持每周业务办公会制度，了解辖区安全运行状况，实时调整监管重点和频次。坚持月度安全形势分析会制度，分析安全形势，研究监管措施，跟踪隐患整改落实情况。2012年，共开展各类行政检查551次，出动监察员952人次；下发行政整改通知书/建议书（含问题通知单）115份，共提出整改要求及建议371条，要求在2012年内完成整改的316条，已确认关闭了290条，整改率91.8%。实施行政许可49项，协助上级完成行政许可初审5项；对安全管理中连续发生问题的2家单位实施了行政约见，进行警示谈话。

【推进“打非治违”专项行动】 突出企业主体责任，强化政府监管责任，深化职工行为责任，结合江苏民航实际和日常行政检查任务，分别制定了《民航江苏监管局“安全生产年”实施方案》及《民航江苏监管局“打非治违”专项行动实施方案》，明确整治内容和步骤，结合十八大期间航空运输保障要求，围绕安全生产责任落实、人员资质能力排查、隐患排查治理、航空公司运行控制、鸟击及FOD防范、不停航施工管理、航班大面积延误整治、应急管理等方面，全面开展了“打非治违”及“打非治违回头看”专项行动，深入查找易发、多发的违章违规行为，从管理、技术和作风等方面消隐患补漏洞。

【创新监管理念模式】 在日常监管工作中，牢固树立监管就是服务的理念，在监管中渗透服务，在服务中实施监管，突出监管重点，构建一张江苏民航安全生产良性互动的监督网。通过一年两次安全工作联席会议，总结安全工作的经验，点评存在的问题，听取并及时答复行政相对人对监管工作的意见和建议，加强了局方与相对人之间的沟通和理解。通过每日航班保障协调会，及时掌控南京机场驻场单位运行情况，协调解决保障中存在的困难和问题。通过参加南京地区航空公司的空地协调会、可靠性分析会，及时发现飞行人员规章意识不强，维修人员偏紧等问题，有针对性地督促相关单位加强飞行人员培训和维修队伍建设。通过对机场基础项目建设和不停航施工的靠前监管，及时对建设中存在的问题提出改进意见，避免机场等建设单位多走弯路，并多次与地方政府沟通，积极协调上级部门和当地政府有关部门，推动工期拖延的项目及早实施。通过对事故征候、不安全事件、安全举报事件和违规行为的调查处理，狠抓事故征候、典型不安全事件和违规违章事件的整改落实。按照“四不放过”和“依法依规、实事求是、注重实效”的原则，严肃查处违法违规行为，追根溯源，堵塞安全漏洞。坚持专业处室牵头、有关处室联动的隐患治理联动机制，对排查出来的安全隐患实施分级评估、动态管理和挂牌督办，突出监管工作的针对性和实效性。制定《江苏民航安全管理及监管综合效能评估考核办法》，考核辖区单位安全管理及各业务处室安全监管工作开展情况，并初步实现监察台账电子化，提高安全监管效能。

【推进安全管理体系建设】 以机场安全审计、机场使用许可证换证检查、航空保安审计、空管安全管理体系审核、航空公司安全管理体系持续监督检查以及维修单位安全管理体系现场验证为抓手，督促相对人落实安全生产主体责任，不断推动安全管理体系理念的深入，提高员工参与度，力促危险源识别及风险管控措施落实到位。2012年先后完成了4家运输航空公司SMS实施情况检查，4家空管单位SMS审核，15家维修单位SMS审定，9个机场的适用性检查和空防安全动态评估，3家机场使用许可证换证检查等工作，逐步实现了安全管理从事后到事前、从开环到闭环、从个人到组织、从局部到系统的转变，逐步实现由规章标准符合性监管向以规章为基础的风险管理和安全绩效监管的转变。

【开展安全专项整治活动】 出台《民航江苏监管局安全隐患排查治理实施办法》，实施隐患排查治理的常态化、制度化。对重点环节安全隐患进行专项治理。

开展机场净空专项整治活动。根据民航局机场净空专项整治活动要求，从源头治理上下工夫，严格审核地方各类建设项目净空高度，加大对省内机场净空保护区内新增超高障碍物的排查力度，力促地方政府及机场落实主体责任，克服困难，推动新增障碍物的拆降工作。对影响飞行程序又不能按规定拆降的，提出提高机场运行最低标准的要求。整治期间辖区9个机场共排查出112处新增障碍物。

开展通用航空专项治理活动。针对2012年中旬其他地区发生的几起通用航空严重不安全事件，结合“打非治违”活动，开展了为期2个月的通用航空安全专项整治活动。在督导各通用航空单位自查自纠基础上，以新成立的通用航空企业和作业量较大的单位为重点，对辖区7家通用航空单位进行了全面检查。通过检查全面评估了通用航空单位运行安全状况，强化现场作业管理，固化安全运行模式。同时，以航空器引进、人员资质能力建设为抓手，严格安全标准，完成3家通用航空单位运行合格审定工作。

开展人员资质排查工作。针对江苏民航航空运输量快速增长、关键岗位人力资源相对不足的问题，持续开展了人员资质排查工作，严把人员资质能力关。先后完成辖区航空公司16名机长的升级训练考试的现场监察，抽查了25名机长的熟练检查和27名飞行签派员的资质能力。完成了维修系统301名维修人员和空管系统285名空管人员资质考核。

开展锂电池航空运输专项整治活动。拟定专项治理方案，从组织管理、培训、信息通报、应急处置、业务流程、事件报告等方面对辖区单位进行专项检查，排查安全隐患，确保锂电池航空运输安全。

【加大安全生产宣传教育】 参加“安全生产月”启动仪式，并在南京禄口机场开展民航安全生产咨询日活动。开展了安全警示教育、安全知识竞赛、应急演练等活动。同时，督导辖区单位开展丰富多彩的安全生产宣传和岗位练兵等活动，强化安全教育和业务培训，提高全员安全意识和业务能力，营造安全生产氛围，不断在江苏民航员工中培育“安全就在我手中”的理念，形成“人人想安全、人人保安全”的良好氛围。

2013年

【概况】 2013年，民航江苏监管局认真学习贯彻落实习近平总书记、李克强总理关于安全生产的重要指示精神和省委、省政府关于加强安全生产工作的一系列工作部署及要求，以持续安全为目标，坚持“安全第一、预防为主、综合治理”的方针，持续推进“打非治违”，积极开展安全大检查工作，着力抓重点、抓关键、抓专项整治，突出安全工作的针对性、实效性。全年未发生航空安全事故。

【落实安全责任】 制定2013年监察计划，层层分解监管任务，严格执行安全监管“党政同责、一岗双责”、“一票否决”和责任追究制，着力提高安全监管的针对性、主动性和实效性，突出风险监管，做到“管法人、管系统、管风险”的“三管”，推进辖区单位安全管理体系（SMS）建设，促进其不断提升风险管控水平和抵御风险的能力。与辖区单位签订航空安全责任书，分解落实安全指标，落实安全生产主体责任。通过对辖区单位安全管理效能评估，开展安全监管效能考核，确保安全生产目标、责任、措施落实到位。

【坚持不安全事件调查分析制度】 充分发挥兼职调查员作用，通过不安全事件调查，追溯存在的安全隐患。2013年开展各类不安全事件调查23起。对不安全事件调查或安全检查中反映出的突出问题，行政约见相关单位，加强督导，帮助其从系统上加大安全管理力度。

【坚持辖区安全工作联席联动制度】 通过每半年一次的辖区安全联席会议，每月参加南京地区重点单位的安全例会、空地协调会、可靠性分析会，以及召开PBN飞行程序应用交流会、军民合用机场空地保障研讨会等，进一步宣传法律法规和民航规章，交流、推广安全管理先进经验，推进新技术应用，加强空地协调配合，联合、联动地开展安全管理工作。通过每年一次的“安全生产月”活动，联合机场、航空公司开展形式多样的安全生产宣传咨询活动，促进安全文化建设，营造安全生产氛围。

【开展隐患排查治理】 开展“打非治违”及安全隐患排查治理工作，促进隐患排查治理常态化、制度化。对排查出的安全隐患实施分级评估、动态管理和挂牌督办，明确责任处室和责任人，明确整治目标，及时跟踪隐患整治情况，加大隐患排查治理力度。

【深入开展安全大检查工作】 7、8月份，局领导带领4个督查组，按照民航局“六查”要求，遵循“全覆盖、零容忍、严执法、重实效”的原则，分批、分阶段对江苏民航9个机场、4家运输航空公司、6家通用航空单位的安全大检查工作进行了督查。大检查期间，辖区单位共排查出安全隐患220项，完成整改215项，整改率为97.7%。

【推进人员资质专项治理工作】 严把新进空管人员考试考核关口。先后完成管制、情报、电信和气象人员共7次考试的组织工作。严把新副驾驶、新机长、新教员“三新”人员放飞关，全年共完成各机型机长升级实践考试28人次。加强签派员人员资质能力建设，推进东航江苏公司签派员年度复训考核模式改革试点，将签派员复训考核与执照认证结合，提高了飞行签派员培训质量。

【开展航油输送管线专项整治工作】 深刻吸取

"11 · 22"山东东黄输油管道爆炸特别重大事故教训，12月26—27日，对辖区中航油江苏分公司、南京空港油料公司航油输送管线、机坪管网、设施设备维护保养、隐患排查、消防准备、各类应急预案及演练情况进行了专项督查。对督查发现的问题提出了整改要求，对马群街道牛王庙渔场回填渣土占压南京禄口机场输油管道和管道保护区的安全隐患问题，协调相关企业报告栖霞区政府、南京市安委办，请求予以解决。

【推进应急管理体系建设】 完成《民航江苏监管局应对突发事件总体预案》和9个分预案的修订工作。结合南京禄口机场"航空器救援"应急救援综合演练，开展了3G移动视频采集系统应用演练，实现了与民航华东地区管理局应急指挥中心的信息对接，丰富了应急管理工作手段，提高了处置突发事件的能力。同时，完成江苏民航系统安全生产应急资源普查工作，加大对机场应急管理及演练的督查工作。

铁　路

【概况】 2012—2013年，南京铁路办事处坚持科学发展、安全发展理念，牢固树立"三点共识"，落实"三个重中之重"，按照"规范管理、强化基础、盯控关键、狠抓落实"的思路，以安全风险管理年为主线，以安全管理新机制为载体，深入推进管理规范化和作业标准化，强化安全生产过程控制，认真开展安全大检查和隐患排查整治，南京铁路办事处辖区内运输安全保持基本稳定。

【构建安全生产责任网】 严格督促站段执行干部现场检查量化、月度安全质量考核奖励、月度安全管理综合排序等制度办法，要求各级干部按照安全检查数量和质量要求，充分发挥"安全质量管理信息系统"平台作用，推进安全管理的规范化、标准化，构建有效的综合安全管理平台。

【开展安全生产大检查】 认真开展安全生产大检查和"回头看"，按照"全覆盖、零容忍、严执法、重实效"要求，突出班组作用、管理基础、领导作风，全局干部职工集中精力、全力以赴，紧密围绕重点隐患和突出风险，深入开展安全自查、现场谈心、挂牌督办，从管理源头入手，彻查整治安全隐患，深入剖析问题根源，强化安全源头控制，强化安全基础建设。通过一对一、面对面谈心活动和现场检查，对存在问题立即组织整改，对一时不能完全整治的问题，督促站段纳入"问题库"跟踪管理。

【加强安全生产宣传教育】 南京铁路办事处按照"领导负责、分工负责、专业负责、岗位负责"的原则，制定实施方案，有序抓好"三项行动"和"三项建设"的有效落实，确保"安全生产年"活动扎实推进。同时，积极开展"安全生产月"活动，组织开展宣传督查活动。积极组织参加省安委会在南京市举办的江苏省"安全生产宣传咨询周"启动仪式，强化对"安全生产月"活动的宣传，制作带动车等背景的安全生产宣传展板，集中展示了铁路"打非治违"专项行动、安全生产专项整治、典型事故案例及铁路行业安全红线"50条"管理等内容。

【规范新线开通运营管理】 提前介入管内新线建设，重点围绕宁杭高铁和海洋铁路开通运营，严格落实建设、运营管理部门责任和程序控制，加强建设工程质量过程管理，强化隐蔽工程质量控制，精心组织质量验收、联调联试和安全评估，督促整治安全隐患；及早明确运营管理单位，落实机构、人员配置，加强整章建制、人员培训，充分做好开通运营各项准备。按照总公司领导有关"四不发生"要求，强化宁杭高铁、海洋铁路开通运营过渡期安全保障措施，及时发现和整治安全隐患，确保了新建铁路顺利开通和安全运营。

【强化重点时段安全监管工作】 牢固树立"变化就是风险"理念，强化安全风险防范意识，针对全年极端气候频发等不利影响，在防洪工作方面改变以往片面依赖巡查监护、事中处置等被动防范措施，强化灾害性气候预警，通过科学研判风险，适时采取降速、停运等对策措施，成功应对了强台风"海葵"、"菲特"等考验；针对夏季长时间极端高温天气的考验，扎实做好线路防胀工作，全面开展高铁轨枕板上拱隐患整治，加密检查频次，及时发现并消除安全隐患；针对铁路体制改革及春运、“两会”、暑运、货运组织改革等，及时提醒和布置站段分层包保、落实责任，党政工团各级组织齐抓共干、合力共为，确保了关键时期的安全稳定。

【运输安全行政执法工作】 认真贯彻《铁路法》、《铁路运输安全保护条例》等法律法规，按照上海铁路局的统一部署和要求，重点围绕净化铁路运营安全环境，主动加强与地方政府的协调配合，深化“打非治违”，依法保护铁路运输安全。一是开展安全法律法规的宣传教育，采取贴挂法律法规宣传标语、横幅，在重点道口、区域沿线进行安全宣传，到重点单位、学校和人员密集场所进行普法教育等形式，进行生命安全宣传教育。二是加强线路安全保护区安全风险和隐患的排查治理。对违法穿越线路施工、线路安全保护区内非法侵占铁路用地建造建筑物及乱堆乱放等违法行为责令改正、限期拆除；对高铁高架桥下进行基坑开挖施工、蓄水行为迅速制止并实施隐患整治。三是高铁外部环境安全隐患提前介入，配合上海铁路局对京沪高铁、沪宁城际、宁杭高铁沿线外部环境安全隐患致函公司，要求建设时期做好分项、分类外部环境安全问题的整治，源头消除安全隐患；对安全预评估、评估发现的外部环境问题、隐患盯控整改。四是加大运输安全行政执法力度。按照《铁路运输安全保护条例》和《违反〈铁路运输安全保护条例〉行政处罚实施办法》等规定，坚持“依法合规、严格程序、专业互补、联合执法”的原则，严格按法定程序加大处罚力度。全年累计处罚违法行为8件，罚款48万元，依法保护了监管范围内的铁路运输安全。

电　力

【概况】 2012—2013年，江苏省电力行业不断完善电力安全保障和监督工作机制，全省电力安全生产保持平稳态势。全省没有发生一般及以上电力安全生产事故、电力设备事故和环境污染事故，没有发生重大及以上电力人身伤亡事故。

【健全电力安全监管责任体系】 完善电力安全监管组织体系和工作机制，定期召开电力安委会工作会议和安全监管工作会议，与电力企业签订年度安全生产目标责任书，明确安全生产工作目标和安全生产责任；制定《江苏省电力安全生产监管考评暂行办法》，严格安全监管考评；强化安全生产情况通报，畅通信息报送渠道，定期编发《电力安全监管信息》。

【提升应急处置水平】 全省电力行业进一步加大应急能力建设，完成了应急预案专家评审和行政备案工作。应急联动机制不断完善，逐步形成了地方政府、社会机构、电力企业和电力用户联动的应急响应和处理机制。开展电力行业应急资源普查，为在全省范围内优化配置和科学调配应急资源奠定了基础。强化电力应急演练，“无脚本演练”、联合演练等演练方式不断完善，真实性和实战性进一步突出。

【加大安全隐患排查力度】 全省各级电力企业进一步完善隐患监督分级分类管理实施细则，实施隐患管理精细化。结合企业实际情况，针对燃煤电厂灰场大坝等重点区域开展专项隐患治理。加强重大危险源安全监管，对危险源和隐患点进行全面检查，做好安全防控。隐患排查工作与安全标准化达标、安全大检查等工作紧密结合，实行闭环管理，隐患排查工作力度和治理效率不断提升。2012—2013年，全省电力企业共排查一般隐患35791项，当年完成整改33861项，整改率94.6%，落实隐患治理资金3.9亿元。

【推进安全生产标准化达标工作】 全省各级电力企业按要求认真开展自查自评，积极配合中介机构开展现场查评，对标准化达标中发现的问题及时采取整改防护措施。江苏电监办会同省安监局建立了电力行业安全生产标准化达标联动机制，制定下发了《全省电力企业达标评级工作具体实施方案》、《江苏省电力安全评审机构管理办法》和《江苏省电力安全评审专家管理办法》，规范评审行为。2012—2013年，江苏省累计完成电力行业标准化达标评级企业103家，位居全国前列。

【强化电力建设工程领域安全监管】 全省各级电力企业按照监管机构要求和企业实际情况，开展了以预防坍塌、机械伤害、高处坠落、打非治违、防灾避险、防止重大人身伤亡事故等为重点的电力建设工程安全生产专项整治，规范电力工程建设安全管理行为，促进了工程项目参建各方安全质量管理责任的进一步落实。

【开展电力安全生产大检查工作】 全省各级电力企业结合行业实际，在监管机构统一要求的基础上，进一步细化检查内容，对企业设备安全生产状态和安全管理制度进行了全面评估。江苏能源监管办制定了《全省电力安全生产大检查暗访工作方案》，对38家电力企业进行了现场检查，发现问题278项，并对重视不够、开展不力和整改未落实的企业，采取监管约谈等方式进行警示。

【开展各类专项行动】 全省各级电力企业认真贯彻落实国务院“打非治违”活动要求，扎实开展防范电力生产、建设施工人身伤亡事故专项监管工作；开展燃气发电机组运行安全专项行动，全面梳理和排查燃气发电机组的运行状况；开展电网安全风险管控专项行动，分析电网面临的新形势、新问题和安全风险，制定相应防控措施；开展工控系统信息安全专项行动，对工控PLC设备信息安全进行隐患排查和漏洞整改工作，全省累计70家统调电厂对994套PLC设备进行了排查。

【完成亚青会保电工作】 全省各级电力企业严格按照《南京青奥（亚青）会电力安全保障工作方案》要求，完善组织体系建设，落实保电措施，深入开展隐患排查，加快亚青场馆配套电力工程建设和场馆供配电设施建设速度，做好重要电力用户供配电系统更新改造工作，确保供电可靠性。强化应急演练，开展“无脚本”应急联合演练，检验电力企业和场馆保电应急能力。加强应急值班，赛事期间坚持领导带队24小时值班制度和零事故汇报制度，确保信息沟通渠道保持畅通。

工会劳动保护

2012年

【概况】 2012年，全省工会紧紧围绕安全生产大局和“平安江苏”建设，坚持“以职工为本，主动、依法、科学维权”的工作思路，秉承推动企业安全发展、保障职工安全健康的服务宗旨，突出“群防、群控、群治”特色，全面推进以“六大载体，双基建设”为主要内容的全省职工安全健康保障机制建设，构筑依法维护职工劳动安全与健康的有效屏障，为全省安全生产形势的持续稳定好转作出了贡献。

【主动服务安全生产工作大局】 通过组织开展劳动安全卫生专项督查等活动，引导各级工会和基层企业为党的十八大胜利召开营造和谐稳定的社会环境。2012年，全省各级工会组织开展安全生产监督检查53505次，查出隐患11434条，提出整改意见140315条，采纳114463条；受理工伤事故举报案件256件，监督整改职业危害12147件次，为推动基层企业建立和谐劳动关系，促进实现职工的体面劳动发挥了积极的推动作用。

【强化源头参与工作力度】 各级工会坚持从源头参与安全生产政策、法规的制定与实施，2012年，全省各级工会共参与制定修改安全生产法规政策62项，提出意见和建议184条；参加工程建设项目劳动安全卫生“三同时”审查验收1330项，提出意见2415条，被采纳2107条；使用限期整改通知书3902次，避免伤亡4931人次；推动基层企事业单位积极开展“安全生产要约行动”，签订劳动安全卫生专项合同70229个，覆盖企事业单位111194家，覆盖职工人数556.3万人，依法维护了广大职工的劳动安全与健康权益。

【加强劳动保护队伍建设】 着力构建纵向到底、横向到边的工会劳动保护组织网络，全面提升各级工会劳动保护干部的工作能力。2012年，全省县级以上工会举办劳动保护监督检查员培训班372期，48509名工会劳动保护干部接受了系统培训。全省建立健全了由147317个企事业单位工会劳动保护监督检查委员会、553362名工会小组劳动保护检查员、64961名工会劳动保护监督检查员组成的工会劳动保护工作队伍。组织开展了对全省工会劳动保护聘用人员工作情况的调查,形成了《关于全省工会劳动保护聘用人员工作情况的调查报告》。荣获全国安全生产督导人员培训优秀组织奖。

【全面参与工伤事故调查处理】 2012年，全省各级工会参加各类工伤事故调查483起，提出处理意见2449条，切实维护了职工的安全卫生合法权益。建立了全省工矿商贸企业安全生产和职业危害防治形势统计分析报告制度，对全省工矿商贸企业工伤事故的数量、类型、地区分布、事故特点和未来趋势进行了统计分析，并提出针对性预防措施，对预防事故的发生起到了积极的推动作用。

【加大“1+3”监控体系推广力度】 坚持以“1+3”安全监控工作体系为抓手，组织引导基层企业职工全面参与安全生产监督管理。按照全省安全生产“十二五”规划和省安全生产委员会的工作部署，依法在各类生产型企事业单位全面推行以“监控法”为主体的“1+3”安全监控工作体系，组织职工对企业事故隐患和危险源、有毒有害作业点进行全面排查，科学评价，设置或完善醒目、规范的标志，落实责任人，严格检查考核，督促企业整改，实施有效监控。“1+3”安全监控工作体系的创新发展得到了全国总工会和国家安监总局的高度肯定，获得了全国第五届安全生产科技成果二等奖。至2012年12月，全省规模以上工业企业基本实现了全覆盖，65600家企业推行了监控体系，其中非公企业49588家，发挥了监控体系在职业危害防治中的积极作用，966590名职工参加了岗位事故隐患(职业危害)排查治理活动。

【加大职业危害防治力度】 组织开展了全省化工行业职业危害防治状况调查。在此基础上进一步建立完善以“超前介人，主动发挥作用；源头参与，构筑三方机制；完善载体，注重科学维权；注重教育，着力提高职工职业卫生素质”为主要特点的“江苏工会主动参与职业危害防治工作模式”。召开了全省工会职业危害防治暨劳动安全卫生专项集体合同现场推进会，交流了典型经验，为进一步建立完善全省工会参与职业危害防治工作机制作出了工作部署。通过政协提案,提出了《关于恢复工会依法参与劳动安全卫生“新、改、扩”建设项目“三同时”审查验收的意见》，加强了工会源头参与职业危害防治的工作力度。组织编写了《职业危害防治知识职工普及读本》，以问答的形式，系统介绍了职业病的基本概念、防治要求、防治措施、诊断治疗和权益维护等职业病防治基础知识，编制了考试题库，拍摄了专题教育光盘，在全省广大职工中掀起了学习职业危害防治知识的热潮。截至2012年年底，全省发行职工读本1万余册，247.8万名职工得到了安全生产和职业危害防治知识的系统教育；在职业危害比较严重的木板材加工企业广泛推行《木板材行业安全检查表》，截至2012年年底，50.2%的木板材加工企业推行了检查表，有效改善了职工劳动条件和工作环境。

【推动“安康杯”竞赛活动深入开展】 坚持把职工行为主体的监督、参与作用与企业责任主体的管理、落实作用有机结合起来，组织动员全省各类企事业单位的广大职工积极参加“安康杯”竞赛活动，在推动企业与职工建立安全生产和谐劳动关系，实现企业与职工安全互动中发挥积极作用。省政府将“安康杯”竞赛列入了《省政府关于坚持科学发展，全面提升全省安全发展水平的意见》和《各市人民政府2012年安全生产目标管理责任考核实施细则》等政策文件，落实了责任，明确了措施，与政府安全生产管理工作同步部署、同步检查、同步考核，促进了“安康杯”竞赛活动的广泛深入开展。2012年6月13日，省政府《信息简报》对我省“安康杯”竞赛活动进行了专门报道。在拓展规模以上企业参赛面的基础上，注重引导中小企业和劳务派遣工、农民工等外来务工人员参加竞赛活动。2012年，全省参赛规模以上企业22646家，参赛职工达568.9万人，分别比上一年度增加11.5%和5.5%，中小企业比较集中的建筑、餐饮、商业、农林等行业参赛企业数有了大幅提升，参赛中小企业数达6510家，占参赛企业数的28.7%。在传统“安康杯”竞赛“十个一”活动的基础上，结合近年来我省工会开展的群众性安全生产活动，创新开展新的“十个一”活动。据统计，2012年全省全年参加写一封安全家书的职工49.9万人次、唱一首安全歌曲的职工51.9万人次、发一条安全短信的职工

65.4万人次、编一则安全警语的职工25.5万人次、剖析一个事故案例的职工54.5万人次、掌握一项安全技能的职工36.8万人次、搞一次安全小革新的职工32.6万人次、开展一次安全竞赛的职工121.8万人次、参加一次事故演练的职工141.2万人次、开展一次隐患和危害排查治理活动的职工96.7万人次。通过“双十”活动的开展，推动形成了企业与职工在安全生产中的良好互动局面。2012年，我省“安康杯”竞赛活动继续在全国保持先进水平。省总工会连续14年获得了全国优秀组织奖，全省72家企业、38个班组分别获得全国表彰。南车戚墅堰机车有限公司因竞赛成绩突出被全总授予“全国五一劳动奖状”；常州第一建设集团有限公司、江苏省电力公司丰县供电公司获得全国“安康杯”示范企业，中石化股份公司江苏油田分公司钟志国副总经理等2人获得了全国“安康企业家”荣誉称号。全省13万余名职工参加了全国“安康杯”竞赛组委会组织的安全卫生知识学习和竞赛活动，省总工会获优秀组织奖。

【创新开展“基层安康行”宣传活动】 安全生产月期间，会同《江苏工人报》策划实施了“基层安康行”系列宣传报道活动，对基层工会开展竞赛的典型经验进行了连续多期专题采访报道。

2013年

【概况】 2013年，全省工会劳动保护工作紧紧围绕安全生产大局和“平安江苏”建设，坚持“以职工为本，主动、依法、科学维权”的工作思路，秉承推动企业安全发展、保障职工安全健康的服务宗旨，突出“群防、群控、群治”特色，全面推进以“六大载体，双基建设”为主要内容的职工安全健康保障机制建设，构筑依法维护职工劳动安全与健康的有效屏障，为全省安全生产形势的持续稳定好转作出了积极努力。

【强化工会依法维权工作力度】 参与修改、制定了《职业病分类和目录》、《江苏省职业病诊断与鉴定管理办法》、《江苏省重特大生产安全事故应急预案》等10项安全生产和劳动保护法律法规、标准条例和政策制度，从源头上维护广大职工群众在安全生产和劳动保护方面的合法权益。制定了《重、特大职工伤亡事故应急处置预案》，建立了全省工矿商贸企业安全生产和职业危害防治形势统计分析报告制度，对全省工矿商贸企业工伤事故的数量、类型、地区分布进行统计，对事故发生特点和未来趋势进行分析，并提出针对性预防措施，为防止事故发生起到了积极作用。参加了苏州燃气集团横山储罐场燃气泄漏爆炸等多起伤亡事故的调查处理，切实维护了工伤职工安全健康权益。组织开展了全国第十二个“安全生产月”活动，动员全省各级工会广泛开展隐患排查治理、安全知识普及、安全文化等活动。参加全省“安全生产宣传咨询周”活动，制作宣传展板，发放各类宣传资料1000余份。

【深入推行“1+3”安全监控体系】 将监控体系的推行纳入了《各市人民政府2013年安全生产目标管理责任考核实施细则》，在规模以上工业企业基本实现全覆盖的基础上，向所有工业企业推广，创建了非公中小企业和商贸服务业推行模式，注重引导劳务派遣工、农民工等外来务工人员运用监控体系参与企业安全管理，创新推广“煤矿职工安全生产自我评价系统”等科学管理方法，针对木板材加工等新兴行业事故隐患突出的情况，深化《木板材行业安全检查表》等专项安全检查表的推行力度，在组织动员职工立足本职岗位、排查事故隐患、治理职业危害、保障安全生产等方面发挥了积极的推动作用。

【广泛开展“安康杯”竞赛活动】 2013年，全省参赛规模以上企业25458家，参赛班组253460个，参赛职工达599.31万人，分别比上一年度增加12.4%、8.5%和5.34%，成为服务安全发展、促进“平安江苏”建设的中坚力量。江苏省成为全国“安康杯”竞赛组委会探索乡镇（街道）、开发区（产业基地）开展竞赛活动的首批试点，创新实施了属地管理和行业推动“双重覆盖”的措施，推动乡镇（园区）中小企业参加竞赛活动，把农民工等外来务工群体同步纳入了竞赛活动，参赛乡镇（街道）、开发区（园区）非公中小企业数达6510家，占参赛企业数的25.5%。会同《江苏工人报》，策划实施了“基层安康行”系列宣传报道活动，对基层工会开展竞赛的典型经验进行了连续多期专题采访报道。省总工会连续第15年获得全国“安康杯”竞赛优秀组织奖。

【全面推行劳动安全卫生专项集体合同】 与省人社厅、省安监局、省卫生厅联合下发了《关于在职业危害高危行业企业深化推行劳动安全卫生专项集体合同的通知》（苏工劳〔2013〕

12号），要求各级工会积极推动企业强化职业病防治工作，在电子产品制造、皮革箱包（制鞋）、铅酸蓄电池、煤矿、非煤矿山、危险化学品、建设等职业危害高危行业企业全面深化推行专项集体合同，截至2013年10月底，相关行业国有及国有控股企业基本实现全覆盖。通过专项集体合同的推行，加强了劳动保护监督检查，推动企业加大了安全投入，改善了职工劳动条件和工作环境。《全总工会要情》第17期刊发并推广了江苏工会推行劳动安全卫生专项集体合同的典型经验。

【开展“百万职工安全生产和职业危害防治知识普及教育工程”】 全面实施“全省百万职工安全生产和职业危害防治知识普及教育工程”的第二个年度规划，牢固树立“培训不到位是重大安全隐患”的理念，着力提升职工的安全健康素质，组织编写了《职业危害防治知识职工普及读本》，拍摄了专题教育光盘，制作了考试题库，全面普及职业危害防治知识，免费发行职工读本2万余本。

【创新开展全省职工安全文化活动】 认真贯彻落实国务院安委会办公室《关于大力推进安全生产文化建设的指导意见》和《安全文化建设“十二五”规划》，组织开展了全省职工“安全在我心中，我身边的安全故事”安全文化主题活动，活动历时4个多月，得到了基层企事业单位的积极响应和职工群众的踊跃参与。全省各级工会层层开展活动，逐级评选推荐，活动亮点纷呈，节目推陈出新，内容丰富多彩，多地还组织开展了专场演出，81个优秀节目参加了省级评审，择优摄制了优秀节目光盘，免费发放全省，广泛开展宣传，在全社会营造了“关爱生命，关注安全”的良好氛围。

【创建工会参与班组安全建设有效模式】 率先在全国制定出台了《关于加强工会参与班组安全建设的工作意见》，创新建立了“加强六个方面建设”、“推动六个落实”、“实现四无目标”的班组安全建设工作机制。召开了全省工会班组安全建设现场推进会，广泛开展班组安全管理先进工作法征集推广活动，择优形成了《班组安全管理先进工作法》，免费发放到基层企业班组，充分调动了基层班组职工参与安全生产管理的积极性、主动性和创造性，把工会劳动保护的各项工作有效地落实到班组岗位。组织全省企业参加全国班组安全建设与管理优秀成果展示活动，连云港机场安检分队、盐城供电公司盐都营业部西区供电所获一等奖，盐城市航道处直属航道管理站等2家单位获二等奖，省总工会获优秀组织奖。

【深化开展夏季安康“三送”活动】 广泛组织开展以农民工为主要走访慰问对象的全省夏季安康“三送”（送清凉、送法律、送安全）活动，全省各级工会深入到重点工程建设工地、高危作业场所慰问在一线高温作业的职工，把防暑降温用品、法律法规知识读本送到职工的手中，把安全知识讲座、安全文艺演出送到工地车间，带去党和政府、工会组织对广大职工的人文关怀。2013年，全省工会筹集1.4亿元慰问资金，走访企业和工地2.3万家，慰问农民工142万人次，开展监督检查活动8138次，督促整改危害农民工身心健康和生命安全的事故隐患9713件。

【加强基层工会劳动保护组织网络建设】 在工会组织力量相对薄弱、小微企业比较集中的地区，创新开展了“工会劳动保护监督检查员片区服务站”试点工作，整合优势资源，形成集约优势，夯实基层工会劳动保护工作基础。开展了全省工会劳动保护组织网络规范化建设的调查，进一步加强了基层工会劳动保护监督检查委员会、工会劳动保护监督检查员和工会小组劳动保护检查员三级组织网络建设。注重加强工会劳动保护监督检查员队伍建设，每年集中开展专题教育培训活动。2013年，连续开展了4期劳动保护监督检查员培训班，组织专家、教授为基层工会和大型企业工会劳动保护干部授课，为460名新任工会劳动保护干部颁发了工会劳动保护监督检查员证书。

全省各市
安全生产工作

南 京 市

2012年

【概况】 2012年，南京市持续开展“安全生产年”活动，采取强化预防、落实责任、依法治理、应急处置、科技支撑、基础建设等一系列有效措施，安全生产形势持续稳定。全年发生各类安全生产事故1662起、死亡562人、受伤1105人。与去年同期相比，事故起数下降0.42%、死亡人数下降2.26%、受伤人数下降0.28%。

【大事记】

1月22日，副市长徐珠宝带队检查新街口商贸区烟花爆竹有限开禁工作。

2月1日，市安委会召开全体成员会议，审议2011年度全市安全生产工作，研究2012年度工作要点，副市长罗群出席会议。

2月10日，市政府召开全市安全生产暨消防工作会议，副市长罗群出席并讲话。

3月14日至16日，市安监局局长丛跃滋率队考察学习宁波、杭州两市安全监管工作经验。

4月17日，市人大常委会副主任张宁生率市人大财经委负责同志,视察全市安全生产工作。

4月25日，市委常委会专题听取全市安全生产工作汇报。

4月26日，市安监局局长丛跃滋赴武汉出席第五届全国副省级城市安监局长联席工作会议。

5月25日，国家安全生产应急救援指挥中心副主任李万春到南京化学工业园区调研。

6月9日至11日，中国职业安全健康协会理事长张宝明、副理事长杨中一行参加江宁区创建国家安全社区启动仪式，并现场检查了江宁区东山街道、栖霞区仙林街道、玄武区玄武湖街道安全社区建设情况。

6月10日，2012年全省“安全生产宣传咨询周”启动仪式活动在南京市江宁区举行。中国职业安全健康协会理事长张宝明、江苏省副省长史和平、省政府副秘书长王志忠、省安监局局长王向明、副市长罗群参加启动仪式。

6月12日，市政府领导率市安监、公安等部门负责人现场督查安全隐患整改和安全责任落实情况，并在南京钢铁股份公司召开全市安全生产工作现场会。

6月15日，市委常委、常务副市长沈健，市委常委、宣传部长徐宁带领市住建、安监等相关部门负责人督查安全生产工作。

6月15日，市政协主席缪合林带队督查安全生产工作。

6月20日，市人大常委会主任陈家宝，市委常委、纪委书记龙翔，副市长李琦督查挂牌安全隐患整改情况和企业安全生产工作。

6月20日，市委副书记陈绍泽，市委常委、统战部长项雪龙，副市长华静率领市住建、安监和交通运输等有关部门负责人督查安全生产工作。

6月29日，市政府召开全市安全街镇建设暨消防安保工作会议，副市长罗群出席会议并讲话。

8月6日至11日，全国安全社区促进中心组织专家组对仙林、玄武湖和东山街道全国安全社区建设工作进行现场评定验收。

8月20日，四川、重庆、江西三地安监局组成督查组对江苏省暨南京市安全生产统计工作进行了督查与交流。省安监局副巡视员赵启凤参加督查。

8月29日，市安监局局长丛跃滋赴哈尔滨出席第六届全国副省级城市安监局长联席会议。

9月6日至9日，市安监局组织参加南京软博会会展，副市长罗群到安监展台指导工作。

9月18日，由国家工商总局党组副书记、副局长刘玉亭率领的国务院安委会督查组一行到南京，检查南京安全生产领域“打非治违”专项行动工作情况。副省长史和平、副市长罗群参加检查。

9月26日，市政府召开市安委会全体成员扩大会议，就“两节”及十八大前后安全生产工作进行再动员再部署，副市长罗群参加会议并讲话。

10月10日至11日，省安监局副巡视员赵启凤带领省安监局职业病危害专项治理督查组，对南京市重点行业企业职业病危害治理工作进行督查。

10月23日，市人大副主任张宁生带领相关人员调研指导安全生产立法工作。

10月25日，国家安全监管总局局长杨栋梁调研南京市安全生产工作。国家安全监管总局副局长、国家煤矿安监局局长付建华参加调研，副省长史和平陪同调研。

11月27日，省安监局、南京市人民政府战略合作共建协议签字仪式在南京举行。

11月29日，云南省安监局代表国家安监总局职业病危害治理检查组对南京市重点行业职业病危害治理工作进行交叉检查。

12月10日，应国家安监总局国际合作司的邀请，美国劳工部国际关系司参观考察南京机械行业企业粉尘及有毒有害物质控制和管理情况。

12月13日，全市安监局长工作会议在建邺区召开。

12月28日，市政府召开市安委会全体会议，副市长罗群出席会议。

12月31日，副市长罗群率市安监、市消防等部门负责人检查元旦节前安全生产工作。

【安全生产监管体系逐步完善】 试行职能调整，采取行政审批、综合监管、安全生产保障、生产事故调查处理、行政执法“五集中”形式，优化调整处室职能，工作职能更清晰，责任更明确，工作秩序井然有序，效率大大提高。针对区县政府新任职领导干部较多的情况，在市委组织部的支持下，对区县及相关部门分管领导进行了安全生产专题培训。为全面抓好《全市各级人民政府、有关部门和单位安全生产工作职责》等规范性文件的落实，启动《南京市安全生产条例》立法程序，从政府层面以地方性法规的立法对安全生产进行规范。

【大力推进安全生产标准化工作】 2012年年初，市政府召开全市安全生产标准化建设推进大会，建立完善联席会议、目标责任制、业务培训、纳入年度考核、工作进度通报等推进工作机制，并与相关单位负责人签订责任状，明确时间表，修订《南京市企业安全生产标准化评审工作管理办法》，全市267家企业申请通过安全生产标准化达标考评；其中，一级企业23家，二级企业78家，三级企业166家。

【扎实开展“打非治违”和“大排查”专项行动】 从4月中旬至9月底，在全市集中开展打击非法违法生产经营建设、治理纠正违规违章行为（简称“打非治违”）专项行动。以非煤矿山、危险化学品、冶金等高危行业领域为重点，采取更加严厉、有效的措施，集中进行打击和整治。南京市委常委会专题研究部署安全生产大排查工作，各区县和相关职能部门针对重点行业领域存在的突出问题和薄弱环节，制定方案，明确排查重点。根据省市“四项排查”的部署，市委常委分片包干13个区县，一对一、面对面督促指导。在全市集中开展为期3个月的事故隐患大排查，市安监局对各区县、园区内危化品生产、非煤矿山、冶金、船舶修造和商贸等36家企业排查的81项隐患点及45家市局列管重点企业排查的112项隐患点跟踪督办，落实整改，确保安全。全市共排查40009家企业，排查隐患20184项。针对“打非治违”推进工作不力、隐患治理不到位的，进行约谈；对“打非治违”督促整改不及时不到位的企业，进行通报批评。据不完全统计，“打非治违”期间，全市共出动120个检查组、执法人员885名，检查企业915家，警告46次，责令改正、限期整改、停止违法行为198起，责令停产、停业、停止建设91家。同时，启动追责机制。全市因安全生产责任不落实、管理不到位，受党纪政纪处理17人，采取强制措施39人，追究刑事责任18人，保证各级党委政府、有关部门和企业，守住各类事故不突破控制指标、不发生重特大事故两条“底线”。

【深入开展重点行业领域专项整治】 相继在道路交通、水上交通、建设工程施工、非煤矿山、消防、民用爆炸品和剧毒品等9个重点行业领域进行安全生产专项整治，组织开展了“城中村”回头看、客运车辆安全督查等6项专项督查，及时发现并纠正违规违章行为。市安监局在全市范围内开展了有限空间作业、职业危害和非煤矿山安全生产专项检查，督促企业安全生产条件持续改进。开展了城市危化品管线调查、石油库专项检查以及重点监管危险化工工艺的化工装置、重点监管危险化学品的生产储存装置和危险化学品重大危险源企业的自动化控制系统改造；开展了穿越公共区域的危险化学品输送管道专项治理；加强危化品从业单位的资质管理，核查了22家剧毒化学品经营、储存单位剧毒化学品经营及其流向。全市59个烟花爆竹临时经营点未发生事故。加大特殊工种、外用工、特种设备的管理和非煤矿山企业资质认证工作，推行船舶修造行业和非煤矿山企业安全生产标准化，推进地下矿山企业安全避险“六大系统”建设和尾矿库监控工作。

【加强安全隐患排查治理】 稳步推进隐患自查自报工作。在玄武、白下、栖霞、六合四区试点事故隐患排查治理体系建设。栖霞区硬件安装到位，完成全区企业摸底并试运行；玄武区已对接安装系统软件，白下、六合区已全面部署隐患排查信息系统建设工作。建立事故隐患排查和动态管理机制等措施，推动事故隐患排查整治规范化。全年投入隐患整改资金930万元，全市第一批24个重大安全生产事故隐患挂牌督办项目已整改19处，第二批12个重大安全生产事故隐患也实行了挂牌督办。

【安全教育培训大幅提高】 以提高区县、部门、企业从业人员的安全意识和基本技能为重点，研究制定《南京市安全培训工作专项检查考核办法》，开展安全培训工作的专项检查。针对“三项岗位人员”持证上岗情况，召开安全培训规范化管理工作现场会，指导和促进区县安监局和市管考核单位安全培训工作深入开展。2012年，全市发放安全资格证书70216份。市宣教中心共举办26期企业主要负责人和安全管理人员培训班，共培训2655人次；组织了588场特种作业人员考试考核，共考试考核39576人次。基层和企业主要负责人、安管人员和特种作业人员的持证上岗率分别为95.8%、97.4%、93.6%，农民工（外用工）的岗前安全培训率为90.7%。

【调整安全生产监管监察机构】 在南京化学工业园区管理委员会、南京高新技术经济开发区管理委员会、南京经济技术开发区管理委员会设立安监部门，加强园区企业安全生产监管，撤销市安监局江北分局。7月，南京化学工业园区管委会率先成立南京化工园区安监局，组建队伍，明确职责。南京高新技术经济开发区管理委员会和南京经济技术开发区管理委员会将安全生产监管职能划入园区管委会经济发展局。

【提高安全监管监察效能】 进一步规范职权职责和行政许可、行政处罚工作流程，把依法治安、服务企业贯穿到安全生产监督检查、行政执法、行政许可、隐患治理、培训教育等监管工作的全过程。2012年共受理各类行政审批事项1441件，无行政投诉，被行政服务中心评为“红旗窗口”；年内检查各类生产经营单位290多家次，全年隐患整改复查率、非法违法行为查处率和信访核查率均达到100%，无一起案件经行政复议或诉讼被裁定撤销、变更、确认违法、责令履行法定职责；受理各类安全生产事故隐患举报、咨询和接待信访475件，满意率达90%以上。另外，根据“简政强区县（园区）改革”要求，推出服务企业安全发展措施，下放审批事项，压缩行政审批周期。在安全监管、隐患排查、应急救援、执法检查等工作一线，搭建“党员责任区”、“党员示范岗”等载体，接受社会监督。在“政府改进服务月”千企走访、“四解四促”活动中，市安监局领导班子先后走访中石化扬子石化公司等10家企业，征得意见建议10条，并及时拿出了解决方案。市安监局走进《政风行风热线》和《民声有约》栏目，与网民、听众交流安全生产工作。

【职业健康监管有序开展】 组织280名安监、卫生监管人员和298家重点企业的主要负责人和562名管理人员参加新《职业病防治法》的专题培训，发放企业职业危害防治责任告知书5794份，收回4880份，在木制家具企业开展《职业卫生安全许可证》试点工作，督促指导木制家具、电子产品等制造企业的职业危害专项整治；整顿了66家电子企业、24家制药企业、6家石英砂加工企业作业现场职业卫生防护设施，依法查处职业危害案件11起，对不符合职业卫生条件的企业予以依法关闭。全市职业病危害项目申报备案企业1978家，4家木制家具企业取得了《职业卫生安全许可证》。

【建立健全应急机制】 及时发布自然灾害预警信息。利用短信平台发布预警信息12次，发送短信9000余条。完善应急管理工作制度，及时准确编制上报信息快报。指导浦口、栖霞、下关、建邺和六合区及市交通局等10多个区县政府和部门结合自身特点，开展以非煤矿山、危险化学品、建筑施工、造船业、城市燃气等高危行业企业为重点的综合应急演练，以高层住宅、学校、商场等人员密集场所疏散、逃生和自救互救演练为重点的基层演练。政府和企业应急响应与处置能力得到强化。

【推进安全监管信息化】 发挥科技在安全生产工作中的技术支撑和决策作用，全市已纳入应急资源数据库管理并上传相关资料的企业达2506

家，危化品生产和储存的单位完成率100%。2012年，组织16个项目申报安全生产科技进步奖，报送5项重点监管领域的安全生产关键技术。首次参加第八届软博会，以创新的设计、翔实的资料、新颖多样的形式，展示南京市安全生产领域的信息化建设成果，荣获第八届软博会优秀设计奖。

【安全街镇（社区）创建实现“零突破”】 制定出台《南京市安全街镇创建工作实施意见》，以安全街镇创建为抓手，推进基层基础工作落实。2012年16个街镇通过“南京市优秀安全街镇”评审，28个街镇申报全国“安全社区”，17个街镇申报江苏省“安全社区”。其中，玄武区玄武湖街道、栖霞区仙林街道、江宁区东山街道成功创建全国“安全社区”，实现创建全国安全社区“零突破”，位居全省前列。

【安全生产责任保险达到行业“全覆盖”】 根据《南京市安全生产责任保险实施办法》，2012年在危险化学品、非煤矿山、建筑施工、交通运输、船舶修造等八大类行业实行安全生产责任保险，并将其纳入区县政府、相关部门和市属企业年度考核。年内全市投保安全生产责任保险的企业（项目）共284家（个）、保费1000多万元。

【成立南京市安全生产协会】 南京市安全生产协会是南京地区安全生产科技工作者、安全生产专业工作者和企事业单位自愿结成的全市性、专业性、非营利性的社会团体法人组织。南京市安全生产协会成立暨第一届会员代表大会于3月28日召开，标志着南京市安全生产协会正式成立。2012年，加入协会的单位会员共87家、个人会员107个，主要涉及矿山、石油化工、建筑、交通、冶金、通讯、电力、机械制造、商贸旅游等行业的企业，同时也吸收高等院校、中介机构、科研院所和事业单位加入协会。

2013年

【概况】 2013年，南京市以确保“亚青”安全为主线，以构建事故预防支撑保障体系为重点，着眼法制体制机制制度建设，强基固本，安全生产形势保持稳定。全年发生列入考核的生产经营性事故362起、死亡256人，同比分别下降0.54%和0.77%。

【大事记】

1月8日，市政府召开专题会议，部署安全生产工作，副市长罗群、陆冰、徐锦辉参加会议。

1月14日至15日，省安监局副局长喻鸿斌带领省安委会第五考核组对南京市2012年度安全生产目标管理责任落实情况进行考核，副市长罗群参加。

1月23日，市政府召开全市安全生产暨消防工作会议，副市长罗群出席会议并讲话。

2月3日，副市长罗群带领市安监局全体班子成员到省安监局，与省安监局领导班子成员进行工作交流。

2月6日，副省长史和平检查南京市安全生产工作，副市长罗群陪同检查。

3月6日，国家安全生产应急救援指挥中心到南京市调研安全生产应急救援工作，省安监局副巡视员赵启凤参加调研。

3月13日，省安监局副局长喻鸿斌调研南京市行政服务中心安监局窗口工作。

3月20日至22日，中国职业安全健康协会副理事长杨中调研南京市安全社区建设情况。

4月2日，市安监局局长张新年赴杭州参加第七届全国副省级城市安监局长联席工作会议。

4月23日，市委常委会研究部署安全生产和工程质量工作，决定在全市统一组织开展为期百天的安全生产和工程质量集中检查整治行动。

5月6日，省安监局副巡视员赵启凤检查“南京市重大体育赛事突发安全事故应急演练”筹备工作情况。

5月23日，市委副书记靳道强率队督查南京地铁百日安全质量集中整治行动。

6月6日，市委常委、市纪委书记龙翔，市委常委李世贵，副市长华静带队督查高新区“百日安全质量集中整治行动”开展情况。

6月9日，2013年全省“安全生产宣传咨询周”启动仪式在南京市建邺区万达广场举行。副省长缪瑞林、副市长罗群出席启动仪式。启动仪式由省安委会副主任、省安监局局长王向明主持。

6月10日，市政府组织市有关部门督查地铁百日安全质量集中整治工作推进情况，市委常委周谦，副市长罗群、陆冰参加督查。

6月14日，市政府召开安委会扩大会议，副市长罗群参加会议并讲话。

6月18日，副省长缪瑞林率公安、安监、住建、商务、交管、消防等部门负责人督查南京市安全生产工作。

6月19日，市委常委、市政法委书记刘志伟，副市长陈尘肇、胡万进分别带队督查全市“百日安全质量集中整治行动”开展情况。

6月21日，“亚青青奥”南京都市圈安全生产合作联席会在南京召开，省安监局局长王向明、副市长罗群出席会议。

7月4日，市政府召开全市安全生产大检查督导工作会议，专题听取大检查工作总体推进及11个督导组工作进展情况。副市长罗群出席会议。

7月9日至10日，以工信部党组副书记、副部长苏波为组长的国务院安委会第三综合督查组督查南京市安全生产大检查工作。副省长缪瑞林、副市长罗群参加督查。

7月20日，市委召开常委（扩大）会议，听取迎亚青百日安全质量集中整治等四大专项行动工作汇报。

7月26日至27日，全市安监局长工作会议在六合区召开。

7月30日，市委副书记、市百日安全质量整治行动领导小组组长靳道强主持召开百日整治行动工作会议。

8月20日至21日，省安委办副主任、省安监局副局长喻鸿斌率省政府安全生产大检查工作综合督查组，督查南京市安全生产大检查工作。

8月27日，受省安监局委托，镇江市安监局检查南京市“规范基层安全生产行政执法专项行动”工作开展情况。

9月3日，副省长缪瑞林检查南京市危险化学品安全生产工作。

9月27日，江苏省第十二届人大常委会第五次会议批准通过了《南京市安全生产条例》，将于2014年1月1日起正式施行。

9月29日，副省长缪瑞林检查南京市国庆节前安全生产工作，副市长罗群陪同。

10月11日，省综治办率由省公安、安监等相关部门组成的全省危爆物品安全大检查大整治督导组督查南京市危爆物品安全大检查大整治工作。

10月15日，中国石油天然气集团公司副总经理沈殿成率国务院安委办第四督查组，督查南京市开展石油化工企业和石油库安全专项工作。省安监局副局长陆贯一陪同督查。

10月30日，国家安全监管总局涉氨制冷企业专项检查组检查指导南京市涉氨制冷企业液氨使用专项治理工作。省安监局副局长陈忠伟参加检查。

11月21日，国家安全监管总局副局长杨元元率队检查指导南京市安全生产工作。省安监局局长王向明、副局长喻鸿斌参加检查。

11月21日，国家安全监管总局政策法规司调研南京供电公司安全文化建设情况。省安监局副局长喻鸿斌陪同调研。

11月22日，市政府召开《南京市安全生产条例》颁布实施通报会。

11月26日，市政府组织安委会全体成员扩大会议，副市长罗群出席会议。

12月2日，市委常委会听取安全生产工作汇报。

12月9日，副省长缪瑞林检查南京油气长输管道、非煤矿山安全生产和道路交通安全工作。

12月17日，省安监局巡视员刘振田检查指导南京市安全生产宣教中心工作。

12月21日，全市安监系统年度工作会议在溧水区召开，副市长罗群参加会议。

【加强安全生产法制建设】 市政府出台《南京市安全生产条例》（以下简称《条例》）。《条例》共7章62条，从总则、安全生产保障、重点事项规范、监督管理、应急救援和事故调查处理、法律责任等方面对全市安全生产进行了规范。《条例》从2014年1月1日起正式实施。

《条例》从法律层面细化属地、监管、主体三个责任，区分综合、专项、一般监管三个层次。《条例》明确政府属地责任、部门监管责任和生产经营单位主体责任，界定开发区（园区）管理机构、镇人民政府、街道办事处安全生产监管职责，厘清综合监管部门、专项监管部门和其他有关部门的职责。同时，对重点事项防范提出了实行安全评价制度、建立危险作业管理制度、划分建设工程安全管理责任和劳务派遣用工单位职责等管控措施。

【推动各级安全生产责任制落实】 年初，市政府与123家考核单位分别签订《安全生产目标责任状》，将安全生产目标一一分解落实到各区、开发区、部门和企业，并按照分级分类考核管理要求，将隐患排查治理、标准化创建、打非治违、安全街镇建设等长效性工作纳入考核重点内容，全程跟踪问效。全年审核评优、评先、上市企业425家，实施否决不符合条件企业8家；约谈重点企业负责人15人次；严格责任追究，立案查处责任事故42起，实施经济处罚557万元。

【全面推进企业安全生产标准化建设】 市政府出台《关于全面推进全市工贸行业企业安全生产标准化建设的意见》，召开全市标准化建设工作推进会，市政府与各区（开发区、园区）签订年度工作目标责任书。市安监局建立月度工作例会制度和工作周报制度，对重点区开展督办，组织中介机构主动深入企业开展咨询服务，全力推进标准化工作落实。2013年新增1224家规模以上工贸企业安全标准化创建达标，累计已达2209家（一级22家、二级52家、三级2135家），其中一、二级达标企业数全省第一。

【扎实推进企业隐患自查自报系统建设】 组织玄武、栖霞、六合三区先行试点，召开工作推进观摩会，加强宣贯指导，建立进度定期报告制度。14个区（开发区、园区）提前实现隐患自查自报系统，市、区两级并网运行建设年度目标任务，覆盖98个街镇，134个区级行业管理部门，录入重点企业16795家，企业排查整改各类隐患11934个。

【深入开展“迎亚青”百日安全质量集中整治行动和安全生产大检查】 市委副书记靳道强牵头，副市长罗群、陆冰分别负责，全市上下围绕“迎亚青”，集中组织开展为期5个月的大整治行动。市安监局承担整治办日常工作职责，根据安全和质量两个总体方案，统筹协调对口联络百日整治10个工作组、大检查11个督导组，建立专家全程参与检查督导、企业安全生产承诺报告、“亚青青奥”南京都市圈安全生产合作联席会议等10项推进工作机制，全程跟踪指导。全市1956个综合和专项检查督查组，检查企事业单位（场所）12万多家（处），督促限期整改一般隐患6537个，分级分批集中挂牌重大隐患151个。

在全市集中整治行动和安全生产大检查期间，市委召开4次常委会、常委扩大会，专题研究部署安全生产工作。市政府先后召开常务会议、办公会议以及安委会会议9次，研究审议安全生产重要事项，部署阶段性重点工作。为推动责任落实，形成监管合力，“迎亚青”百日整治期间，市领导带队，组成8个督查组，分片包干，集中一个月时间，深入厂矿企业、地铁工地、重点场馆、重大隐患和重要风险点，进行综合督导和专项督查23场次，现场督导、现场办公，检查重点企业、场所、隐患点87处，推动了整治行动的深入开展。一年来，各区（开发区、园区）领导参与检查、督导活动640人次，各相关部门领导组织现场检查督查活动1105人次，有力地推动了安全生产工作的落实。

【深入开展“打非治违”专项行动】 在企业层面，开展以查责任、查隐患、查源头、查制度、查措施、反“三违”为主题的“五查一反”活动。在政府层面，市委统一组织百日行政执法行动，市安委会下发《关于持续推进南京市安全生产领域打非治违工作的指导意见》，对“打非治违”进行再动员、再部署。各区、各部门根据全市统一部署，严格按照“四个一律”要求，齐头并进，扎实推进。据统计，6月中旬以来，全市查处安全生产领域非法违法生产经营建设行为33654起，实施行政处罚1700多万元，有力地整治了安全生产领域生产经营建设秩序。

【加大危化品安全监管】 严格准入门槛，开展危险化学品重大危险源备案工作，对涉及“两重点一重大”（即政府安监部门重点监管的危险化工工艺、重点监管的危险化学品和重大危险源的监管）企业推进化工生产装置自动控制改造。在全市安全生产大检查期间，市政府制定出台了《危险化学品安全生产十项规定》，并相继集中开展液氨、油库码头、地下油气管线的专项排查检查和集中整治行动，掌握了45家涉氨制冷企业、90家油库码头企业、101座油气码头的安全生产状况。市安委会组织14个区（园区）、15个部门，成立10个督导组，集中一个月时间，对全市石油天然气长输管道、工业管线、压力管道、燃气管网进行了全面排查。排查各类隐患710处，督促整改629处，涉及违法占压、间距不足、标识标志缺失的81处较大以上隐患，实行分级挂牌督办、限期督促整改。

【扎实推进职业卫生监管】 督促企业落实职业病危害防治主体责任，建立健全职业危害教育培训、基础台账、网上申报等长效监管机制，加强源头管理和过程控制，深入开展职业病危害防治调查、行政许可试点工作。全年完成6845家制造业企业职业病危害情况调查，完成4216家企业职业病危害项目申报备案工作，核发木制家具企业职业卫生安全许可证10家，组织职业卫生“三同时”审查、审核、验收118家（次），对32家市列管企业职业卫生工作进行执法检查，对6家企业下达整改指令书。

【持续抓好安全生产教育培训】 深入开展南京市第20个“安全生产月”活动，分警示教育、宣传咨询、安全文化、应急演练四个主题周，集中组织开展了“反三违”警示宣传教育、“百万市民”应急知识宣传、“万家企业”应急演练等16类大型活动。强化各级各类人员培训，突出以化工、船舶、冶金、非煤矿山等高危行业为重点，加强企业主要负责人、安全管理人员、特种作业人员“三项人员”安全教育培训。年内组织特种作业人员考试427场、27881多人次，发放安全资格证书63068份，其中安管人员37447份，特种作业人员25621份。

【基层安全监管队伍建设取得实效】 市安监局积极适应市政府新一轮简政放权的新形势新要求，多方协调化工园区、经济技术开发区、高新技术开发区组建安监机构，配备了一批专职安全监管人员；针对园区执法力量薄弱的实际，积极推行市安全生产监察支队驻点执法的新路子，推动并促进园区安全生产监督管理水平的提升。

【安全街镇建设稳中有进】 深入贯彻落实《市政府关于在全市开展创建安全街镇工作的意见》，2013年，全市4个街道通过“全国安全社区”评定，3个街道创建为“江苏省安全社区”，22个街镇创建为“南京市安全街镇”。全市累计7个街道创建为“全国安全社区”，45个通过省市“安全街镇”命名，江宁区整体完成创建“全国安全社区”，栖霞区仙林街道首创“国际安全社区”。

【加强安全生产行政监察和事故调查处理】 市政府制定出台了《南京市安全生产监察工作意见》，全年立案查处一般安全生产违法违规行为案件8件，调查处理生产安全事故97起（含瞒报事故案3起），累计实施经济处罚1167万元。核查举报投诉和结案率均为100%，无一起案件发生投诉、复议、诉讼情况。

【加快安全监管信息化建设】 市、区两级安监部门大力推进实施“基于‘智慧城市’的安全生产监管技术平台项目建设”，2013年该项目列入省科技计划并获立项支持。借助这一平台，建立健全高危行业应急预案数据库、重大危险源数据库、事故企业管理数据库、应急救援机械和装备数据库等基础信息库；积极开发运用重大危险源监管系统、重大事故应急救援指挥决策系统、事故预警信息系统，建立完善备案、申报、评估、监控动态管理基础数据库，为实施有效监管提供了技术支撑。

【完善应急管理工作】 及时修订《南京市生产安全重特大事故应急预案》、《南京市危险化学品重特大事故应急预案》、《南京市非煤矿山重特大事故应急预案》。6月份，省市区共同举办“南京市重大体育赛事突发安全事故应急演练”。全年督促指导相关区组织开展危化品道路运输、石化储运、地下矿山以及中小学校突发事故应急演练活动20余场次。

【积极推行安全生产报告承诺制度】 结合专项整治行动和大检查，市安委会组织开展实施企业法人安全生产报告制度，以《企业法人安全生产报告书》的形式，要求所有生产经营单位“一把手”就16项基本制度，向当地政府及有关部门报告安全生产情况，签字确认作出承诺。全市生产经营单位和项目单位向所在地政府和各级部门递交《安全生产报告书》86959份。

【推进南京都市圈迎“亚青青奥”安全生产联席会议制度】 6月21日，南京、合肥、镇江、扬州、淮安、泰州、芜湖、马鞍山、滁州等9个城市安委会领导及南京市公安、交管、消防、交通、住建、海事等安委会主要成员单位和各区（园区）安监局长共50余人参加南京都市圈迎亚青首次安全生产联席会议，倡导各方建立信息共享、违法黑名单、交通运输监管、危化品管控等联防联控协作机制和违法抄报制度，以此推动并加快南京都市圈区域安全生产联防联控联动体系建设。

（郑鹏）

无 锡 市

2012年

【概况】 无锡市健全和落实各级安全生产责任制，切实强化基层和基础工作，着力推进安全生产隐患排查治理和重点领域的专项整治，从严查处非法违法生产经营建设行为，各类事故稳中有降，安全生产形势相对稳定。全年发生各类事故1974起，比上年下降7.4%；死亡524人，比上年下降2.8%。各类事故起数、死亡人数连续第11年实现“双下降”。全年较大及以上事故起数比上年下降66.7%，危险化学品行业未发生亡人事故，非煤矿山领域连续第8年实现“零死亡”。

【大事记】

1月4日，无锡市召开全市安全生产工作会议，总结2011年工作，部署2012年任务。

1月16日，副市长曹佳中出席新区新安街道安全促进展示中心揭牌仪式。

1月17日，省委常委、市委书记黄莉新带队检查安全生产工作。

1月18日，市长朱克江检查企业安全生产，并走访慰问坚守一线的干部职工和交巡警。

3月21日，市安委会出台《关于印发无锡市职业病防治工作等联席会议制度的通知》（锡安〔2012〕16号）。

4月13日，市安监局召开全市安监局长座谈会。

4月17日，无锡市召开会议，认真贯彻全国集中开展安全生产领域“打非治违”专项行动电视电话会议和省政府安全生产工作电视电话会议精神。

4月21日，由中国关心下一代工作委员会、教育部、国家安监总局、国家质监总局、公安部、中华全国新闻工作者协会等联合主办的全国中小学生交通安全教育活动江苏省启动仪式在江阴举行。

4月25日，副市长曹佳中率队对全市客运运输、冶金企业、景区游船和建筑工地等安全生产工作进行检查。

4月25日，国家安监总局职业健康司副司长周永平率职业卫生专家组来无锡市调研IT制造企业职业危害现状情况。

5月28日，市安委会印发《无锡市安全生产示范村（社区）创建实施方案》。

6月1日，无锡市完成木制家具制造行业职业卫生安全许可证试点工作。

6月10日，由无锡市政府安委会主办、滨湖区政府协办的安全生产宣传咨询日活动，在滨湖区万达广场隆重举行。副市长曹佳中出席开幕式。

6月27日，全省冶金等工贸企业安全生产标准化建设工作推进会在无锡召开。

8月1日，无锡市滨湖区蠡湖街道“全国安全社区”创建暨消防安全应急演练活动启动仪式在美湖社区举行。副市长曹佳中出席。

8月2日，副市长朱爱勋带队检查夏季施工作业安全防护措施的落实情况。

8月6日，市安委会召开全市安全生产事故隐患排查行动部署会议。

8月7日至8日，国家安监总局统计司监察专员张宏波对无锡市工矿商贸企业职业健康统计试点工作和职业危害防治控制考核指标设置进行调研。

8月11日至12日，国家安监总局宣教中心副主任王振拴调研无锡市安全生产月活动及安全生产宣教工作。

9月14日，无锡市召开全市安全社区创建工作电视电话会议，对全市安全社区创建工作进行再动员、再部署。

9月25日，副市长曹佳中率队检查车站、商业场所和建筑工地的安全生产工作。

10月15日，市委副书记蒋洪亮观摩危化品重大火灾应急救援演练。

10月22日，市政协副主席王锡南调研全市安全生产工作，听取安全生产工作情况汇报。

10月23日，副市长曹佳中到无锡地铁1号线轨道02标雪浪铺轨基地、1号线机电06标文化宫站、西漳车辆段视察工程建设和安全生产管理情况。

10月30日，无锡市召开全市安全隐患排查分析会暨消防联席会议，副市长曹佳中出席会议并对下一阶段安全生产工作提出具体要求。

11月7日，副市长曹佳中带队对全市工地消防设施、工业锅炉使用、人员密集场所火灾隐患整治以及液化石油气充装灌装等进行安全生产检查。

11月26日至27日，由国家安监总局组织，山东省安监局副局长孙景海率专家组督查无锡市工贸企业开展有限空间作业和铝镁制品机加工企业安全生产专项治理工作情况。省安监局副局长赵利复陪同检查。

11月27日，市安委会召开全市安全生产工作会议。

【安全投入明显增加】 市财政安全生产专项资金从往年的200万元增加到1000万元，各市（县）区和镇（街道）也大幅度增加安全生产资金投入。据统计，市和市（县）区、镇（街道）三级政府专项资金达6700万元。

【安全生产法规不断完善】 无锡市人大常委会制定了《无锡市消防条例》，市政府颁布了《无锡市电梯安全监督管理办法》（市政府令第129号）。市政府出台了《生产安全事故行政问责暂行办法》、《无锡市安全生产工作目标考核奖惩办法》、《关于建立安全生产事故隐患排查治理体系的意见》。市政府安委会及办公室制定、修订了《安全生产各专项联席会议制度》等27个文件。

【加强基层安监力量】 无锡市（县）、区安监部门增设职业健康监管职能岗位，并配备2至3名专职人员。全市各镇（街道）都成立了安全生产监管机构，人员配备7人以上，全市乡镇（街道）现有专兼职安监人员815名，其中专职人员624名。全市符合配备专职安全管理人员的272个行政村（社区），人员全部到位。

【企业安全标准化建设】 无锡市非煤矿山企业、烟花爆竹批发企业、危化品储存企业安全生产标准化100%达标。年内需达标的347家危化品生产企业有317家实现达标，占企业数的91.4%。全市其他工贸行业有50%的规模以上企业启动了标准化创建工作，其中达标企业390家。全市安全标准化一级、二级企业总数43家，在全省各市居前3位。无锡质监局开展特种设备安全标准化工作，达标企业累计19663家，占使用单位数的87.8%。

【开展事故隐患排查专项行动】 围绕“压降各类事故，迎接党的十八大召开”的主题，从8月至11月，无锡市扎实开展了事故隐患排查行动。市安委办每周召开由市相关部门参加的专项工作组例会，总结交流情况，研究布置工作，并以纪要形式督导措施落实，推动了全市隐患排查治理深入扎实开展。据统计，全市各级累计开展安全生产检查、督查4.6万余次，检查企业、工地、单位20万户，排查治理各类事故隐患9.8万条，确保了十八大前后及下半年安全生产形势的平稳。

【建立重大隐患治理整改激励机制】 为调动各级整改重大事故隐患的积极性，无锡市制定、实施了安全生产事故隐患排查治理考核奖惩办法，对治理单位实行最高金额可达30万元的以奖代补，2012年仅市级财政拨付的奖励总额就达180万元。全年市、市（县）、镇（街道）三级共挂牌督办隐患整改项目411个，当年挂牌整改的项目全面完成整改，按期整改率100%。

【“打非治违”、专项整治取得新进展】 无锡市各级把“打非治违”、安全生产专项整治作为规范安全生产秩序的重要举措，全年累计打击非法违法、治理违规违章21.6万起。专项整治突击战有效。全市各级认真开展建筑施工、道路交通、危险化学品、人员密集场所、特种设备、冶金、燃气、职业危害等重点领域的安全生产专项整治。安监部门抓好危化品、冶金、职业危害专项整治，对151家危化生产装置或储存设施进行自动化改造，对26家危化企业实施关停迁，对存在职业病危害的10家电子类企业和1家船厂实行关停迁，整治达标企业175家。市公安交警支队累计查处三轮机动车和残疾人机动轮椅车违法行为5.4万起，暂扣违法车辆5000余辆。市公安消防支队共排查商业“三合一”场所5079家、生产储存企业9488家，搬迁整改“三合一”2578家，通过技术措施整改2427家，强制性关停69家。特种设备、建筑施工等领域安全监管也进一步加强。

【启动中小学生交通安全教育活动】 5月21日，由中国关心下一代工作委员会、教育部、国家安监总局、国家质监总局、公安部、中华全国新闻工作者协会等联合主办的全国中小学生交通安全教育活动江苏省启动仪式在江阴举行。第十届全国人大常委会副委员长、中国关心下一代工作委员会主任顾秀莲宣布活动全面启动。省委常委、无锡市委书记黄莉新和副省长许津荣共同为启动仪式揭幕并向全国中小学生交通安全教育活动办公室江苏省工作站授旗。省教育厅厅长沈健，无锡市委副书记、江阴市委书记蒋洪亮出席启动仪式。

【安全生产月活动】 按照全国安全生产月活动总体部署，6月10日，由无锡市人民政府安全生产委员会主办、滨湖区政府协办的安全生产宣传咨询日活动，在滨湖区万达广场隆重举行。全市各级安监部门将新修订的《职业病防治法》作为安全生产宣传的重要内容，加强安全生产法制教育。市安监局编印了《无锡市职业健康宣传手册》、《市民安全基础知识读本》等4万多册，免费发放给广大市民。创新“安全生产月”活动内容和形式，安全生产用语征集、安全生产知识竞赛等活动卓有成效，中共中央宣传部、国家安监总局、公安部、国家广电总局、无锡市被中华全国总工会、共青团中央、中华全国妇联联合表彰为2012年全国安全生产月活动先进单位。

【安全生产培训教育】 全市安监系统全年培训企业负责人、安全管理人员、特种作业人员86543人，举办全市乡镇（街道）分管领导安全生产培训班、安全社区建设培训班。加强市、市（县）、镇（街道）和村（社区）四级安监干部培训，其中分3期培训镇（街道）安监干部451人。各级工会系统共培训班组长1.25万名。

【全面推行企业安全管理人员任职资格制度】 2011年以来，无锡市安监局按照《市政府企业安全生产管理人员任职资格管理办法》的要求，组织推行了企业安全管理人员任职资格制度。到2012年年底，全市共组织351场次17089人考试，合格人数为16654人，平均合格率达97.5%，按照应培尽培和时序进度要求，完成了培训目标任务，全面提升了企业安全生产管理人员的业务知识和管理能力。

【开展重点行业应急救援演练】 6月20日，由无锡市人民政府安委会、市应急管理办公室主办，无锡华润燃气公司承办，市公安局、卫生局、市政和园林局、消防支队等部门和单位协办的“突发燃气高压管网泄漏应急预案演练”，在无锡华润燃气新区门站举行。6月27日，无锡市在鼋头渚景区成功举行了太湖水域船舶救援应急演练。6月29日，无锡市人民政府安委会、市消防支队主办，市卫生局、市公安交巡警支队、新区安监局等部门和单位协办，在无锡市新区福建蓝天包装材料有限公司（无锡）分公司，成功举行了无锡市大跨度大空间建筑灭火救援演练。8月16日，无锡市在新区SK海力士半导体（中国）有限公司举行“2012年无锡市职业中毒应急救援演练”，这是在全省第一次成功举行职业中毒应急救援演练。12月2日，由无锡市人民政府安委会主办，市公安交巡警支队承办，在锡澄高速堰桥服务西区举行了无锡市高速公路恶劣天气下危化品运输车辆交通事故应急救援处置演练。

2013年

【概况】 2013年，无锡市认真学习贯彻习近平总书记关于安全生产重要批示和讲话精神，按照中央和省、市安全生产工作部署，切实抓好“安全生产基层基础建设深化年”各项工作，强化责任，严格监管，狠抓安全生产大检查、安全专项整治、“打非治违”等工作，全市安全生产形势持续稳定好转，未发生重特大事故；较大事故发生1起，下降50%；各类安全生产事故死亡人数下降10.3%，连续第12年实现事故起数、死亡人数“双下降”。

【大事记】

1月6日至7日，省安监局副局长喻鸿斌带领省安委会考核组对无锡市2012年安全生产目标管理责任落实情况进行考核。

1月14日，无锡市召开全市安全生产工作会议，总结2012年工作，部署2013年任务。

1月18日，副市长曹佳中率队对人员密集场所火灾隐患整治和农民安置房群租问题等进行安全检查。

2月5日，省总工会副主席王爱平带队检查无锡市春节前安全生产工作部署落实情况。

3月22日，无锡市安全生产“打非治违”工作领导小组召开第一次工作例会。

3月26日，无锡市安监局组织召开全市2013年第一次职业病防治工作联席会议。

4月18日，国家安监总局副局长杨元元在无锡出席中国职业安全健康协会五届三次常务理事会。

4月19日至20日，中国职业安全健康协会理事长张宝明调研无锡市职业安全健康和安全社区创建工作。

5月6日至8日，省安监局副局长陆贯一率队检查调研无锡市危险化学品安全监管工作。

6月17日，市政府代市长汪泉率队对全市机场、商场、建筑工地、天然气站点等重要行业领域进行安全生产工作检查。

6月21日，市政府在中国人民财产保险股份有限公司无锡市分公司召开全市安全生产责任保险工作座谈会。副市长曹佳中出席会议。

7月5日，市政协主席周敏炜率队对全市安全生产工作进行专题视察。

7月10日至12日，国家安监总局统计司副司长丁进田率国务院安委会第三综合督查组第二组来无锡督查安全生产大检查开展情况。

7月24日，副市长曹佳中率市安全大检查综合督查组开展安全生产大检查督查工作。

8月16日，国家安全生产应急救援中心副主任李万春率石化企业和石油库安全检查第三检查组来无锡市督导石化企业和石油库专项检查工作。

8月16日，无锡市安委会召开安全生产大检查暨“打非治违、专项整治和隐患排查”治理信息平台建设工作形势分析推进会。

8月21日至22日，省公安厅副厅长谢晓军带领省安委会安全生产大检查综合督查组来无锡市督查安全生产大检查开展情况。

9月5日，市政府安委会召开全市安全生产大检查、打非治违暨隐患排查工作例会。

9月9日，市政府召开市长办公会议，专题研究安全生产工作。

9月11日，副市长曹佳中率市安委会安全生产大检查综合督查组对新区安全生产大检查工作进行督查。

9月17日至18日，无锡市政府安委会综合督查组分别对旅游、娱乐行业和无锡地铁集团公司安全生产大检查工作开展情况进行督查检查。

10月23日，市政府安委会办公室召开全市安全生产隐患排查治理暨“打非治违”工作会议。

11月19日，全省安全生产事故隐患排查治理体系建设工作现场推进会在无锡召开。省安监局局长王向明出席会议并讲话。

12月11日，副市长曹佳中到市安监局调研。

12月20日，全国安全生产标准化建设现场推进会在无锡市召开。国家安监总局副局长孙华山作重要讲话，副省长缪瑞林出席会议。

【安全生产责任体系进一步完善】 2013年，无锡市从市至各市（县）区、镇（街道）层层签订安全生产工作责任。各级政府与53000余家企事业单位签订安全生产责任书或告知承诺书，覆盖率90%以上，其中市直管企业签订率100%。全市各级建立健全安全生产约谈制度，完善安全生产行政问责机制。市和市（县）区纪委、监察部门强化安全生产事故行政追责，共对21名监察对象实施党、政纪处分，促进安全生产责任落实到位。

【扎实开展安全专项整治】 3月起，无锡市在全市范围开展了危化、工贸企业较大安全风险作业、建设工程、职业病危害、危险货物运输、电梯使用、生产（仓储）租赁企业、三轮机动车和残疾人机动轮椅车等8个专项整治。

危化专项整治中涉及“两重点一重大”自动化控制系统完善和改造的企业80家，其中39家列入2013年专项整治名单。目前已有62家完成“两重点一重大”企业自动化控制系统改造，8家企业列入关停名单，超额完成年初确定的整治任务。

工贸企业较大安全风险作业专项整治突出有限空间作业场所、粉尘爆炸危险场所、煤气区域作业场所、高温液态金属运输作业场所四大重点，全市共重点普查企业4595家，排查出涉及整治内容的企业有555家，并确定260家现场存在隐患、管理存在较大缺陷的企业作为重点整治单位。通过强化执法检查、推进安全标准化，基本实现了整治目标。

全面开展建设工程安全专项整治，市建设局根据不同时段、时节特点，先后下发各类安全检查通知文件20余个，开展各类安全生产督查、抽查、大检查9229次，整改各类安全隐患27286条，跟踪监管在建危险性较大的分部分项工程1400余个，对项目经理实施扣分750起，行政处罚78起。

职业病危害专项整治在家具、电子、化工、船舶、铸造、冶金、铅酸电池等15个行业的438家企业中开展，目前停产、搬迁、关闭企业25家，已整治达标300余家。

危险货物运输安全专项整治中，对全市102家道路危险货物运输企业的安全生产管理制度、从业人员的安全教育培训和安全操作规程执行情况等重点内容进行了全面检查，累计出动执法人员450人次，提出整改建议139条，责令13家企业限期整改。57家生产型危货运输企业、44家专业危货运输企业的2245辆车辆，已全部安装北斗卫星定位系统和具有实时抓拍功能的摄像头，并全部接入全省运输管理综合信息服务平台。

电梯使用安全专项整治，注重运用物联网技术，创新电梯安全监管手段。目前已有1800余台新安装和公共场所使用的电梯接入安全运行监管系统。

生产（仓储）租赁企业消防安全专项整治，以农村、社区为基本单元划分1256个网格，参与排查的人员达4600余人，共排查生产（仓储）租赁企业1986家，发现火灾隐患2106条，清理“三合一”人员约1370人，所有隐患均落实了整改责任与整改措施。

三轮机动车和残疾人机动轮椅车专项整治，累计查处三轮机动车和残疾人机动轮椅车违法行为12.1万起（含人力三轮车），暂扣违法车辆1.4万余辆，责令改正非法改拼装三轮车店铺11家，违法总量大幅下降，交通安全秩序明显好转。

【安全生产大检查有力推进】 按照“全覆盖、零容忍、严执法、重实效”的总体要求，6月至9月，无锡市各级集中开展安全生产大检查，排查治理事故隐患。全市共组织督查组3685个，参加检查人员10万人次，督查企业和场所等76253家，责令整改、限期整改、停止违法行为24368起，责令停产、停业、停止建设359家，实施行政处罚金额1034万元。期间，全市各类事故死亡人数比上年同期下降11%。国务院安委会督查组两次来督查时都对无锡市工作给予了肯定。

【重大事故隐患整改力度不断加大】 出台《无锡市安全生产事故隐患排查治理考核奖惩实施办法》（锡政办发〔2013〕168号）。4月12日，市政府安委会在市民中心新闻发布厅举行安全生产重大隐患挂牌督办新闻发布会，公布了无锡市2013年第一批34项市级重大安全事故隐患挂牌督办项目，其中重大生产安全事故隐患5项，重大火灾事故隐患23项，重大道路交通事故隐患6项。第一批挂牌督办的市级重大安全事故隐患年内全部按期完成整改并销案。9月份市第二批挂牌督办的36项重大隐患已完成整改。全市全年市、市（县）区、镇（街道）三级共挂牌督办509项，其中市级70项、市（县）区级118项、镇（街道）级321项。

【建立事故隐患排查治理体系】 无锡市市级29个部门共制定了52个隐患排查标准，已有26个行业（领域）的企事业单位通过自查自报平台进行事故隐患申报，占行业（领域）总数的86.7%。全市4.5万余家企业的基础数据录入系统平台，并进行自查自报。

【企业安全生产标准化建设取得阶段性成果】 无锡市非煤矿山、烟花爆竹批发企业、危化品生产企业安全生产标准化全部达标，规模以上工贸企业总体达标率达到70%以上，其中滨湖区、崇安区、南长区、北塘区和市直管企业100%达标，企业本质安全水平不断提升。国家安监总局给予高度肯定。12月20日，全国安全生产标准化建设现场推进会在无锡市召开。会议期间，与会代表分四组，分别对无锡市、江阴市、宜兴市、滨湖区、新区等地6家单位和企业安全生产标准化达标工作进行实地检查考察。

【安全社区建设取得突破性进展】 2013年，无锡市新区新安街道、江阴市申港街道在江苏省率先成为“国际安全社区”，全市共有20个镇（街道）通过全国安全社区创建备案。无锡市安全社区建设水平与规模在全省名列前茅，被国家安监总局评为全国安全社区建设先进单位。

【职业卫生基础建设取得新成效】 2013年，无锡市全面推进职业卫生基础建设活动，已有40%以上重点职业病危害企业达到基础建设要求，并培育了17家职业卫生基础建设示范企业。截至12月20日，全市职业危害申报备案企业11350家，比上年净增5472家，申报企业数继续保持全省领先；开展职业卫生检测的企业2290家，同比增长176.6%；组织开展职业健康体检企业3392家、17.29万人，分别增长202.9%和121.1%。

【积极营造安全发展的社会氛围】 切实加强社会化宣传教育。无锡市印发了《2013年无锡市安全生产宣传教育工作方案》，充分发挥电台、电视台、报刊、网络等新闻媒体作用，采取制作专题节目、开设专版专栏、播放公益广告、开展微博互动等形式，不断拓宽安全生产社会化宣传阵地。在《中国安全生产报》开辟“无锡安全生产”专版；在《江南晚报》、《无锡商报》开辟安全宣传专版；在移动电视、电台经济频率设立专题节目，并通过全市所有出租车、银行网点、隧道出入口的1万余块电子显示屏，宣传安全生产。市安监局被评为全国安全生产新闻宣传先进单位，荣获全国“打非治违”知识竞赛优秀组织奖。

【安全培训教育不断加强】 无锡市累计法定培训企业负责人、企业安全管理人员和特种作业人员6.6万人。培训特种设备作业人员3.2万人次。切实加强市（县）区、镇（街道）和村（社区）三级安全监管人员的业务培训。经培训考核，对578名镇（街道）安监人员发放了《无锡市镇（街道）安全生产监督管理员证》，实行持证上岗。无锡市安全生产培训考试考核中心9月份正式投入运行，当年组织考试90余场，共计考核6000余人。

【全面提升安全应急处置能力】 7月23日，无锡市政府安委会组织市安监局、公安局、卫生局、市政和园林局、消防支队、交巡警支队、市政公用产业集团、市政设施管理处、市政设施建设工程公司等部门和单位，举办了安全应急预案演练，检验了相关各方在应急救援中履行职责、协同配合和实战能力。据统计，全市全年各级共组织各类应急演练近5000场次，进一步增强了从业人员的安全防范意识，提高了全社会防灾、避灾和自救互救能力。

【改革与发展】 12月25日，中共无锡市委十二届六次全体会议通过的《中共无锡市委关于深化改革的意见》中关于健全公共安全体系明确：深化安全生产管理体制改革，切实落实党政同责、一岗双责、齐抓共管，严格落实企业主体责任，充分发挥市场调节作用和社会治理作用，完善隐患排查治理体系，构建安全预防控制体系，有效遏制重特大事故。

（朱伟毅）

徐　州　市

2012年

【概况】 2012年，徐州市坚持安全发展科学发展，深入贯彻落实国发40号文件和苏政发112号文件精神，继续扎实开展“安全生产年”活动，严格落实安全生产各项措施，全市安全生产形势持续稳定好转。

【大事记】

1月10日，市长张敬华带队检查春节前安全生产工作。

1月17日，副市长周宝纯带领市相关部门负责人督查节日安全生产情况。

3月6日，徐州市政府召开全市安全生产工作会议。

4月17日，徐州市组织收听收看全国集中开展安全生产领域“打非治违”专项行动电视电话会议。

4月27日，徐州市组织收听收看全省迎“五一”安全生产工作电视电话会议。

5月16日，徐州市人大督查校车安全工作。

6月10日，徐州市启动安全生产月咨询活动。

7月4日，国务院安委办督查组在徐州市督查安全生产工作。

8月10日，徐州市政府召开安全生产大排查大整治暨企业标准化建设会议。

9月12日，徐州市组织徐州铁矿集团重大突水事故应急演练观摩会。

10月31日，徐州市组织收听收看省政府迎十八大安全生产电视电话会议。

2013年

【概况】 2013年，徐州市认真贯彻落实习近平总书记、李克强总理关于安全生产工作的重要指示精神以及省委、省政府关于加强安全生产工作的一系列部署要求，围绕安全生产年度目标任务，严格落实安全生产各项措施，事故总量和死亡人数持续“双下降”，重点行业安全形势总体向好，全市杜绝了较大及以上安全生产事故。

【大事记】

1月7日至9日，江苏煤监局副局长于宗立率省安委会第一考核组，对徐州市2012年度安全生产工作进行全面考核。

1月10日，省安监局局长王向明到徐州检查指导安全培训考试考核中心工作。

3月2日，徐州市政府召开全市安全生产工作会议。

3月4日，副省长缪瑞林到徐州市调研煤矿安全生产工作。

3月13日，市安监局召开全市安全宣传工作会议。

5月16日，徐州市安委办召开全市安全生产标准化建设推进会议。

6月1日，徐州市政府在古彭广场举办“2013年安全生产月” 启动仪式。

6月4日，国家安监总局副局长杨元元到徐州督查安全生产工作。

6月28日，以危险化学品事故救援为背景的全市安全生产综合应急救援活动在贾汪区建平化工有限公司举行。

7月29日，国家安监总局总工程师黄毅督查徐州市重点行业领域开展安全生产大检查情况。

7月29日，市安监局召开学习贯彻市委、市政府关于深化百姓办事“零障碍”工程推进会议。

8月20日至22日，江苏煤监局总工程师徐林率省安委会第三督查组，对徐州市开展安全生产大检查情况进行综合督查。

8月22日，省安委会第三督查组到徐州市督查安全生产工作。

9月23日，市长朱民带领有关部门负责人进行国庆节前安全生产工作督查。

10月29日，市安监局举办新闻发布会。

12月5日，市安监局举行全市安全生产标准化建设新闻发布会。

【构建安全生产责任网】 徐州市认真贯彻落实习近平总书记关于安全生产“党政同责”、“一岗双责”和“管行业必须管安全”的重要指示精神，强化“一岗双责”责任制，对全体副市长、副秘书长进行安全生产目标考核。细化部门监管责任，根据《全市各级人民政府、有关部门和单位安全生产职责暂行规定》，将安全生产监管职能分解到39个部门和单位。层层分解责任，年初将安全生产控制指标下达到各县（市）、区政府以及市有关企事业单位，签订责任书，严格实行目标管理。严格责任追究，认真执行“一票否决”、“行政问责”和“司法追究”制，严肃查处各类安全生产事故，严格落实事故挂牌督办制度。

【推进安全生产标准化达标创建】 2012年，为加快企业安全生产标准化建设步伐，徐州市政府出台了《关于推进全市企业安全生产标准化工作的实施意见》，并召开专题会议进行部署。全市完成安全生产标准化达标企业1022家，其中一级19家、二级11家、三级992家。开展危险化学品达标企业415家。20家煤矿企业开展标准化建设，达到一级标准化17家，达标完成率85%。23家金属非金属矿山企业开展标准化建设，达到二级标准化4家、三级19家，达标完成率100%。13家烟花爆竹批发企业均达到了三级标准，达标完成率100%。1147家规模以上冶金等工贸行业企业开展达标工作，达到一级标准化2家、二级5家、三级614家，达标完成率为54%。

2013年，徐州市完成安全生产标准化达标企业1468家，其中一级23家、二级25家、三级1420家。就行业分布来讲，危险化学品行业达标企业384家，煤矿行业达标企业20家，金属非金属矿山行业达标企业23家，烟花爆竹行业批发类达标企业13家，达标完成率均为100%；规模以上冶金等工贸八大行业达标企业929家，达标完成率为85%。其他行业的标准化创建方面，14家电力企业、84家交通运输企业、1家水务企业完成了标准化创建工作。同时，积极探索标准化创建工作的新思路，在高速公路标准化方面，国家没有行业标准，徐州市组织专家专题研究，在全省率先制定下发了《徐州市高速公路营运管理企业安全生产标准化三级企业评定标准（暂行）》。

【深化安全专项整治和大检查】 2012年，按照“政府统一领导、行业依法监管、企业全面负责、职工参与监督、社会广泛支持”的原则，在道路交通、水上交通、煤矿、非煤矿山、危险化学品、旅游等6个重点行业领域集中开展安全生产专项整治活动，取得了较好效果。煤矿方面：下矿检查13次，发现并整改隐患93条。非煤矿山方面：成立非煤矿山企业专项整治检查小组23个，政府督查组12个，排查出各类安全隐患821处，下发整改通知书94份。危险化学品方面：出动检查人员200余次，下发隐患限期整改通知书80余份。旅游方面：开展旅游市场执法检查30次、226人次，检查近200家旅游企业。

2013年，在9个重点行业领域集中开展了专项整治活动，取得了较好效果。道路交通方面：开展了“百日会战”集中整治行动，查处非法超限超载车辆5395辆，卸驳载货物13.78万吨。水上交通方面：开展渡口渡船安全管理专项整治，派出17个检查组，检查船舶100艘次，检查渡口53道，免费发放救生浮具3280件。煤矿方面：深入开展以加强煤矿安全基础建设、一通三防、防治水等9项内容的专项整治，共检查矿井132矿次，下达现场处理决定书13份，责令暂时停产整顿采煤面9个次、掘进头2个次。危险化学品方面：继续开展化工生产企业专项整治，42家化工生产企业完成了关停转迁。此外，其他行业也开展了专项整治活动。

【加强安全生产宣传教育】 2012年，徐州市以“安全发展，科学发展”为主题，结合“安康杯”竞赛、“青年示范岗”创建以及《职业病防治法》宣传周等活动，开展全方位、立体式、多层面的宣传教育行动。一是重点开展“安全生产月”活动。市政府成立了活动领导小组，印发了活动通知和方案，在《徐州日报》上发表了题为《坚持严抓细管，促进安全发展》的署名文章。安全月活动期间，全市悬挂安全宣传条幅5600余条，制作宣传橱窗800余处，发放国务院23号、40号，省政府136号文件各1万余册，发放其他宣传资料近40种，出动宣传车辆100余辆次，制作展板7600余块，接受教育群众达5万余人次。二是开展安全生产知识竞赛。在《徐州日报》上举办了“万达杯”安全生产知识竞赛，全市共有2000余家单位参与，共收到答卷12万余份。三是严格管理，扎实推进安全培训检查。共检查企业49家、部门18家，检查主要负责人3621人、安全管理人员3865人、特种作业人员8217人。

2013年，结合“安康杯”竞赛及青年示范岗、安全文化示范企业、安全社区创建，全方位、立体式、多层面开展宣传教育行动，取得了较好的效果。一是重点开展“安全生产月”活动。市政府专门成立了活动领导小组，印发了活动通知和方案，在《徐州日报》上发表了题为《突出安全基础建设，提升安全发展水平》的署名文章。安全月活动期间，全市出动宣传车辆100余辆次，发放宣传资料近40种、10000余份，接受教育群众达5万余人次。二是开展形式多样的宣传活动。市总工会开展了“安全生产示范班组”评选活动，表彰示范班组58个、先进个人27名、优秀组织单位26个。消防部门组织了以火灾报警、逃生、自救、扑救为主要内容的消防知识讲座。市交通运输局、交巡警部门加强了安全知识宣传教育。三是加大舆论宣传力度。在春节前后、安全生产月和国庆期间，有针对性地播放安全公益宣传广告，利用“行风热线”等节目与广大群众互动交流，普及安全知识，增强安全意识，提升安全素质。四是稳步推进安全培训考试考核中心建设。全市“三项岗位”人员考试统一在考试考核中心进行，规范实行“教考分离”，提高了培训质量。全年共组织考试考核224期，其中特种作业考试考核146期、管理人员考试考核78期。五是注重考试考核过程中的科技应用。运用云计算和物联网技术在全国率先开发了低压电工智能考试系统，实现了智能分配考题、智能评判成绩、智能上传成绩等功能。

【加强基层监管机构和执法队伍建设】 职业卫生机构方面，市安监局设立了职业安全健康监督管理处，配备行政编制人员2名。同时，从市卫生局划转6个事业编制，在全省率先成立职业卫生监督所，专职从事职业卫生监管工作。目前，11个县（市）区均设立了职业卫生监督机构。市安委会将基层安全生产监管队伍建设纳入了《徐州市2012年度县（市）、区政府安全生产目标考核细则》，并加大了考核分重。丰县深刻吸取“12·12”道路交通事故教训，推动基层安监机构从“三无”变“三有”，即有专门机构、有专职人员、有专项经费，安全生产工作走上制度化、规范化、标准化轨道。沛县财政累计投入安全生产专项资金185.9万元，用于安监队伍建设。全市基层安监机构试点单位全部通过了省安全生产机构能力建设达标验收。

【提高安全监管监察效能】 加强联合执法检查。完善联席会议制度，在安全指导、安全检查、监管执法、政策制定、事故查处以及打击瞒报事故行为等方面，形成部门各司其职、齐抓共管的合力。同时，通过加强跟踪监管执法，确保整改措施到位。将隐患排查治理纳入安全监管和企业日常生产的重要内容。建立健全重大隐患分级管理和重大危险源分级监控及跟踪督促整改机制，推行高危企业聘请专家和第三方参与制度，着力构建隐患排查治理的长效机制。认真开展排查治理体系底数摸底工作，2012年全市共对8656家企业隐患底数进行了登记。推动隐患排查体系试点建设，2012年全市4家试点单位、1家非试点单位通过省安监局验收。

【加大保障能力建设】 2012年，有序推进安全生产责任保险工作，继续在危险化学品、烟花爆竹、煤矿、非煤矿山等高危企业推行安全生产责任保险。印发了《徐州市安全生产责任保险实施方案》，组织编写了《徐州市安全生产责任保险工作指南》，签订了安全生产责任保险项目协议和共保协议。全市共有576家企业参加了安全生产责任保险，保险在安全生产中的经济补偿作用、社会管理职能和分散事故责任风险能力得到有效发挥。2013年，全市共有792家企业5355人参加了安全生产责任保险。

【加强应急管理工作】 2012年，成立了市应急救援指挥中心，明确了专门人员。各县（市）、区均明确了应急管理职能和责任处室。积极推动安全生产信息化建设，建设市级安全生产综合监督管理信息平台，实现条块安全数据共享、重大危险源监控预警、应急救援指挥信息支持等网格化、可视化监管，推动安全生产从被动监管向源头防范转变。

【特色亮点工作】 深入推进安全培训基础设施建设，投入资金200余万元，建成占地约1500平方米的市安全生产培训考试考核中心，并通过省安监局的考核验收。率先将考核中心设立为全额拨款的正科级事业单位，5名编制。

（孙叶）

常　州　市

2012年

【概况】 2012年，全市围绕“科学发展、安全发展”主题，以扎实开展第四个安全生产年活动为载体，以构建安全生产责任网、监督网和保障网为抓手，深入开展隐患排查、专项整治，继续深化安全生产长效管理，进一步强化基层基础工作，为党的十八大营造良好的安全生产环境。全市发生各类安全事故1720起，比上年下降3.1%；死亡310人，下降2.21%；受伤1358人，下降4.84%；直接经济损失1955.29万元，下降29.89%。

【大事记】

1月20日，副市长高清带队对重点场所进行节前安全检查。

2月7日，市政府召开2012年全市安全生产工作会议，总结2011年安全生产工作情况，安排部署2012年安全生产工作。

2月15日，国家安监总局监管四司司长欧广、副司长马锐到常州调研指导企业安全生产标准化创建和安全隐患排查治理体系建设工作。省安监局副局长赵利复、常州市副市长高清陪同调研。

4月24日，市安监局召开全市安监局长会议，通报一季度全市安全生产工作情况，分析当前安全生产形势，研究部署二季度重点工作。

4月26日至27日，国家安监总局职业安全健康监督管理司副司长周永平来常州调研指导使用有机溶剂的IT制造行业职业病危害状况工作。省安监局副巡视员赵启凤、市安监局局长宋明岗陪同调研。

4月27日，副市长高清带队开展节前安全生产大检查。

5月22日至23日，省安监局副局长陆贯一到武进区调研安全生产工作。

6月10日，常州市安委办、新北区安委办、常州市邮政局联合在新北区万达广场开展了“安全生产月”咨询日暨“安全知识进万家有奖竞赛”活动。

6月14日，副市长韩九云带队检查企业安全生产工作。

6月14日至15日，由江苏省安监局主办、江苏省安全生产宣教中心承办、常州市安监局协办的“安全文化进基层”活动——“生命之旅”安全生产文艺巡演在常州举办。

7月4日，副市长王成斌到市安监局调研安全生产工作。

7月26日，副市长、安委会主任王成斌率市安监局、总工会、消防支队等部门负责人检查全市夏季安全生产工作。

7月26日，市委书记、市人大常委会主任阎立到市行政服务中心视察工作。在安监局窗口，阎立听取了市安监局局长宋明岗关于常州市安全生产行政审批服务工作的简要汇报，对市安监局行政服务事项实行网上并联审批、不断优化办理流程等创新措施表示充分肯定。

9月14日，市长姚晓东率“四项排查”督查组到市安全生产信息中心督查。

9月19日，国家安全生产应急救援指挥中心副主任贺黎光率国务院安委会安全生产督查组到常州市督查安全生产工作。市长姚晓东、副市长王成斌陪同督查。

9月27日，市安委会副主任、安监局局长宋明岗带队对天宁寺、火车站、长途汽车站等单位进行了安全生产督查。

9月28日，市安委会主任、副市长王成斌带队督查路桥市场、小东门市场、中华恐龙园等人员密集场所的安全生产情况。

12月20日至21日，全省省辖市安全生产监察执法工作联席会议在常州召开。

12月26日至27日，苏锡常镇通安监局长座谈会在常州召开。省安监局副局长赵利复到会致辞。

12月28日，市安监局牵头组织召开全市职业病防治工作联席会议。

【安全生产长效管理】 市政府把安全生产考核控制指标纳入各地各部门经济社会发展考核评价指标体系，进一步细化对政府和部门安全生产履职情况进行考核的内容和要求。市安全生产委员会办公室每季度对全市事故指标控制情况进行通报，对事故控制超标地区或行业，及时发出预警通报。各级政府和部门通过各种形式督促企业落实安全生产主体责任。

【安全生产“打非治违”】 按照国务院和省、市关于集中开展安全生产领域“打非治违”专项行动的通知要求，市安监局迅速动员部署，以道路交通、建筑施工、非煤矿山、冶金、危险化学品、烟花爆竹、民用爆炸物品、消防安全等行业领域为重点，结合年度执法计划和全市百日集中执法行动，组织开展检查督查和联合执法。为进一步深化“打非治违”专项行动，巩固成果，根据国务院和省安委会的统一部署，决定将全市“打非治违”专项行动延长至年末，并在全市范围内集中开展“打非治违”专项行动“回头看”活动。市安监局对非煤矿山开展联合执法3次，查获未及时回收雷管11发、导爆管400余米，发现非法开采点2处，均及时严肃查处；开展烟花爆竹联合执法检查2次，执法检查零售店16家，出动检查人员68人次，收缴假冒伪劣烟花爆竹68余箱（件）。市安监局和武进区安监局重点对武进区5家因车间或仓库安全间距不足而存在安全隐患的企业，协调联系公安消防部门、化工设计单位和化工专家，组织现场办公，督促企业实施限期整改。

【安全生产专项整治】 下发《关于在全市组织开展安全生产大排查大整治大执法大督查专项行动的通知》，结合年度专项整治计划，深入开展道路交通、交通运输、危险化学品、冶金行业、建筑安全、建筑消防设施、电梯安全7个重点行业领域安全生产专项整治和常州市区临、跨、过河管线清理整治工作。开展百日集中执法专项检查行动，全市监察执法系统出动监察执法人员3700余人次，检查安全生产重点地区10个、各类重点企业1400余家次，排查各类安全隐患7000余条，开具执法文书1200余份，对54家涉嫌违反安全生产法律、法规的重点企业予以立案查处。8月，市安委会下发《关于在全市继续深化安全生产大排查大整治大执法大督查专项行动为党的十八大召开创造安全稳定社会环境的通知》，对专项整治工作进行再部署。

年内，市安监局下发《2012年常州市危险化学品安全生产专项整治方案》，围绕强化重点危险化工工艺安全监管、强化重点监管危险化学品安全监管、强化危险化学品重大危险源安全监管、深化主城区和化工园区企业安全监管、严格行政许可和事故责任追究、积极开展专项行动、坚持制度化监管7个方面工作，明确整治内容和要求。6月20日至21日，市安委办召集市发改委、商务局、消防支队、环保局、交通局、地方海事局等部门对石油库开展安全专项检查。7月，相继组织开展夏季高温期间冶金煤气等有毒有害气体专项检查和危险化学品夏季安全监管专项督查。年内还开展了民用机场净空专项整治工作，落实常州机场净空超高障碍物拆降工作，消除安全隐患，确保飞行安全。

【隐患排查治理】 市安监局严格落实事故隐患排查治理体系建设工作要求，进一步量化工作目标，武进区、戚墅堰区成为全省隐患排查治理体系建设试点地区。8月始，全市开展安全事故隐患排查整治攻坚战。市安监局下发《关于全市开展危险化学品事故隐患排查工作的通知》，以全市危险化学品企业为隐患排查范围。市建设、交通、公安消防、交巡警等部门根据各自行业特点积极开展隐患排查治理工作，挂牌督办重大事故隐患。市领导牵头对17个重点隐患进行督导。全年排查企业2.86万家，排查隐患5.58万条，整改5.53万条。对28家年主营业务收入10亿元至100亿元（含）企业安全隐患排查治理工作进行了抽查。

【安全生产标准化工作】 市安监局制定《常州市工贸企业安全生产标准化三级企业考评办法》、《常州市企业安全生产标准化评审工作管理办法（试行）》，编印、制作并下发危险化学品行业标准化指导手册4000册、工矿商贸企业标准化指导光盘1000份，邀请专家对标准化评审人员进行集中培训。参与制定《常州市工伤保险浮动费率管理暂行办法》、《常州市工伤预防费管理暂行办法》，把安全生产标准化与工伤保险浮动费率管理、工伤预防费挂钩，发挥经济政策的激励作用。由工业气体商会牵头，组织33家气体会员单位统一宣传、统一培训、统一标准，切实加快气体会员单位安全生产标准化推进速度。2012年年底，市安监局受理危险化学品企业三级标准化申报508家，完成现场评审309家，首批公告发证34家；冶金等工贸企业通过一级达标5家、二级达标18家、三级达标525家。

【职业卫生监管】 市安监局审查可能产生职业危害的建设项目65个，其中职业病危害预评价21个、职业病危害防护设施设计审查1个、职业病危害控制效果评价及防护设施竣工验收评价40个、职业病危害现状评价3个。督促企业开展职业病危害因素检测评价、进行职业健康检查、建立劳动者职业健康监护档案、进行职业病危害申报，2873家企业完成职业病危害因素网上备案申报工作。

开展《职业病防治法》宣传周活动，通过电视新闻专栏、深入企业开展现场咨询、组织图片展览、发放宣传资料等形式广泛宣传职业病防治工作，发放《职业病防治法》、《职业病防治知识读本》和《劳动者享有职业卫生保护权利》等职业病防治宣传材料5000余份，《企业职业卫生事项告知书》1500余份，悬挂横幅、标语1000余条，张贴发放宣传画800余张。对木制家具制造等五大行业企业职业病危害进行专项治理，开展职业卫生安全许可证试点工作，年内10家木制家具制造试点企业获职业卫生安全许可证。7月，邀请国家级职业卫生专家对全市安监系统职业卫生监管人员进行业务培训。

【安全生产教育培训】 市安监局联合市邮政局分社区、校园和企业三大类开展“安全知识进万家”知识竞赛活动，7000名社区居民、8000名学生和1.5万名企业员工参加竞赛，答题卡回收率68.6%，全部答对率38.8%。组织全市6000余家企业近1.2万人参加“神华杯”全国危险化学品安全法规知识竞赛，获国家安监总局颁发的优胜组织奖。制作的《典型有毒有害气体危害与预防》宣教片，在国家安全生产电视中心第三届安全生产电视作品展映中获奖。常州市安全生产宣传教育中心基本建设完工，安全警示馆内的建筑安全教育与实训基地展览馆正式开馆。企业主要负责人、安全管理人员、特种作业人员“三项岗位”培训班次和人数稳定增长，全市培训“三项岗位”人员4.49万人次。通过统一办班、机动办班、上门办班等形式，完成市管重点企业、危化运输企业等行业企业的培训工作。举办全市安全生产监管人员行政执法证培训初、复训班，264人参加培训。

【安全生产执法检查】 市安监局制定《常州市安监局安全生产行政许可和行政处罚案件内部程序规定》、《常州市安全生产说理式行政处罚案例指导制度》，依法进行安全生产执法检查。按照新修订的《职业病防治法》、《危险化学品监督管理条例》的规定，对职业病危害建设项目、危险化学品建设项目、危险化学品经营许可等8个行政许可职权重新制定规范化运作要求。开通法制监督系统网络平台，所有行政执法职权实行网上运行。动态调整新增行政权力事项的行政处罚自由裁量权，梳理新增的199项行政处罚权力和相对应的600余项自由裁量权基准，并全部纳入网上运行。利用法制监督平台开展重大处罚案件网上备案工作，行政处罚案件全部进入市“三合一”平台流转，向市法制办报备处罚案件113件，其中重大处罚案件102件。定期开展各类执法案卷质量评查，召开年度安全生产行政执法案卷评查会，对各辖市区安监局在指定时间段内结案的21份安全生产行政处罚案卷进行综合评议。

加大对处罚案件的法制审核力度，召开“案审会”16次，对39个行政处罚案件进行法制审查。

【安全生产应急管理】 市安监局加强应急预案与应急资源数据库建设，督促企业加大对安全生产应急预案、应急救援队伍、应急救援物资装备等信息的录入申报力度，有1400家企业向国家应急资源数据库管理系统录入企业信息等相关内容，其中高危行业应急预案进库任务已完成。建立完善应急救援指挥体系、应急救援专家库等信息，强化应急救援队伍、装备、物资等应急资源的落实。市安委会专家组进一步壮大，由原来6个行业32人扩展至8个行业35人，其中具有高级工程师职称的27人，占专家总数的77%。危险化学品、冶金、职业卫生等行业也建立了安全生产专家组队伍，人数230余人。进一步建立健全快速反应、运行有序的生产安全事故信息报告和处置工作机制。

2013年

【概况】 2013年，常州市坚持以党的十八大精神为指导，大力实施安全发展战略，认真贯彻落实《省政府关于坚持科学发展全面提升全省安全发展水平的意见》，进一步加强安全生产责任网、监督网、保障网建设，深化安全生产长效管理，强化安全生产基层基础工作，全市安全生产持续好转。2013年，全市共发生各类生产安全事故234起，同比下降6.4%；死亡121人，同比下降0.82%。

【大事记】

1月9日至11日，以省安监局副局长赵利复为组长的省安委会考核组，对常州市2012年度安全生产工作落实情况进行了考核。副市长王成斌出席了考核工作汇报会。

1月13日至14日，国家安监总局纪检组副组长、监察局局长王武琦一行对常州市安监系统纪检监察工作进行调研。省安监局党组成员、纪检组长梁杰陪同调研。

2月1日，常州市召开全市安全生产工作会议。会议由市政府副秘书长孙如山主持，副市长王成斌出席会议并讲话。

2月6日，省消防总队副总队长曹奇、副市长王成斌带领省市联合检查组，对天宁区九龙小商品市场、常州火车站、常州客运中心进行安全生产大检查。

4月24日，市安委办召开全市餐饮场所燃气安全专项治理推进会。

4月28日，市安委会副主任、安监局局长宋明岗带队开展“五一”节前安全生产大检查。

6月15日，市委副书记、副市长、市政府党组书记费高云带队对常州市人员密集场所、易燃易爆物品储存仓库、涉氨冷冻仓库等企业进行安全生产督查。

6月19日，江苏省校车安全管理厅际联席会议校车安全管理专项督查组对常州市校车安全管理工作开展督查。

6月25日，副市长尚建荣带队对新北区范围内的部分公交车站、市场等人员密集场所和易燃易爆物品储存企业进行安全生产督查。

6月28日，常州市安全生产委员会根据“安全生产月”活动安排，在常州钟楼油库组织开展了常州市危险化学品重大危险源单位和市级安全应急联合演练。

6月28日，副市长韩九云到金坛市检查安全生产工作。

8月7日至8日，省安监局局长王向明带领相关部门负责人来常州专题调研基层安监机构和队伍建设情况。

8月15日，副市长张云云带队到天宁区督导福利机构安全工作。

8月22日至23日，由省经信委副主任高清带队的省安全生产第四综合督查组到常州市督查安全生产工作。

10月29日至30日，云南省安监局受国家安全监管总局委托，交叉检查江苏省及常州市职业卫生监管工作开展情况。省安监局副巡视员赵启凤参加检查。

11月20日，市政府在金坛市金城镇组织召开全市安全生产基层基础建设推进会。

11月21日，市政府组织召开全市今冬明春火灾防控会议。

【安全生产长效管理】 市政府把安全生产考核控制指标纳入各地各部门经济社会发展考核评价指标体系，进一步细化对政府和部门安全生产履职情况进行考核的内容和要求。市政府年初与7个辖市（区）、28个职能部门签订了安全生产目标责任状，明确各自的安全监管责任，并且定期跟踪督导。市政府常务会议每季度听取全市安全生产事故情况的报告，及时对重点地区、行业（领域）的控制指标序时进度发出预警。在全市清理规范创建达标活动中，安全生产长效管理考评成为全市10个保留考核项目之一。市安委会不断加大对事故的督办查处力度，建立了一般生产安全事故查处挂牌督办工作制度，通过事故查处推动工作措施的有效落实。市安委办每季度对全市事故指标控制情况进行通报，对事故控制超标地区或行业，及时发出预警通报。各级政府和部门通过各种形式督促企业落实安全生产主体责任。

【安全生产专项整治和“打非治违”】 市安委会部署8个方面的专项整治行动，把“打非治违”活动贯穿于日常监管之中，专项整治工作取得了明显成效。

危险化学品领域以开展提升本质安全水平专项行动为主线，以“两重点一重大”自控技术完善改造、化工装置安全设计诊断以及安全标准化建设为重点，深入开展危险化学品安全生产专项整治，抽查企业128家，查出各类隐患及问题486个。

扎实开展烟花爆竹专项整治行动，全市出动执法人员865人次，抽查烟花爆竹经营单位1158家次，出具整改、暂扣执法文书127份，取缔无证经营、非法储存窝点32个，收缴非法烟花爆竹总数达4007箱（件）。

交通运输领域开展了公路水运在建工程、超限运输、水上交通、航道和道路交通运输等5个方面的专项整治，共检查道路客运企业24家、汽车客运站3家，检查危险货物运输车793辆，排除隐患车辆44辆。市公安交巡警部门加强道路交通安全整治，共查处各类道路交通违法行为133万多起。

建筑施工领域抽查建设项目807个，签发检查意见书558份、整改通知书228份、提出整改意见2120条。

消防领域检查在建工程121个，拆除不符合规范的临时性建筑66栋，立案查处9起，成立检查组24个，检查餐饮场所862家，发现火灾隐患163处，立案查处12起。

组织开展受限空间作业专项整治、餐饮场所燃气安全专项治理、工程建设领域预防施工起重机械脚手架等坍塌事故专项整治、涉氨制冷企业液氨使用专项治理、石油化工企业石油库和油气装卸码头安全专项检查，以及石油天然气运输、危险化学品输送和城市燃气管网管道安全生产专项检查，及时排查重点行业领域的安全隐患，防止同类事故重复发生。

【安全生产标准化工作】 出台《常州市工贸企业安全生产标准化三级企业考评办法》，组织标准化考评员集体培训。各辖市（区）也按照市安委会的部署和要求，抓动员、抓培训、抓辅导，大力推进标准化工作。截至2013年年底，全市危险化学品从业单位三级达标申请1035家，组织完成现场评审961家，完成整改668家，颁发三级证书639家，另外有11家企业达到二级标准化；冶金等工贸企业标准化达标共计4102家，其中一级5家、二级41家、三级4056家，与2012年年底相比，新增达标企业3586家；烟花爆竹批发企业和非煤矿山企业也全部通过了标准化评审。

【安全生产隐患排查治理】 根据国家和省安委会的部署和要求，在2012年武进区、戚墅堰区试点的基础上，2013年在全市范围内全面开展隐患排查治理体系建设。市安委会制定了《常州市安全生产事故隐患排查治理体系建设实施方案》，有序推进各辖市（区）的事故隐患排查治理体系建设，并积极筹划建设市级平台，7个辖市（区）全部通过了省安监局专项验收。2013年市安委会挂牌督办8个重大隐患，截至2013年年底，5个已整改到位，3个正在整改之中。市委、市政府专门召开常委会和常务会议研究路桥市场隐患整治工作，到2013年年底，路桥市场隐患已整改到位。

【职业卫生监管】 建立了职业病防治联席会议制度，定期召开全市职业病防治联席会议和联络员会议，组织开展了职业卫生“百日督查”，对职业危害严重的化工、冶金、电镀等行业进行重点督查，查出各类职业危害问题1223项。大力推进职业危害申报工作，截至2013年年底，已有4080家单位完成申报，申报数据全部纳入常州市安全生产信息平台数据库。进一步规范建设项目职业卫生监管，对226个项目开展了建设项目职业卫生“三同时”审核、审查、验收、备案。市安委会还组织安监、人社、卫生、总工会等部门开展了《职业病防治法》宣传周活动，进一步提升了全社会职业病防治意识。

【安全生产教育培训】 围绕“强化安全基础、推动安全发展”主题，全市广泛开展全国第12个“安全生产月”活动，广泛深入宣传安全生产法律法规，普及安全知识，营造全社会关注安全、关爱生命的氛围。市安委办制作了3段安全生产微型公益视频在全市3000多台公交车移动视频和楼宇电视终端上循环播放。6月18日，常州市安全生产警示教育馆正式对外开放，该馆总面积1000余平方米，分事故警示区、安全法规区、行业安全区、安全知识区、应急救援区等7个区域、204块各类事故案例灯箱图板，以及事故现场实物，以生动、感性的方式向社会公众传递各类安全生产信息，提醒广大群众要时刻居安思危，增强安全生产意识。市安监局两次参与常州电视台“政风热线”栏目、两次在市政府门户网站组织“在线访谈”，与广大市民、网民就安全生产方面的问题进行广泛交流。

【安全生产执法检查】 组织开展为期4个多月的安全生产大检查和安全隐患大整改。市安委办将全市有关地区、部门2013年挂牌督办的重大隐患汇总成册印发给7个督查组，在检查活动中进行会办和督导。各地区和部门结合各自的特点分解任务、细化措施、落实责任。全市共组织督查、检查组1731个，参加检查人员35704人次，检查企业（单位）和场所23710家，排查隐患27430条，责令整改、停止违法行为14278条，责令停产停业、停止建设152家，暂扣或吊销有关证照60个。9月份，市安委会组织了7个暗查暗访组分赴各地区暗查暗访13个行业领域42家单位，查出问题和隐患131条。同时，组织开展了安全大检查“回头看”，巩固大检查成果，并且按照“四个一律”的要求，严格落实安全生产“打非治违”责任，建立健全“打非治违”和事故隐患治理长效机制。

（张国建）

苏　州　市

2012年

【概况】 2012年，苏州市紧紧围绕“三区三城”建设和率先基本实现现代化的总目标，突出隐患排查治理、企业安全生产标准化建设、“四项排查”等重点工作，促进了全市安全生产形势的持续稳定。2012年年初，苏州市安监局被国家安监总局、人社部联合授予“全国安全生产监管监察先进集体”称号，被省安监局授予“为民务实清廉安监机构”称号。

【大事记】

1月20日，省委常委、苏州市委书记蒋宏坤和市长阎立分别率领市公安、监察、安监等部门负责人，对全市春节安全生产、交通客运等环节进行检查督查。

2月7日，市政府召开全市安全生产工作会议，学习贯彻全国和全省安全生产工作会议精神，部署全年安全生产工作。市长阎立出席会议。

3月14日，市人民检察院与市安监局召开会议，决定建立生产安全责任事故调查处理联席会议制度。

4月18日，市政府在轨道交通一号线星塘街站举行2012年苏州市轨道交通列车火灾事故应急救援联合演习。

5月3日，副市长浦荣皋率市经信、交通运输、安监等部门负责人，赴张家港检查安全生产工作。

5月15日至22日，市安监局分三期开展了全市安全生产监察人员业务培训班。

5月31日，副市长浦荣皋在苏州广电总台新闻频道“苏州要闻”栏目发表电视讲话，动员全市开展“安全生产月”活动。

6月10日，苏州市“安全生产宣传咨询周”启动仪式暨安全知识进社区活动在高新区横塘街道举行。

7月10日，市安监局召开局机关全体工作人员会议，对2012年上半年度工作进行总结，并部署下半年主要工作。

7月11日，副市长盛蕾到市安监局指导安全监管工作。

7月底，副市长盛蕾率市经信、监察、安监、质监等部门负责人赴张家港市和常熟市调研安全生产工作。

8月7日，市安监局召开各市（区）安监局长会议。

9月28日，市长周乃翔和常务副市长周伟强分别率市公安、监察、住建、商务、安监等部门负责人检查安全生产工作。

10月17日至18日，省安监局在苏州市召开全省安监局长座谈会。

11月5日，市政府召开第四季度安委会成员会议。

11月15日，国家安监总局及“加强职业卫生能力建设项目”办公室在苏州市举行了“中日合作加强职业卫生能力建设项目赴日研修报告会”。

12月12日至19日，苏州市安委会组织5个组对各市（区）政府进行2012年度安全生产目标管理责任考核。

12月31日，副市长盛蕾带领市公安、监察、安监、住建、消防等部门和单位人员开展元旦节前安全生产工作检查。

【隐患排查治理】 全市在7月份继续开展“隐患排查月”主题活动，共有11756家企业组织了排查，查出并上报各类隐患18121项，短期内及时整改17142项，其中发现重大隐患195项，及时整改191项，未能及时整改的全部列入隐患目录，作为跟踪督办重点。按照市委市政府“四项排查”的要求，市安监局牵头开展了为期3个月的事故隐患排查治理活动，期间全市各级监管部门共检查各类企业单位60536家次，其中生产经营企业18304家，交通运输企业3985家，建筑施工单位3434家，共发现各类隐患65670个，及时完成整改隐患62381个，整改率94.99%，并重点跟踪48项可能产生社会影响的重大事故隐患，及时完成整改36项。对影响范围广、整改难度大、涉及部门多的重大安全隐患，继续坚持三级政府挂牌督办制度，明确了督办责任单位、跟踪责任部门和整改期限。2012年，全市三级政府挂牌督办的566个重大隐患，全部完成整改，投入整改资金15.25亿元，其中市政府挂牌督办的51个重大隐患，投入整改资金8.7亿元。

【安全生产标准化】 2012年，全市化工企业安全生产标准化三级达标企业944家，二级达标企业32家，2150余家冶金等其他工贸企业达到安全生产标准化三级，达标数量均位于全省前列。2012年，市安监局继续举办了企业安全生产标准化自评员培训班，共培训840余名企业自评员，并指导组织全市安监部门选拔以企业安全管理人员为主体的668名专业人员，组建116个互查互评工作小组，对935家（其中达标企业663家、未达标企业272家）化工企业开展了互查互评活动，有力促进了企业安全管理水平的提升。在安全标准化考评过程中，市安监局结合苏州实际，突破固有思路，建立了以市安监局为组织评审单位，各地安监部门为评审单位，从企业自评员、中介机构和安全专家库中选拔考评员组成考评组开展达标考评的模式，2012年，全市共选择了231名考评员组成了58个考评组对化工企业开展安全标准化情况进行了考评。在标准化推进过程中，对全市346家化工企业推进了作业现场的可视化管理，督促企业新增各类设备、管道标识845个，作业指导书2062个，岗位应急卡1283个，各类警示标识4253个，安全信息板403个，强化了企业的安全文化建设。

【安全生产专项整治】 结合全市六个重点领域专项整治和全国集中开展安全生产领域“打非治违”专项行动工作要求，突出“打非”和“治违”两大工作目标，对全市道路交通、水上交通、消防安全、建筑施工、危险化学品、企业职业卫生、特种设备、冶金、旅游、接送学生车辆等10个重点领域开展“打非治违”专项行动，查处取缔非法违法生产经营建设行为。10月下旬，全市再次部署深化“打非治违”专项行动并集中开展“回头看”活动。据不完全统计，专项行动期间，全市共对非法违法、违规违章行为责令改正、限期整改、停止违法行为13.2万多起；没收违法所得、非法生产设备254起；责令停产、停业、停止建设1380家；关闭非法违法企业112家。市安监局还按照“计划、整治、督促、销案”的步骤，对安全生产问题比较突出的中小企业开展行业整治，对不具备安全生产基本条件、职业危害严重、技术工艺落后的中小企业列入关停计划。据统计，全市集中整治22个行业，共整治6385家中小企业，关停661家不具备安全生产条件的中小企业。

【职业健康监管】 市安监局依法组织督促企业开展职业病危害申报，全市网上申报职业病危害因素的企业达到4062家，共涉及从业人员159万人，触毒员工26万人。市安监局还对使用有机溶剂电子企业、皮革制鞋箱包、木制家具制造这三个行业进行分时段的专项整治，共整治存在职业病危害企业1772家，检查发现隐患3775个，其中70%在短期内得到了整改。不断摸索职业卫生“三同时”监管模式，努力从源头上消除职业病危害。2012年全市共开展建设项目职业卫生“三同时”审查273个，其中职业卫生预评价65个、控制效果评价192个，设计专篇16个。开展木制家具制造企业职业卫生安全许可证试点工作，目前已向19家存在职业病危害的企业发放了职业卫生安全许可证。市安监局进一步推进中日合作“加强职业卫生能力建设项目”，全年共选派10名安全监管人员赴日本参加职业卫生监管研修培训，多次组织由国家安全监管总局、中日合作项目办公室、日本专家以及全市职业卫生监管人员参加的专题报告会和座谈会。

【安全生产宣传教育】 “安全生产月”活动期间，全市参加宣传人员18575人次，共发送安全知识手册44万多份，进社区宣传599场次。市安监局依法对企业主要负责人、安全管理人员、特种作业人员等人员开展安全培训12.7万人次，同比增长8.52%。为提升化工企业安全管理人员综合素质，市安监局还联合常熟理工学院举办了“化工企业安全管理人员本科学历教育班”，共招收91名安全管理人员。举办安全生产监管监察人员培训班，共培训安全生产监管监察人员525名，联合市委组织部对全市各乡镇（街道）的226名主要负责人和安全生产工作分管负责人开展了安全生产专题培训。为了全面检验各部门信息协调配合能力、事故现场救援处置能力、救援物资调配能力，市安监局牵头组织了“2012年苏州市轨道交通列车火灾事故应急救援联合演习”，14个部门、500余人参演，出动各类救援装备45台套。

【事故调查处理】 严格按照“四不放过”以及“科学严谨、依法依规、实事求是、注重实效”的原则，认真查处每一起生产安全事故。查处各类生产安全事故35起，对47家事故责任单位和21个事故责任人实施了行政处罚。重点对“4·4”太湖水上交通事故、“4·5”张家港沉船事故等较大事故开展了事故调查处理，并严肃认真追究事故责任单位和责任人，跟踪督促责任单位落实整改措施。市安监局还与市监察、检察、公安、人社、总工会等部门建立联席会议制度，及时沟通全市生产安全事故责任追究情况，并就建立事故信息沟通机制、事故处理联动机制、工作协调机制达成了共识，有效推进了生产安全事故的调查处理工作。

2013年

【概况】 2013年，苏州市突出企业安全生产标准化建设、专项整治等重点工作，扎实开展安全生产大检查，排查治理事故隐患，督促企业不断落实安全生产主体责任，着力构建事故隐患排查治理体系和事故风险防控机制，促进了全市安全生产形势的持续稳定好转。

【大事记】

1月5日，苏州市召开安委会全体（扩大）会议，部署2013年及当前安全生产工作。

1月5日至6日，省安监局副局长陆贯一带领省安委会第三考核组来苏州对2012年度安全生产目标管理责任落实情况进行考核。

2月6日，市长周乃翔率监察、公安、安监等部门负责人，检查节前安全生产工作。

2月17日，市安监局召开局机关作风效能暨党风廉政建设大会。

2月20日，市政府召开全市安全生产工作电视电话会议，部署全年安全生产工作。

2月28日，苏州市安监局召开业务工作专题会议，讨论修订《苏州市危化品企业安全生产标准化评审导则》（带储存设施经营企业版），部署危化品经营企业标准化达标考评工作。

3月7日，市安监局召开安全生产责任保险推进工作专题座谈会。

3月21日，市政府召开座谈会，专题研究讨论建设施工和道路交通两个重点领域安全突出问题专项整治工作。

4月9日，市安监局局长华仁杰带队到吴江区调研和督查企业火灾隐患大检查工作。

4月22日，市安监局召开各市（区）安监局长会议。

5月7日，市安监局局长华仁杰到苏州工业园区胜浦街道检查指导安全生产工作。

5月27日，苏州市召开安委会全体（扩大）会议，副市长盛蕾出席会议并讲话。

6月9日，苏州市“安全生产宣传咨询周”活动启动仪式暨安全知识进社区活动在观前街玄妙观广场举行。

7月18日，市安监局召开全市安监系统安全生产大检查汇报会。

7月24日，市安监局局长华仁杰带领苏州

市安全生产督查组到张家港市督查安全大检查工作。

7月25日，市长周乃翔率市安监、经信、监察、消防等部门主要负责人到苏州高新区督查安全生产大检查工作。

8月7日，省安监局局长王向明到太仓市调研县级安监机构能力建设情况。

8月23日，市安监局召开全市安监系统安全生产大检查点评会。

8月28日，市政府召开会议，部署继续开展安全生产大检查工作。

9月12日，市政府组织召开安委会会议，总结近三个月来的安全生产大检查情况。

9月24日至26日，国务院安委会第三综合督查组督查苏州市安全生产工作。

10月14日，苏州市安监局召开各市（区）安监局长会议。

11月26日，市安委办召开市区高中压燃气管道运营企业安全生产工作会议。

12月4日，市安监局召开各市（区）安监局长会议，研究2014年安全生产工作。

12月31日，市政府召开安委会全体成员（扩大）会议，市长周乃翔出席会议并讲话。

【安全生产大检查】 从6月份开始，在全市开展了为期三个多月的安全生产大检查活动。大检查期间，全市各监管部门共组织4230个督查组，其中突击暗查组748个，交叉检查组1700个，出动检查人员78170人次；检查督查中，共出具现场检查意见书50175份，责令限期改正企业数14648家，责令停业整顿企业236家，依法关闭企业239家。全市安监部门还突出对涉氨制冷企业的监督检查，各级监管部门共检查涉氨企业2746家次，发现各类隐患5312项，已完成整改4940项。市安监部门组织了危化品领域大检查暗查暗访活动，抽调15名专家组成5个暗访组，暗查暗访30家危化品企业，共发现了409条隐患，已整改341条。

【隐患排查治理】 市安监局继续突出政府挂牌督办重大事故隐患这个抓手，落实监管责任，进一步发挥整改督办推动作用，全市三级政府挂牌督办的514项重大隐患，全部按期完成整改，共投入整改资金16.79亿元，其中市级挂牌督办50项，投入整改资金9.13亿元。在隐患排查治理过程中，市安监局不断强化企业隐患的自查自纠，通过完善和落实安全检查“三签字”、隐患排查“零报告”等制度，在人员密集场所、危化品等高危企业组织开展事故隐患自查自纠，消除了一批隐患，有效降低了各类事故发生的风险。2013年，全市安全生产大检查期间，共有76596家企业单位场所开展了自查自纠，查出隐患86363条，企业安全生产主体责任得到了有效落实。

【安全生产标准化】 全市累计共有7125家企业达到三级以上标准，比上年增加3999家，增长128%，其中：危化品从业企业1285家，冶金等工矿贸企业5840家；二级达标企业68家，一级达标企业6家。全市安全生产标准化工作走在了全省前列。为进一步深化标准化创建活动，2013年全市安监部门还组织了由企业安管人员为主体的488名组员，成立153个小组，对958家化工企业开展了两次互查互评。通过互查互评，企业互帮互学，为全市化工行业安全管理培养了一批骨干力量。目前，全市组建了有279名成员的标准化管理专家库，其中可担任考评组长人员80名，这支队伍在危化品安全标准化工作中发挥了技术支撑作用。

【安全生产专项整治】 全市在道路交通、人员密集场所、建筑施工、水上交通、危险化学品和企业职业病危害等六个领域开展了安全专项整治，共组织7049个“打非治违”检查组，出动38633检查人次，检查企业和单位28056家，责令改正、限期整改、停止违法行为18485起；暂扣或吊销有关许可证、职业资格3710个。市安监局还突出对不具备安全生产基本条件、职业危害严重、技术工艺落后的中小企业开展集中治理，按照“计划、整治、督促、销案”的步骤，要求各乡镇（街道）每个季度确定1个行业进行整治。2013年，全市共对4805家中小企业开展了专项整治，关、停不符合基本安全生产条件的中小企业496家。全市安监部门还与工商部门密切配合，对3493家不满足基本安全生产条件的中小企业实行了暂缓工商年检。

【职业健康监管】 市安监局继续加大对《职业病防治法》的宣传教育力度，会同卫生、人社、总工会以及工业园区疾病防治中心等单位于4月26日联合开展了《职业病防治法》宣传咨询活动，免费发放宣传资料约3000份。市安监局还组织参与了13期职业卫生培训，共培训1140余人。继续深入推进企业职业病危害网上申报工作，截至2013年年底，全市网上申报企业累计达7222家，全面完成了年初所确定的工作目标。进一步推进职业卫生“三同时”工作，建立了由市发改委、经信委、人社局、住建局、卫生局、安监局、工会等部门参加的全市职业病危害防治工作联席会议制度，全年市安监局组织审查了19个建设项目的职业卫生“三同时”。稳步推进中日合作“加强职业卫生能力建设项目”，并接受了JICA日本总部的专家组的中期考核，考核结果为优秀。

【安全生产宣传教育】 6月份，市安监局牵头组织了21个市级机关部门开展了安全生产宣传咨询日活动，共发放各类宣传册5000多份，展出宣传展板近60块，出动安全宣传车2台，取得了良好的效果。进一步加强对企业主要负责人、安全管理人员和特种作业人员等企业三项岗位人员的安全培训和考核力度，全年共培训各类人员13万人次。组织开展事故警示教育活动，对近两年来发生过生产安全事故的94家企业的170余名负责人剖析事故案例，强化企业负责人的安全生产意识。开展安全进社区活动，组织了5次社区居民居家安全知识座谈会，宣传居家用电用气逃生自救知识。

【事故调查处理】 全市安监部门严格按照“四不放过”以及“科学严谨、依法依规、实事求是、注重实效”的原则，认真查处每一起生产安全事故,并充分发挥苏州市事故调查处理联席会议制度，及时与市监察、检察、公安、人社、总工会等部门沟通，从严追究事故责任单位和责任人的责任。对“3·20”火灾事故、“4·27”火灾事故、“6·11”爆炸事故等较大影响的事故，安监部门也都在第一时间赶到现场，及时参与应急救援和调查处理，协助地方政府组织事故救援和善后处理工作。2013年，市安监局共立案查处了48起生产安全事故，追究了57个责任单位、16个责任人的责任，还对8起安全生产事故实施了挂牌督办。在事故调查处理、行政处罚，以及日常监管执法中，苏州市安监局从未发生因执法处罚不当等引起的行政复议、投诉案件。

（陈云刚）

南 通 市

2012年

【概况】 2012年，南通市以“科学发展、安全发展”为总要求，以深入扎实开展“安全生产年”活动为载体，以筑牢安全生产责任网、监督网、保障网为抓手，以落实责任、基础建设、安全防范、安全执法、科技支撑等为主要措施，全市安全生产形势持续稳定，事故起数和死亡人数连续11年实现“双下降”。

【大事记】

2月16日，南通市召开全市“安全合格班组”创建推进会。

3月19日，全省安全培训工作会议在南通市召开。

6月7日，市政府出台《南通市安全生产“黑名单”管理制度》。

6月10日，市安委办、市综治办以“自愿自助共建、就地就近共建”为原则，在全市组织开展了“百企助百镇，共建安全城”主题活动。

7月9日，南通市安委会召开第三季度全体（扩大）会议暨安全生产“打非治违”专项行动推进会。

11月28日至29日，国家安监总局检查组来南通对全市工贸企业有限空间作业和铝镁制品机加工安全生产专项治理进行安全检查。

12月11日，南通市召开全市企业落实安全生产主体责任推进会。

【安全生产责任制】 制定市政府领导班子成员“一岗双责”安全生产责任制，督促各县（市、区）将安全生产工作列入经济社会年度目标考核，层层分解责任，完善了安全生产责任体系。制定全市安全生产控制指标分解细则，把年度各项控制指标分解到各县（市、区）人民政府和市有关部门。修订完善《南通市2012年度安全生产目标管理考核办法》，对县（市、区）政府、专项整治牵头部门以及行业主管部门和集团公司实行差别化考评。加强对事故控制指标调度分析和监测监控，定期公布各地控制指标序时进度。制定出台南通市《安全生产约谈制度》、《安全生产“黑名单”管理制度》，全年累计约谈56人次；4家单位被列入南通市第一批安全生产“黑名单”；对1个地区和1个行业主管部门实行了警示通报。

【安全生产标准化达标创建】 编辑《企业安全标准化内审员培训教材》，对3000多名安全生产标准化建设内审员进行了培训。制定了南通市《工贸行业企业安全生产标准化评审实施办法（试行）》、《加油站三级安全生产标准化考评细则》，在工贸企业、加油站全面推行以岗位达标、专业达标和企业达标为内容的安全标准化创建活动。2012年，全市共有1120家冶金等工贸企业、493家危化品从业单位通过安全生产标准化验收，其中危化品领证企业在全省率先全部通过三级标准化验收。

【隐患排查治理】 量化事故隐患排查治理工作目标，规定各县（市、区）挂牌督办重大事故隐患不少于30、25个，其中省市挂牌督办重大事故隐患数均不少于5个。从数量上严格落实各县（市、区）重大隐患排查治理责任。全年全市共排查各类隐患83385个，已整改83279个，整改率达到99.87%。挂牌督办三级以上重大隐患334个，投入整改资金5754万元。挂牌督办重大隐患整改334个，整改率达100%。

积极组织开展安全生产综合监管，切实保障重点项目、重点工程顺利实施；在元旦、春节、“两会”、十八大等重要时间段和春运、城隍庙灯会、江海美食节、江海旅游节等重大活动期间，牵头组织公安、建设、质监、消防、旅游、供电等部门，分阶段组织对重点场所、重点区域开展安全生产检查督查。

成立4个督查组，对相关行业事故隐患排查工作督促检查，及时交办督办重大事故隐患情况。全市共排查单位4173家，参加人数13885人次，发现安全隐患16217处，现场整改13368处，挂牌督办隐患93个，责令停产停业整顿单位91个，发出责令整改指令书1542份，行政处罚立案541宗，处罚金额153万余元。

【道路交通专项整治】 严格路面管控，强化酒驾、毒驾整治，每周开展全市统一整治行动、每月开展异地执法和“零点”突击行动。全年累计查处各类交通违法行为为385万余起，消除交通安全隐患点段604处，交通安全秩序进一步好转。

【水上交通专项整治】 以“打非治违”专项行动为抓手，认真开展船舶超载、涉砂船舶违规等一系列整治。查处各类违法行为1300起，依法实施行政处罚111件，罚款70余万元。组织开展沿江汽渡安全大检查和各渡运单位所在地政府履职情况的督查，对渡运船舶存在的消防器材老化、缺乏特殊应急救援设备以及少数渡轮日常安全管理不严等问题，及时督促整改。

【海洋与渔业专项整治】 以创“平安渔业县”为目标，切实加强海洋渔业安全执法检查力度，“三化五覆盖”成果进一步巩固。排查涉渔单位825个，销毁8艘敞口舢板和12艘非法作业浮子筏，取缔1艘套牌捕捞船非法作业，责令停产停业整顿3个单位，下发责令整改指令2份。培训企业责任人2900多人次。

【危险化学品专项整治】 以化工企业尤其是化工园区企业为整治重点，制定出台了《南通市综合治理无证无照经营工作机制》和《南通市综合治理无证无照经营工作考核办法》。全面开展危险化学品隐患排查治理工作，共查出隐患2572条，当场整改2041条，限期整改531条隐患。发现存在非法违法行为化工单位53家，暂扣安全生产许可证2家，责令停产停业整顿18家，经济处罚20家，共处罚88.22万元。

【消防安全专项整治】 开展“清剿火患”战役、居民小区消防安全专项整治、“打非治违”专项行动、消防安全领域“四项排查”以及“十八大”消防安全保卫战等专项行动。累计检查单位场所3.8万家，发现火灾隐患和违法行为6.3万处，查封单位436家，责令“三停”单位575家，行政拘留401人，罚款1810万元。

【建筑工程专项整治】 以建筑消防、市政工程机械、有限空间作业、深基坑工程等为重点开展专项整治行动。核查塔吊275台、电梯59台，发出整改通知书28份；检查在建工程项目249个，发出整改通知书1026份，停工通知39份。针对“10·9”中毒事故的教训，立即下发了《关于加强全市建设工程有限空间作业安全生产管理的通知》，进一步明确有限空间作业的安全措施和监管责任。

【特种设备专项整治】 以信息化管理压力气瓶

为手段，集中开展气瓶安全“打非治违”专项行动，全市共安装带有扫描功能的充装秤205个，购买数据采集器52个，充装站出站气瓶条码安装率达100%。检查气瓶充装单位984家次，对13家气瓶充装单位进行立案查处，处罚金35.5万元。

【户外广告安全专项整治】 把户外广告整治列入“五大攻坚整治”、推进“五大提档工程”10项内容之首。市区拆除高立柱广告78处，计21334平方米；拆除楼顶广告1247处，计77831平方米；拆除楼面广告1865处，计49650平方米；拆除改造店招2885处，计50027平方米。督促广告业主单位加固维修1900余处，消除安全隐患584处。

【职业危害专项整治】 将全市804家木制家具制造、皮革箱包和制鞋、电子、水泥、铅酸蓄电池、船舶修造以及化工生产和储存行业企业列入专项整治重点。组织职业卫生执法检查192家次，共查出隐患929个，当场整改286个，限期整改643个。督促1500余家企业组织超过10万人参加了职业健康体检。督促4455家企业开展了职业危害申报，数量居全省前列。

【旅游专项整治】 重点加强对旅游酒店、宾馆场所和车辆、游艇的安全检查，及时纠正不安全行为。认真吸取“4·4”太湖游船事故教训，专题召开濠河风景区水上安全管理工作会议，对游船适航、私人摩托艇和皮划艇进入濠河等安全问题进行研究，进一步明确了各部门的安全管理责任。

【安全生产行政执法】 制定南通市《安全生产委托执法指导意见》、《安全生产违法行为行政处罚工作指导书》、《安全生产行政处罚案卷质量评查标准》，对委托执法进行了规范，明确了行政违法行为、处罚依据、处罚指导标准和案卷制作标准。修订《南通市安监局行政处罚裁量标准》，进一步规范了行政处罚和行政许可流程。建立了危化品生产企业、烟花爆竹批发企业、省（部）属企业、事故单位、安全生产中介（培训）机构等基本信息库，对重点监管对象基本实现“一企一档”。2012年，全市共有9419家企业的信息录入了信息库。印发《关于集中开展安全生产领域“打非治违”专项行动的通知》，组织开展专项督导检查，确保重点行业领域“打非治违”工作取得实效。专项行动期间，全市共组织检查督查组3368个，组织检查人员19052人次，检查企业22810家。组织开展企业主要负责人安全生产履职、安全生产隐患排查治理、安全培训教育及持证上岗等三个专项执法行动。共检查企业5564家，发现事故隐患10554处，整改10326处；行政处罚93家企业、19人，罚款246.69万元，停产停业整顿企业10家。按照“科学严谨、依法依规、实事求是、注重实效”的原则，对364件事故隐患举报进行了查处，其中办结362件，回复满意率100%。

【安全生产监管创新】 制定《关于进一步加强行业商会（协会）参与安全生产管理工作的通知》，出台了《关于进一步加强安全生产协作组安全生产工作考核的通知》，深化民间组织参与安全监管。发放《关于进一步加强保险公司参与安全生产管理工作的函》，督促、指导全市保险公司积极协助政府加强企业安全生产管理。2012年，全市共有各类协作组233家，覆盖企业3946家；在船舶、纺织、钢丝绳、电力、建筑等41家行业商会（协会）中成立了“安全生产监督管理工作站”，共组织开展安全管理活动84次，对2474家会员单位开展了安全检查和服务咨询，发现事故隐患9900条；25家保险公司共对1680户参保重点企业提供安全服务800人次。

积极鼓励乡镇（街道）、工业集中区（化工专门区域）等基层政府和部门，将安全检查、安全技术咨询和安全风险分析等委托给安全中介组织实施。2012年，全市共有40个乡镇（街道、园区）开展了安全服务外包，累计开展活动572次，检查企业2110家，发现事故隐患12660条，安全生产无人管、不会管的现象得到了有效缓解。通过开展“四个一”活动（即开展一次安全管理报告活动、开展一次安全风险排查活动、开展一次安全知识咨询活动、开展一次安全现场观摩活动），实现大企业小企业互帮互促，安全生产管理人员互帮互学，推动企业管理方式和方法的更新。

【安全生产宣传教育】 扎实组织开展“安全生产月”活动，主办“中小学生安全教育日”系列活动暨“飞鹤杯”南通市首届中小学生公共安全知识竞赛活动；组织开展“安康杯”竞赛、《安全生产法十周年》征文、“神华杯”危化知识竞赛、“科学发展安全发展知识竞赛”等活动；继续在安监系统开展安全生产法律“进机关、进乡村、进社区、进学校、进企业、进单位”活动。制定《南通市安全文化建设示范企业评选标准（试行）》，明确了市安全文化建设示范企业考评程序和要求。开展南通市“十佳安全管理企业家”评选活动，充分发挥企业安全生产管理者先进典型的示范带头作用。

【安全生产培训】 制定《安全生产培训工作考核细则》，出台《南通市安全生产培训考试考核中心及考试点建设方案》，举办“安泰杯”南通市第四届安全生产事故隐患排查治理技能竞赛，充分发挥远程网络教育优势，推进企业全员安全培训。2012年，全市782家企业建立了远程网络培训平台，培训职工136148人。加强企业主要负责人、安全管理人员、特种作业人员安全教育培训，全年培训特种作业人员50121名，主要负责人、安全管理人员6884名。

【基层监管机构和执法队伍建设】 全市初步建立了市、县、乡三级安全监管机构，形成了市、县、乡、村、企业五级安全监管网络。督促各县（市、区）按“1＋2”模式配足配强乡镇安监机构监管人员。全市125个乡（镇）、街道、园区都设有安监站（所、局），乡镇安监人员现有编制数为345人，实际为421人，其中公务员编制92人，事业编制254人。按照省安监局《关于印发〈江苏省基层安监机构能力建设项目达标考核验收标准〉的通知》要求，加强对基层安监机构建设和工作规范的指导，全市9家乡镇（街道）安监机构已通过省安监局达标验收。组织对企业安全生产管理机构的设置和安全生产管理人员、注册安全工程师的配备及其履职情况开展专项督查。同时，要求企业每年按不低于销售收入的0.5‰设立安全生产专项奖励资金，用于奖励安全生产工作突出的部门和个人。2012年，全市企业新增安全管理机构674个，增加专（兼）职安全生产管理人员1342人。

【安全生产监管效能建设】 从方便公众、节约成本、提高效率的角度出发，调整行政审批事项。开通行政审批网上申报系统，为行政相对人提供网上办事的便捷途径。开通了换证提醒服务，对不需要现场勘察、集体讨论、专家论证、听证的一般性审批服务事项确定为即办件，授权由窗口直接受理、即时办结。2012年，共受理各类行政审批服务事项2097件，特种作业人员和企业主要负责人考核发证61837人，按时办结率100%。

2013年

【概况】 2013年，南通市以“安全生产落实年”为主题，以提升理念、健全机制、强化执法为主线，以筑牢安全生产责任网、监督网、保障网为抓手，通过明察暗访、严格督查、动真碰硬、狠除隐患，全市安全生产责任落实进一步严格、隐患排查治理体系进一步完善、基层基础工作进一步扎实、安全生产长效机制进一步健全，安全生产形势继续保持持续稳定态势，事故起数和死亡人数连续12年实现“双下降”。

【大事记】

1月29日，市政府召开全市安全生产工作会议。

2月26日至28日，省安监局副局长喻鸿斌到南通市考核企业安全文化建设示范企业创建工作。

3月26日，市人大常委会党组书记、副主任黄利金，副主任王向红、程静，秘书长李水林及市人大常委会部分组成人员专题视察全市安全生产监管工作。

4月12日，全省安全生产工作一季度点评会在南通召开。南通市政府在会上作交流发言。

4月12日，市安监局在中远川崎船舶工程有限公司召开全市隐患排查、职业卫生管理创建现场会。

4月19日，全市安监局长座谈会召开。

4月26日，副市长黄爱军到南通江山农药化工股份有限公司、南通醋酸化工股份有限公司等5家化工搬迁企业进行调研。

5月15日至17日，国家安监总局对南通市危险化学品安全监管工作进行督导调研。

6月至9月，市政府重点对消防、交通运输、危险化学品、建筑施工、烟花爆竹、餐饮场所燃气、公共场所、粮食仓储、冷冻食品加工和仓储等重点行业和领域开展了安全生产大检查。

8月1日，南通市召开安委会全体（扩大）会议。

8月14日至15日，国家安全生产应急救援指挥中心副主任李万春带领有关安全专家，对南通市石油化工企业、石油库和油气装卸码头安全专项检查工作开展督查。

8月29日，副市长黄爱军带领相关人员，突击检查市区及开发区3家企业安全生产情况。

9月18日，副市长黄爱军带领有关部门负责人及化工专家，对南通江山农药化工股份有限公司、南通醋酸化工股份有限公司、南通星辰合成材料有限公司等3家化工搬迁企业的安全生产工作进行检查。

10月17日至19日，国家安监总局监管三司副司长刘强率国务院安委会办公室第四督查组督查南通市安全生产工作。

11月19日，南通市召开安委会全体（扩大）会议暨深化餐饮场所燃气安全专项治理工作会议。

11月29日，全省化工集中区安全工作汇报会在南通市如东县召开。

12月16日，市政府在如皋港新材料工业园区召开全市化工集中区安全管理工作推进会。

【安全生产责任制】 强化政府部门安全生产绩效考核。市政府对市级机关各部门综合绩效考核中，统一增加了5%的安全生产考核内容。强化差别化安全生产目标管理，制定《安全生产目标管理责任书》，注重日常考核和专项考核。严格实行目标责任考核，制定下发全市安全生产控制指标分解细则，把年度各项控制指标分解到各县（市、区）人民政府和市有关部门。强化政府监管责任，对安全生产“一票否决”制度进行了修改完善，印发了《各级领导干部带队安全检查指导意见》。强化综合监管责任，建立完善了危险化学品安全监管、烟花爆竹安全监管、道路交通安全、职业卫生、事故责任追究沟通协调等部门工作联席会议制度。强化责任追究，先后建议对25名责任人依法追究刑事责任。通过严格安全生产行政许可、严格领导干部现场带班、实施分类指导和重点监管、跟踪落实整改措施，以及警示约谈、行政处罚、责任追究等方法，督促企业依法依规加强安全生产。出台不常驻企业法定代表人履行安全生产职责指导意见，开展企业主要负责人安全生产履职情况专项执法行动。

【安全生产标准化达标创建】 印发《规模以下冶金等工贸企业安全生产规范化考评细则》（试行），下发《关于进一步推进全市冶金等工贸行业企业安全生产标准化建设的意见》，对4426名安全标准化内审员进行了培训，并将安全生产标准化创建与“1+3”安全监控体系建设、“三卡”活动、“安全合格班组”建设等结合起来，加强对标准化创建工作的督促、指导。全市一、二级安全生产标准化企业有48家，4951家企业通过三级安全生产标准化验收。

【隐患排查治理】 把隐患排查治理列入对各县（市、区）政府年度安全生产目标管理考核的重要内容，进一步明确了各地、各部门在重大事故隐患排查治理中的责任。继续量化事故隐患排查治理工作目标，明确了县（市、区）挂牌督办重大事故隐患数量。全市全年共排查一般隐患113978项；挂牌督办三级以上重大隐患292个，累计投入资金5913万。制定《南通市非化工企业危险化学品安全生产管理指导意见》，抓好薄弱环节专项治理。组织开展安全大检查，大检查期间，全市共组织检查组、督查组3796个，监督检查企事业单位和场所28952家，责令改正、限期整改、停止违法行为26166起；责令停产、停业、停止建设304家，暂扣或吊销有关许可证、职业资格165个，关闭非法违法企业15家。市安委会成立了10个督查组，对各地进行了2轮综合督查。共督查了25个县（市、区）和乡镇（街道、园区），实地检查了46家生产经营单位和场所，发现并整改事故隐患120余项。

【道路交通专项整治】 以深化拓展文明交通示范公路暨“生命畅通工程”创建活动为抓手，以“打非治违”专项行动为契机，严格路面管控，强化酒驾、毒驾整治，每周开展全市性统一整治行动、每月开展异地执法和“零点”突击行动，全市道路交通事故四项指数与去年同比分别下降4.6%、5.2%、4.9%、5.6%。组织开展“大排查、大教育、大整治”货车违法行为专项行动，被省公安厅推荐为全国先进单位。省政府在南通市召开了全省实施交通安全生命保障工程暨加强农村道路交通安全工作现场会。

【水上交通专项整治】 依法查处船舶违反定线制规定航行、超载运输、配员不足、未按要求申请引航员、未按要求落实锚泊值班制度等违法行为。加强对重点涉水工程的安全监管，重点打击违反建设项目安全设施“三同时”规定、施工企业安全管理人员无证无照、施工现场违章作业和建设项目不具备安全生产条件盲目冒险施工、非法参与沿海砂石运输和施工作业等违法违规行为。加强对渡口渡船的安全监管，严格落实渡运企业安全生产主体责任。

【海洋与渔业专项整治】 以清理挂靠租赁渔船和实施捕捞渔船船长再教育过程为重点，切实开展海洋渔业安全生产专项整治，严厉查处非法违法作业行为。经排查，全市有挂靠渔船104艘，已完成清理转移挂靠渔船96艘。对捕捞渔船船长、海水养殖船长，镇、村安全监管人员、渔业企业负责人、安全值班人员等2610人进行了培训，其中捕捞渔船船长2376人，海水养殖船长135人。

【危险化学品专项整治】 开展搬迁化工生产企业专项检查、化工生产企业厂房出租情况专项检查、危险化学品使用企业专项检查、石油化工企业石油库油气装卸码头专项检查、化工从业单位安全生产大检查等危险化学品专项整治工作，共检查危险化学品从业单位477家次，组织对44家港口危货码头的拉网式安全检查，共发现安全隐患169起，发放整改通知书和催办通知126份。

【建筑工程专项整治】 以有限空间作业、建筑消防、高支模、塔吊等为重点开展专项整治行动。重点整治了作业现场通风、照明、警戒、应急灯措施是否落实，作业前是否已对现场有毒有害气体进行检测，机械设备是否安全可靠，安全设备设施是否配足，是否落实专人监护等。

【消防安全专项整治】 通过“错时制”集中清查、区域整治“小会战”，深化“防消结合”动态巡防、“点对点”亮灯巡防、“1对1”蹲点督导，全面加强对重点单位和重点部位的管控，加大对高层、地下建筑、“三合一”场所、“城中村”、群租房的整治力度，共检查单位1.5万家，促改隐患1.7万处，排查非法建筑5116幢，依法关停117幢。

【特种设备专项整治】 全市共检查充装检验单位406家次，对28家气瓶充装单位进行了立案查处，共处罚金126.5万元，全市共办理气瓶注册条码117.5万只。检查电梯使用单位350多家，检查各类电梯1000多台，发现隐患552条，发出安全监察指令书58份，对4家电梯使用维保单位进行了行政处罚。此外，对辖区内35家冷库的储氨罐等压力容器和压力管道进行专项检查，责令4家企业停止使用存在严重隐患的制冷设备，取缔了非法制造的简易升降机72台。

【职业危害专项整治】 在电子、皮革箱包和制鞋、水泥、铅酸蓄电池等企业开展了职业病危害专项治理，督促用人单位及时、如实申报职业病危害项目，申报企业增加1576家，累计申报企业数为6042家，列全省第二。建立职业病危害事故预警预测机制和建设项目职业卫生“三同时”审批联审机制，全市127家企业达到了职业卫生示范企业标准。全面开展了职业卫生安全许可证试点工作，2012年，对26家木质家具企业实施了职业卫生安全行政许可工作。

【餐饮场所燃气安全专项整治】 开展使用天然气、液化石油气等燃气的餐饮场所安全专项治理。市安委会及安委办先后多次召开专题会议，组织开展市级暗访督查6次，发现问题及时通报、及时督办。全市累计参加检查人员1300余人次，发现各类安全隐患近2100处，其中95%以上已整改到位，其余也已做到整改措施、责任、资金、时限和预案“五落实”。

【涉氨制冷企业液氨使用专项整治】 全市非化工液氨使用企业共有201家，其中规模以上企业共58家。进一步强化液氨使用企业安全监管，南通市组织技术人员，出台了液氨使用企业安全规范，并在全市开展了为期3个月的液氨使用企业安全专项检查，对涉及的企业逐一过堂。

【安全生产行政执法】 在全市规模以上工业生产企业中开展了安全生产告知式执法检查。全市告知式检查企业371家，查出事故隐患1157条，已整改1099条，整改率为94.99%，下达责令限期整改指令书195份，罚款金额20.38万元，有力促进了企业安全生产主体责任的落实。建立事故信息互通和安全生产信息员制度。印发《关于建立生产安全事故信息互通制度的通知》和《南通市“安全生产信息员”管理规定》，出台《关于规范企业安全生产重伤事故经济处罚的通知》，统一了对重伤事故的责任人及责任单位责任追究和行政处罚标准。组织开展专项督导检查，确保重点行业领域“打非治违”工作取得实效。各地共出动执法人员19359人次，检查企业18693家，责令改正、限期整改和停止违法行为7606起，责令停产停业停止建设213家，关闭非法违法企业10家。严肃查处安全生产事故和举报事项。全市共办理安全生产行政处罚案件197件，罚款金额768.76万元。同时，对271件安全生产举报案件进行了查处，其中办结265件，回复满意率100%。

【安全生产监管创新】 制定《安全生产协作

组工作规范》，对《安全生产协作组考核细则》进行了修改完善。在全市修造船、化工、冶金、水泥、钢绳等规模以上企业全面推行安全生产协作组管理模式的基础上，深化安全生产协作组管理模式。2013年，全市安全生产协作组增加到238家，覆盖企业4253家，开展活动649次。印发《行业商会（协会）安监站工作规范》；与市台办在南通市台湾同胞投资企业协会成立了“安全生产监督管理工作站”，深化行业商会参与安全生产管理。2013年，全市行业商会（协会）安监站增加到58家，覆盖企业4034家，开展活动236次。在扩大服务外包的基础上，重点对已开展地区的中介机构服务质量、服务形式和服务有效性等情况进行专项督导，助推中介机构不断提高服务水准，弥补乡镇政府和企业安全监管人力、技术上的不足。2013年，全市化工专门区域及重点乡镇(街道、园区)累计52家开展了安全生产服务外包，开展安全检查402次，排查隐患3245个，整改率100%。全年乡镇(街道、园区)用于安全生产服务外包费用超过260万元。针对全市企业点多、面广、规模小等特点，市安监局会同综治办在全市开展了“百企助百镇，共建安全城”主题活动，组织106家安全生产先进企业与106家乡镇（街道、园区）结对共建。

【安全生产宣传教育】 扎实组织开展“安全生产月”活动，开展“安康杯”竞赛、“青年安全示范岗”等活动，参加全国“同煤杯”安全发展战略和企业应急救援知识竞赛，继续开展安全生产法律、法规和安全知识“进机关、进乡村、进社区、进学校、进企业、进单位”活动。印发《进一步加强全市安全文化建设实施方案》，修订《南通市安全文化建设示范企业评价标准》，对全市32家安全文化建设示范企业进行了评审；4家企业被评为全省安全文化建设示范企业。积极组织开展安全社区创建，崇川区新城桥街道被命名为首批省级安全社区。印发《南通市安全生产培训监督管理指导意见》，对全市安全生产培训工作进行了全面规范。2013年共培训企业主要负责人、安全管理人员、特种作业人员64845人次。积极开展全员安全培训，全年累计培训各类人员698050人。

【基层监管机构和执法队伍建设】 将基层安监机构规范化建设纳入安全生产目标考核内容，加大对基层安监干部配备数量、质量和专职专用的考核权重，确保机构、人员、编制、场所、经费、装备“六到位”。2013年，全市106个乡（镇）、街道、园区都设有安监站（所、局），乡镇安监人员编制数为370人，实际为401人。组织对企业安全生产管理机构的设置和安全生产管理人员、注册安全工程师的配备及其履职情况开展了专项督查。增设安全管理机构1218个，增加安全管理人员3023人，企业负责人持证上岗增加3023人。扎实开展“一评五制”活动，通过明察暗访、跟踪问效、责任追究、限时整改和开展“三解三促”活动等形式，把干部职工的着力点引导到为基层、为群众、为企业服务上来。组织开展“大学习、大培训、大练兵、大比武”活动，提高安监系统干部职工业务技能和岗位技能。

【安全生产监管效能建设】 进一步规范安全行政许可和服务事项，不断优化审批流程，简化申报材料，加快审批速度。各类办件承诺总时间由原来的97天压缩为现在的81天，压缩16.5%；办理事项由原来的19项缩减到现在的16项，压缩15.8%。加强推动网上办件的宣传引导，细化完善网上申报服务指南。对重点项目的服务，开通了绿色通道，落实“一站式”、“保姆式”特色化服务，大力推广预约服务制、上门服务制、代理服务制、延伸服务制等便民利民服务新举措。2013年，共受理各类行政审批服务事项1728件，办结各类事项1704件。

（季雪峰）

连云港市

2012年

【概况】 2012年，连云港市扎实开展“安全生产年”和“安全生产基层基础提升年”活动，深化安全隐患排查治理，突出重点行业领域专项整治和“打非治违”专项行动，大力推进企业安全生产标准化建设和安全生产基层基础提升，全市安全生产形势持续平稳。在省政府2012年度安全生产目标管理考核中，连云港市获得优秀等次。

【大事记】

1月9日，市安监局党组书记彭寿保荣获全国安全生产监管监察先进个人荣誉称号。

2月6日，市政府召开全市安全生产工作会议。

2月6日，省安监局调研连云港市安全生产应急救援数据库建设工作。

2月22日，市安委办印发《关于深入开展隐患排查治理工作的通知》，布置全市3月份“事故隐患排查月”活动。

3月1日，市总工会、市安监局印发《关于开展2012年度“安康杯”竞赛活动的通知》。

3月7日，市安监局局长王从金对原锦屏磷矿尾矿库重大隐患综合治理项目工程进展情况进行专项督查。

3月12日，市级监管企业安全生产工作经验交流会在江苏新海发电有限公司召开。

3月12日至13日，广东省河源市安监局到连云港市考察调研职业健康监管工作。

3月13日，市安监局与市港口局就港口危险化学品安全监管职责进行了交接。

3月14日，市政府办公室印发《关于开展全市应急预案体系建设情况调查的通知》。

3月26日，市政府印发《关于开展安全生产基层基础提升年活动的实施意见》。

3月30日，连云港市重大事项督查组副组长戴元安对原锦屏磷矿尾矿库隐患综合治理项目进行了现场督查。

4月15日，市长杨省世，市委常委、市政法委书记杨莉，副市长董春科到G15沈海高速连云港段由南向北835K—840K路段交通事故现场指挥应急救援工作。

4月20日，市安监局领导班子到新浦区浦南镇开展“三解三促”和大接访活动调研。

4月27日，全市非煤矿山企业安全生产标准化工作推进会在东海县召开。

4月28日，市安监局局长王从金到东辛农场就安全生产执法管理、资金投入、人员队伍建设等进行调研。

5月3日，省安监局调研连云港市原锦屏磷矿尾矿库督查隐患综合治理工程进展情况。

5月9日，市安委办印发《连云港市2012年“安全生产月”活动方案》。

5月28日，市安委会印发《关于开展“百名专家进千企安全服务月”活动的通知》。

5月31日，市安监局召开安全生产和职业卫生中介机构年审会议。

6月5日，市总工会、安监局、港口管理局联合举办“引航杯”“安全在我心中”全市职工文艺汇演活动。

6月10日，全市“安全生产月”宣传咨询周正式启动。

6月13日，盐城市安监局来连云港市考察交流冶金等工贸企业安全监管和标准化创建工作。

6月15日，连云港市召开职业病防治工作联席会议。市安监、卫生、人社、总工会、发改、经信等部门联席会议成员参加了会议。

6月21日，市安委办印发《连云港市2012年安全生产目标管理考核细则》。

6月26日，市安监局副调研员顾永平被授予“全省安全发展忠诚卫士”荣誉称号。

6月27日，省安监局组织对连云港市日用杂品花炮公司1.1级储存仓库扩建项目进行初步设计审查。

6月27日至28日，市旅游局牵头组织市安监、消防、公安、质检、卫生等部门组成联合检查组，开展旅游安全生产检查。

6月29日，省总工会、省安监局在东海县召开职业病危害防治暨劳动安全卫生专项集体合同现场推进会。

6月30日，省安监局对连云港市江苏安环职业健康技术服务有限公司申请乙级资质进行审核。

7月10日，连云港市海事局在连云港举办“黄海二号”海上搜救大型综合应急救援演练活动。

7月17日至20日，市安委会督查组对市教育局、质监局、城乡建设局、消防支队、海洋与渔业局、旅游局、农机局、港口管理局、交通运输局等10个部门上半年暨夏季高温季节安全生产开展督查。

7月26日，省安监局督查市安监局民主评议政风行风“回头看”工作。

7月26日至27日，全省安全生产监察工作会议在连云港市召开。

8月2日，连云港市召开全市应急管理工作座谈会，市长杨省世作出批示。

8月9日，市政府办公室印发《关于调整市安全生产委员会组成人员的通知》。

8月10日，市安委会召开（扩大）会议，副市长吴以桥出席会议。

8月16日，市安监局局长王从金检查连云区板桥工业园消防站标准化建设进展情况。

8月22日，市安监局召开安全事故隐患排查治理专题工作会议。

8月23日，省中小学校舍安全工程重点督查组来连云港市督查校舍安全工程进展情况。

8月27日，市长杨省世对全市中小学校舍安全工程推进情况进行督查调研。

8月28日，副市长吴以桥督查道路交通安全工作。

8月30日，受省安监局委托，市安监局组织专家组对中石化连云港原油商业储备基地工程项目进行设立安全条件审查。

9月10日，市安监局召开全市“安全生产事故隐患排查治理体系建设”启动会议。

9月17日至19日，省安监局职业病危害重点行业专项治理督查组到连云港市检查工作。

9月18日，市政府办公室印发《连云港市安全生产“十二五”规划的通知》。

9月20日，省平安渔业验收小组对连云港市平安渔业县区创建工作进行验收。

9月25日，省政府“四项排查”驻连督查组在省安监局副局长喻鸿斌的带领下，督查原锦屏磷矿尾矿库重大事故隐患治理情况。

9月25日至26日，省安监局局长王向明到连云港市调研指导安全生产工作。

9月28日，市安委会召开主任（扩大）会议。

10月20日，省安委办对连云开发区板桥消防站标准化建设情况进行验收。

10月31日，市政府召开迎十八大安全生产工作会议，副市长吴以桥出席会议并讲话。

11月6日，市长杨省世带领市安监、经信委、城乡建设、消防等部门负责人检查安全生产工作。

11月6日，副市长董春科带领市规划、城建、交通、城管和住房等相关部门负责人检查安全生产工作。

11月18日，市长杨省世主持召开市政府常务会议，听取安全生产工作情况汇报。

11月21日，全市安监系统学习贯彻十八大会议精神座谈会在灌南县召开。

12月7日，省安监局组织专家对原锦屏磷矿尾矿库闭库前隐患综合治理项目安全设施建设和使用情况进行竣工验收。

12月16日，连云港市安全生产管理协会召开第二届会员代表大会。

12月16日，连云港市安监局申报的《重大危险源暨危险化学品储罐基础纠偏工程创新项目》，获得2011年度江苏省安全生产科技成果奖（江苏安全生产技术奖）二等奖。

【安全生产目标责任管理】 2012年，连云港市委、市政府把安全生产纳入经济社会发展目标考核体系。各级领导带头履行“一岗双责”，深化了主要领导亲自抓、分管领导具体抓、班子成员共同抓的安全责任体系，安全生产“一岗双责”制、“一票否决”制得到有效落实。

【安全生产标准化创建推进力度】 2012年，全市纳入安全标准化创建的规模以上企业1117家，达标976家，达标率87.4%。其中，一级达标23家、二级达标49家、三级达标904家。219家化工企业全部达标；396家冶金等工贸行业规模以上企业，达标375家，达标率94.7%；建筑企业232家，达标217家，达标率93.5%；交通运输企业70家，达标64家，达标率91.4%。东海县坚持以点促面，以连云港中联水泥有限公司一级安全标准化达标创建为典型，示范引导其他各类企业加强标准化建设。灌云县将辖区化工企业分成9个互助小组，开展安全生产“互学、互查、互助”活动，促进了企业标准化工作的持续改进。开发区在全区规模以上企业推行“零工时伤害”理念，实施安全生产精细化管理的做法在《中国安全生产报》头版刊登。

【安全隐患排查治理】 2012年，连云港市以3月份“事故隐患集中排查月”为基础，突出重点行业领域、重点场所、重点环节和重要时段，全面排查治理各类事故隐患。6月份“百名专家进千企”安全服务月活动期间，聘请安全生产专家，为1214家企业“把脉问诊”。“四项排查”期间，各县区、各部门、各单位严格按照省、市统一部署，全力以赴打好安全事故隐患排查治理攻坚战。赣榆县建立了领导联系点制度，对安全隐患排查工作实行分片包干。连云区重抓隐患排查治理领导包案落实。东海县和连云区先行试点了“安全隐患排查治理体系”建设。2012年，全市共排查企业28908家次，排查出各类事故隐患89949条，已整改89948条。一般事故隐患89946条，全部整改到位；重大事故隐患3条，其中，海州区原锦屏磷矿尾矿库重大隐患综合治理项目，已完成整治，并通过了省安监局组织的安全设施竣工验收。

【重点行业领域专项整治】 2012年，连云港市突出道路交通、化工、非煤矿山、消防、建筑施工、海洋渔业、特种设备等12个重点行业领域安全生产专项整治。安监部门突出了危险化学品“两重点一重大”和防静电专项整治，扎实推进地下矿山安全避险“六大系统”建设，加大了露天矿山资源整合力度。公安部门先后组织“迅雷行动”5次、“秋风行动”2次，查处超速违法23.4万起，货车超载1.7万起，客车超员171起。交通运输部门联合对全市74家客运、危化品运输企业，26家配备校车的学校，5541辆五类客车和三类货车进行了全面检查。消防部门实施消防工作网格化管理，以高层地下建筑、人员密集场所、易燃易爆单位为重点，检查单位1.6万家，消除火灾隐患1394处，下发临时查封决定书323份，责令“三停”215家。建设部门强化在建工程施工现场动态考核，将建设单位项目负责人等纳入LBS定位考勤。分季度开展了深基坑、高支模、起重机械专项整治。质监部门检查特种设备使用单位520家、电梯使用单位152家。海洋与渔业部门排查渔业企业1105家，立案查处渔船180宗。

【安全生产执法监察】 全市各级安全监管部门把高危行业、重点建设工程、安全生产条件较差、易发生事故的生产经营单位，作为执法监察重点，编制了年度安全生产执法计划。对执法检查中发现的问题，做到“有非必打、有违必治”；对每一起生产安全责任事故，严格按照“四不放过”和“科学严谨、依法依规、实事求是、注重实效”原则，认真查处，依法追究责任，落实整改措施。5—9月，集中5个月时间，按照“四个一律”要求，突出交通运输、危险化学品、非煤矿山、消防、建筑施工、特种设备、烟花爆竹、民爆、冶金等9个行业和领域，对无证无照、证照不全、拒不执行安全监管指令等13个方面的非法违法行为，依法实施严厉打击。全市共组织检查组4381个，检查13823人次，检查企业17192家次，打击非法违法、纠正违规违章行为17981起，实施各类处罚10591项，行政拘留107人，追究刑事责任14人，罚款544.8万元。

【安全生产基层基础】 2012年，连云港市在安全监管机构设置、人员配备、办公用房和执法装备等方面的保障力度明显加大。全市101个乡镇（街道）和10个园区（开发区）均设置了安监机构，落实乡镇安监执法人员编制341个。全市共有97个乡镇（街道）通过了安全生产三星级乡镇以上考核验收，达标率87.4%，其中12个乡镇（街道）通过五星级乡镇考核验收，7个乡镇（街道）安监机构能力建设项目全部通过了省级验收。

【安全生产宣传工作】 依托“安全生产月”、“安康杯”知识竞赛等载体，发挥广播、电视、报刊、网络等宣传媒体的作用，广泛开展全民安全教育，普及安全生产法律法规和安全常识。市安监局和市总工会组织近20万人参加了全国“科学发展、安全发展”知识竞赛，荣获优秀组织奖。

【全员安全培训】 全年培训生产经营单位负责人、安全管理人员7520人，特种作业人员6531人，新员工、班组长和农民工1.6万余人。投入170万元，建成了市安全培训考试考核中心。

【职业卫生监管】 全市1550家企业完成了职

业病危害项目申报备案工作。制定了检测评价报告"一图两表"制度,在全省安监系统职业卫生培训班上获得推广。10家木制家具职业卫生安全许可试点企业，已发证9家，1家正在整改完善。对石英砂、木制家具、电子等六大行业企业，开展了职业病危害集中整治，关停石英砂企业182家。开展职业卫生管理规范化示范企业创建活动，共评出15家规范化管理示范企业。

【应急救援】 建立了全市安全生产应急救援联络员制度，组织开展了危险化学品、消防安全、校园防踩踏和水上搜救等10个系列的事故应急救援综合演练活动。全市"应急预案与应急资源数据库管理系统"已录入企业基本情况1033条，应急预案539个，应急队伍403个，各种装备资源670条。高标准建成板桥工业园消防站，全市4个化工园区（集中区）专门消防站全部通过了省级验收，有效提高了区域安全防范能力。

2013年

【概况】 2013年，连云港市全面落实"安全生产年"的各项部署，狠抓责任落实，强化措施推动，全市安全生产形势总体保持平稳。安全生产各类事故起数和死亡人数同比分别下降3.6%和17.3%。在省政府2013年度安全生产目标管理考核中，连云港市连续第9年获得优秀等次。市安监局获得市政府2013年度经济社会发展综合目标考核一等奖。

【大事记】

1月17日，市政府组织收听收看全国安全生产电视电话会议。副市长吴以桥出席连云港分会场。

1月22日，市安委会召开主任会议。副市长吴以桥主持会议。

1月29日，市长杨省世主持召开市13届政府第4次常务会议，部署安排春节期间安全保障工作。

1月31日，全市安全生产工作会议召开，市长杨省世对安全生产工作作出批示，副市长吴以桥出席会议并讲话。

1月31日，副市长吴以桥检查安全生产工作。

2月5日，市委常委、市港口局局长丁建奇检查港口集团安全生产工作。

2月16日，副市长吴以桥到市安监局指导安全生产工作。

2月18日，市安监局荣获2012年度全市经济建设和社会发展目标考核二等奖，全市综治法治工作先进集体、市重大事项重点工程优秀服务单位、安全生产先进奖等荣誉称号。

2月25日，市安委办印发《连云港市集中开展安全生产"事故隐患排查月"活动方案》。

3月8日，市政府应急办召开全市应急管理工作座谈会。

4月2日，市政府召开一季度全市安全生产形势分析会，副市长吴以桥出席会议并讲话。

4月8日，市安监局荣获"全省公务员职业道德模范集体"荣誉称号。

4月10日，市政府召开全市中小学校舍安全工程考核验收工作部署会。

4月10日，市安监局"连云港市重大危险源目标管理及实时监控技术应用研究"课题通过市科技局组织的专家组验收。

4月17日，连云港新磷矿化有限公司安全避险"六大系统"通过安全设施竣工验收。

4月27日，市政府办公室印发《关于开展安全生产大检查的紧急通知》。

5月16日，全市安全生产监察执法工作交流会召开。

5月20日，市安委办印发《关于开展2013年全市"安全生产月"活动的通知》。

5月28日至29日，省安监局对连云港市危化品生产企业安全专项整治工作开展情况进行督查调研。

6月6日，代市长赵晓江实地检查安全生产和食品药品安全工作。

6月7日，代市长赵晓江参加全国安全生产电视电话会议连云港分会场会议。

6月9日，连云港市启动"安全生产咨询周"活动。市委常委、市港口管理局局长吴以桥到现场视察指导。

6月17日，副市长陈岩松对罗盖特（中国）精细化工有限公司开展安全生产检查。

6月18日至27日，市安委会组织督查组对各县区及市直属企业餐饮场所燃气安全专项治理进行督查。

6月25日，市政府印发《关于校车安全工程的实施意见》。

7月2日，市政府印发《连云港市生产经营单位安全生产分类分级管理办法（暂行）》。

7月3日，市政府印发《关于坚持科学发展安全发展促进全市安全生产形势持续稳定好转的意见》。

7月30日至31日，市安监局举办危险与可操作分析方法普及培训班。

8月1日至3日，国家安监总局第十一专项督查组在国家安监总局新闻发言人黄毅的带领下到连云港市督查安全生产大检查工作。

8月14日，副市长董春科召开安全生产大检查暗访工作情况汇报会。

8月16日，市安全生产监察支队联合市质监局、消防支队，对建成城区内的油库进行专项检查。

8月22日至23日，省安监局党组成员、巡视员刘振田到连云港调研安全生产培训及基层安全生产监管能力建设工作。

8月23日，市安监局召开各县（区）安监局长工作会议。

9月16日，代市长赵晓江主持召开市长办公会，听取全市安全生产、食品安全保障工作等情况汇报。

9月18日，副市长董春科带队对中秋、国庆节前安全生产工作进行督查。

10月16日，国务院安委办石油化工企业石油库第四专项督查组到连云港市对石油化工企业石油库开展安全生产专项督查。

10月25日，市政协副主席赵波带领政协委员调研安全生产工作，并在市安监局召开座谈会。

11月6日，市政府办公室印发《连云港市安全生产责任保险实施办法（试行）》。

11月25日，市委常委、港口管理局局长吴以桥到港口集团调研安全生产工作。

11月27日，副市长董春科率领相关部门负责人深入市开发区、云台山风景区重点企业、重点排查区域检查安全生产工作。

11月29日，市安委会召开主任（扩大）会议，传达学习习近平总书记在考察山东省青岛市“11·22”输油管道泄漏爆炸特别重大事故抢险救援现场时的重要讲话精神。

12月18日开始，市安委会组成综合考核组，对县区政府（管委会、指挥部）、部门和市级列管企业年度安全生产目标管理情况进行考核。

12月26日，代市长赵晓江到东港中学新校区、连云港高级中学、解放路小学实地检查校园安全工作。

【安全生产责任体系建设】 市委、市政府高度重视安全生产工作，把安全生产纳入经济社会发展目标考核体系。市长赵晓江多次主持召开市政府常务会议，专门听取安全生产工作情况汇报，专题研究部署安全生产工作，并就加强安全生产作出指示批示。年初，市政府分别与12个县区（管委会、指挥部）、29个部门签订了《2013年度安全生产工作责任书》，25家市级列管企业分别向市政府递交了《2013年度安全生产工作承诺书》。市安委会结合实际，将安全生产控制指标进行了分解，并在责任书中明确了“一岗双责”、“一票否决”以及季度履职报告等制度要求。各县区、各部门和单位依据市政府下达的年度安全生产控制指标，层层分解目标任务、签订责任状，实行履职保证金和履职报告制度，严格考核奖惩，进一步深化了以“一岗双责”为核心的安全生产责任体系。

【安全生产标准化达标创建】 2013年，市安委办先后印发了工贸企业、小微企业标准化创建指导意见，对企业标准化创建实施分类指导。推进标准化创建与市场准入、信用评级、融资贷款、工伤保险等挂钩，建立了企业标准化创建激励约束机制。坚持“月报告、季通报、半年总结、日常督查”制度，对企业标准化创建工作进行跟踪督办。2013年，全市纳入安全标准化创建企业1393家，达标率100%。其中一级达标41家、二级达标126家、三级达标1226家。化工、建筑、非煤矿山、烟花爆竹等高危企业全部完成创建达标。

【安全生产专项整治】 2013年，全市突出了道路交通、化工、非煤矿山、烟花爆竹、冶金、餐饮燃气、涉氨冷藏加工、消防、建筑施工、海洋渔业、特种设备等重点行业领域，开展了安全生产专项整治。加大化工专项整治和非煤矿山闭矿工作力度，关闭整合化工企业34家，整顿关闭非煤矿山企业6家，对300多个重点餐饮场所燃气安全开展了专项治理，销毁报废气瓶126个。查处超员、超载、超速和疲劳驾驶等各类交通违法行为205万起。开展“道路客运安全年”活动，查处非法营运行为1020起，无证营运“黑车”1745辆。排查非法建筑2016幢，临时查封164处，责令“三停”202家。对422台起重机械进行了产权登记，强化了高处坠落、施工坍塌、起重机械等专项整治。抽查在用特种设备758台套，检测6234台套，立案查处17起。检查渔船及渔业企业4045个，全市渔业安全形势总体稳定。

【安全生产大检查】 2013年，全市相继开展了3次安全生产大检查活动。5月份，突出危险化学品、非煤矿山、冶金以及建筑施工、消防、交通运输等重点行业领域，集中开展了为期一个月的安全生产大检查。6月中旬至9月底，市政府成立了大检查工作领导小组，先后2次召开督查专题推进会。市16个部门分别组成督查组，对各行业进行督查指导。市安委会成立了8个暗访组，采取不发通知、不打招呼、不听汇报、不用陪同、直插基层、直奔现场的“四不两直”方式，带领安全生产专家进行暗查暗访，并召开专题通报会，向各地反馈督改。大检查期间，全市共组织督查组3156个，检查各类生产经营单位1.8万余家次，下达整改指令书1.2万余份。为深刻吸取“11·22”青岛输油管道泄漏爆炸事故教训，11月29日开始，市安委会部署开展了“一综合两专项”安全生产大检查。在全面综合检查，抓好大检查“回头看”的基础上，重点强化了输油气管道和涉氨企业的安全生产专项检查，及时处理新上液化气站项目、农田流转建设项目涉及管道占压问题，进一步巩固了管道保护“零占压”、“零伤害”成果。2013年，全市共排查各类企业30625家次，排查出各类隐患91408条，对排查出的各类隐患，一般隐患按照“五到位”要求落实了整改，对重大隐患实施了挂牌督办措施。加快构建了隐患自查自报信息平台，各县区、管委会建成了隐患排查治理信息系统，全部通过了省安监局的考核验收。

【安全生产宣教培训】 “安全生产月”活动期间，全市接受群众咨询8万人次，发放宣传资料近20万份，播放警示教育片370多场次，发送短信50余万条。全市组织20多万人参加了国家安监总局举办的“安全发展战略知识竞赛”等3项活动，均获得了优秀组织奖。市安全培训考试考核中心建成运行。全市培训企业主要负责人和安全管理人员9002人、特种作业人员7102人，培训高危岗位人员、新员工、班组长2.59万人次。

【安全生产执法监察】 各县区、各部门编制了年度安全生产执法计划，注重发挥专家的技术指导作用，执法检查的针对性、实效性进一步增强。对15起工矿、建筑事故，严格按照“四不放过”原则，依法依规进行严肃查处，处理事故相关责任人员39人。强化部门联动，对安全生产领域非法违法生产经营建设行为，依法落实惩治措施。2013年，全市打击非法违法、治理纠正违规违章行为共19981起，实施各类处罚11365项，行政拘留121人，追究刑事责任18人，安全生产法治秩序进一步规范。

【安全生产基层基础建设】 全市88个乡镇、街道和10个园区、开发区均设置了安监机构，落实乡镇安监人员331人。84个乡镇、街道通过了安全生产三星级乡镇以上考核验收，达标率95%，其中24个乡镇、街道达到了五星级标准。全市7个乡镇、街道安监机构能力建设通过了省级验收。各级安全监管部门注重加强队伍建设，提升了依法履职能力。

【安全生产应急救援工作】 建立了安全生产应急救援联络员制度，完善了政府、部门和企业间的应急联动机制。全市安全生产“应急资源数据库系统”已录入企业基本信息1254条，应急预案747个、应急队伍472个，各类装备资源信息761条。徐圩新区投入专项资金建成了园区消防指挥中心，并通过了省级验收。

【职业卫生工作有进展】 全市完成了3653家企业职业病危害项目申报，组织4.4万余名职工进行了体检，职业健康体检率显著提高。

【特色亮点工作】 连云港市安监局印发《关于进一步规范落实化工生产企业专家定期安全检查制度的通知》，在化工企业中建立“查前交底、结果备案、跟踪整改”的专家定期检查机制做法，被《中国安全生产报》刊发。

连云港市安监局被江苏省委组织部、省人力资源社会保障厅、省公务员局授予“江苏省公务员职业道德模范集体”称号。

（贺波）

淮 安 市

2012年

【概况】 2012年，淮安市安全生产工作坚持强化责任、源头管控、强基固本、严格执法，强化“四项排查”，狠抓安全生产责任网、监督网、保障网建设。全年共发生各类生产安全事故777起、死亡274人，同比分别下降2.14%和3.86%，未发生重大以上事故，事故起数、死亡人数实现“双下降”。

【大事记】

1月13日，市长高雪坤、副市长蔡敦成，市政府副秘书长赵权在淮安分会场收听收看全国安全生产电视电话会议。

1月15日，市政府召开全市安全生产工作会议，副市长蔡敦成出席会议并讲话。

1月20日，副市长蔡敦成带领市安监、公安、经信等部门负责人检查安全生产工作。

2月7日，市安委会召开安委会全体（扩大）会议。

3月7日，市长高雪坤主持召开市政府6届第37次常务会议，研究部署安全生产工作。

4月13日，市安监局召开全市安全生产宣传培训工作会议。

4月16日，市长高雪坤、副市长蔡敦成，市政府副秘书长赵权在淮安分会场收听收看全国安全生产“打非治违”专项行动电视电话会议。

4月24日，淮安市人大到市安监局调研指导安全生产工作。

4月26日，市政府召开安全生产隐患治理、“打非治违”电视电话会议，副市长蔡敦成讲话。

5月31日，副市长蔡敦成发表电视讲话，对2012年“安全生产月”活动进行部署。

5月31日，市安委会召开2012年全市“安全生产月”动员大会，市政府副秘书长、市安监局局长赵权作动员讲话。

6月10日，市安委办举行安全生产宣传咨询日活动。

6月10日，淮安市开展道路运输应急演练活动，副市长唐道伦现场观摩。

6月20日，市政府举行“淮安市2012年安全生产月火灾高危单位灭火疏散演练”活动，副市长倪兴余在演练结束时讲话。

6月29日，市安委办举办2012年淮安市“电信杯”安全生产知识竞赛，省安监局副局长喻鸿斌、市人大副主任刘希平、副市长陈涛、市政协副主席朱友冬参加了活动。

6月30日，市安监局在江苏安邦电化有限公司组织危险化学品泄漏事故应急救援演练。

7月4日，副市长赵洪权到市安监局调研安全生产工作。

8月14日，副省长史和平到盱眙县督查指导“四项排查”工作。省安监局局长王向明、市委书记刘永忠、副市长赵洪权陪同。

9月3日，市长曲福田主持召开市政府7届3次常务会议，研究部署西南化工片区企业搬迁安全工作。

9月6日，淮安市举行2012级化工安全专业人才定向培养班开学典礼，副市长赵洪权、市政府副秘书长、市安监局局长赵权出席开学典礼。

9月21日，市长曲福田、副市长赵洪权带领市安监、公安等部门负责人开展节前安全生产大检查。

10月9日，市委书记刘永忠主持召开市委6届35次常委扩大会，听取西南化工区搬迁工作情况汇报。

11月5日，淮安市召开安全生产工作电视电话会议，副市长赵洪权讲话。

11月5日，副市长赵洪权带领市经信、安监等部门负责人检查安全生产工作。

12月14日，市长曲福田主持召开市政府7届8次常务会，听取全市安全生产工作情况汇报，同意关于加强安全生产“四个能力”建设的建议。

12月16日，市委书记刘永忠、副市长赵洪权带领市安监、公安、经信、住建等部门负责人检查安全生产工作。

12月21日，副市长赵洪权带领市政府副秘书长、市安监局局长赵权和公安、消防等部门负责人检查安全生产工作。

【落实安全生产责任】 严格责任落实，通过市政府与各县（区）、35个部门、14个市重点企业签订安全生产目标管理责任书，层层落实安全生产责任。严格工作部署，市政府办公室转发了《关于继续深入扎实开展安全生产年活动的通知》，确定2012年要突出抓好安全生产集中宣传、示范乡镇（街道）创建、重点行业领域专项整治、安全生产管理创新等重要活动，并制定了活动方案和工作保证措施。强化问责促动，严格落实“一票否决”，严格执行市安委会成员单位安全生产责任暂行规定，严肃责任追究，对发生较大以上事故的单位和个人一律按责任上限处理。

【安全生产宣传教育】 完善网站“信息发布”，全市政府门户网站、安监业务网站发布安全生产信息7150余条，公开政务信息1000余条。不断深化党报“安全专版”宣传教育，至目前已出版95期。发展电视传媒，市安监局联合市电视台，对全市部分重点企业和相关部门安全负责人进行现场采访，实施有效的舆论监督。此外，录播公益短片、安全广告，每天黄金时段播出。拓展户外宣传，组织人员进企业、进社区、进广场、进工地、进学校，发放安全常识手册达30余万册，引导人们重视自身安全、关注社会安全。

【开展“安全生产月”活动】 制作国务院〔2011〕40号文件和新《职业病防治法》宣传展板，在企业进行展出，受教育干部职工8万余人。开展了“电信杯”安全生产知识竞赛活动。组织参加全国“安康杯”、“神华杯”等各类安全、知识竞赛，全市共有2000多家企业、30多个部门10多万人参加，收到有效答题卡85500多份，市安监局等4家单位荣获全国优胜单位奖。

【加强教育培训】 组织安全专家、安全教师开展现场培训，提高安全培训的实效。全年累计培训“三项岗位”人员15450人，其中厂长（经理）3478人、安全管理人员5341人、特种作业人员6631人。与此同时，企业自主开展安全培训的人数达10余万人。开展远程培训，认真抓好安全生产“十二五”规划重点工程建设，与南通现代远程科技公共服务公司合作建设淮安市安全培训公共服务工程。目前已建立了淮安市安全培训学校，并在部分县（区）、部门和华润化工有限公司等企业进行了网上培训试点工作，2013年向全市推广。

【开展隐患治理】 结合省委省政府“四项排查”行动，市委市政府明确由市委常委、党员副市长分片包干督办，县、乡及各相关部门一把手负责，各级安监系统制定方案，明确分工，在一把手负总责的基础上，各分管局长全面负责分管条线的排查工作。建立健全企业自查、部门抽查、政府督查、社会监督的隐患排查工作机制，确保隐患知晓率100%、一般隐患整改率100%、重大隐患根治率100%，坚持对重大隐患实行分级挂牌督办，严防较大以上事故发生。全市排查重点行业（领域）隐患21750处，已整改20988处，整改率达96.5%，其余还在积极治理之中。交办各县（区）整改较大以上事故隐患114个，市级挂牌督办21个。执法检查各类企业4015家（次），发整改指令书546份，责令改正违法违规行为418条，行政处罚办案48起。

【危险化学品专项整治】 以《淮安市危险化学品事故隐患排查治理工作方案》为指导，成立专门督查组、专家组，对各县（区）和化工企业进行专项检查，共检查企业108家次，查出安全隐患629条、整改624条。同时，因安全管理问题对两家化工企业主要负责人进行了约谈。以推进危险化学品企业标准化创建达标为抓手，召开全市危险化学品企业安全标准化建设现场会暨内审员培训班，进一步推进危险化学品企业安全标准化达标工作，目前已有85家企业通过三级安全标准化考评。以加强化工园区应急救援能力建设为目标，三个化工园区均建设了专业消防站，其中淮安区季桥化工集中区消防站已通过省安委办的验收，淮安市盐碱科技产业园消防站、涟水薛行化工集中区消防站均已建成运行，并报请省安委办验收。

【烟花爆竹专项整治】 开展企业从业人员安全教育培训，全年共培训烟花爆竹从业人员3919人。把好烟花爆竹进货质量关。加强源头管理，实行入淮供货企业资质管理，抓好烟花爆竹批发企业安全生产标准创建工作，7家批发企业全部达三级标准。强化氯酸钾专项治理，加大烟花爆竹药物安全抽检和禁止违规购进含氯酸钾烟花爆竹产品的宣传和教育工作力度，在省局组织的药物安全抽检中全部合格。严厉打击烟花爆竹“四私”违法行为。安监、公安、工商、质监等部门加强协调配合，通过联席会议制度和联合执法机制，加大联合执法检查力度，全市共开展各项执法检查313次，投入执法人员1846人次，出动执法车辆725台次，检查经营户6897家次，下达责令整改指令书158份，排查治理各类安全隐患3979条，取缔非法烟花爆竹经营点28处，查处违规经营户16家，收缴查获非法烟花爆竹产品近2300余件，销毁劣质鞭炮190余万头、烟花2万余只。

【非煤矿山专项整治】 开展“打非治违”专项行动，关闭盱眙县露天矿山10个（其中1个安全生产许可证于11月期满不再办理延期），其余企业投入隐患治理资金600万元，进一步改善了安全生产条件。开展执法监察活动。全年共执法检查非煤矿山企业310家次，查出安全隐患2090项，下达执法文书310份，责令整改1320项，已基本整改到位。开展全行业标准化推进活动，已有14家通过三级安全标准达标验收。

【职业卫生专项整治】 建立联席会议制度。在政府的统一领导下，安监、卫生、人社、总工会、发改、经信、住建、规划、疾控中心等部门（单位）建立联席会议制度，资源共享、源头抓起，市发改委、经信委和住建局等有关部门在建设项目立项审查、批准施工时，将要求建设单位出具由安监部门出具的建设项目职业卫生“三同时”审查意见书或相关证明文件，作为项目立项和施工的审查条件之一。认真开展五大行业职业病危害专项治理。对木制家具制造等五大行业实施监督检查102家，发现隐患570项，均已整改完毕，关停并转企业6家。开展木制家具制造企业安全许可证试点工作。组织职业卫生“三项行动”。推进职业卫生监管队伍建设行动，开展《职业病防治法》宣传周行动，实施职业卫生和技术服务市场环境优化行动。全市举办各种宣传咨询活动10余场，发放宣传资料15000余份，悬挂宣传横幅100余条，现场咨询7300人，举办职业卫生培训班30余期，培训重点企业负责人、安全管理人员2600余人。

【重点区域实现安全稳定】 2012年西南化工片区搬迁改造取得重大进展。市政府成立西南化工片区搬迁工作领导小组，市委常委、常务副市长王正喜为组长，下设综合协调办公室、企业搬迁办公室、居民搬迁办公室和安监环保办公室，加强面上和具体工作的组织领导。与此同时，市编办批复市安监局成立西南化工片区安全监管办公室（核定编制3人），3名化工专业人才和安全专家已经到位并开展工作，具体负责西南化工片区的日常安全监管。出台《市政府关于西南化工片区居民搬迁目标任务》、《关于西南化工片区居民和企业搬迁工作督查考核办法（暂行）》等文件，分别对市发改、经信、住建、规划、国土、财政、环保、安监、城市资产公司、淮安经济技术开发区管委会、清浦区政府等下达筹措资金、落实房源、搬迁实施、信访维稳、政策执行等目标任务，定期督查考核，严格奖惩兑现。分类监管。列入西南化工片区安全监管的化工企业共11家，按照红色、橙色和蓝色进行分类管理，其中红色监管企业4家，橙色监管企业2家，蓝色监管企业5家。根据企业的现状和危险程度类别，制定了西南化工片区年度、季度、月度和日常安全检查、巡查计划。2012年年底前，市财政已拨付5000万元，城市资产公司融资3亿元、启动15亿元城市棚户区危旧房债券发行工作，淮安经济技术开发区管委会筹措资金3.4亿元。

【安全生产标准化建设】 组织安全标准化内审员培训班10余期，培训标准化内审员1000余人，并先后召开冶金等工贸企业标准化建设推进会、危化品生产企业标准化建设现场会等予以推进。下发《关于进一步加强企业安全生产标准化创建服务工作的通知》，确定三家评审单位和一家评审组织单位，规范了安全生产标准化创建评审行为，提高了创建评审质量。印发了《关于进一步加强安全生产标准化创建服务工作的通知》，并在《淮安日报》、“阳光纪检”、“民生通道　安监板块”上作了公示，规范市场行为、确保标准化评审收费省内最低，文件还就评审工作管辖、评审创建程序和评审验收收费上限等问题作了详细规定。目前，全市已创建达标企业538家，其中，危险化学品企业、烟花爆竹批发企业达标完成率100%；非煤矿山企业14家，达标完成率56%；冶金、机械等八大行业企业431家（其中二级5家），达标完成率43%。

【应急管理工作】 加强应急管理资源数据库和应急基础设施建设。按照“先高危企业、后大中型企业、再其他企业”的顺序，指导、督促县（区）、企业认真做好应急数据信息录入工作。

录入各类企事业单位信息445条、安全预案信息436条、应急队伍信息419条、应急物资装备信息959条、安全专家信息46条。其中，高危行业企业应录数383家，实录381家。淮安新城投入1300余万元消防站建设完成；淮安市灭火救援中心二期工程计划投入3000余万元，正加紧建设；清河、清浦两区城区消防站建设正积极筹备。精心组织安全生产应急演练活动。以“应急预案演练周”活动为契机，先后组织了火灾高危单位灭火疏散演练、道路运输应急演练、危险化学品泄漏事故应急救援演练、淮安电网联合反事故演习等多形式、综合性安全生产应急演练活动，总计达300余场，参加演练人数近5万人。其中在市安监备案的较大演练活动20余场，参加演练1万余人。

【安全监管队伍建设】 提高市、县（区）两级安全生产专项资金标准并纳入财政预算。着力抓好安全生产监管队伍、执法队伍、专家队伍和应急队伍4支队伍的建设。建立正面引导、表彰激励机制，设立年度安全生产表彰专项资金，对安全生产优胜单位和立功人员进行分类表彰、奖励，正面引导、以点带面，激励监管战线工作热情和工作活力。

【“1+3”安全监控工作体系】 市安监局与市国资委等部门联合借助现代科技手段，以“1+3”安全监控工作体系为基础，建立安全生产管理标准化网上监控平台系统，2012年年初在国资系统27家企业投入使用，并利用企业工作岗位的计算机，安装安全生产管理软件，通过计算机联网，实现了国资委所属企业256个监控点的安全生产事故隐患和职业危害排查网络化，提高了安全生产管理的效率，实现了企业“1+3”安全监控工作体系与计算机技术管理、安全隐患排查与计算机网上督查的完美融合。2012年7月2日，中央电视台新闻频道对此进行采访报道。7月17日《中国安全生产报》以“隐患藏不了、评价假不了”为题报道了“1+3”安全生产网上监控平台系统的功能和推广实效。目前，电子平台系统正申报国家安全监管总局2012年安全生产重大事故防治关键技术科技项目。

【安全专业人才培养模式】 市政府6届37次常务会议研究决定开办化工专业人才定向培养班，通过政府补贴、学校培养、学生受益、企业得利四方联动模式，为企业培养高素质化工安全专业人才。9月6日，首批120名学员入学上课，并与学校、企业签订《淮安市高级化工人才定向培养班协议》，毕业后到相关化工企业工作。《中国安全生产报》先后两次予以报道，认为其模式全国领先、江苏首创，有较好的推广价值。

【集约化安全生产监管监察预警平台建设】 运用现代科技手段，对危险源点实行集数据监测、视频监控、语音监督、GPS定位、隐患排查、远程教育和应急救援指挥于一体的现代化实时监控预警系统建设，使企业自我管理、行业专业管理和安监综合管理有机统一，实现安全生产监管全天候、全方位、多功能。

2013年

【概况】 2013年，淮安市学习贯彻习近平总书记关于安全生产重要批示和讲话精神，进一步强化“底线”思维和“红线”意识，以创新推广“1+3”安全监控工作体系为支撑，以提高安全生产“五个能力”建设为抓手，以压降各类事故为目标，全市安全生产持续稳定好转，没有发生较大以上生产安全事故。

【大事记】

1月5日至7日，省安监局副局长赵利复带领省安委会安全生产责任目标综合考核组对淮安市安全生产工作年度责任目标完成情况进行检查考核。

1月15日，淮安市召开市安委会成员单位会议，副市长赵洪权到会并讲话。

1月25日，市政府召开2012年安全生产工作总结表彰暨2013年安全生产责任状签订大会，副市长赵洪权到会并讲话。

2月6日，市委书记刘永忠，市长曲福田，市委副书记练月琴，常务副市长王正喜，副市长倪兴余、赵洪权、王红红分别带领检查组与省安委会检查组联动开展安全生产检查。

4月15日，副市长唐道伦到市安监局调研安全生产工作。

4月19日，副市长唐道伦到江苏安邦电化有限公司调研安全生产工作。

4月25日，淮安市召开安委会扩大会议，副市长唐道伦出席会议并讲话。

5月10日，市长曲福田主持召开市政府常务会，听取安全生产工作汇报。

5月31日，副市长唐道伦发表电视讲话，对

2013年“安全生产月”活动进行动员。

6月8日，市委书记姚晓东、市长曲福田就安全生产工作作出批示。

6月9日，市安委办组织开展安全生产宣传咨询日活动，副市长唐道伦参加活动。

6月13日，市长曲福田和副市长唐道伦率市安监、公安、消防、住建等部门负责人开展安全检查。

7月3日至4日，省安监局局长王向明到淮安市调研安监机构能力建设工作，副市长唐道伦陪同调研。

7月19日，市安委办召开各县（区）安监局主要负责人、市安委会成员单位分管负责人以及联络员会议，市政府副秘书长、安监局局长赵权到会并讲话。

9月29日，市政府副秘书长、市安监局局长崔泉深入市直重点危化品生产企业检查安全生产工作。

9月27日，省安监局职业卫生调研组到涟水县调研职业卫生“三同时”工作开展情况及职业卫生基础建设活动、职业病危害现场调查、职业病危害项目申报工作进展情况。

11月6日，市安全生产管理协会召开2013年安全生产论文颁奖会议。

11月26日，市长曲福田主持召开市政府7届20次会议，听取安全生产情况汇报。

12月3日，市政府副秘书长、市安监局局长崔泉到洪泽调研安全生产工作。

【落实安全生产责任制】 市委、市政府把筑牢安全生产“责任网”放到首要位置来抓，切实把安全生产担在肩上、记在心中、抓在手里，坚持“三个一”：牢固树立一个理念，即安全是最大的民生之一；完善一个机制，即“1+3”安全监控工作体系；实行安全生产“一票否决、一岗双责、一把手负责制”。为确保安全生产责任制网络“纵向到底、横向到边”，年初，市政府与8个县（区）政府和市经济技术开发区、工业园区、生态新城管委会以及36个行业部门、14个重点企业签订了2013年度安全生产目标管理责任书。各地、各部门和单位层层分解目标、细化任务，层层签订安全生产责任书，把安全生产责任落实到各部门、各单位和各个环节，形成一级抓一级、一级对一级负责的安全责任管理体系。

【构筑立体式安全生产宣传平台】 以媒体宣传为载体，在《淮安日报》开辟专版，打造“政策宣传之窗”，及时公布安全生产工作部署，传达各级党委、政府对安全生产工作的指示，发布安全生产信息，曝光安全生产违法违规行为。在市电视台播放《平安淮安——安全生产》宣传片。以安全月活动为契机，广泛发动群众，创新形式，创新内容。紧扣“强化安全基础、推动安全发展”主题，结合安全生产年的总体部署，市、县（区）联动，全方位、立体式开展了系列活动。集中咨询送安全。全市共设置30余个安全知识咨询点开展咨询活动。媒体互动话安全。市委宣传部、市安监局共同推出《平安淮安——安全生产》部门和企业负责人话安全专题活动，选取交通、建设、质监和化工、电力、公众聚集场所等安全生产重点部门和企业，由安监部门联合报社、电视台专题采访，部门和企业负责人以“安全、稳定、发展”为主题，就如何做好安全生产工作谈认识、谈责任、谈经验、谈问题，并制作成专题宣传片，在市电视台新闻联播节目中连续播放。领导督查促安全。市长曲福田、副市长唐道伦率领市安监、公安、消防、住建等部门负责人和安全生产专家，深入新奥燃气清浦储气站、新国纺织、中石化淮安油库、汇通市场等重点企业和人员密集场所，查找安全隐患，督促加强整改。专题演讲说安全。“安全生产月”期间，全市组织开展各类安全知识演讲、竞赛50余场，组织参加国家安监总局开展的“打非治违”知识竞赛，有15万名职工积极参与，并获得优胜单位奖。开展了“安康杯”竞赛活动，全市参赛企业近2400家，参赛职工达47万余人。市安监局、总工会被全国总工会、国家安监总局表彰为全国“安康杯”竞赛优胜单位。此外，还开展了安全文化“六进”和“十个一”活动。写一封安全家书的职工70745人次；参与唱一首安全歌曲的27462人次；参加剖析一次事故案例的46432人次；开展事故演练575场，共计10万余人参加等。

【安全生产培训教育】 全市坚持以安全生产培训教育为推手，不断夯实安全生产基础。市安全生产宣教中心已正式挂牌运行，安全生产考试考核中心建成。2013年，通过提质扩面，全市共举办各类安全生产培训班300余期，培训“三项岗位”人员17975人，比去年增加2000人，其中厂长（经理）4747人、安全管理人员7400人、特种作业人员5828人。据不完全统计，全市企业自主开展的安全培训3000余期，培训各类职工10余万人。为进一步增强基层乡镇干部安全生产意识，市安委办与市委组织部联合举办了全市乡镇（街道）主要负责人培训班，组织部门把其列为干部培训积分，全市139名乡（镇）长和街道办主任参加了培训。

【安全生产专项整治】 年初，先后印发了重点行业领域深入开展安全生产专项整治、深化工程建设领域预防施工起重机械脚手架等坍塌事故专项整治工作方案、进一步推进安全生产领域“打非治违”工作的通知等，以指导安全生产专项整治和执法“打非”等综合治理工作的规范有序进行。重点行业领域专项整治不断深化。道路交通领域：立足源头、路面两个主阵地，大力开展“清零”、“降速”、“警钟”、公民举报和异地交叉执法五大行动，以春运、“大排查、大教育、大整治”为抓手，深化文明交通示范公路创建，全面排查道路交通安全隐患，改善道路通行秩序，确保全市道路持续保持有序、安全、畅通。切实抓住重点时间、重点路段、重点对象、重点违法行为四个管理重点，全方位开展治理。水上交通领域：全年先后开展了“打非治违”、“三超一无”船舶整治、水上安全大检查、渡口渡船专项整治“回头看”等11个专项整治行动。全年海事系统上航45730人次，出动海巡艇13623艇次，巡航里程202625公里，排除航道堵塞101次，检查危化品码头455次，船舶签证69398艘次，水上12395接警778起，救助船舶717艘，救助人员488人，挽回经济损失2400余万元。检查船舶130374艘次，查处违章船舶118120艘次，整改水上交通安全隐患78处；扣留查处“三无”船舶22艘，收缴违规船只船桨15只。危险化学品领域：突出抓好重点区域、重点危险工艺、重大危险源和自动控制改造工作的监管，提高高危企业本质安全度。目前，全市涉及重点监管的危化品高危生产工艺装置的38户企业，全部安装了自动控制系统；涉及重点监管的危险化学品生产储存装置的59户企业，已有42户安装了自动控制系统；41个危险化学品重大危险源，36个已安装了自控系统。全面开展危险化学品领域打非治违和安全生产大检查工作，尤其是加强西南化工片区搬迁过程中的监管督查力度，确保不发生危险化学品事故。扎实开展石油化工企业石油库和油气装卸码头安全专项检查。消防安全领域：深入开展火灾隐患排查整治和消防安全大排查大整治活动，对全市人员密集场所、高层地下建筑、施工工地、火灾高危单位和“三合一”场所开展全方位、地毯式大排查。特种设备领域：扎实开展了气瓶、电梯、事故多发设备、涉氨制冷设备专项整治。出动安全检查人员1940余人次，检查特种设备生产、使用单位931家，下发安全监察指令书91份，督促整改安全隐患373条。其中，共检查小型锅炉290余台、快开门压力容器180余台、简易升降机24台，排查和整治各类事故隐患200余条，责令停用14台不符合安全技术要求的简易升降机。排查31家涉氨制冷企业，排查特种设备170余台（套），发现设备未办理使用登记手续、人员未持证上岗等安全隐患50余条并已整改到位。

【“打非治违”专项行动】 深入贯彻落实全国、全省安全生产电视电话会议精神和省安委办《关于进一步推进安全生产领域“打非治违”工作的通知》要求，下发通知、制定方案、明确步骤、扎实推进，突出道路、水上交通、建筑施工、消防、危险化学品、烟花爆竹、民爆物品、农业机械、冶金、非煤矿山等10个重点行业领域，市安委办牵头，分别于5、7、9三个月，对“打非治违”开展3次综合督查，以推动“打非治违”工作步步深入。

【企业安全生产标准化】 利用会议推动、典型带动、部门联动、考核促动等多种手段不断加大企业标准化建设力度。将企业安全生产标准化创建工作，列入县（区）政府、部门年度目标责任考核的重点内容，进一步落实各级政府和部门的工作职责，各地、各部门结合本地实际，采取分行业、分重点、分片区以及实行统一办公、统一组织、统一评审、统一报送的办法，完善工作机制，健全行业评定标准，严格考评验收，加强过程控制，促进安全生产标准化建设扎实有序开展，并取得较好成效。在2012年按进度完成危化品生产储存、加油站、非煤矿山、烟花爆竹等367户高危企业标准化建设的基础上，2013年又完成冶金等工贸行业安全生产标准化建设801家，其中二级达标企业9家、三级达标企业792家，圆满完成规模以上企业安全生产标准化建设的目标。

【隐患排查治理体系建设】 从2012年开始，

在金湖、淮安区、盱眙县先期试点建设，并取得了经验。市政府将体系建设纳入年终安全生产责任目标考核内容。同时，成立组织，细化措施，筹备资金，精选设备，开展技术骨干人员培训。多次召开现场会、推进会，以现场观摩、交流学习等形式，扎实推进隐患排查治理体系建设。目前，2013年计划完成的6个县（区）已全部通过省安监局验收且运行较好。

【安全生产大检查】 2013年，按照“全覆盖、零容忍、严执法、重实效”的要求，查打结合，重在治理。在重点检查的同时，注重关口前移、重心下移，突出乡镇、村居（社区）及中小企业，采取“企业全面自查、部门专项检查、政府综合督查”的方式，全面开展细排查、重治理、打非法、治顽疾。各级、各部门和单位都立足于检查的深度和广度，尤其是邀请专家参与，突出对本辖区重点行业、重点企业进行诊断性排查，既“看病”又“开方”，对发现的问题跟踪督促整改。加强暗访，公开曝光。邀请专家记者参与，采取事先不发通知、不打招呼、不听汇报、不用陪同和接待，直奔基层、直插现场的形式，认真开展暗查暗访，发现问题现场整改，重大违法违规问题给予曝光，切实形成了安全生产监管的高压态势。

【“1+3”安全监控体系】 近年来，通过推进“1+3”安全监控工作体系，加强事故隐患和职业危害排查与监控，问题实时发现、工作持续改进、系统定期评价，使安全生产保持良性运行态势。去年以来，市安监局与市国资委联手，探索创建了“1+3”电子监控平台，实现了安全监控电子化，使体系的功能得到更好体现、安全管理更加便捷、监控更加有效，企业安全生产基础进一步加强。

【安全责任保险工作】 通过政府推动、政策引导、市场运作的方式，实行保本微利，服务企业和社会，充分发挥安全责任保险社会“稳定器”和经济“助推器”的功能。按照统一条款、统一保额、统一保单、统一费率、统一理赔标准的原则，先后开展两轮公开招标，现已形成6家保险公司参加的“共保体”，经过几年的运行，已基本形成规范的安全责任保险运行体系。到目前，已从危化品、烟花爆竹、非煤矿山等行业向交通运输、建筑施工、人员密集场所延伸，全市已有1200余家企业投保，参保人数21300余人，保费1500余万元，总投保金额达240亿元。

【集约化安全监管监察平台建设】 为切实实现对高危行业的重大危险源点实现集数据监测、视频监控、语音监控、GPS定位和应急救援于一体的现代化远程实时监控预警系统，实现企业自我管理、行业专门管理和安监综合管理的有机统一，做到安全生产监管无盲区、全天候、全方位、全覆盖、多功能，实现科技兴安，2013年3月，市安监局与中国安芯控股有限公司签订了《淮安市集约化安全生产监管监察预警平台项目建设合同》，并按照先急后缓、先高危后一般原则，积极开展平台建设工作，目前，首批进平台的1000户企业调研已结束，技术方案论证等各项工作正在有序推进之中。

【安全生产指导员制度】 制度建立实施三年以来，全市已有2000余名安全生产指导员进驻社区（村居）开展工作，累计指导社区（村居）检查生产经营单位和工作场所12100个（次），排查出安全问题45000余项，治理了一批安全隐患。

【化工安全人才定向培养】 建立了由“政府补贴、学企联办、学生受益、企业得利”四方联动新模式，为企业培养高素质化工安全专业人才。2012年首期招生的120名学员目前已按照事前安监、学校、企业签订的三方协议顺利进入企业实习。2013年，根据化工企业需要，又招收了第二批学员，形成专用人才培养的良好运行机制。《中国安全生产报》先后两次对专用人才培养新模式予以报道，认为其模式为全国领先、省内首创，有较好的推广价值。

（王东照）

盐 城 市

2012年

【概况】 2012年,盐城市进一步落实安全生产责任，全面推进安全生产标准化和隐患排查治理体系建设，深入开展安全生产检查，加快基层安监机构能力和安全生产综合保障基地建设，事故起数和死亡人数实现“双下降”。全市2012年安全生产工作被省政府安全生产年度目标考评为优秀等次。

【大事记】

1月11日，副市长谷家栋带队到盐城发电有限公司、盐城联孚石化有限公司等工业企业开展安全生产检查。

1月13日，盐城市组织收听全国安全生产电视电话会。

2月24日，市政府召开2012年安全生产工作会议。

3月5日，市安监局召开全市安全生产宣传教育与综合保障中心第一次会议。

3月9日，市安监局局长谷红彬带队到滨海沿海化工园区，与园区及企业负责人就园区及企业发展进行调研座谈。

3月21日，市安监局局长谷红彬率队到响水服务新特产业。

3月31日，省安监局副局长喻鸿斌到盐城召开贯彻落实国务院40号文座谈会。

4月17日，盐城市组织收听收看全国和全省集中开展安全生产领域“打非治违”专项行动电视电话会议。

5月21日至24日，省安监局局长王向明到大丰市开展“三解三促”活动。

6月13日，市安监局局长洪家宁带队到响水生态化工园区、滨海经济开发区沿海工业园调研指导安全生产工作。

6月19日至20日，市安监局局长洪家宁到建湖、射阳、亭湖三县（区）安监局进行调研。

7月7日，市政府在东台市高新技术园区举行2012年全市危化品事故应急救援综合演练。

7月30日至31日，全市安监局长座谈会在滨海召开。

8月11日,副市长周绍泉带队到江苏飞驰股份有限公司、盐城联孚石化有限公司检查安全生产工作。

8月21日，市安监局局长洪家宁到盐都区督查“百日攻坚”情况。

9月14日，副市长周绍泉到市安监局听取市政府挂牌督办和市“四项排查办”交办事故隐患的整改工作情况。

9月20日，市政府召开全市事故隐患整治“百日攻坚”推进会。

10月15日，市安监局召开隐患治理体系建设会议。

11月5日至6日，市安监局局长洪家宁带队到大丰、滨海、响水、阜宁对安全生产标准化建设和事故隐患排查治理体系建设工作进行调研。

11月12日至13日，全省基层安监机构能力建设推进会在大丰召开。

11月21日，市安监局局长洪家宁到东台调研指导安全生产工作。

12月3日至7日，省安监局基层安监机构能力建设检查验收组到盐城市检查验收基层安监机构能力建设工作。

【安全生产目标管理】 以市政府名义下发了《全市各级人民政府、有关部门和单位安全生产工作职责暂行规定》，建立了全员责任、投入保障、安全检查、重大事项约谈、目标考核、联席会议、事故隐患挂牌督办等15项制度，保障安全责任的落实。市政府与各位副市长、县（市、区）长和59个市直部门、单位签订年度安全生产目标责任书，明确年度工作目标任务。市安委会细化目标考核，分类制定了县（市、区）、市安全生产监管职能部门、行业主管部门（单位）、企事业单位（高等院校）四类千分制考核细则，于2012年12月，对各签字单位进行了考核。

【安全生产长效机制】 以市政府名义下发《关

于进一步加强安全生产工作的实施意见》，明确政府属地管理、部门监管责任和企业主体责任的内容，加强安全生产基础建设，强化安全生产考核和责任追究，提高安全生产群防群治水平。将安全生产工作纳入国民经济和社会发展总体部署，出台了《盐城市“十二五”安全生产规划》，明确“十二五”期间安全生产工作的主要目标任务、保障措施和重点建设工程。深入开展“安全生产年”活动，部署了18个方面的重点工作。总结“四项排查”的成果，将安全生产工作纳入到市委、市政府《关于建立健全维护社会稳定工作长效机制、促进盐城长治久安的意见》和《盐城市维护社会稳定工作领导干部责任落实机制》等7个方面维稳工作长效机制文件，作为党委、政府维护社会稳定的重点工作，并将事故隐患排查治理体系建设作为建立安全生产长效机制的一项重点内容来推进。

【隐患排查治理】 围绕春节、两会、国庆、十八大等重点时段和阶段性工作特征，组织开展安全生产大检查、执法检查、行业专项检查、专家检查等活动，督促企业制订、完善并落实企业主要负责人安全生产第一责任人责任、领导干部现场带班等安全生产规章制度，开展隐患自查自改。在重点时段，组织开展全市安全生产大检查，各位常委、各位分管市长按照市委常委“包片”、市长“包线”的要求，亲临一线，检查挂钩地区、分工条线的安全生产工作，督查重大事故隐患整改情况。8月份，在全市开展隐患整治“百日攻坚”活动，对34个（类）重大事故隐患分三批进行挂牌督办和上网公告。年内，全市排查生产经营单位36309家（次），排查事故隐患66374项，投入整改资金2412万。

【安全生产专项整治】 建立道路交通、建筑施工、危险化学品、烟花爆竹等重点行业联席会议制度，定期召开会议进行集中交流部署。先后组织公安、交通、安监、农委、海事等部门联合开展“道路客运安全年”、渡口“滚动式”隐患排查和跨区域烟花爆竹联合执法行动。在道路交通、人员密集场所、化工、建筑施工、海洋渔业、职业卫生、电梯、农机、冶金铸造等9个行业领域组织开展安全专项整治，制定各个行业专项整治方案，明确整治重点。

【开展“打非治违”】 在全市集中开展“打非治违”专项行动和“打非治违回头看”活动，在所有行业领域全面排查13个方面共性问题的基础上，突出道路和水上交通、建筑施工、消防、危险化学品、旅游、冶金等6个重点行业领域，深入排查各个重点行业的个性问题。全年打击非法违法违规违章行为（道路交通除外）41832起，实施警告5579次，责令改正、限期整改、停止违法行为18748起，没收违法所得、非法生产设备138起，责令停产、停业、停止建设1144家，暂扣或吊销有关许可证、职业资格174个，行政拘留25人，罚款688万元。建立道路交通、建筑施工、危险化学品、烟花爆竹等重点行业联席会议制度。

【安全生产标准化建设】 修订完善了《盐城市企业三级标准化评审办法》，分别制定了危险化学品、烟花爆竹和工贸等行业标准化达标工作实施意见和评审办法；组织达标培训1078场次，免费培训企业参与标准化人员92766人。培育标准化试点企业，树立样板，实行典型引路。全市危化、烟花、工贸行业通过三级以上安全标准化考评的企业214户（通过一级考评的1户、通过二级考评的11户），申报待批的企业359户。

【隐患排查治理体系建设】 市政府召开专门会议进行全面部署，下发了《关于印发盐城市安全生产事故隐患排查治理体系建设实施方案的通知》，明确体系建设的工作目标、工作内容、实施步骤和工作要求，鼓励并指导试点县（市、区）先行探索，建设隐患排查治理体系，督促企业试制安全检查表，开展网上自查自报。大丰等5个县（市、区）体系建设通过了省安监局的考核验收，已有3860户企业和单位上网运行，自查隐患6498项，整改6267项，整改率97%，名列全省前列。

【职业健康监督管理】 市、县两级安监机构除城南新区外，都设置了职业健康监管的独立科室，全市从事职业卫生监管的专职安监人员共有22名。全面开展了作业场所职业危害告知和职业危害申报工作，全市申报职业危害并备案的企业3030家。检查木制家具制造、电子产品制造、皮革箱包和制鞋、水泥生产、铅酸蓄电池生产、危化品生产使用储存、电镀、造船、节能照明等九大行业的职业病危害重点企业986家，对178家职业卫生管理不力的企业下达了责令限期整改指令，发现并整改职业危害隐患2136条。

【安全源头管理】 对新、改、扩建化工项目进行多部门联合会审，严格落实安全设施“三同时”制度，从源头上严把安全准入关。全年审查了56个建设项目安全条件、29个项目安全设施设计、9个项目的安全设施竣工验收，准予许可72件，不予许可4件；审查并报省发放危化品生产经营、烟花爆竹批发企业安全生产许可证361件，不予发证3件。

【安全生产经济政策】 市政府成立全市落实安全生产经济政策工作领导小组，聘请专家到各县（市、区）进行巡回宣讲，直接面对企业解读经济政策。督促企业风险抵押金一次性足额存储到位。分步实施安责险，在危化品、烟花爆竹、造（拆）船、民用爆破器材和冶金铸造等五大领域先行试点，2012年全市投保安全责任险企业177家，保费总额374万元；存储风险抵押金企业85家，金额2426万元，进一步提高了企业防范风险的能力。积极督促重点行业企业按照国家有关规定提取和使用安全生产费用，全市危化品、建设施工、交通运输、冶金、机械等行业企业提取安全生产费用5.44亿元，使用5.25亿元。

【安全生产宣传】 市安监局与《盐阜大众报》、盐城电视台、广播电台等主流媒体进行合作，建立专版、专栏等宣传阵地，积极运用手机网络、移动多媒体、户外电子屏等多种新型媒介，初步构建立体式宣传平台。开展县（市、区）委书记上电视、县（市、区）长上报纸等宣传活动，发动一线安全管理人员争做安全生产宣传员，积极向国家、省市媒体投稿宣传，并进行一定的物质奖励。市级牵头用于安全宣传经费116万元，创历年新高。以“科学发展、安全发展”为主题，以安全生产月为平台，全面宣传国务院、省政府关于坚持科学发展安全发展的相关文件，并向韩资企业延伸，组织大市区32家韩企52名负责人用韩文宣讲国发40号文。组织一城四区和市有关部门开展安全宣传咨询日集中宣传活动，举办了“生命之歌大家唱”文艺汇演。有3家企业获得了省级、16家企业获得了市级“安全文化示范企业”称号。5家单位申报省级以上安全社区，其中4家乡镇（街道）在中国职业安全健康协会备案。

【安全生产培训】 采取一般企业定期培训、园区企业集中培训、重点企业上门培训等多种方式，对企业负责人、安全管理人员、特种作业人员进行按需培训。创新培训方式和手段，灵活运用讲授式、研讨式、案例式、体验式、模拟式等多种方法开展安全培训。全年举办培训班218期，培训三类人员18704人。

【安全生产应急管理】 先后修订了危险化学品、工矿商贸、建筑施工、海洋渔业、特种设备、交通运输等主要行业的应急预案，进一步提高了预案的针对性。积极开展安全生产应急演练周活动，强化应急演练。积极建设市级应急救援信息平台，并纳入“十二五”规划。集中推进应急预案与应急资源数据库管理系统建设，按期完成全市770家危化品生产经营储存企业和烟花爆竹批发企业应急资源数据库录入工作。

【安全生产监管执法检查】 严格执行市政府批复的《2012年度安全监管执法工作计划》，对40家企业进行说理式执法检查，排查事故隐患587条，到期复查并整改事故隐患576条，立案查处案件24起，罚款264万元。制定危化品、烟花爆竹等高危行业安全监督检查表，开展了危险工艺生产装置及高危储罐自动化控制、石油库、石油天然气企业、烟花爆竹储存仓库设施等专项检查以及工贸企业专家剖析式隐患排查等活动，进一步排查整治事故隐患。

【事故调查处理】 按照国家事故调查处理的相关法律法规和省、市《事故查处挂牌督办办法》的有关要求，对2起较大事故进行调查处理，共追究刑事责任6人，给予党纪处分1人、行政处分36人。大丰市“10 · 15”墙体坍塌较大事故和阜宁“3 · 10”自制吊篮钢平台高处坠入较大事故都已经盐城市政府批准结案，并经省安委办销号。对全市发生的有影响的4起一般事故进行挂牌督办，查明事故原因，明确事故责任，对事故责任人提出处理建议，并提出防范措施。

2013年

【概况】 2013年，盐城市落实安全生产责任，强化安全监管，狠抓措施落实，事故起数和死亡人数实现“双下降”。全市2013年安全生产工作被省政府安全生产年度目标考评为优秀等次。

【大事记】

1月9日，省安监局副局长陈忠伟带领省安委会考核组到盐城市考核2012年安全生产目标管理落实情况。

1月21日，市安监局召开全市安监局长座谈会。

2月22日，市政府召开2013年全市安全生产工作会议。

4月15日，全市工贸企业标准化工作座谈会在盐都区召开。

4月22日，全市安监局长座谈会在阜宁县召开。

5月8日至9日，市安监局局长洪家宁到射阳县开展“三解三促一加强”活动。

5月30日至31日，国家安监总局监管四司司长欧广带队到盐城对汛期安全生产工作进行专项督导，市委书记朱克江、市长魏国强分别会见了督导组并就全市安全生产工作交换了意见。

6月7日，市政府组织收听收看全国、全省安全生产电视电话会议。

6月9日，市安委会组织开展安全生产宣传咨询日活动。

6月14日，市政府召开全市安全生产工作点评会。

7月3日，市安委会举行2013年盐城市天然气事故应急救援综合演练。

7月30日，全市安监局长座谈会在建湖县召开。

8月20日至23日，省安委会第九督查组对盐城市安全生产大检查工作进行了综合督查。

9月11日，省安监局副局长陆贯一率省安委会第三督查组，对盐城市石油化工企业石油库安全专项检查工作进行督查。

9月29日，盐城市集中收看了国务院安委办关于深入开展涉氨制冷企业液氨使用专项治理视频会议。

10月30日，全市安监局长座谈会在东台市召开。

11月22日，全市危险化学品安全监管工作例会召开。

11月29日，盐城市组织召开宝丰线安全监督管理暨应急机制联动协调会。

12月3日至4日，市安监局局长洪家宁带队到大丰、盐都、阜宁、建湖就2014年工作思路进行调研。

12月10日，市政府召开全市冬季安全生产工作会议。

12月26日，副市长周绍泉到响水化工园区进行安全专项检查。

【安全生产目标管理】 坚持“一岗双责”，市长与各分管市长、各县（市、区）主要领导，市政府与市直58个部门和单位分别签订2013年安全生产责任书，进一步明确年度安全生产工作任务。年内，按照常委“包片”、市长“包线”的要求，在元旦春节和国庆等重点时段，市领导带队检查挂钩地区、分工条线的安全生产工作，对存在重大事故隐患进行督导推进。严格执行“一票否决”制度和约谈制度，对35个评先评优事项进行审核，否决了20个单位和15名人员的评先资格。

【安全生产标准化建设】 全市有1763家企业通过了三级以上标准化评审，其中13家通过了二级标准化评审（9家工商贸企业、4家危化品生产企业），1750家企业通过了三级标准化评审（1225家工商贸企业、22家烟花爆竹批发企业、503家危化品生产经营企业）。

【隐患排查治理体系建设】 在2012年5个试点县（市、区）通过省安监局验收的基础上，从组织领导、制度建设、调查摸底、治理标准、规范运行、监管督查等6个方面，进一步细化要求，督促县（市、区）制订相关行业安全检查表并按表检查，督促企业按照“三全两规范一及时”的要求（即全员、全方位、全过程开展隐患排查治理；按照安全检查表进行规范化检查，隐患统计分析和预警预测、督查整改等过程规范化运行；及时如实上报整改隐患），全面排查整改隐患。全市11个县（市、区）隐患排查治理信息系统全部通过省级验收，有11467家企业和144个（乡镇、园区、街道）、221个县（市、区）负有安全生产监督管理的部门进行了网上注册和录入，上报事故隐患72554条，已整改72011条，整改率99.3%。

【安全生产行政执法】 按照年度执法检查计划和《安全生产行政执法检查表》19大项113小项内容，开展规范化执法检查。突出事前执法，先后开展安全生产许可证到期企业、职业危害、危化品建设项目、化工集中区冬季安全等专项检查，检查生产经营单位6370家，立案查处184起，罚款735.13万元，提请关闭非法违法企业3家。其中，市级安监支队执法检查企业167家，立案查处44起，罚款118.24万元。

【安全生产培训教育】 加强市考核中心和县级考试点等培训基础建设，新建的市安全培训教育中心投入使用，进一步改善培训条件。突出抓好企业主要负责人、安全管理人员和特种作业人员“三项岗位”人员的法定安全培训，开展送教上门、按需培训、韩资企业负责人安全法律法规培训班、事故警示教育培训班等活动，与工业园区、重点企业联合开展以班组长和一线员工为重点的全员安全培训。全面推进教考分离，实行理论考试无纸化、实操考核模块化。开展教育培训和培训机构的专项检查，以查促培，不断提高培训的覆盖面和质量。全年培训安全“三项岗位”人员34765人次，其中生产经营单位主要负责人、安全生产管理人员29400人次，特种作业人员5365人次。培训基层安监人员224人。

【安全生产大检查与打非治违】 2013年，全市共检查生产经营单位26475家，排查事故隐患72553条，整改69490条，整改率96%，落实整改资金1928万元；打击非法违法和和治理纠正违规违章行为222545起（道路交通207516起），责令停产、停业、停止建设732家，关闭非法违法企业30家。11个市级挂牌督办的重大事故隐患，除盐都区水产路面隐患需要结合省重点水利县驳岸工程共同推进，尚未全部铺设完成外，其他10个市级挂牌督办的重大隐患已整改销号。

【安全生产专项整治】 在餐饮场所燃气使用方面，执法检查餐饮单位9621家，排查整治隐患1039条。在道路（水上）交通方面，全市所有三类以上客运班线客车和旅游包车全部安装使用GPS监控系统，清理个体挂靠经营线路50多辆和不符合安全技术要求的危险货物运输车辆68辆；推进乡镇渡口“救生衣工程”，全市137道渡口统一发放了救生浮具，新增4道重点渡口的视频监控，排查整治水上安全隐患129条。在建筑施工方面，重点监控起重设备运行，深基坑、高支模、脚手架等重点环节，排查整改隐患6793条，实现全市5620台建筑起重机械网上备案“挂牌上岗”。在农机方面，创建“平安农机示范县”2个、“平安农机示范乡镇”7个、“农机示范村”85个，成为全省首个国家级“平安农机示范市”。在消防方面，全面排查三级以上消防安全重点单位，排查整治火灾隐患27744条，临时查封单位159家，责令“三停”单位192家。在海洋渔业方面，严格检查港口“三无”、“三证不齐”渔船，检查涉渔单位82家次，排查整治事故隐患727条，打击和取缔非法违法行为165起。在压力容器方面，开展小锅炉及快开门压力容器专项整治，排查整治安全隐患149个，办理小锅炉、压力容器使用登记证846份。在危险化学品领域，开展“两重点、一重大”的自动化改造，108家重点监管危化品企业已有106家完成自动化改造工作。

【职业健康监督管理】 深入开展作业场所职业危害专项整治工作，监督检查木制家具制造、水泥、铅酸蓄电池、危化品、电镀、船舶修造、节能照明、皮革箱包制鞋、电子产品制造等9个行业1021家职业危害重点企业，排查整治职业危害隐患2012条，责令限期整改179家企业。积极开展职业卫生基础建设活动，试点的10家示范企业已基本达到验收条件；开展职业卫生专项教育培训，培训企业主要负责人、分管负责人和职业卫生管理人员10500人；持续深化作业场所职业危害申报、职业卫生“三同时”等工作，职业危害申报备案企业4192家，25家企业通过职业卫生“三同时”，发放9家木制家具企业职业卫生许可证。将“1＋3”安全监控工作体系与安全标准化相结合，着力推广“职业危害告知卡”，悬挂事故隐患和危害警示牌，督促企业和职工严格执行操作规程，降低危害风险。

【安全源头管理】 全年共召开专家审查会86次，审查危险化学品、烟花爆竹建设项目和许可证419件，其中建设项目82件、许可证254件、备案83件。建立烟花爆竹市场产品准入机制，公布符合条件的74家企业，开展零售网点规范化管理创建工作，落实烟花爆竹配送管理制度，推进批发经营连带安全管理责任制。加快化工集中区安全管理一体化建设，大丰港石化新材料产业园和滨海经济开发区沿海工业园北区实现了封闭化管理。加大重点区域内的化工生产企业尤其是安全距离、自动化控制等安全生产条件整治力度。

【安全生产经济政策】 2013年，全市投保安全责任险企业164家，保费总额333万元；存储风险抵押金企业84家，金额2347万元。对危险化学品、烟花爆竹、民爆器材、造（拆）船、冶金机械等5个行业的安全责任保险进行了第二轮公开招标，择优确定了4家保险公司组建共保体。

【安全生产宣传】 2013年市级用于安全生产宣传费用165万元，先后组织开展了安全生产月、市区联动集中宣传、安全文艺汇演，播放安全生产公益广告或流动字幕，发布安全生产公益短信，参加“安康杯”知识竞赛，举行《职业病防治法》宣传周和安全文化进企业、进社区、进校园等一系列活动。以“不断夯实安全生产基础、持续提供安全生产保障”为主题在《盐阜大众报》进行了双版宣传，加大在平面媒体的宣传力度。盐都区情景剧《一堂特别的安全课》被选送国家安监总局参加汇演，5家单位被评为全国知识竞赛优胜单位。开展安全文化建设示范企业、安全社区、安全生产青年示范岗创建活动，达到市级安全文化示范企业的31家单位，择优推荐5家企业、4家乡镇、4个企业班组申报省级安全文化示范企业、安全社区和青年示范岗。

【安全生产应急管理】 加强应急救援基础建设，4个化工集中区和建湖开发区建立了园区专门消防站，在市安全生产保障中心预留了市级应急救援信息平台的场所，待省标准出台后即行建设。开展应急资源数据库建设和应急资源普查工作，1794家企业进行网上注册录入，成立各类应急队伍489个，拥有应急救援装备852件，物资装备储备库67个，聘请应急专家209人。重新修订完善了《盐城市工矿企业生产安全事故应急预案》和《烟花爆竹生产安全事故应急预案》，其他重点行业按照市政府的统一要求也进行了修订。

【事故报告及调查处理】 下发了《关于进一步加强事故信息报告的通知》，重点对一般事故信息报告程序和要求进行明确。对发生的较大以上事故，及时报送省安委会。在事故多发时段和每季度，及时通报事故情况，进行警示。强化事故责任追究，经市政府常务会讨论和审定，出台了《盐城市生产安全事故行政问责暂行办法》，进一步明确事故问责的范围、程序和要求。按照“四不放过”的要求，严肃进行事故调查处理，追究刑事责任3人，给予党纪处分1人、行政处分16人。

（吴涛）

扬　州　市

2012年

【概况】 2012年，扬州市继续深入开展“安全生产年”活动，加强安全生产责任制和企业安全生产标准化达标建设，开展安全生产领域专项整治、打击非法生产经营和治理违章专项行动，组织开展安全生产监管执法检查和事故隐患排查治理，营造全社会安全生产宣传教育的舆论氛围，推动落实安全生产属地管理责任、部门监管责任和企业的主体责任，全市安全生产形势持续稳定好转。全年发生各类事故868起，死亡380人，重伤467人，经济损失2648万元，较上年同期分别下降10.2%、1.8%、19.3%、0.23%。

【大事记】

1月16日，市政府召开全市安全生产工作会议。

1月17日，常务副市长张爱军带队检查节前安全生产工作。

2月8日，市安监局召开干部能力作风建设推进会。

2月26日，国家安监总局宣教中心副主任贺定超、省安监局副局长喻鸿斌一行对江苏扬汽集团创建“全国安全文化建设示范企业”进行检查验收。

3月2日，副市长孔令俊到市安监局调研安全生产工作。

3月9日，市安监局召开全市职业卫生监管工作会议。

3月19日，市安监局召开全市危险化学品安全监管和行政许可工作会议。

4月10日，市安监局召开全市烟花爆竹安全生产工作会议。

4月27日，副市长孔令俊带队检查企业节前安全生产工作。

4月28日，副市长王少鹏带队对消防重点单位及场所进行节前安全生产检查。

5月7日，全市安监局长会议在仪征召开。

5月10日，市安监局召开全市隐患排查治理工作会议。

5月18日，市安监局召开职业病防治工作联席会议。

5月24日，市安监局在开发区召开全市木制家具试点企业职业卫生安全许可证发放暨许可工作推进会。

6月10日，市安委会举办2012年“安全生产月”宣传咨询日活动。

6月20日，市安监局局长马群出席并观摩扬州远扬国际码头有限公司组织开展的大型集装箱起重机械防台风应急实战演练活动。

6月21日，市安监局会同市发改委、港口局，对中石化扬州石油分公司头道桥油库开展专项督查。

7月10日，全市冶金等工贸企业安全生产标准化建设暨“打非治违”工作推进会在江都区安监局召开。

7月12日，市安监局在仪征召开全市危险化学品安全监管和行政许可工作会议。

8月13日，全市安监系统事故隐患排查工作布置会在市委党校会议中心召开。市安监局局长马群出席会议并作重要讲话。

8月14日，省“四项排查”工作第六督查组对扬州市开展隐患排查治理工作情况进行督查。

9月24日，市安监局会同市消防支队、广陵区安监局等对“京杭之心”世界运河名城博览会相关活动场所及设施进行检查。

9月27日至29日，副市长丁纯、王智勇、丁一、董玉海、闻道才分别带队检查全市中秋、国庆节前安全生产工作。

10月12日，市安监局局长熊佳芝调研指导广陵区安全生产工作。

10月15日，市安监局局长熊佳芝调研指导邗江区安全生产工作。

10月16日，省“四项排查”工作督查组对仪征市进行督查。

10月29日，扬州市职业病防治工作联席会议2012年第二次会议在市疾控中心召开。

11月6日，市安监局局长熊佳芝带队督查并调研江都区安全生产工作。

11月6日，市政府第三督查组对广陵区开展安全生产大检查的情况进行督查。

11月7日，市政府第六督查组对开发区安全生产工作进行督查。

11月16日，扬州市安监局获“神华杯”全国危险化学品安全法规知识竞赛优胜单位表彰。

11月20日，市安监局局长熊佳芝带队调研指导高邮市安全生产工作。

11月27日，市安监局局长熊佳芝主持召开局党组（扩大）会议，专题研究市安全生产监察支队体制机制及管理方式等事项。

12月6日，市安监局局长熊佳芝带队调研宝应县安全生产工作。

12月15日至20日，市安委会组织各部门组成5个考核组对全市6个县（市、区）和4个管委会2012年度安全生产目标管理工作进行考核。

12月27日，省安全生产培训考试考核中心检查组对扬州市安全生产培训考试考核中心建设情况进行检查验收。

【安全生产责任制建设】 市委、市政府将事故隐患排查治理和企业负责人、安全管理人员和特种作业人员培训考核两项重点工作纳入关注民生的1号文件，每月跟踪督办。市委连续两年把安全生产责任制落实情况列为县（市、区）党政正职履职考核指标内容，发生重大安全生产责任事故实行“一票否决”。

【安全生产标准化工作】 市安监局贯彻落实《国务院关于进一步加强企业安全生产工作的通知》（国发〔2010〕23号）精神，根据《企业安全生产标准化基本规范》，按照“政府领导、部门指导、企业负责、典型引领、中介服务”的工作模式，部署推进企业安全生产标准化工作。组织讲师团巡回讲授，培训指导1800多名安全生产标准化外部评审员和企业内审员。制作《企业安全生产标准化资料》光盘5000余张，免费发放给企业。2012年，经企业申请，专门机构外部评审及省、市安监局审核确认，全市有835家规模以上工业企业达到安全生产标准化三级，7家企业达到安全生产标准化二级标准。

【安全生产专项整治】 2012年，扬州市继续开展道路交通、消防、危险化学品、烟花爆竹、建筑施工、船舶修造、煤矿、水上交通、农机、职业危害、燃气、特种设备等12个重点行业领域安全生产专项整治。市安委会明确各牵头部门制定整治方案推动组织实施，及时协调督查推进安全生产专项整治工作。市安监局牵头危险化学品专项整治，全市重大危险源单位79家，累计87个重大危险源。其中48家危险化学品单位，51个重大危险源；城镇燃气27家，32个重大危险源；危险化学品港口仓储企业4家，4个重大危险源。按照《危险化学品重大危险源管理规定》（国家安监总局40号令）界定的范围，全部实施危险化学品重大危险源评估分级备案。全市安监部门查处非法生产经营单位建设单位24家，关闭取缔4家，责令停产停业整顿9家，实施经济处罚24家，累计处罚46.7万元。烟花爆竹安全生产专项整治，重点打击私产、私销、私运、私储（简称“四私”）行为。职业危害专项整治，市安监局经过调查将五大行业企业共151家列入整治。完成企业职业危害知识培训、申报、管理制度、告知、检测、健康检查等工作。印发《企业职业卫生事项告知承诺书》8000份，发放到规模以上企业和职业危害重点行业企业，由企业主要负责人签字盖章后报送属地安监局。

【开展职业卫生现状情况专项调查】 市安监局组织对全市企业职业卫生情况进行专题调查。据调查统计，全市现有涉及职业危害的企业2.04万家，从业人员59.1万人。其中职业危害严重的企业0.28万家，从业人员12.3万人；较重的1.31万家，从业人员36.7万人。作业场所职业病危害因素93种，主要是粉尘、化学毒物、重金属和物理性危害因素等四大类。涉及职业危害岗位14.7万人。

【安全生产检查和隐患整改】 全年检查企业1983家，责令限期整改事项2832个，立案查处58起，完成危险化学品建设项目“三同时”审查34个，否决一批高风险、高污染、高危害的项目。全市组织开展“打非治违”专项检查，组织1929个检查组、7900多人次，检查企业10136家，打击非法违法、治理纠正违规违章行为5万多起，其中查处无证或证照不全15659起，作业规程不完善2828起，隐患排查治理制度和措施不健全2441起。关闭非法违法企业32家，行政拘留161人，经济处罚1772.7万元。全市参与排查治理隐患企业单位42275家，累计排查一般隐患157548项，整改155788项，整改率98.9%。排查治理并挂牌督办整改重大隐患43项，其中市级挂牌二级隐患5项、县（市、区）及园区挂牌三级隐患38项。

【安全生产监察执法】 2012年，扬州市安全生产监察支队对企业实施安全生产监察416家次，抽查县（市、区）企业30家，制作《现场检查记录》238份，对176家企业下达《责令限期整改指令书》196份，整改项目1250条，复查到期整改企业168家，下达《整改复查意见书》189份，完成整改项目1210条，到期整改率100%。依法对27起违法违规行为进行查处，实施行政处罚27例，其中一般程序13例，简易程序14例。

【安全生产宣传教育培训】 组织开展以“关爱生命、安全发展”为主题的“安全生产月”活动，组织全市26000多名职工参加全国“神华杯”危险化学品安全法规知识竞赛，获得国家安监总局表彰。联合扬州市广电网络公司举办“安全知识有奖答题”活动，全市5万多有线电视用户家庭参与竞答活动，经现场抽取85名获奖用户，获得一等奖5名、二等奖10名、三等奖20名、纪念奖50名。全市培训考核企业“三项岗位”人员36916人，其中市直企业负责人、安全生产管理人员1388人，特种作业人员7557人。培训企业班组长、农民工等从业人员4000多人。

2013年

【概况】 2013年，扬州市扎实开展安全生产大检查、隐患排查治理、专项整治、打击非法生产经营和治理违章专项行动、企业安全生产标准化达标建设、安全生产宣传教育等重点工作，全市安全生产形势持续稳定好转。

【大事记】

1月8日，市安委会召开主任会议。

1月16日，市安监局领导走进扬州市广播电台“行风热线”节目，与听众和网友探讨职业卫生有关话题。

2月4日，副市长闻道才带领市安监局、建设局、消防支队等有关部门负责人检查化工园区春节前安全生产工作。

2月5日，市政府召开全市安全生产工作会议，会议通报了2012年全市安全生产工作完成情况和2013年重点工作。

2月17日，市安监局召开干部队伍能力作风建设会议。

2月20日，市安监局制定局领导干部挂钩服务重点单位（企业）方案，明确了26家单位（企业）作为局领导挂钩服务的单位。

2月26日，市安监局召开全市安全生产监察执法工作会议。

2月26日，市安监局局长熊佳芝出席市安监支队建立5周年岗位练兵成果汇报会并讲话。

3月1日，市安监局局长熊佳芝走访挂钩服务重点单位（公司）金茂化工集团和扬农集团，听取安全生产工作情况汇报并检查企业生产现场。

3月4日，市安监局召开全市安全生产标准化工作座谈会暨职业卫生监管工作会议。

3月12日，市安监局召开全市危险化学品安全监管和行政许可工作会议。

3月13日，市安委会副主任、安监局局长熊佳芝到市公安局交巡警支队调研道路交通安全监管工作。

3月25日，市安监局局长熊佳芝到市经济技术开发区调研安全生产工作。

4月12日，市安全生产责任保险工作领导小组办公室召开全市安全生产责任保险工作推进会。

4月15日，市安监局召开规模以下企业安全生产标准化三级达标评审标准座谈会。

4月19日，全市安全生产宣传文化建设工作会议在邗江区召开，市安监局局长熊佳芝出席会议并讲话。

4月27日至29日，副市长张宝娟、孔令俊、闻道才、丁一、丁纯、董玉海分别带队进行“五一”节前安全生产工作检查。

5月10日，市安监局召开全市安全生产综合监管和烟花爆竹安全监管工作会议。

5月24日，市安监局在扬州石化有限责任公司召开“江苏油田突发火灾重大涉险事故应急演练协调会”。

6月9日，市安委会在扬州市美术馆门前广场举办“安全生产月”咨询日暨“扬建杯”安全文化书画摄影展揭幕仪式。

6月13日，市政府召开全市安全生产会议，市长朱民阳、副市长孔令俊、秘书长何金发出席会议。

6月20日，扬州市在江都区举行江苏油田石油罐区突发火灾重大涉险事故应急演练。

6月21日，市长朱民阳带队到扬州中燃气门站、和美第小区、汽车西站、市消防支队等重点场所和单位检查安全生产工作。

7月3日，市委书记谢正义带队到化工园区重大项目和安全生产工作进行调研。

7月9日，常务副市长丁纯带队到扬州九洲物流集团、红星美凯龙、京华城集团开展安全生产大检查。

7月16日，市委书记谢正义带队检查瘦西湖隧道施工现场、市燃气公司、京华城及扬农集团安全生产工作。

7月24日，扬州市组织收听收看国务院安委办召开的石油化工企业石油库和油气装卸码头安全专项检查视频会议。

7月30日至8月5日，市安委会第八督查组分别对市矿务局、粮食局、市建工控股公司、中石油扬州分公司开展安全生产大检查督查。

7月30日，市安监局局长熊佳芝带队督查城建控股集团安全生产工作。

8月1日，副市长丁一带队督查全市重点交通工程施工现场安全生产工作。

8月17日，市安监局组织6个暗查执法组开展安全生产大检查暗查。

8月19日至20日，省安委会第十综合督查组对扬州市安全生产大检查工作进行督查。

8月21日，市安监局召开全市隐患排查治理体系建设推进会。

8月23日至24日，市安监局召开全市安监局长座谈会。

9月13日，市安监局赴宝应县开展安全生产暗查工作。

9月27日，副市长孔令俊带领市安监局、质监局、消防支队等相关部门人员检查企业国庆节前安全生产工作。

9月29日，市政府副秘书长仲衍书带队检查瘦西湖景区等国庆节前安全生产工作。

10月5日，市安监局局长熊佳芝带领市安监局、旅游局、消防支队有关人员分别对景区、娱乐场所安全情况进行检查。

10月25日，市安监局正式开通“12350”举报投诉电话。

10月30日，市安全生产责任保险工作领导小组办公室召开三季度工作总结和四季度工作部署会议。

11月15日，市安监局召开全市烟花爆竹安全监管工作会议。

11月19日，市安监局召开全市危险化学品安全监管工作会议。

11月25日，市安监局负责人走进“12345”政风行风热线，在线与听众网友沟通交流。

12月5日，市安监局召开全市安监局长座谈会。

12月12日，市安监局召开2013年度安全生产重点调研成果汇报会。

12月30日，扬州市召开烟花爆竹安全监管工作联席会议。

【安全生产责任制建设】 2013年，扬州市委、市政府印发1号文件，其中将规模以上企业全部通过安全生产标准化三级或以上达标评审，重大事故隐患挂牌督办整改率达100%，确保全年各类安全生产事故控制在省定目标以内，作为市委、市政府强化党管安全工作，考评年度幸福民生工程的重要内容，每月跟踪督查。连续三年把安全生产责任制落实情况列为县（市、区）党政正职履职考核的专项指标，发生重大安全生产责任事故实行“一票否决”。

【安监机构能力建设】 扬州市从增加人员编制、配备执法装备、落实安监人员岗位待遇等方面不断加强安监队伍机构能力建设。明确市财政部门拨专项资金，为市安监局统一配备监察执法工作制服，县、乡二级安全生产监管执法人员由所在地地方政府根据规定安排配备监察执法工作制服。全市有435名监管监察人员配备了执法服装，并按规定全市安监系统实施特岗津贴。

【安全生产标准化工作】 市安监局按照“分行定标、分类指导、分层考核、分级管理”的要求，进行分片推进、对口指导，加强对各地、各行业主管部门标准化建设工作的协调指导和督促检查。组织专家编制《扬州市企业安全生产标准化基本规范评分细则》、《扬州市船舶修造企业安全生产规范化评分细则》、《扬州市规模以下企业安全生产标准化三级达标评分细则》以及相关的基本制度和安全规程，制成统一的光盘免费发放给企业作为创建达标参照依据。2013年度，全市新增安全生产标准化一级企业3家、二级企业20家、三级企业964家。

【安全生产专项整治】 2013年，市安委会继续开展14个重点行业领域安全生产专项整治，明确各牵头部门制订整治方案推动组织实施。在危险化学品专项整治中，开展第二批重点监管工艺的普查和改造，对未经正规设计的化工装置进行安全诊断，全面查找整改装置设计的问题，消除安全隐患，完成全市99家企业中的269套未经正规设计的化工装置安全设计诊断和整改工作。实施完成重大危险源常态化监管，开展新一轮危险化学品重大危险源的辨识、评估、分级、登记建档工作。在烟花爆竹安全生产专项整治中，重点提升批发企业安全生产标准化水平，严格执行安全生产设施同时设计、同时施工、同时投入生产使用规定，安监局联合公安局和工商局取缔24家无证经营销售点。职业卫生专项整治，开展了化工、冶金、电镀、建材等重点行业治理，重点落实企业职业病危害防治主体责任。全市227家职业危害重点整治企业，全部开展自查，查出隐患683项，整改621项，整改率90.1%，投入整改资金553.5万元，职业卫生培训率100%，职业危害项目申报率100%，职业卫生项目“三同时”执行率100%，职业危害因素检测率91.2%。

【安全检查和隐患整改】 全年累计执法检查生产经营单位2022家次，查出各类安全生产隐患10435项，依法下达《责令限期整改指令书》2435份，整改复查率100%，处罚141起违法违规事项，处罚金额177.5万元，按期结案率100%。全市共有41756家生产经营单位开展隐患排查治理工作，查出一般隐患140442项，已整改138147项，整改率98.4%。投入整改资金1.56亿元。市、县分级挂牌督办重大事故隐患17项，均已按期整改到位。6月起，扬州市部署开展为期4个月的安全生产大检查，成立了由市长朱民阳任组长，21个监管部门负责人为成员组成的安全生产大检查领导小组。大检查期间，全市共查出各类隐患和问题97697项，已整改96426项，投入整改资金10296.8万元，整改率98.7%。

【安全生产监察执法】 市安全生产监察支队（简称安监支队）组织对市直199家生产经营单位依法进行安全监察，累计监察324家次，帮助企业排查隐患1142项，依法对120家企业下达《责令限期整改指令书》129份，涉及整改事项580条，按期整改复查率100%。组织开展安全培训、职业卫生和隐患排查治理等三个专项监察执法，建立健全70家涉氨企业基础档案。依法抽查36家县（市、区）所属企业，查出各类隐患647项。全年依法对53起安全生产违法违规行为进行查处。在安全生产监察过程中，市安监支队开展交叉回访服务，帮助企业解决安全生产工作中的难点问题，发放《能力作风情况满意度调查表》92份，经企业反馈满意率100%。市和县（市、区）安监局依法下达《责令限期整改指令书》362份，涉及整改事项2435项，累计处罚违法违规行为141起，处罚172.83万元。全市435名在编在岗执法人员全部按照规定配置执法服装，执法装备得到进一步改善和提升。市安监支队在全市开展“安全监察执法促进年”活动，启动市县安全监察执法机构联动机制，首次开展专项监察，对100家企业安全培训情况进行专项执法检查，发现各类隐患657项，实施行政处罚14起；专项监察全市涉氨制冷企业，建立70家涉氨制冷企业基础台账。首次推行电子执法文书，全市6个县(市、区)全部使用电子化执法文书。首次试行说理式执法，在各地办理的113起一般程序行政处罚案件中，形成说理式执法文书104份。

【安全生产责任保险】 市安全生产责任保险工作领导小组和市安责险工作领导小组办公室已连续三年推行安责险工作，全市实现了危化品、船舶修造、烟花爆竹、冶金电力、人员密集场所等高危重点行业领域安责险全覆盖。全年共有477家企业参加保险，参保29735人，缴纳保费866.4万元，全年理赔支付431.1万元。

【安全生产宣传教育】 组织开展以“强化安全基础、推动安全发展”为主题的“安全生产月”活动，举办“安全生产月”咨询暨“扬建杯”安全文化书画摄影展揭幕和安全生产监察执法人员着装仪式。组织机关志愿者进社区宣传安全生产知识，邗江区邗上街道通过“江苏省安全社区”初步评审。全市开展“打非治违”知识竞赛、“同煤杯”安全发展战略知识竞赛，获得“全国优胜单位奖”。每年通过新闻发布会、行风热线、“12345”等平台加强与市民群众的互动交流。

【安全生产培训】 2013年，全市经培训考核企业负责人、安全生产管理人员和特种作业人员（简称“三项岗位”人员）37902人，企业班组长101人并取得相应的资格证书和操作证。市安监局督促培训机构加大教学设备投入和培训实操场所建设，培训机构的质态有了明显提升。扬州市安全生产培训基地投入资金30多万元，新增标准化教室3间、电脑100台，新建高压电工和登高作业实操场所2个。全年安排25名任课教师参加省安监局组织的培训。目前，全市7家安全培训机构共有专（兼）职教师168名，经省安监局培训合格的各特种作业工种持证上岗的教师119名。

【安全生产应急救援】 市安监局强化生产经营单位应急救援预案的编制、修订、备案和演练工作，及时修订印发《扬州市工业企业较大事故应急救援预案》。6月20日，省安委会办公室、扬州市安委会和中石化江苏油田分公司联合主办，市安监局、江都区政府和扬州石化有限公司承办，在江都区举行了“江苏油田石油罐区突发火灾重大涉险事故应急救援演练”。演练模拟石油化工企业发生气体泄漏后产生静电导致爆燃事故，相关企业、江都区政府、扬州市政府分别启动相应级别的安全生产应急救援预案。通过演练检验了应对处置突发事故的综合协调能力和实战救援能力，取得了预期效果。市安监局为及时了解掌握违法违规事项和突发事故的信息，便于迅速处置各类事故，开通了“12350”安全生产举报热线电话，实行领导带班，24小时专人在岗值班值守，保障信息畅通，处置突发情况及时。

【安全生产专家工作】 市安监局根据市政府印发的《扬州市安全生产专家工作制度》的要求，确定扬州市第二届市级安全生产专家111人，由石油化工（烟花爆竹）、矿山冶金、机械电力、船舶修造、职业卫生、交通运输、建筑施工、火灾消防、特种设备等10个专业组组成，并以文件形式公布专家名单。市级安全生产专家在参与全市各行业的安全生产大检查、安全生产标准化评审、职业卫生、隐患整改和事故调查工作中发挥了专业技术支撑作用。

（焦同林）

镇 江 市

2012年

【概况】 2012年，镇江市认真贯彻落实国务院和省政府关于安全生产工作的重要决策部署，牢固树立“科学发展、安全发展”理念，以安全隐患排查治理和企业标准化创建为抓手，深入开展“安全生产年”活动，集中开展“打非治违”专项行动，认真落实“四项排查”工作，全面构筑安全生产责任网、监督网、保障网，实现了生产安全事故起数和死亡人数连续11年“双下降”。

【大事记】

1月17日，市政府召开全市安全生产工作会议。

2月14日，国家安监总局一司副巡视员张炳曾到镇江市调研非煤矿山法律法规和标准体系建设。

3月5日，代市长朱晓明到市安监局检查指导工作。

3月28日，市委常委、纪委书记孙健到市安监局调研指导工作。

3月29日，市安全生产协会召开联席会议。

4月7日，省安监局副局长喻鸿斌参加“安全生产志愿者在行动”活动启动仪式。

5月17日，市政府召开常务会议，研究一季度安全生产工作。

6月1日，市安委会在镇江图书馆举办“安全生产月”启动仪式。

7月6日，市安全生产宣传教育中心正式挂牌运行。

8月2日，市委常委、新区党工委书记李小平到镇江新区督查安全生产工作。

9月7日，省住建厅副厅长宋如亚带领省“四项排查”工作督查组检查丹徒区安全隐患排查工作部署情况。

10月23日，全市安监局长座谈会在丹徒区召开。

11月5日，市长朱晓明、副市长王常生到市安监局检查指导工作。

12月18日，省安监局局长王向明到丹阳市调研安全生产工作。

【“打非治违”专项行动】 从4月中旬开始，按照国务院和省政府统一部署，镇江市认真组织开展“打非治违”专项行动，严厉打击各类非法违法生产经营建设行为。市安委会成立7个督查组，对各辖市区和市属14个重点部门，通过开展4次督查和4次点评推进会，推动全市“打非治违”专项行动有序开展。行动期间，全市共出动8660个检查组次，执法人员22055人次，检查企业16322家次，警告7531家次，责令改正、限期整改、停止违法行为25459起，没收违法所得、非法生产设备9起，责令停产、停业、停止建设301家，暂扣或吊销有关许可证、职业资格118个，关闭非法违法企业10家，行政拘留11人，移送追究刑事责任7人，行政处罚金额635.7万元。

【非煤矿山专项整治】 2012年，全市共进行6次市级非煤矿山安全专项检查，发现安全隐患813处，提出整改意见800多条；发出检查记录、整改通知书和专项检查意见书等执法文书163份，责令瞒报事故单位停产整顿1家，行政处罚355万元；会同国土、公安等职能部门查处矿山非法开采加工点25处（家），治安处罚25家（其中治安拘留5人、刑拘3人）。

【危险化学品生产企业专项整治】 在危险化学品生产企业专项整治中，全市共检查危险化学品企业2567家次，下达执法文书238份，排查隐患3672个，整改3512个，完成整改率为95.6%，全市共处罚49.9万元。

【冶金等工贸行业专项整治】 制定并下发了《冶金等工贸行业安全生产专项整治工作方案》的通知，组织与会人员学习《全市冶金企业安全生产专项整治工作方案》，专门邀请有关技术专家向冶金等工贸行业的主要负责人、技术骨干和从业人员讲解炼铁、炼钢、轧钢、热处理和安全规程等知识。先后5次组织有关部门对全市冶金等工贸行业安全生产工作实施了监督检查，下达隐患限期整改指令书5份，制作现场检查笔录8份，邀请省市有关安全生产专家对全市冶金等工贸行业进行了专门检查和技术指导。检查中发现各类安全隐患67处，责令企业整改64处，整改率约为95%。

【安全生产事故应急救援演练】 全市先后开展了危险化学品、非煤矿山、船舶修造、烟花爆竹、建筑施工、道路交通、水上交通、城市燃气、人员密集场所及高层建筑、医疗卫生、学校等重点行业（领域）的安全生产快速应急处置的演练活动。演练800余次，发放各类应急宣传资料5000余份。

【安全生产宣传教育】 镇江市扎实开展安全生产宣传教育活动，并做到“六结合”，与“安全生产月”活动相结合、与“打非治违”活动相结合、与“安全生产志愿者在行动”相结合、与“安全生产服务行”相结合、与教育培训工作相结合、与日常工作相结合。

【“安全生产执法月”活动】 针对春节后农民工返城和夏季高温事故多发的特点，镇江市分别在3月份和6月份，组织开展了“安全生产执法月”行动，全市共出动执法人员1540余人次，对4200多家生产经营单位开展了安全生产集中执法检查，立案查处136家，下达限期整改指令书1450多份，严厉打击了安全生产领域的违法违规行为。

【“四项排查”工作】 8月份，省委省政府部署开展“四项排查”工作后，镇江市通过建立例会制度、通报制度、督办机制、问责机制狠抓落实，市安委会成立1个综合督查组和8个督查指导组，由市安监局领导班子和市公安局分管领导分片包干，带队对7个辖市区和21个重点部门开展了为期3个月的安全隐患排查的督查工作，每周的督查时间都确保不少于2个工作日。“四项排查”期间，全市共排查生产经营单位16195家次，一般隐患18227条，其中已整改18020条，整改率达98.8%，列入市级挂牌督办的15家重大安全隐患已全部整改。

【出台《镇江市厂（场）内机动车辆安全管理工作指导意见》】 市安委会出台《镇江市厂（场）内机动车辆安全管理工作指导意见》。《意见》对此类机动车辆从概念上予以明确界定，将其分为十大类，并提出了18项安全技术基本要求，尤其在安全技术培训方面提出了必须培训合格后方可上岗的相关要求，并统一规范了培训内容。对租赁双方签订的合同中，必须要有明确各自的安全责任以及维护保养和维修职责的相关内容，《意见》还从八个方面规定了租赁双方所要履行的职责。同时，对此类机动车辆的检测检验、操作规程和健全各项规章制度等方面都作出了明确的规定。

【安全生产信息化建设】 镇江新区安全隐患排查治理信息化平台在全省全面推广，其他辖市区正在以企业事故隐患自查自报系统为基础，积极推进先进适用的事故隐患排查治理系统建设。市安监局还组织研发了“安全生产标准化创建信息管理系统”，运用信息化监控平台，使企业的标准化创建真正做到常态化、制度化。

2013年

【概况】 2013年，镇江市以“两个强化、八个提升”为目标，勇于创新，真抓实干，强化监管，注重实效，安全生产形势总体稳定趋好，事故起数和死亡人数均低于省控指标，连续12年实现了“双下降”。

【大事记】

1月6日至7日，省安监局党组成员、巡视员刘振田率省安全生产目标管理第四考核组到镇江市考核2012年安全生产目标管理责任制完成情况。

1月24日，市政府召开全市安全生产工作会议。

1月31日，副市长王常生带领市经信委、安监、交通等相关部门负责人对春节前安全生产进行专项检查。

3月5日起，镇江在全市范围内开展为期一个月的安全生产隐患排查执法行动。

4月11日，市安监局召开全市安监系统宣传工作会议。

5月30日，市安委会成立7个督查小组对各辖市区、市各有关部门安全生产大检查及相关工作进行全面督查。

6月3日，市安委会举办2013年安全生产月宣传咨询日活动。

7月1日，市安监局召开全市安全生产“双十佳”表彰大会暨执法人员统一着装仪式。

7月4日，省安监局局长王向明到镇江市检查指导安全生产工作。

8月28日，镇江市安全生产协会职业健康专业委员会召开成立大会。

9月26日，市委常委、常务副市长张洪水开展安全生产检查。

10月16日，全市安全生产行政执法工作座谈会召开。

11月12日，省安监局局长王向明调研镇江市隐患排查体系建设工作。

11月14日，市政府召开全市基层安全监管规范化建设推进会暨前三季度安全生产工作点评会。

12月5日，市安监局召开安全生产标准化评审机构工作会议。

【建立市委常委安全生产联系点制度】 贯彻落实习近平总书记关于安全生产“党政同责、一岗双责、齐抓共管”的指示精神，市委召开常委会专题研究安全生产工作，实行每半年“议安”制度，每年两次专题研究安全生产工作，遇有中央和省委省政府发布重大决策部署时，及时纳入当月常委会议题进行研究部署。同时，建立市委常委联系点制度，明确市委常委安全生产联系点工作职责；每位市委常委按照工作分工，分片挂钩联系，参加联系点的重大安全生产活动，指导和督促联系点做好安全生产工作，并以市委办1号文件下发各辖市区执行。

【实行月调度季考核机制】 根据区域特点、行业特点和季节性特点，突出事前预防，加强过程管控，建立月调度、季考核工作机制。市政府建立“市长月调度”工作机制，每月研究安全生产工作。市安委会建立季度考核机制，按季考核并将考核结果予以通报，做到每月有调度、每季有考核、绩效有评价、全程有控制。

【推进安全生产标准化达标创建】 镇江市采取分片联系、领导带队、“集中签约、集中申报、集中评审”制度和工伤保险费率优惠制度等一系列有效措施，1116家规模以上工贸企业完成安全生产标准化创建工作。

【应急管理】 加强安全生产应急专家库建设，充分发挥专家在安全生产应急管理工作中的技术支撑作用，完成专家组的换届。目前，镇江市安全生产专家库共有专家四大类53名，其中：危险化学品救事故救援类19名，职业卫生事件救援类7名，工矿事故救援类17人，交通建筑事故救援类10人。

【应急救援演练】 7月5日，镇江市承办省安全生产委员会和镇江市人民政府主办的2013年危险化学品重大涉险事故应急演练。演练模拟奇美化工丁二烯球罐发生泄漏后起火为事故场景，贯穿了事故突发、企业自救、启动市政府救援预案、人员疏散、事故升级、环境监测、消防总攻、人员装备洗消和汇报战果等全过程，公安、消防、海事、环保、卫生和企业急救分队等10个应急救援队伍力量，消防救援车、环境监测车、医疗救护车、危险化学品运输车、危险化学品应急救援装备配备参演，副市长王常生担任演练总指挥，各省辖市安监部门负责人、镇江市各辖市区政府领导和各安委会成员单位负责人、企业代表共同观摩了演练活动。

【基层监管机构和执法队伍建设】 进一步强化乡镇安监机构建设，加快基层安监队伍规范化建设步伐，市政府第15次常务会议研究通过《加强乡镇（街道）安全监督管理规范化建设的意见》，同时市安委会制定出台《镇江市乡镇（街道）安全监管规范化达标创建活动方案》和《基层安全监管规范化建设先进单位评审方案》，全面推进基层安全监管规范化建设。

【安全监管监察效能】 进一步提高安全生产监察执法水平，市安监局以深入开展“安全生产监察执法能力建设”为契机，着力提高监察执法执行力、威慑力、公信力，增强安全生产监察执法效能，切实树好安全生产监察执法形象，促进全市安全生产形势持续稳定好转。全市安全生产监察执法过程中实现零投诉。

（章群）

泰 州 市

2012年

【概况】 2012年，泰州市坚持“安全第一，预防为主，综合治理”的方针，突出基层基础建设，切实强化监督管理，安全生产形势总体稳定。全市累计发生各类安全生产事故1365起，死亡375人，事故起数、死亡人数同比分别下降0.29%、5.30%。泰州市2012年度安全生产工作被评为全省优秀等次。

【大事记】

1月13日，市检察院、安监局召开联席会议，通报2011年全市生产安全事故查处情况和三年来检察机关查办责任事故背后渎职犯罪情况，分析当前事故调查中存在的问题不足和典型涉案人员渎职行为，研究讨论《泰州市人民检察院、泰州市安监局关于加强工作联系的实施意见》和《泰州市生产安全事故责任认定办法（试行）》等文件，并就下一步工作作出明确要求。

1月17日，市长徐郭平，副市长曹玉梅、杨杰分别带队开展安全检查。

2月10日，市政府召开2012年度全市安全生产工作会议。

2月28日，市安监局召开《职业病防治法》宣贯会。

3月6日至7日，省安监局副局长喻鸿斌带队到泰州市考核“安全文化建设示范企业”创建工作。

3月28日，市政府召开常务会议，听取2012年以来安全生产工作情况汇报，市长徐郭平讲话。

3月28日，国家安监总局监管三司副司长孙广宇到泰兴经济开发区，就《化工园区安全管理规定》（征求意见稿）听取意见和建议。

4月12日，全省各市安监局长座谈会在泰州召开，副市长杨杰到会致辞。

4月24日，市安委办召开全市安全生产专项整治暨“打非治违”工作会议。

4月25日，市政府出台《泰州市安全生产事故隐患排查治理实施意见》（泰政规〔2012〕11号），要求建立重大事故隐患排查治理专项资金，列入市级财政预算，资金规模为500万元。

4月27日，市安监局组织召开泰州市职业病防治工作联席会议第一次全体会议。

4月28日，副市长杨杰带队开展“五一”节前安全检查。

5月10日，全省第七届安全生产宣传教育中心主任联席会议在泰州召开。

5月10日至11日，省安监局副局长赵利复到泰兴市虹桥工业园区开展“三解三促”专题调研。

5月22日，市安委办召开2012年全市“安全生产月”活动协调会。

5月30日，市政府在靖江市新桥镇召开全市安全生产管理规范化示范乡镇（街道）现场会。省安监局副局长喻鸿斌参加会议，副市长杨杰、廖涛出席会议。

6月10日，泰州市2012年“安全生产宣传咨询周”启动仪式暨安全生产宣传咨询日活动在滨河广场隆重举行。

6月15日，市政府在梅兰集团召开全市夏季安全生产工作推进会。

6月27日，由省安委办、市安委会、医药高新区管委会、中海油气开发利用公司主办的“泰州市较大化工生产安全事故应急演练”在中海油气（泰州）石化有限公司成功举行。省安监局副局长陆贯一、副市长杨杰现场指导。

6月28日至29日，省安监局副局长陆贯一先后到泰州市海陵区、高港区和靖江市，实地调研泰州大桥在建工地和泰州石油化工有限责任公司、泰州市富彤化工有限公司、江苏新扬子造船有限公司等企业以及靖江市新桥镇的安全生产工作。

8月7日至9日，国家安监总局监管四司副司长马锐到泰州市调研指导工贸企业安全监管工作。

8月14日，市政府召开全市安全生产隐患排查专题会议。

8月28日，市安监局召开全市木制家具制造行业企业职业卫生安全许可证颁发暨现场推进会。

9月14日，省安监局局长王向明带队到泰州调研兴化市戴南镇在强镇扩权改革中安监机构设置和运行情况。

9月25日、28日、29日，市长徐郭平，市委常委、常务副市长何榕，副市长杨杰，王斌分别带队开展国庆节前安全检查。

10月9日，市政府出台《泰州市高危行业安全生产责任保险实施意见》（泰政规〔2012〕17号）。

10月25日，由省监察厅副厅长刘井石带队的省“四项排查”督查组，到市安监局督查指导安全生产事故隐患排查工作。

11月7日，市长徐郭平、市政府秘书长王群一行到市安监局专题指导十八大期间安全生产工作。

11月28日至29日，市安监局迎接省安监局组织的乡镇（街道）基层安监机构能力建设工作考评。

【安全生产责任体系建设】 认真贯彻国发〔2011〕40号、苏政发〔2012〕112号和《全省各级人民政府有关部门和单位安全生产工作职责的暂行规定》（苏政发〔2010〕126号）等文件精神。市政府严格执行“一岗双责”、“一票否决”、安全生产约谈、监管保证金、行政正职安全生产年度履职报告等制度；将乡镇安全管理规范化创建、安监中队建设等工作列入对各市（区）的“三个文明”考核和安全生产年度目标考核；将各市（区）重点任务完成情况按季度排序通报并书面函告各地党委、政府主要负责人，有效推动落实各级各有关部门安全监管责任。做好省管县体制改革试点下的安全监管工作，确保在权力下放的同时，安全监管责任落实到位，实现“无缝对接”、平稳过渡。

【安全生产标准化达标创建】 通过会议部署、指标下达、专项督查、检查通报、培训辅导、专家指导、结合换发安全生产许可证审查等手段，有力推进危化品、烟花爆竹、造拆船、冶金等行业安全生产标准化建设。截至2012年年底，全市155家危化品生产企业中已有13家通过安全标准化二级考评验收、136家通过三级考评验收，其余6家处于或停产或关闭状态；带仓储的危化品经营企业（含民营加油站）中已有95家通过安全标准化考评验收；13家烟花爆竹批发企业全部通过三级标准化验收；造拆船企业中已有76家通过市级标准化验收；冶金等工贸企业标准化达标数位居全省前列。

【深化安全专项整治】 在危险化学品、交通运输、人员密集场所、烟花爆竹、建筑施工、造拆船等重点行业（领域），深化安全生产专项整治。

危险化学品方面。针对危化品是泰州市安全生产重中之重的实际，将危化品作为全市安全生产专项整治的主线，分别明确公安、交通运输、住建、安监、质监、海事等部门的整治重点，年初指导、督促制定整治方案，年中开展专项督查，年末进行专项考核。对危化品生产、经营、储存企业，从危险性较大的环节抓起，突出抓好涉及“两重点一重大”企业的监管。对全市29家涉氯化工企业以及危化品生产经营领域的8家石油库进行逐家检查。在全省率先开展在役化工生产装置安全设计诊断，对124家企业要求全部由具备相应资质的设计单位进行重新设计。

交通运输方面。重点抓好校车、长途客车、危化品运输车安全监管。严格落实长途客运驾驶人停车换人、落地休息等制度。对校车安全装置和灯光、制动等安全技术状况以及外观标识进行查（检）验。加强交通运输动态安全监管，全市一级以上客运站、危货运输企业车GPS、视频监控系统安装率100%；省、市际客运班车、旅游包车、危险品运输车辆GPS安装率100%。仅交通部门检查车辆12109辆次，中止运营车辆60辆，查处违章案件953起，查处超限车辆617辆。

建筑施工方面。围绕建筑施工现场安全标准化、春节后复工安全、塔吊等建筑起重设备安全、深基坑及高支模工程安全、脚手架安全、医药高新区建筑安全等6项重点内容，分别实施专项整治。制定了重点监控地区和企业名单，规定了专项整治的技术性要求。加大现场检查，全年累计督查585家施工单位908项次，查出安全隐患4954个，发出整改通知书548份，责令停工整改工程39个，查处非法项目12个。推广LBS无线定位考勤系统，推进企业信用平台建设。截至年底，进入考勤系统的在建工程已达319项，监管1426名安全管理人员。

人员密集场所方面。将高层、地下、施工工地、易燃易爆、三合一、商场、超市等场所作为从严管控的对象，重点检查是否依法办理消防安全手续等6个方面的内容。加大对重大火灾隐患单位的政府挂牌督办和整改力度，全年共挂牌重大火灾隐患单位25家。抓好建筑外墙保温材料消防安全专项整治，排查建筑2375幢，查出火灾隐患3687处，设立外墙保温材料燃烧性能等级及防火要求标识的建筑156幢。

烟花爆竹方面。加强夏季高温季节等重点时段安全检查，督促企业落实技防、物防、人防措施。加强零售网点的规范管理和专项整治，对36家未取得经营许可证从事经营活动或经营许可证过期后继续从事经营活动及超范围经营的，分别作出责令停产停业整顿、暂扣许可证等处罚。组织公安、安监、工商、质监等部门，在泰兴、姜堰、靖江、高港交界且“四私”现象比较严重的13个重点乡镇，集中开展“打非”行动。

冶金方面。重点对冶金企业煤气、交叉检修作业、受限空间作业、高温液态金属吊运、粉尘作业等高风险作业环节和容易发生火灾、爆炸危险区域等重点环节进行整治，使企业现场管理水平进一步改观。各级安监部门共检查企业702家，下达责令限期整改指令书552份，查出各类隐患3890项，监督监察罚款58家次，责令5家企业停产整改并在媒体曝光。

【安全生产宣传教育】 加强宣教平台建设，在泰州广播电台每周制作一期《安监在线》，努力提升泰州安全生产网等宣教平台的层次和水平；市安全生产考试考核中心建成并已通过省验收。加强社会化宣传，开展“安全生产月”、《职业病防治法》宣传周、“安康杯”竞赛、“青年安全生产示范岗”创建、安全知识“六进”、安全文化示范企业创建、安全社区创建等活动。广泛动员参加江苏省纪念《安全生产法》实施10周年征文等活动，组织参加“神华杯”知识竞赛。加强安全读物普及教育，编发《年度安全生产文件汇编》、《职业健康安全知识读本》、《企业安全法规文件选编》等一批读本，免费送给广大基层、企业。加强企业安全生产培训教育，开展生产经营单位安全培训专项检查，落实“三项岗位”人员经安全培训考核合格持证上岗规定。

【基层监管机构和执法队伍建设】 从建立机构、配备人员入手，健全乡镇（街道）安全监管网络，督促落实属地管理责任。截至年底，全市102个乡镇（街道，含园区）已全部设置单独的安监机构。修订了《泰州市安全生产监察中队建设情况考核细则》，对监察中队建设情况进行整体规范，提出了规范队伍、规范制度、规范行为、规范管理的“四规范”要求。定期对各市（区）监察中队建设运行情况进行专项督查和按季通报。全市（含泰兴）共组建直属中队24支，人员共57名，绝大部分市（区）中队已经正常运转，能独立开展执法监察工作，并形成了各具特色的管理模式。

【安全监管监察效能】 深入推进危险化学品企业、造（拆）船企业、冶金等工贸企业以及重大危险源分级监管（监控）制度。加强部门联动协作，健全完善道路交通、建筑施工、危化品、烟花爆竹、造拆船等行业以及职业卫生领域的联席会议制度；组织多部门开展烟花爆竹打击“四私”、道路交通黑点和隐患点段、建筑施工、危险品码头、客汽渡等联合执法检查。

【安全保障能力建设】 经费保障方面。市政府设立安全生产专项资金列入每年的同级财政预算安排，并从2010年起设置100万元安全生产奖励资金，2012年又增设了500万元重大隐患排查治理专项资金，主要用于对市级挂牌重大事故隐患项目的整改进行补贴、对重大隐患排查治理工作成绩突出的县级政府和市有关部门及个人进行奖励。装备保障方面。市政府对在乡镇安全管理规范化建设工作中考核特别优秀的乡镇，分别奖励一辆行政执法车。靖江市为辖区内所有乡镇（街道）配备了执法车；兴化市则给基层统一配备了监管监察服装。

【应急管理工作】 应急平台建设方面。认真组织开展区域安全风险评估工作；化工集中区均组建了专门消防站和应急救援队伍，消防站全部通过省级验收；确定了靠近过境高速路口的4家危险品运输企业停车场作为处置危险品事故车辆停放、过驳基地；市内河搜救中心建成并投入使用；大力推进长江水上巡航搜救电子可视化，新增30米级玻璃钢质海巡艇一艘。应急预案和信息管理系统建设方面。修订了《泰州市安全生产事故灾难应急预案》及烟花爆竹、危化品、非煤矿山、水上搜救等4个专项预案；“应急预案与应急资源数据库管理系统”内共录入企业2134家、预案1449个、应急队伍848支、应急物资装备1223件、应急专家18名。应急救援演练方面。成功举办“泰州市较大化工生产安全事故应急演练”、“祥泰使命——2012”泰州市水上搜救综合演习等活动；督促、指导广大企业按要求制订完善应急救援预案并开展应急演练。应急值守方面。严格执行24小时专人值班、领导带班和事故信息报告等制度，随时做好应急准备。

【政策引导】 市政府出台了对全市安全生产工作具有指导作用的3个规范性文件，在全省率先出台的《泰州市乡镇（街道）安全生产监督管理办法》对乡镇（街道）安全监管作出全面、具体的规定；《泰州市安全生产隐患排查治理实施意见》和《泰州市高危行业安全生产责任保险实施意见》全面规范和推动隐患排查整改工作，将保险的风险防范功能引入安全监管，实现良性互动。市安委会制定了基层安监队伍建设考核细则和装备配备标准等指导性文件。市安监局创新运用"加减乘除"法规范对中介机构的监管。

【乡镇（街道）安全管理规范化创建】 泰州市认真贯彻省关于基层安监机构能力建设的要求，自2012年年初起在全市组织开展乡镇（街道）安全管理规范化创建活动，着力完善基层监管体系，加固"第一"防线。截至年底，全市已有92个乡镇（街道）达到创建要求，其中6家通过省考核验收。

2013年

【概况】 2013年，全市认真学习贯彻习近平总书记等中央领导关于安全生产的重要指示精神和国家、省关于加强安全生产工作的一系列部署要求，大力强化安全生产责任，扎实推进基层基础建设，深入开展安全生产大检查，严厉打击非法违法行为，全市安全生产形势保持稳定好转。2013年，累计发生各类安全生产事故255起，死亡163人，事故起数、死亡人数同比分别下降5.9%、3.55%。泰州市2013年安全生产工作被评为全省优秀等次。

【大事记】

1月8日至9日，省安监局党组成员、巡视员刘振田对泰州市2012年安全生产目标管理责任情况进行考核。

1月26日，副市长杨杰带领有关部门负责人到汽车客运南站和泰州火车站、京泰汽车客运站等地，检查春运工作部署、安全保障等情况。

1月30日，市政府召开2013年度全市安全生产工作会议。

1月31日至2月1日，市领导徐郭平、何榕、杨杰、王斌、王学锋带领相关部门负责同志，分4组检查春节前安全生产情况。

2月6日，省安委会检查组到泰州市检查春节前安全生产工作。

3月4日至5日，省安监局组织"江苏省安全文化建设示范企业"考核验收组对泰州市申报的3家参创单位进行考核验收。

4月29日，市政府组织各部门对市区部分旅游景点及人员密集场所开展安全检查。

5月7日，市安委办召开全市餐饮场所燃气安全专项治理工作会议。

5月16日，市安委办召开2013年全市"安全生产月"活动部署协调会议。

5月17日，市政府召开船舶修造（拆）行业安全生产专项整治工作会议。

5月28日至29日，省住建局、安监局联合检查组到泰州市开展各类开发区建设工程安全监管专项检查。

5月29日，国家安监总局监管四司司长欧广到泰州市调研指导工贸企业安全监管工作。

6月7日，全国、全省分别召开安全生产电视电话会议。市长徐郭平在随后召开的全市安全生产电视电话会议上讲话。

6月7日，市委宣传部、市安委办联合召开2013年全市"安全生产月"活动新闻发布会。

6月9日，2013年"安全生产宣传咨询周"启动仪式暨安全生产宣传咨询日活动在莲花四号区市民广场隆重举行。

6月14日，市安委会召开全市安全生产大检查动员部署会。副市长杨杰出席会议并讲话。

6月18日至19日，副市长杨杰带队开展夏季安全大检查。

6月19日，省校车安全管理厅际联席会议督查组到泰州市，对贯彻落实省政府《关于校车安全工程的实施意见》情况进行专项督查。

7月2日至4日，市领导徐郭平、杨杰、王斌、王学锋分别带队检查夏季安全生产工作。

7月5日，市长徐郭平主持召开市政府第9次常务会议，讨论通过《关于全面提升全市安全发展水平的意见》。

7月9日，市政府召开新闻发布会，发布市政府第9次常务会议讨论通过的《关于全面提升全市安全发展水平的意见》。

7月29日，市政府召开全市深化化工企业专家安全检查工作推进会。副市长杨杰出席会议并讲话。

8月14日至16日，省安委会第十二督查组到泰州市督查安全生产大检查工作。

9月16日，由省交通厅副厅长王昌保带队的省安委办督查组，对泰州市开展石油化工企业、石油库和油气装卸码头安全专项检查情况进行督查。

9月27日至30日，市领导徐郭平、何榕、陆春云、杨杰、孔德平、王学锋分别带队检查国庆节前安全生产工作。

10月29日至30日，省安监局局长王向明到泰州调研隐患排查体系建设工作。市长徐郭平陪同调研。

11月12日至19日，市安委办牵头组织市监察、安监、经信、交通、工商、质监、海事、消防等船舶修造（拆）行业专项整治领导小组成员单位，分3组对各市（区）船舶修造（拆）行业专项整治工作开展情况进行督查。

12月25日至30日，市安监局由局领导带队，分7组对市区重点企业和单位进行元旦节前安全大检查。

【安全生产责任体系建设】 市政府出台《关于全面提升全市安全发展水平的意见》，在各级政府和有关部门实施领导班子全员责任制以及“一岗双责”、“一票否决”、监管保证金、行政正职年度履职报告、安全生产约谈、年度目标考核等制度。每季度将各市（区）重点工作完成情况通报书面函告各地党委、政府“一把手”。按照“谁主管、谁负责”的原则，严格落实各部门监管职责。在重点行业健全联席会议制度，开展联合执法，形成监管合力。对跨地区跨部门问题以及职责不清、体制调整等情况，通过组织调研、协调督促、专题发函等形式，及时保证监管职责落实。严格执行安全告知、承诺、企业负责人履职报告“三项举措”，实施安全生产责任保险、“黑名单”曝光、约谈等制度，督促指导企业全面履行安全生产法定职责。

【安全生产标准化达标创建】 结合安全监督检查、许可证审查、工商年检、工伤保险费率浮动等，多部门合力推进标准化工作。市安监局主动联系、多次会商，争取到了市人社、工商等部门政策支持，将“通过一级和二级标准化的企业工伤保险费率分别降低20%、10%”和“对因安全生产标准化未达标而被有关部门责令限期整改的，在整改完成前不予通过工商年检”写入文件予以下发。截至年底，全市规模以上工业企业全部提前通过考评；小微企业标准化试点进展顺利，已达标583家。有一级达标企业2家，二级达标企业28家，带仓储的危化品经营企业（储存2吨以上的）中已有389家通过标准化考评验收。中海油气（泰州）石化公司在全国中海油系统第一个通过了国家安监总局组织的标准化评审。

【安全专项整治】 市安委办督促市公安、安监、交通、质监、海事、消防等牵头部门根据整治范围，细化整治重点，落实整治责任。年中印发考评办法，把整治内容目标量化成评分标准，督促各成员单位完成任务。年底对各牵头部门严格考核。2013年继续将危险化学品作为全市各安全专项整治的核心内容。对危化品企业，推动“入园进区”、“扶优限劣”，推行专家检查、在役装置设计诊断、标准化创建、自动化改造、“一栏三卡”等制度措施；对船舶修造（拆）企业，首次由8个部门联合行动，重点解决五大类28个问题；对道路交通安全，治理危险路段，查处严重违法违规行为，加强校车管理；对建筑施工行业，突出抓好建筑起重设备安全、深基坑及高支模工程安全、脚手架安全等；对人员密集场所，开展消防安全大排查大整治、非法建筑消防安全专项治理和“除火患、保平安”冬春专项行动；对烟花爆竹行业，在13个重点乡镇集中打击“四私”行为；对燃气行业，在全市范围内使用天然气（含煤层气）、液化石油气和人工煤气等的餐饮场所开展安全专项整治。

【安全生产大检查】 元旦、春节、中秋、国庆等重大节日和两会等重要时段，市领导均带队开展安全生产大检查。6月份开始，集中4个月时间，在全市范围内组织开展安全生产大检查。6—9月份，全市共组织督查组1096个，参加检查人员7806人次，检查企事业单位和场所15268家，责令改正、限期整改、停止违法行为8980起，责令停产、停止非法违法建设125起。

【安全生产宣传教育】 社会化安全宣传方面。设立安全生产宣传教育和安全培训专项经费，制定并落实年度安全生产宣传工作计划。深入开展“安全生产月”、“青年安全生产示范岗”创建、安全“六进”、安全文化示范企业创建、安全社区创建等活动；广泛组织参加“安康杯”知识竞赛。宣教平台建设方面。努力提升泰州安全生产网、消防网等宣教平台的层次和水平；加强与电台、电视台、报社等新闻媒体的合作，在黄金时段播放安全公益广告，对安全生产工作进行专题报道、系列报道与深度报道。安全社区、示范企业创建方面。将姜堰市娄庄镇、兴化市陈堡镇、高港区口岸街道办事处3个社区作为省级安全社区创建试点社区。对2012年验收的江苏林海动力机械集团等9家企业“安全文化建设示范企业”进行了授牌；将泰州供电公司、双登集团、江苏恒力制动器制造有限公司等3家企业推荐上报为“江苏省安全文化建设示范企业”。安全生产培训教育方面。开展生产经营单位安全培训专项检查，落实“三项岗位”人员经安全培训考核合格持证上岗规定。全年共组织培训班715期，培训人员达46501人，其中特种作业人员20368人、安全管理人员12116人。与有关高校联系开办本科班，组织全市所有涉及“两重点一重大”危化品生产企业负责人参加化工或安全工程专业本科学历教育，在全省率先将安全管理人员素质从大专提高到本科水平。

【基层监管机构和执法队伍建设】 市、县两级安监系统（不含乡镇）共有编制252个，实有在岗人员337名。全市103个乡镇（街道、园区）全都设置了单独的安监机构，共有编制318名，实有人员365名，均按“1+2”要求配备了3名以上专职安监人员。为更加有效履行职业卫生监督管理职能，市安监局引进了2名专业技术人员，增设了职业卫生执法大队。

【安全监管监察效能】 实行执法计划备案制度，各市（区）安全执法大队每年初将执法计划报市支队备案，并在网上公开。建立执法工作评比考核体系，将执法检查工作量、处罚总额、处罚企业数与检查企业的比率及处罚实际到位率4项指标作为重要指标纳入年度考核，提升执法效果。

【应急管理工作】 依托市区大型企业和相关主管部门，组建一支危化品应急救援专业队伍82人、一支建筑施工应急救援队伍22人、一支特种设备应急救援队伍15人。强化应急管理培训，在企业管理人员和特种作业人员培训课程中加入应急管理内容。督促各相关部门和单位将应急预案报监管机构或有关部门备案，将应急预案编制管理工作作为年度目标考核的重要内容。对各市（区）安委会框架下的应急资源进行全面普查，共有安委会成员单位102家、重点企业83家、应急队伍94支、应急装备6843件（套）。

【化工企业专家安全检查】 按照试点培育、推广提升、督查巩固、总结考核四个阶段，推进化工企业专家检查工作。在海陵、兴化两地进行试点的基础上，在全省率先召开深化专家检查工作推进会，制定3个指导性文件和各类型18套检查要点，编印《化工企业专家安全检查指导手册》等工具书，对专家安全检查范围、内容、频次、程序、要求等作出具体规定。重新调整组建了由61名专家、6个专业组组成的市级化工安全专家库。组织专家对全市化工企业进行全面检查，对企业重大隐患验收、设计诊断、标准化等方面严格把关。截至年底，专家检查工作已在全市153家危化品生产企业全面开展，其余12家剧毒品经营企业、26家构成重大危险源的经营企业和193家化工企业在有序推进。

【乡镇（街道）安全规范化建设】 继续以乡镇（街道）安全规范化创建为抓手，提升基层监管能力。截至年底，全市已有12个乡镇（街道）通过省级能力建设考核，14个乡镇（街道）创建成市级示范单位，80%以上的乡镇（街道）达到市级合格乡镇要求。103个乡镇（街道、园区）全都设置了单独的安监机构，按“1+2”要求配备了3名以上专职安监人员，实施了工商年检前安全审查制度，分别编制了《安全监督检查指导手册》并及时修订完善。

（张丹）

宿　迁　市

2012年

【概况】 2012年，宿迁市发生各类生产安全事故739起，死亡人数267人，事故起数和死亡人数与去年同期相比分别下降5.62%和1.48%，全市安全生产继续保持了总体稳定、趋于好转的态势，连续9年实现事故起数和死亡人数“双下降”，连续8年获省政府安全生产目标考核优秀奖。

【大事记】

1月8日，副市长秦正宝率市交通、公安、安监等部门负责人到市长途客运总站、公共交通第二有限公司检查春运安全生产工作。

2月9日，全市安全生产工作会议召开，副市长冯岩出席会议并讲话。

4月5日，全市建筑领域安全生产工作会议召开，市长蓝绍敏出席会议并讲话。

4月17日，宿迁市组织收听收看全国集中开展安全生产领域“打非治违”专项行动和全省安全生产工作电视电话会议，市长蓝绍敏出席宿迁分会场会议。

5月8日，宿迁市召开市安委会主任（扩大）会议，副市长冯岩出席会议并讲话。

6月10日，宿迁市“安全生产月”宣传咨询日活动在市区大润发广场举行，副市长冯岩出席活动。

6月12日，副市长冯岩带领市经信、安监等部门负责人到宿豫区检查企业安全生产工作。

6月15日，市安委会组织市安监、消防等部门负责人对全市5家石油库开展安全专项检查。

8月20日，宿迁市召开市安委会主任（扩大）会议，副市长冯岩出席会议并讲话。

8月21日，市委书记缪瑞林带领市安监、环保等部门负责人到生态化工科技产业园，调研园区企业生产经营情况及安全生产情况。副市长冯岩、曹秀明陪同调研。

9月13日，市安监、交通、公安等部门成立联合检查组，开展全市卧铺客车、超长途客运班车安全隐患专项检查。

9月18日，副市长冯岩带领市安监、经信、质监、消防等部门负责人检查“两节”期间安全生产工作。

9月20日，市长蓝绍敏实地察看“2012·中国·宿迁西楚文化节暨经贸洽谈会”安全保障工作。

9月21日，市长蓝绍敏主持召开市政府四届二次常务会议，研究部署全市安全生产工作。

9月22日，市委常委、常务副市长王益带队检查国庆节前安全生产工作。

9月24日，市委常委、秘书长、市政府党组成员田洪带队检查国庆节前安全生产工作。

9月24日，副市长、宿豫区委书记曹秀明带队督查宿豫区安全生产工作。

10月31日，宿迁市组织收听收看省政府迎十八大安全生产工作电视电话会议，副市长冯岩在宿迁分会场出席会议。

11月9日，市长蓝绍敏检查党的十八大期间全市各项安全保障工作。

11月22日，宿迁市组织收听收看全省安全生产工作电视电话会议，副市长冯岩出席宿迁分会场会议。

11月30日，云南省安监局副局长白良一行代表国家安监总局来宿迁市检查职业病危害治理工作。省安监局副巡视员赵启凤、副市长冯岩陪同检查。

12月17日，市长蓝绍敏主持召开市政府四届五次常务会议，听取全市安全生产工作汇报，对安全生产工作取得的成绩给予肯定。

12月31日，副市长冯岩带队检查元旦期间安全生产工作。

【安全责任体系建设】 深化党管安全。市委把安全生产工作摆上重要议事日程，与社会治安综合治理、平安创建等任务同部署、同落实。市、县（区）普遍实行党政领导分片包干制度、挂钩联系制度。严格安委会成员任期档案制度，把领导干部抓安全生产的政绩作为考核管理的重要依据。

细化安全生产责任。通过层层签订目标责任状，将安全生产工作责任分解落实到各个单位。严格执行安全生产行政首长负责制、“一岗双责”制和“一票否决”制，确保目标分解到位、责任明确到位、压力传递到位。同时，将专项整治责任网络向乡镇（街道）延伸，重点解决建筑拆迁、特种设备、渡口渡运和乡镇（街道）中小企业等专项整治活动在基层的“短腿”问题，实现重心下移、监管前移。

严格责任约束机制。进一步健全完善安全生产警示教育、督查督办、激励约束、行政问责等制度，对违法违规、失职渎职的，依法严肃追究责任，形成规范有力的责任落实体系。2012年，全市安监系统调查处理事故5起，移送司法机关追究刑事责任6人，给予党政纪处分12人，事故按期结案率和责任追究到位率为100%。

【安全专项整治】 2012年，在全市13个重点行业领域开展安全生产专项整治。道路交通领域，制定完善了《宿迁市重点车辆交通安全源头监管实施细则（试行）》、《宿迁市重点车辆源头单位安全监管“六项制度”》、《宿迁市公路运输企业信用等级评定》，组织开展了涉牌涉证、酒后驾驶等10项综合整治，共查纠交通违法行为82万起，拘留各类交通违法386人，处理醉酒驾驶人567人，取缔非法校车12辆，取消校车资格21辆。

建筑施工领域，持续开展脚手架、起重机械、高支模、深基坑等专项整治，推进安全文明施工标准化工地和建设工程项目监管定位系统建设，加大现场执法力度，查处各类非法施工75起、“三违”行为563起。

交通运输领域，全面整合长途客运、城市公交企业，强化集约管理，开展“三互一提高”活动，推进标准化工作机制，落实客货运车船信息化监控措施和渡口渡船技术改造，提高监控水平。

严格执行《职业病防治法》，落实职业危害防护设施“三同时”制度，切实抓好职业危害防范治理。全市共有771家生产企业完成职业危害项目网上申报备案，组织18000余名接触职业性有害因素职工参加体检，开展粉尘与高毒物品危害专项治理、涉铅企业职业危害专项检查等活动6次，对14家涉铅企业进行重点监控，稳步推进12家木制家具制造企业职业卫生许可，作业场所职业危害监管工作逐步落实。

【企业安全生产标准化建设】 加强企业安全生产标准化达标建设，按照“试点先行、示范带动、严格标准、逐步推进”的工作思路，在各县区重点行业选取2—3家安全生产基础较好的企业进行重点培育，树立样板，全力推进。全市规模以上工业企业已有50%导入标准化工作体系，303家企业通过三级标准化评审验收，4家企业通过二级标准化评审验收，1家企业通过一级标准化评审验收。同时，各县区根据实际情况，积极主动抓培训、抓指导，注重打牢基础。沭阳县“打包招标”、“第三方支付”等做法，降低了创建成本，提升了创建质量，加快了创建速度，得到省安监局的肯定。针对全市面广量大的小微型工贸企业，组织专家制定了《宿迁市小型冶金等工贸企业安全生产标准化评分细则》，为小微型企业安全生产标准化工作提供了考评依据。

【隐患排查治理】 市安委会采取集中排查与日常检查、行业排查与属地排查、专家排查与群众排查相结合的方式，加大隐患排查力度，推进隐患排查治理体系建设，实现隐患排查长效化、常态化。在“四项排查”中，集中开展“百名专家查千企”活动，按照“一企一表”制进行排查，明确治理责任和治理措施，确保隐患得到及时治理和有效监控。2012年，全市共排查各类隐患15213处，累计投入整改资金2685万元，事故隐患整改做到责任、措施、资金、时间、预案“五落实”，按期整改率达100%。

【“打非治违”专项行动】 按照“突出重点，全面推进，严格执法，严打强治”的要求，完善“打非治违”联席会议制度和联合执法机制，严厉打击重点行业领域严重违法违规行为。全市各行业领域累计组织检查组3025个，安排检查12963人次，打击各类非法违法和治理纠正违规违章行为8769起，关闭非法违法企业37家，行政拘留31人，移送追究刑事责任2人，暂扣或吊销有关许可证、职业资格证49个。捣毁烟花爆竹经营黑窝点6个，收缴非法烟花爆竹1800余箱，拘留11人，逮捕1人。办理消防行政处罚案件6245起，责令“三停”155家，强制执行39家，拘留24人。责令停用特种设备138台，关停建筑工地22个；查处无证船舶268艘、船证不符218艘，打击处理非法渡运行为12起。

【提升安全监管效能】 深化危险有害因素监控管理，进一步完善《危险有害因素监控管理办法》，提高可操作性和实用性，形成具有宿迁特色的企业安全生产管理新模式。将危险有害因素监控管理纳入标准化工作体系，对没有落实标准化创建工作的企业，先行落实危险有害因素监控管理办法，全市工业企业落实了危险有害因素监控法。严格行政许可制度，严把危险化学品生产经营单位许可条件，坚决控制本质安全度不高的项目进入生产领域。2012年，全市共有19个新、改、扩建危险化学品建设项目通过安全审查，19个通过安全设施设计审查，16个通过安全设施竣工验收，18个通过试生产备案，高危行业安全生产许可证领证率达100%。严格执行高危行业企业主要负责人约谈制度，共约谈企业负责人41人次。

【安全文化建设】 利用小城镇基础建设、康居示范村建设、校安工程等契机，加大安全文化阵地建设推进力度，分类建成乡镇安全文化一条街96处、省级安全文明工地33个、省级平安校园60家、社区安全文化宣传走廊651处、安全文化主题公园11处、学校安全文化长廊370处。“安全生产月”期间，组织开展了安全生产知识“六进”、“学校安全教育周”、安全生产演讲比赛、安全生产文艺汇演等丰富多彩的安全文化活动，全市共设立安全生产咨询台300多个，出动宣传车12辆，散发传单10万张，张贴或悬挂各种宣传标语5000多条，共有10万余人参加安全生产咨询活动。组织开展“十佳安全文明企业”、“十佳安全文明市场”、“十佳安全文明社区”创建活动。组织开展岗位培训，2012年培训“三项岗位”人员16300人次。

【应急管理】 完成应急预案修订工作，加强安全生产应急预案专项检查，开展应急资源数据库建设，全市937家企业完成网上填报工作。交通部门统一购置2000余万元应急救援装备，并在江苏省宿迁高新区建成道路交通应急救援中心，洪泽湖宿迁水域应急救援中心也建成并投入使用，宿迁市境内道路运输、水上运输应急救援体系基本建成。2012年，全市共组织“宿迁——2012”苏北片安全生产综合应急演练、消防演练、危险化学品、电网反事故专题演练23次。加强事故接警处置工作，确保有关领导和部门第一时间到达现场，有力、有序、有效地进行应急处置，及时开展应急救援，引导社会舆论，维护社会稳定。2012年，全市没有一起生产安全事故处置引发社会不稳定问题。

【基层安监机构建设】 在乡镇（街道）安监机构按“1+2”模式配优配强监管人员的基础上，全面开展乡镇（街道）安监机构标准化创建活动。各县区按照“有专职人员、有经费保障、有装备设备、有制度网络、有办公场所、有档案资料”的“六有”要求，开展安监所标准化创建。全市5家试点乡镇通过省安监局标准化考核验收。市、县区两级经济开发区、项目集中区安全生产监管机构和队伍建设均已完成，县区安监局都已增设职业危害监管科室，选配专业人员，保证了职业危害现场管理和预防工作的正常开展。村委会（社区）全部明确专（兼）职安全监管人员。

【安监队伍能力建设】 积极推进资质培训、集中轮训、专题培训，全面提高安全监管人员执法水平。以门户网站建设为平台，以数据库建设为基础，以监管执法系统建设为核心，构建安全生产数字化监管平台。组织开展安全监管创新创优活动，有力推动了全市安全生产监管效能的提升。

【建成安全生产考试考核中心】 落实“教考分离”，加强对“三项岗位”人员安全培训的考核管理，市安监局筹建了安全生产考试考核中心，中心设在市泽达职业技术学院，场所总面积1150平方米左右，项目总投资80余万元，内设远程监考室、安全技术理论考试考场和实际操作考试考场。12月上旬，作为全省首批5家市级考试考核中心之一，通过省安监局考核验收。

2013年

【概况】 2013年，宿迁市发生各类生产经营性事故（不含火灾事故）78起，死亡81人，死亡人数同比减少1人，同比下降1.22%，安全生产形势继续保持了总体稳定。

【大事记】

1月8日，省安监局副局长陈忠伟带领省安全生产目标考核组到宿迁市考核2012年安全生产工作。

1月28日，全市安全生产工作会议召开，副市长冯岩出席会议并讲话。

2月2日，市长蓝绍敏带领安监、公安、消防等部门负责人检查安全生产工作。

4月23日，市政府四届九次常务会议研究确定，从2013年起由市财政设立市级安全生产专项资金，每年预算500万元。

6月7日，宿迁市组织收听收看全国、全省安全生产电视电话会议，代市长王天琦、副市长冯岩出席宿迁分会场会议。

6月17日，市委书记蓝绍敏到市安监局调研全市安全生产工作。

6月19日，市委常委、常务副市长王益带领相关部门负责人到宿城、宿豫和湖滨新区等地检查安全生产工作。

7月25日，市安委会召开上半年全市安全生产工作形势分析会，副市长冯岩出席会议并讲话。

8月27日，副市长曹秀明到市安监局调研安全生产工作。

9月14日，副市长曹秀明带领相关部门负责人开展安全检查。

10月16日，全省安全生产工作三季度点评会在宿迁召开，副省长缪瑞林出席会议并讲话。

【安全生产责任体系】 各级政府领导班子“一岗双责”得到落实。各地、各部门、各单位通过层层签订目标责任状形式，将安全生产工作责任分解落实到基层单位。“党政同责”得到落实，市、县（区）普遍推行党政领导分片包干制度、挂钩联系制度，实行网格化管理，构建了全面覆盖、运行高效的责任网络。

【安全生产大检查】 市委书记蓝绍敏、市长王天琦亲自部署安全生产大检查。市、县（区）政府及时制定大检查实施方案，建立隐患整改销号制度、领导带队检查制度和信息报告制度，切实强化工作责任。市政府领导班子成员根据工作分工，分别牵头成立11个综合督导组，对分管行业领域和挂钩县区的安全生产大检查情况进行全领域、全过程跟踪督导。以危险化学品、道路交通运输、建筑工地、消防安全等15个行业领域为重点，成立15个专项检查组，加大排查力度，确保企业一个不放过、隐患一个不放过；严格执法，彻底整治。组织15个暗访暗查组，直插基层、直奔现场，对重点地区、重点企业开展形式多样的暗访抽查活动，及时治理了一批隐患。大检查期间，全市共组织检查（督查）组7591批次，出动检查人员33492人次，检查企事业单位和场所36739家，共排查各类事故隐患65944项，已整改62271项；其中重大隐患245项，已整改227项，下达整改指令8983份，责令停产停业整顿63家，罚款460.6万元，约谈相关人员1032人。

【专项整治】 在全市13个重点行业领域开展安全生产专项整治和“打非治违”专项行动，共打击各类非法违法行为8769起，责令停产停业整顿184家，行政拘留91人，移送追究刑事责任2人，查封或责令停用特种设备61台；查处无证或船证不符渔船38艘。

【职业卫生监管】 积极推进职业卫生基础建设活动。采取年初告知、月度通报、季度检查等措施，强力推进职业病危害项目申报和职业卫生建设项目“三同时”工作。全市职业病危害申报企业数达2002家，建立发改、卫生、安监等七部门参加的职业病防治联席会议制度，定期会商研究解决突出问题。在44家木制家具制造、水泥生产、制鞋箱包、铅酸蓄电池等高毒、高粉尘等重点企业开展职业卫生基础建设活动。

【基层基础建设】 全市2087家企业达到安全标准化三级水平、19家达到二级、3家达到一级。23家危险化学品运输企业已完成安全生产标准化自评申报工作；建设项目被评为省级文明工地75个、市级文明工地240个；各县区、市各开发区、新区、园区隐患排查治理信息系统全部建成，并通过省安监局验收。市编办专门发文，规范乡镇（街道）安监机构建设标准，基层安全监管工作得到明显加强。

【安全文化建设】 深入开展“安全生产月”、“安康杯”竞赛、“青年安全生产示范岗”、“安全发展县区行”等系列安全文化活动。全市10万余人参加安全生产咨询活动。建成安全社区70家，安全文化主题公园、主题街道258处，省级“平安校园”90所，社区安全文化宣传走廊651处，努力营造全社会关注安全生产氛围。

【应急管理】 积极推动安全生产应急资源数据库管理系统建设，充分利用隐患排查和标准化建设，推进规模以上企业应急救援资源数据录入。结合“安全生产应急预案演练周”活动，重点加强对重大危险源、高危行业企业应急演练的检查指导，推动全市生产经营单位应急演练工作普遍开展，全面检验预案、锻炼队伍、磨合机制，安全生产应急管理水平明显提高。

（叶静）

附录

JIANGSU ANQUAN SHENGCHAN NIANJIAN

2012～2013年新颁布、修订的
安全生产法律、法规、规章制度及相关标准

中华人民共和国国务院令

第639号

《铁路安全管理条例》已经2013年7月24日国务院第18次常务会议通过，现予公布，自2014年1月1日起施行。

总理　李克强

2013年8月17日

铁路安全管理条例

第一章　总　则

第一条　为了加强铁路安全管理，保障铁路运输安全和畅通，保护人身安全和财产安全，制定本条例。

第二条　铁路安全管理坚持安全第一、预防为主、综合治理的方针。

第三条　国务院铁路行业监督管理部门负责全国铁路安全监督管理工作，国务院铁路行业监督管理部门设立的铁路监督管理机构负责辖区内的铁路安全监督管理工作。国务院铁路行业监督管理部门和铁路监督管理机构统称铁路监管部门。

国务院有关部门依照法律和国务院规定的职责，负责铁路安全管理的有关工作。

第四条　铁路沿线地方各级人民政府和县级以上地方人民政府有关部门应当按照各自职责，加强保障铁路安全的教育，落实护路联防责任制，防范和制止危害铁路安全的行为，协调和处理保障铁路安全的有关事项，做好保障铁路安全的有关工作。

第五条　从事铁路建设、运输、设备制造维修的单位应当加强安全管理，建立健全安全生产管理制度，落实企业安全生产主体责任，设置安全管理机构或者配备安全管理人员，执行保障生产安全和产品质量安全的国家标准、行业标准，加强对从业人员的安全教育培训，保证安全生产所必需的资金投入。

铁路建设、运输、设备制造维修单位的工作人员应当严格执行规章制度，实行标准化作业，保证铁路安全。

第六条　铁路监管部门、铁路运输企业等单位应当按照国家有关规定制定突发事件应急预案，并组织应急演练。

第七条　禁止扰乱铁路建设、运输秩序。禁止损坏或者非法占用铁路设施设备、铁路标志和铁路用地。

任何单位或者个人发现损坏或者非法占用铁路设施设备、铁路标志、铁路用地以及其他影响铁路

安全的行为，有权报告铁路运输企业，或者向铁路监管部门、公安机关或者其他有关部门举报。接到报告的铁路运输企业、接到举报的部门应当根据各自职责及时处理。

对维护铁路安全作出突出贡献的单位或者个人，按照国家有关规定给予表彰奖励。

第二章　铁路建设质量安全

第八条　铁路建设工程的勘察、设计、施工、监理以及建设物资、设备的采购，应当依法进行招标。

第九条　从事铁路建设工程勘察、设计、施工、监理活动的单位应当依法取得相应资质，并在其资质等级许可的范围内从事铁路工程建设活动。

第十条　铁路建设单位应当选择具备相应资质等级的勘察、设计、施工、监理单位进行工程建设，并对建设工程的质量安全进行监督检查，制作检查记录留存备查。

第十一条　铁路建设工程的勘察、设计、施工、监理应当遵守法律、行政法规关于建设工程质量和安全管理的规定，执行国家标准、行业标准和技术规范。

铁路建设工程的勘察、设计、施工单位依法对勘察、设计、施工的质量负责，监理单位依法对施工质量承担监理责任。

高速铁路和地质构造复杂的铁路建设工程实行工程地质勘察监理制度。

第十二条　铁路建设工程的安全设施应当与主体工程同时设计、同时施工、同时投入使用。安全设施投资应当纳入建设项目概算。

第十三条　铁路建设工程使用的材料、构件、设备等产品，应当符合有关产品质量的强制性国家标准、行业标准。

第十四条　铁路建设工程的建设工期，应当根据工程地质条件、技术复杂程度等因素，按照国家标准、行业标准和技术规范合理确定、调整。

任何单位和个人不得违反前款规定要求铁路建设、设计、施工单位压缩建设工期。

第十五条　铁路建设工程竣工，应当按照国家有关规定组织验收，并由铁路运输企业进行运营安全评估。经验收、评估合格，符合运营安全要求的，方可投入运营。

第十六条　在铁路线路及其邻近区域进行铁路建设工程施工，应当执行铁路营业线施工安全管理规定。铁路建设单位应当会同相关铁路运输企业和工程设计、施工单位制定安全施工方案，按照方案进行施工。施工完毕应当及时清理现场，不得影响铁路运营安全。

第十七条　新建、改建设计开行时速120公里以上列车的铁路或者设计运输量达到国务院铁路行业监督管理部门规定的较大运输量标准的铁路，需要与道路交叉的，应当设置立体交叉设施。

新建、改建高速公路、一级公路或者城市道路中的快速路，需要与铁路交叉的，应当设置立体交叉设施，并优先选择下穿铁路的方案。

已建成的属于前两款规定情形的铁路、道路为平面交叉的，应当逐步改造为立体交叉。

新建、改建高速铁路需要与普通铁路、道路、渡槽、管线等设施交叉的，应当优先选择高速铁路上跨方案。

第十八条　设置铁路与道路立体交叉设施及其附属安全设施所需费用的承担，按照下列原则确定：

（一）新建、改建铁路与既有道路交叉的，由铁路方承担建设费用；道路方要求超过既有道路建设标准建设所增加的费用，由道路方承担；

（二）新建、改建道路与既有铁路交叉的，由道路方承担建设费用；铁路方要求超过既有铁路线路建设标准建设所增加的费用，由铁路方承担；

（三）同步建设的铁路和道路需要设置立体交叉设施以及既有铁路道口改造为立体交叉的，由铁路方和道路方按照公平合理的原则分担建设费用。

第十九条　铁路与道路立体交叉设施及其附属安全设施竣工验收合格后，应当按照国家有关规定移交有关单位管理、维护。

第二十条　专用铁路、铁路专用线需要与公用铁路网接轨的，应当符合国家有关铁路建设、运输的安全管理规定。

第三章　铁路专用设备质量安全

第二十一条　设计、制造、维修或者进口新型铁路机车车辆，应当符合国家标准、行业标准，并分别向国务院铁路行业监督管理部门申请领取型号合格证、制造许可证、维修许可证或者进口许可证，具体办法由国务院铁路行业监督管理部门制定。

铁路机车车辆的制造、维修、使用单位应当遵守有关产品质量的法律、行政法规以及国家其他有关规定，确保投入使用的机车车辆符合安全运营要求。

第二十二条　生产铁路道岔及其转辙设备、铁路信号控制软件和控制设备、铁路通信设备、铁路牵引供电设备的企业，应当符合下列条件并经国务院铁路行业监督管理部门依法审查批准：

（一）有按照国家标准、行业标准检测、检验合格的专业生产设备；

（二）有相应的专业技术人员；

（三）有完善的产品质量保证体系和安全管理制度；

（四）法律、行政法规规定的其他条件。

第二十三条　铁路机车车辆以外的直接影响铁路运输安全的铁路专用设备，依法应当进行产品认证的，经认证合格方可出厂、销售、进口、使用。

第二十四条　用于危险化学品和放射性物品运输的铁路罐车、专用车辆以及其他容器的生产和检测、检验，依照有关法律、行政法规的规定执行。

第二十五条　用于铁路运输的安全检测、监控、防护设施设备，集装箱和集装化用具等运输器具，专用装卸机械、索具、篷布、装载加固材料或者装置，以及运输包装、货物装载加固等，应当符合国家标准、行业标准和技术规范。

第二十六条　铁路机车车辆以及其他铁路专用设备存在缺陷，即由于设计、制造、标识等原因导致同一批次、型号或者类别的铁路专用设备普遍存在不符合保障人身、财产安全的国家标准、行业标准的情形或者其他危及人身、财产安全的不合理危险的，应当立即停止生产、销售、进口、使用；设备制造者应当召回缺陷产品，采取措施消除缺陷。具体办法由国务院铁路行业监督管理部门制定。

第四章　铁路线路安全

第二十七条　铁路线路两侧应当设立铁路线路安全保护区。铁路线路安全保护区的范围，从铁路线路路堤坡脚、路堑坡顶或者铁路桥梁（含铁路、道路两用桥，下同）外侧起向外的距离分别为：

（一）城市市区高速铁路为10米，其他铁路为8米；

（二）城市郊区居民居住区高速铁路为12米，其他铁路为10米；

（三）村镇居民居住区高速铁路为15米，其他铁路为12米；

（四）其他地区高速铁路为20米，其他铁路为15米。

前款规定距离不能满足铁路运输安全保护需要的，由铁路建设单位或者铁路运输企业提出方案，铁路监督管理机构或者县级以上地方人民政府依照本条第三款规定程序划定。

在铁路用地范围内划定铁路线路安全保护区的，由铁路监督管理机构组织铁路建设单位或者铁路运输企业划定并公告。在铁路用地范围外划定铁路线路安全保护区的，由县级以上地方人民政府根据保障铁路运输安全和节约用地的原则，组织有关铁路监督管理机构、县级以上地方人民政府国土资源等部门划定并公告。

铁路线路安全保护区与公路建筑控制区、河道管理范围、水利工程管理和保护范围、航道保护范围或者石油、电力以及其他重要设施保护区重叠的，由县级以上地方人民政府组织有关部门依照法律、行政法规的规定协商划定并公告。

新建、改建铁路的铁路线路安全保护区范围，应当自铁路建设工程初步设计批准之日起30日内，由县级以上地方人民政府依照本条例的规定划定并公告。铁路建设单位或者铁路运输企业应当根据工程竣工资料进行勘界，绘制铁路线路安全保护区平面图，并根据平面图设立标桩。

第二十八条　设计开行时速120公里以上列车的铁路应当实行全封闭管理。铁路建设单位或者铁路运输企业应当按照国务院铁路行业监督管理部门的规定在铁路用地范围内设置封闭设施和警示标志。

第二十九条　禁止在铁路线路安全保护区内烧荒、放养牲畜、种植影响铁路线路安全和行车瞭望的树木等植物。

禁止向铁路线路安全保护区排污、倾倒垃圾以及其他危害铁路安全的物质。

第三十条　在铁路线路安全保护区内建造建筑物、构筑物等设施，取土、挖砂、挖沟、采空作业或者堆放、悬挂物品，应当征得铁路运输企业同意并签订安全协议，遵守保证铁路安全的国家标准、行业标准和施工安全规范，采取措施防止影响铁路运输安全。铁路运输企业应当派员对施工现场实行安全监督。

第三十一条　铁路线路安全保护区内既有的建筑物、构筑物危及铁路运输安全的，应当采取必要的安全防护措施；采取安全防护措施后仍不能保证安全的，依照有关法律的规定拆除。

拆除铁路线路安全保护区内的建筑物、构筑物，清理铁路线路安全保护区内的植物，或者对他人在铁路线路安全保护区内已依法取得的采矿权等合法权利予以限制，给他人造成损失的，应当依法给予补偿或者采取必要的补救措施。但是，拆除非法建设的建筑物、构筑物的除外。

第三十二条　在铁路线路安全保护区及其邻近区域建造或者设置的建筑物、构筑物、设备等，不得进入国家规定的铁路建筑限界。

第三十三条　在铁路线路两侧建造、设立生产、加工、储存或者销售易燃、易爆或者放射性物品等危险物品的场所、仓库，应当符合国家标准、行业标准规定的安全防护距离。

第三十四条　在铁路线路两侧从事采矿、采石或者爆破作业，应当遵守有关采矿和民用爆破的法律法规，符合国家标准、行业标准和铁路安全保护要求。

在铁路线路路堤坡脚、路堑坡顶、铁路桥梁外侧起向外各1000米范围内，以及在铁路隧道上方中心线两侧各1000米范围内，确需从事露天采矿、采石或者爆破作业的，应当与铁路运输企业协商一致，依照有关法律法规的规定报县级以上地方人民政府有关部门批准，采取安全防护措施后方可进行。

第三十五条　高速铁路线路路堤坡脚、路堑坡顶或者铁路桥梁外侧起向外各200米范围内禁止抽取地下水。

在前款规定范围外，高速铁路线路经过的区域属于地面沉降区域，抽取地下水危及高速铁路安全的，应当设置地下水禁止开采区或者限制开采区，具体范围由铁路监督管理机构会同县级以上地方人民政府水行政主管部门提出方案，报省、自治区、直辖市人民政府批准并公告。

第三十六条　在电气化铁路附近从事排放粉尘、烟尘及腐蚀性气体的生产活动，超过国家规定的排放标准，危及铁路运输安全的，由县级以上地方人民政府有关部门依法责令整改，消除安全隐患。

第三十七条　任何单位和个人不得擅自在铁路桥梁跨越处河道上下游各1000米范围内围垦造田、拦河筑坝、架设浮桥或者修建其他影响铁路桥梁安全的设施。

因特殊原因确需在前款规定的范围内进行围垦造田、拦河筑坝、架设浮桥等活动的，应当进行安全论证，负责审批的机关在批准前应当征求有关铁路运输企业的意见。

第三十八条　禁止在铁路桥梁跨越处河道上下游的下列范围内采砂、淘金：

（一）跨河桥长500米以上的铁路桥梁，河道上游500米，下游3000米；

（二）跨河桥长100米以上不足500米的铁路桥梁，河道上游500米，下游2000米；

（三）跨河桥长不足100米的铁路桥梁，河道上游500米，下游1000米。

有关部门依法在铁路桥梁跨越处河道上下游划定的禁采范围大于前款规定的禁采范围的，按照划定的禁采范围执行。

县级以上地方人民政府水行政主管部门、国土资源主管部门应当按照各自职责划定禁采区域、设置禁采标志，制止非法采砂、淘金行为。

第三十九条　在铁路桥梁跨越处河道上下游各500米范围内进行疏浚作业，应当进行安全技术评价，有关河道、航道管理部门应当征求铁路运输企业的意见，确认安全或者采取安全技术措施后，方可批准进行疏浚作业。但是，依法进行河道、航道日常养护、疏浚作业的除外。

第四十条　铁路、道路两用桥由所在地铁路运输企业和道路管理部门或者道路经营企业定期检查、共同维护，保证桥梁处于安全的技术状态。

铁路、道路两用桥的墩、梁等共用部分的检测、维修由铁路运输企业和道路管理部门或者道路经营企业共同负责，所需费用按照公平合理的原则分担。

第四十一条　铁路的重要桥梁和隧道按照国家有关规定由中国人民武装警察部队负责守卫。

第四十二条　船舶通过铁路桥梁应当符合桥梁的通航净空高度并遵守航行规则。

桥区航标中的桥梁航标、桥柱标、桥梁水尺标由铁路运输企业负责设置、维护，水面航标由铁路运输企业负责设置，航道管理部门负责维护。

第四十三条　下穿铁路桥梁、涵洞的道路应当按照国家标准设置车辆通过限高、限宽标志和限高防护架。城市道路的限高、限宽标志由当地人民政府指定的部门设置并维护，公路的限高、限宽标志由公路管理部门设置并维护。限高防护架在铁路桥梁、涵洞、道路建设时设置，由铁路运输企业负责维护。

机动车通过下穿铁路桥梁、涵洞的道路，应当遵守限高、限宽规定。

下穿铁路涵洞的管理单位负责涵洞的日常管理、维护，防止淤塞、积水。

第四十四条　铁路线路安全保护区内的道路和铁路线路路堑上的道路、跨越铁路线路的道路桥梁，应当按照国家有关规定设置防止车辆以及其他物体进入、坠入铁路线路的安全防护设施和警示标志，并由道路管理部门或者道路经营企业维护、管理。

第四十五条　架设、铺设铁路信号和通信线路、杆塔应当符合国家标准、行业标准和铁路安全防护要求。铁路运输企业、为铁路运输提供服务的电信企业应当加强对铁路信号和通信线路、杆塔的维护和管理。

第四十六条　设置或者拓宽铁路道口、铁路人行过道，应当征得铁路运输企业的同意。

第四十七条　铁路与道路交叉的无人看守道口应当按照国家标准设置警示标志；有人看守道口应当设置移动栏杆、列车接近报警装置、警示灯、警示标志、铁路道口路段标线等安全防护设施。

道口移动栏杆、列车接近报警装置、警示灯等安全防护设施由铁路运输企业设置、维护；警示标志、铁路道口路段标线由铁路道口所在地的道路管理部门设置、维护。

第四十八条　机动车或者非机动车在铁路道口内发生故障或者装载物掉落的，应当立即将故障车辆或者掉落的装载物移至铁路道口停止线以外或者铁路线路最外侧钢轨5米以外的安全地点。无法立即移至安全地点的，应当立即报告铁路道口看守人员；在无人看守道口，应当立即在道口两端采取措施拦停列车，并就近通知铁路车站或者公安机关。

第四十九条　履带车辆等可能损坏铁路设施设备的车辆、物体通过铁路道口，应当提前通知铁路道口管理单位，在其协助、指导下通过，并采取相应的安全防护措施。

第五十条　在下列地点，铁路运输企业应当按照国家标准、行业标准设置易于识别的警示、保护标志：

（一）铁路桥梁、隧道的两端；

（二）铁路信号、通信光（电）缆的埋设、铺设地点；

（三）电气化铁路接触网、自动闭塞供电线路和电力贯通线路等电力设施附近易发生危险的地点。

第五十一条　禁止毁坏铁路线路、站台等设施设备和铁路路基、护坡、排水沟、防护林木、护坡草坪、铁路线路封闭网及其他铁路防护设施。

第五十二条　禁止实施下列危及铁路通信、信号设施安全的行为：

（一）在埋有地下光（电）缆设施的地面上方进行钻探，堆放重物、垃圾，焚烧物品，倾倒腐蚀性物质；

（二）在地下光（电）缆两侧各1米的范围内建造、搭建建筑物、构筑物等设施；

（三）在地下光（电）缆两侧各1米的范围内挖砂、取土；

（四）在过河光（电）缆两侧各100米的范围内挖砂、抛锚或者进行其他危及光（电）缆安全的作业。

第五十三条　禁止实施下列危害电气化铁路设施的行为：

（一）向电气化铁路接触网抛掷物品；

（二）在铁路电力线路导线两侧各500米的范围内升放风筝、气球等低空飘浮物体；

（三）攀登铁路电力线路杆塔或者在杆塔上架设、安装其他设施设备；

（四）在铁路电力线路杆塔、拉线周围20米范围内取土、打桩、钻探或者倾倒有害化学物品；

（五）触碰电气化铁路接触网。

第五十四条　县级以上各级人民政府及其有关部门、铁路运输企业应当依照地质灾害防治法律法规的规定，加强铁路沿线地质灾害的预防、治理和应急处理等工作。

第五十五条　铁路运输企业应当对铁路线路、铁路防护设施和警示标志进行经常性巡查和维护；对巡查中发现的安全问题应当立即处理，不能立即处理的应当及时报告铁路监督管理机构。巡查和处理情况应当记录留存。

第五章　铁路运营安全

第五十六条　铁路运输企业应当依照法律、行政法规和国务院铁路行业监督管理部门的规定，制定铁路运输安全管理制度，完善相关作业程序，保障铁路旅客和货物运输安全。

第五十七条　铁路机车车辆的驾驶人员应当参加国务院铁路行业监督管理部门组织的考试，考试合格方可上岗。具体办法由国务院铁路行业监督管理部门制定。

第五十八条　铁路运输企业应当加强铁路专业技术岗位和主要行车工种岗位从业人员的业务培训和安全培训，提高从业人员的业务技能和安全意识。

第五十九条　铁路运输企业应当加强运输过程中的安全防护，使用的运输工具、装载加固设备以及其他专用设施设备应当符合国家标准、行业标准和安全要求。

第六十条　铁路运输企业应当建立健全铁路设施设备的检查防护制度，加强对铁路设施设备的日常维护检修，确保铁路设施设备性能完好和安全运行。

铁路运输企业的从业人员应当按照操作规程使用、管理铁路设施设备。

第六十一条　在法定假日和传统节日等铁路运输高峰期或者恶劣气象条件下，铁路运输企业应当采取必要的安全应急管理措施，加强铁路运输安全检查，确保运输安全。

第六十二条　铁路运输企业应当在列车、车站等场所公告旅客、列车工作人员以及其他进站人员遵守的安全管理规定。

第六十三条　公安机关应当按照职责分工，维护车站、列车等铁路场所和铁路沿线的治安秩序。

第六十四条　铁路运输企业应当按照国务院铁路行业监督管理部门的规定实施火车票实名购买、查验制度。

实施火车票实名购买、查验制度的，旅客应当凭有效身份证件购票乘车；对车票所记载身份信息与所持身份证件或者真实身份不符的持票人，铁路运输企业有权拒绝其进站乘车。

铁路运输企业应当采取有效措施为旅客实名购票、乘车提供便利，并加强对旅客身份信息的保护。铁路运输企业工作人员不得窃取、泄露旅客身份信息。

第六十五条 铁路运输企业应当依照法律、行政法规和国务院铁路行业监督管理部门的规定，对旅客及其随身携带、托运的行李物品进行安全检查。

从事安全检查的工作人员应当佩戴安全检查标志，依法履行安全检查职责，并有权拒绝不接受安全检查的旅客进站乘车和托运行李物品。

第六十六条 旅客应当接受并配合铁路运输企业在车站、列车实施的安全检查，不得违法携带、夹带管制器具，不得违法携带、托运烟花爆竹、枪支弹药等危险物品或者其他违禁物品。

禁止或者限制携带的物品种类及其数量由国务院铁路行业监督管理部门会同公安机关规定，并在车站、列车等场所公布。

第六十七条 铁路运输托运人托运货物、行李、包裹，不得有下列行为：

（一）匿报、谎报货物品名、性质、重量；

（二）在普通货物中夹带危险货物，或者在危险货物中夹带禁止配装的货物；

（三）装车、装箱超过规定重量。

第六十八条 铁路运输企业应当对承运的货物进行安全检查，并不得有下列行为：

（一）在非危险货物办理站办理危险货物承运手续；

（二）承运未接受安全检查的货物；

（三）承运不符合安全规定、可能危害铁路运输安全的货物。

第六十九条 运输危险货物应当依照法律法规和国家其他有关规定使用专用的设施设备，托运人应当配备必要的押运人员和应急处理器材、设备以及防护用品，并使危险货物始终处于押运人员的监管之下；危险货物发生被盗、丢失、泄漏等情况，应当按照国家有关规定及时报告。

第七十条 办理危险货物运输业务的工作人员和装卸人员、押运人员，应当掌握危险货物的性质、危害特性、包装容器的使用特性和发生意外的应急措施。

第七十一条 铁路运输企业和托运人应当按照操作规程包装、装卸、运输危险货物，防止危险货物泄漏、爆炸。

第七十二条 铁路运输企业和托运人应当依照法律法规和国家其他有关规定包装、装载、押运特殊药品，防止特殊药品在运输过程中被盗、被劫或者发生丢失。

第七十三条 铁路管理信息系统及其设施的建设和使用，应当符合法律法规和国家其他有关规定的安全技术要求。

铁路运输企业应当建立网络与信息安全应急保障体系，并配备相应的专业技术人员负责网络和信息系统的安全管理工作。

第七十四条 禁止使用无线电台（站）以及其他仪器、装置干扰铁路运营指挥调度无线电频率的正常使用。

铁路运营指挥调度无线电频率受到干扰的，铁路运输企业应当立即采取排查措施并报告无线电管理机构、铁路监管部门；无线电管理机构、铁路监管部门应当依法排除干扰。

第七十五条 电力企业应当依法保障铁路运输所需电力的持续供应，并保证供电质量。

铁路运输企业应当加强用电安全管理，合理配置供电电源和应急自备电源。

遇有特殊情况影响铁路电力供应的，电力企业和铁路运输企业应当按照各自职责及时组织抢修，尽快恢复正常供电。

第七十六条 铁路运输企业应当加强铁路运营食品安全管理，遵守有关食品安全管理的法律法规和国家其他有关规定，保证食品安全。

第七十七条 禁止实施下列危害铁路安全的行为：

（一）非法拦截列车、阻断铁路运输；

（二）扰乱铁路运输指挥调度机构以及车站、列车的正常秩序；

（三）在铁路线路上放置、遗弃障碍物；

（四）击打列车；

（五）擅自移动铁路线路上的机车车辆，或者擅自开启列车车门、违规操纵列车紧急制动设备；

（六）拆盗、损毁或者擅自移动铁路设施设备、机车车辆配件、标桩、防护设施和安全标志；

（七）在铁路线路上行走、坐卧或者在未设道口、人行过道的铁路线路上通过；

（八）擅自进入铁路线路封闭区域或者在未设置行人通道的铁路桥梁、隧道通行；

（九）擅自开启、关闭列车的货车阀、盖或者破坏施封状态；

（十）擅自开启列车中的集装箱箱门，破坏箱体、阀、盖或者施封状态；

（十一）擅自松动、拆解、移动列车中的货物装载加固材料、装置和设备；

（十二）钻车、扒车、跳车；

（十三）从列车上抛扔杂物；

（十四）在动车组列车上吸烟或者在其他列车的禁烟区域吸烟；

（十五）强行登乘或者以拒绝下车等方式强占列车；

（十六）冲击、堵塞、占用进出站通道或者候车区、站台。

第六章　监督检查

第七十八条　铁路监管部门应当对从事铁路建设、运输、设备制造维修的企业执行本条例的情况实施监督检查，依法查处违反本条例规定的行为，依法组织或者参与铁路安全事故的调查处理。

铁路监管部门应当建立企业违法行为记录和公告制度，对违反本条例被依法追究法律责任的从事铁路建设、运输、设备制造维修的企业予以公布。

第七十九条　铁路监管部门应当加强对铁路运输高峰期和恶劣气象条件下运输安全的监督管理，加强对铁路运输的关键环节、重要设施设备的安全状况以及铁路运输突发事件应急预案的建立和落实情况的监督检查。

第八十条　铁路监管部门和县级以上人民政府安全生产监督管理部门应当建立信息通报制度和运输安全生产协调机制。发现重大安全隐患，铁路运输企业难以自行排除的，应当及时向铁路监管部门和有关地方人民政府报告。地方人民政府获悉铁路沿线有危及铁路运输安全的重要情况，应当及时通报有关的铁路运输企业和铁路监管部门。

第八十一条　铁路监管部门发现安全隐患，应当责令有关单位立即排除。重大安全隐患排除前或者排除过程中无法保证安全的，应当责令从危险区域内撤出人员、设备，停止作业；重大安全隐患排除后方可恢复作业。

第八十二条　实施铁路安全监督检查的人员执行监督检查任务时，应当佩戴标志或者出示证件。任何单位和个人不得阻碍、干扰安全监督检查人员依法履行安全检查职责。

第七章　法律责任

第八十三条　铁路建设单位和铁路建设的勘察、设计、施工、监理单位违反本条例关于铁路建设质量安全管理的规定的，由铁路监管部门依照有关工程建设、招标投标管理的法律、行政法规的规定处罚。

第八十四条　铁路建设单位未对高速铁路和地质构造复杂的铁路建设工程实行工程地质勘察监理，或者在铁路线路及其邻近区域进行铁路建设工程施工不执行铁路营业线施工安全管理规定，影响铁路运营安全的，由铁路监管部门责令改正，处10万元以上50万元以下的罚款。

第八十五条　依法应当进行产品认证的铁路专用设备未经认证合格，擅自出厂、销售、进口、使用的，依照《中华人民共和国认证认可条例》的规定处罚。

第八十六条　铁路机车车辆以及其他专用设备制造者未按规定召回缺陷产品，采取措施消除缺陷的，由国务院铁路行业监督管理部门责令改正；拒不改正的，处缺陷产品货值金额1%以上10%以下的罚款；情节严重的，由国务院铁路行业监督管理部门吊销相应的许可证件。

第八十七条　有下列情形之一的，由铁路监督管理机构责令改正，处2万元以上10万元以下的罚款：

（一）用于铁路运输的安全检测、监控、防护设施设备，集装箱和集装化用具等运输器具、专用装卸机械、索具、篷布、装载加固材料或者装置、运输包装、货物装载加固等，不符合国家标准、行业标准和技术规范；

（二）不按照国家有关规定和标准设置、维护铁路封闭设施、安全防护设施；

（三）架设、铺设铁路信号和通信线路、杆塔不符合国家标准、行业标准和铁路安全防护要求，或者未对铁路信号和通信线路、杆塔进行维护和管理；

（四）运输危险货物不依照法律法规和国家其他有关规定使用专用的设施设备。

第八十八条　在铁路线路安全保护区内烧荒、放养牲畜、种植影响铁路线路安全和行车瞭望的树木等植物，或者向铁路线路安全保护区排污、倾倒垃圾以及其他危害铁路安全的物质的，由铁路监督管理机构责令改正，对单位可以处5万元以下的罚款，对个人可以处2000元以下的罚款。

第八十九条　未经铁路运输企业同意或者未签订安全协议，在铁路线路安全保护区内建造建筑物、构筑物等设施，取土、挖砂、挖沟、采空作业或者堆放、悬挂物品，或者违反保证铁路安全的国家标准、行业标准和施工安全规范，影响铁路运输安全的，由铁路监督管理机构责令改正，可以处10万元以下的罚款。

铁路运输企业未派员对铁路线路安全保护区内施工现场进行安全监督的，由铁路监督管理机构责令改正，可以处3万元以下的罚款。

第九十条　在铁路线路安全保护区及其邻近区域建造或者设置的建筑物、构筑物、设备等进入国家规定的铁路建筑限界，或者在铁路线路两侧建造、设立生产、加工、储存或者销售易燃、易爆或者放射性物品等危险物品的场所、仓库不符合国家标准、行业标准规定的安全防护距离的，由铁路监督管理机构责令改正，对单位处5万元以上20万元以下的罚款，对个人处1万元以上5万元以下的罚款。

第九十一条　有下列行为之一的，分别由铁路沿线所在地县级以上地方人民政府水行政主管部门、国土资源主管部门或者无线电管理机构等依照有关水资源管理、矿产资源管理、无线电管理等法律、行政法规的规定处罚：

（一）未经批准在铁路线路两侧各1000米范围内从事露天采矿、采石或者爆破作业；

（二）在地下水禁止开采区或者限制开采区抽取地下水；

（三）在铁路桥梁跨越处河道上下游各1000米范围内围垦造田、拦河筑坝、架设浮桥或者修建其他影响铁路桥梁安全的设施；

（四）在铁路桥梁跨越处河道上下游禁止采砂、淘金的范围内采砂、淘金；

（五）干扰铁路运营指挥调度无线电频率正常使用。

第九十二条　铁路运输企业、道路管理部门或者道路经营企业未履行铁路、道路两用桥检查、维护职责的，由铁路监督管理机构或者上级道路管理部门责令改正；拒不改正的，由铁路监督管理机构或者上级道路管理部门指定其他单位进行养护和维修，养护和维修费用由拒不履行义务的铁路运输企业、道路管理部门或者道路经营企业承担。

第九十三条　机动车通过下穿铁路桥梁、涵洞的道路未遵守限高、限宽规定的，由公安机关依照道路交通安全管理法律、行政法规的规定处罚。

第九十四条　违反本条例第四十八条、第四十九条关于铁路道口安全管理的规定的，由铁路监督管理机构责令改正，处1000元以上5000元以下的罚款。

第九十五条　违反本条例第五十一条、第五十二条、第五十三条、第七十七条规定的，由公安机关责令改正，对单位处1万元以上5万元以下的罚款，对个人处500元以上2000元以下的罚款。

第九十六条　铁路运输托运人托运货物、行李、包裹时匿报、谎报货物品名、性质、重量，或者装车、装箱超过规定重量的，由铁路监督管理机构责令改正，可以处2000元以下的罚款；情节较重的，处2000元以上2万元以下的罚款；将危险化学品谎报或者匿报为普通货物托运的，处10万元以上20万元以下的罚款。

铁路运输托运人在普通货物中夹带危险货物，或者在危险货物中夹带禁止配装的货物的，由铁路监督管理机构责令改正，处3万元以上20万元以下的罚款。

第九十七条　铁路运输托运人运输危险货物未配备必要的应急处理器材、设备、防护用品，或者未按照操作规程包装、装卸、运输危险货物的，由铁路监督管理机构责令改正，处1万元以上5万元以下的罚款。

第九十八条　铁路运输托运人运输危险货物不按照规定配备必要的押运人员，或者发生危险货物被盗、丢失、泄漏等情况不按照规定及时报告的，由公安机关责令改正，处1万元以上5万元以下的罚款。

第九十九条　旅客违法携带、夹带管制器具或者违法携带、托运烟花爆竹、枪支弹药等危险物品或者其他违禁物品的，由公安机关依法给予治安管理处罚。

第一百条　铁路运输企业有下列情形之一的，由铁路监管部门责令改正，处2万元以上10万元以下的罚款：

（一）在非危险货物办理站办理危险货物承运手续；

（二）承运未接受安全检查的货物；

（三）承运不符合安全规定、可能危害铁路运输安全的货物；

（四）未按照操作规程包装、装卸、运输危险货物。

第一百零一条　铁路监管部门及其工作人员应当严格按照本条例规定的处罚种类和幅度，根据违法行为的性质和具体情节行使行政处罚权，具体办法由国务院铁路行业监督管理部门制定。

第一百零二条　铁路运输企业工作人员窃取、泄露旅客身份信息的，由公安机关依法处罚。

第一百零三条　从事铁路建设、运输、设备制造维修的单位违反本条例规定，对直接负责的主管人员和其他直接责任人员依法给予处分。

第一百零四条　铁路监管部门及其工作人员不依照本条例规定履行职责的，对负有责任的领导人员和直接责任人员依法给予处分。

第一百零五条　违反本条例规定，给铁路运输企业或者其他单位、个人财产造成损失的，依法承担民事责任。

违反本条例规定，构成违反治安管理行为的，由公安机关依法给予治安管理处罚；构成犯罪的，依法追究刑事责任。

第八章　附　则

第一百零六条　专用铁路、铁路专用线的安全管理参照本条例的规定执行。

第一百零七条　本条例所称高速铁路，是指设计开行时速250公里以上（含预留），并且初期运营时速200公里以上的客运列车专线铁路。

第一百零八条　本条例自2014年1月1日起施行。2004年12月27日国务院公布的《铁路运输安全保护条例》同时废止。

国务院办公厅关于印发突发事件应急预案管理办法的通知

国办发〔2013〕101号

各省、自治区、直辖市人民政府，国务院各部委、各直属机构：

《突发事件应急预案管理办法》已经国务院同意，现印发给你们，请认真贯彻执行。

国务院办公厅

2013年10月25日

突发事件应急预案管理办法

第一章　总　则

第一条　为规范突发事件应急预案（以下简称应急预案）管理，增强应急预案的针对性、实用性和可操作性，依据《中华人民共和国突发事件应对法》等法律、行政法规，制定本办法。

第二条　本办法所称应急预案，是指各级人民政府及其部门、基层组织、企事业单位、社会团体等为依法、迅速、科学、有序应对突发事件，最大程度减少突发事件及其造成的损害而预先制定的工作方案。

第三条　应急预案的规划、编制、审批、发布、备案、演练、修订、培训、宣传教育等工作，适用本办法。

第四条　应急预案管理遵循统一规划、分类指导、分级负责、动态管理的原则。

第五条　应急预案编制要依据有关法律、行政法规和制度，紧密结合实际，合理确定内容，切实提高针对性、实用性和可操作性。

第二章　分类和内容

第六条　应急预案按照制定主体划分，分为政府及其部门应急预案、单位和基层组织应急预案两大类。

第七条　政府及其部门应急预案由各级人民政府及其部门制定，包括总体应急预案、专项应急预案、部门应急预案等。

总体应急预案是应急预案体系的总纲，是政府组织应对突发事件的总体制度安排，由县级以上各级人民政府制定。

专项应急预案是政府为应对某一类型或某几种类型突发事件，或者针对重要目标物保护、重大活动保障、应急资源保障等重要专项工作而预先制定的涉及多个部门职责的工作方案，由有关部门牵头制定，报本级人民政府批准后印发实施。

部门应急预案是政府有关部门根据总体应急预案、专项应急预案和部门职责，为应对本部门（行业、领域）突发事件，或者针对重要目标物保护、重大活动保障、应急资源保障等涉及部门工作而预先制定的工作方案，由各级政府有关部门制定。

鼓励相邻、相近的地方人民政府及其有关部门联合制定应对区域性、流域性突发事件的联合应急预案。

第八条　总体应急预案主要规定突发事件应对的基本原则、组织体系、运行机制，以及应急保障的总体安排等，明确相关各方的职责和任务。

针对突发事件应对的专项和部门应急预案，不同层级的预案内容各有所侧重。国家层面专项和部门应急预案侧重明确突发事件的应对原则、组织指挥机制、预警分级和事件分级标准、信息报告要求、分级响应及响应行动、应急保障措施等，重点规范国家层面应对行动，同时体现政策性和指导性；省级专项和部门应急预案侧重明确突发事件的组织指挥机制、信息报告要求、分级响应及响应行动、队伍物资保障及调动程序、市县级政府职责等，重点规范省级层面应对行动，同时体现指导性；市县级专项和部门应急预案侧重明确突发事件的组织指挥机制、风险评估、监测预警、信息报告、应急处置措施、队伍物资保障及调动程序等内容，重点规范市（地）级和县级层面应对行动，体现应急处置的主体职能；乡镇街道专项和部门应急预案侧重明确突发事件的预警信息传播、组织先期处置和自救互救、信息收集报告、人员临时安置等内容，重点规范乡镇层面应对行动，体现先期处置特点。

针对重要基础设施、生命线工程等重要目标物保护的专项和部门应急预案，侧重明确风险隐患及防范措施、监测预警、信息报告、应急处置和紧急恢复等内容。

针对重大活动保障制定的专项和部门应急预案，侧重明确活动安全风险隐患及防范措施、监测预警、信息报告、应急处置、人员疏散撤离组织和路线等内容。

针对为突发事件应对工作提供队伍、物资、装备、资金等资源保障的专项和部门应急预案，侧重明确组织指挥机制、资源布局、不同种类和级别突发事件发生后的资源调用程序等内容。

联合应急预案侧重明确相邻、相近地方人民政府及其部门间信息通报、处置措施衔接、应急资源共享等应急联动机制。

第九条　单位和基层组织应急预案由机关、企业、事业单位、社会团体和居委会、村委会等法人和基层组织制定，侧重明确应急响应责任人、风险隐患监测、信息报告、预警响应、应急处置、人员疏散撤离组织和路线、可调用或可请求援助的应急资源情况及如何实施等，体现自救互救、信息报告和先期处置特点。

大型企业集团可根据相关标准规范和实际工作需要，参照国际惯例，建立本集团应急预案体系。

第十条　政府及其部门、有关单位和基层组织可根据应急预案，并针对突发事件现场处置工作灵活制定现场工作方案，侧重明确现场组织指挥机制、应急队伍分工、不同情况下的应对措施、应急装备保障和自我保障等内容。

第十一条　政府及其部门、有关单位和基层组织可结合本地区、本部门和本单位具体情况，编制应急预案操作手册，内容一般包括风险隐患分析、处置工作程序、响应措施、应急队伍和装备物资情况，以及相关单位联络人员和电话等。

第十二条　对预案应急响应是否分级、如何分级、如何界定分级响应措施等，由预案制定单位根据本地区、本部门和本单位的实际情况确定。

第三章　预案编制

第十三条　各级人民政府应当针对本行政区域多发易发突发事件、主要风险等，制定本级政府及其部门应急预案编制规划，并根据实际情况变化适时修订完善。

单位和基层组织可根据应对突发事件需要，制定本单位、本基层组织应急预案编制计划。

第十四条　应急预案编制部门和单位应组成预案编制工作小组，吸收预案涉及主要部门和单位业务相关人员、有关专家及有现场处置经验的人员参加。编制工作小组组长由应急预案编制部门或单位有关负责人担任。

第十五条　编制应急预案应当在开展风险评估和应急资源调查的基础上进行。

（一）风险评估。针对突发事件特点，识别事件的危害因素，分析事件可能产生的直接后果以及次生、衍生后果，评估各种后果的危害程度，提出控制风险、治理隐患的措施。

（二）应急资源调查。全面调查本地区、本单位第一时间可调用的应急队伍、装备、物资、场所等应急资源状况和合作区域内可请求援助的应急资源状况，必要时对本地居民应急资源情况进行调查，为制定应急响应措施提供依据。

第十六条　政府及其部门应急预案编制过程中应当广泛听取有关部门、单位和专家的意见，与相关的预案做好衔接。涉及其他单位职责的，应当书面征求相关单位意见。必要时，向社会公开征求意见。

单位和基层组织应急预案编制过程中，应根据法律、行政法规要求或实际需要，征求相关公民、法人或其他组织的意见。

第四章　审批、备案和公布

第十七条　预案编制工作小组或牵头单位应当将预案送审稿及各有关单位复函和意见采纳情况说明、编制工作说明等有关材料报送应急预案审批单位。因保密等原因需要发布应急预案简本的，应当将应急预案简本一起报送审批。

第十八条　应急预案审核内容主要包括预案是否符合有关法律、行政法规，是否与有关应急预案进行了衔接，各方面意见是否一致，主体内容是否完备，责任分工是否合理明确，应急响应级别设计是否合理，应对措施是否具体简明、管用可行等。必要时，应急预案审批单位可组织有关专家对应急预案进行评审。

第十九条　国家总体应急预案报国务院审批，以国务院名义印发；专项应急预案报国务院审批，以国务院办公厅名义印发；部门应急预案由部门有关会议审议决定，以部门名义印发，必要时，可以由国务院办公厅转发。

地方各级人民政府总体应急预案应当经本级人民政府常务会议审议，以本级人民政府名义印发；专项应急预案应当经本级人民政府审批，必要时经本级人民政府常务会议或专题会议审议，以本级人民政府办公厅（室）名义印发；部门应急预案应当经部门有关会议审议，以部门名义印发，必要时，可以由本级人民政府办公厅（室）转发。

单位和基层组织应急预案须经本单位或基层组织主要负责人或分管负责人签发，审批方式根据实际情况确定。

第二十条　应急预案审批单位应当在应急预案印发后的20个工作日内依照下列规定向有关单位备案：

（一）地方人民政府总体应急预案报送上一级人民政府备案。

（二）地方人民政府专项应急预案抄送上一级人民政府有关主管部门备案。

（三）部门应急预案报送本级人民政府备案。

（四）涉及需要与所在地政府联合应急处置的中央单位应急预案，应当向所在地县级人民政府备案。

法律、行政法规另有规定的从其规定。

第二十一条　自然灾害、事故灾难、公共卫生类政府及其部门应急预案，应向社会公布。对确需保密的应急预案，按有关规定执行。

第五章　应急演练

第二十二条　应急预案编制单位应当建立应急演练制度，根据实际情况采取实战演练、桌面推演等方式，组织开展人员广泛参与、处置联动性强、形式多样、节约高效的应急演练。

专项应急预案、部门应急预案至少每3年进行一次应急演练。

地震、台风、洪涝、滑坡、山洪泥石流等自然灾害易发区域所在地政府，重要基础设施和城市供水、供电、供气、供热等生命线工程经营管理单位，矿山、建筑施工单位和易燃易爆物品、危险化学品、放射性物品等危险物品生产、经营、储运、使用单位，公共交通工具、公共场所和医院、学校等人员密集场所的经营单位或者管理单位等，应当有针对性地经常组织开展应急演练。

第二十三条　应急演练组织单位应当组织演练评估。评估的主要内容包括：演练的执行情况，预案的合理性与可操作性，指挥协调和应急联动情况，应急人员的处置情况，演练所用设备装备的适用性，对完善预案、应急准备、应急机制、应急措施等方面的意见和建议等。

鼓励委托第三方进行演练评估。

第六章　评估和修订

第二十四条　应急预案编制单位应当建立定期评估制度，分析评价预案内容的针对性、实用性和可操作性，实现应急预案的动态优化和科学规范管理。

第二十五条　有下列情形之一的，应当及时修订应急预案：

（一）有关法律、行政法规、规章、标准、上位预案中的有关规定发生变化的；

（二）应急指挥机构及其职责发生重大调整的；

（三）面临的风险发生重大变化的；

（四）重要应急资源发生重大变化的；

（五）预案中的其他重要信息发生变化的；

（六）在突发事件实际应对和应急演练中发现问题需要作出重大调整的；

（七）应急预案制定单位认为应当修订的其他情况。

第二十六条　应急预案修订涉及组织指挥体系与职责、应急处置程序、主要处置措施、突发事件分级标准等重要内容的，修订工作应参照本办法规定的预案编制、审批、备案、公布程序组织进行。仅涉及其他内容的，修订程序可根据情况适当简化。

第二十七条　各级政府及其部门、企事业单位、社会团体、公民等，可以向有关预案编制单位提出修订建议。

第七章　培训和宣传教育

第二十八条　应急预案编制单位应当通过编发培训材料、举办培训班、开展工作研讨等方式，对与应急预案实施密切相关的管理人员和专业救援人员等组织开展应急预案培训。

各级政府及其有关部门应将应急预案培训作为应急管理培训的重要内容，纳入领导干部培训、公务员培训、应急管理干部日常培训内容。

第二十九条　对需要公众广泛参与的非涉密的应急预案，编制单位应当充分利用互联网、广播、电视、报刊等多种媒体广泛宣传，制作通俗易懂、好记管用的宣传普及材料，向公众免费发放。

第八章　组织保障

第三十条　各级政府及其有关部门应对本行政区域、本行业（领域）应急预案管理工作加强指导和监督。国务院有关部门可根据需要编写应急预案编制指南，指导本行业（领域）应急预案编制工作。

第三十一条　各级政府及其有关部门、各有关单位要指定专门机构和人员负责相关具体工作，将应急预案规划、编制、审批、发布、演练、修订、培训、宣传教育等工作所需经费纳入预算统筹安排。

第九章　附　则

第三十二条　国务院有关部门、地方各级人民政府及其有关部门、大型企业集团等可根据实际情况，制定相关实施办法。

第三十三条　本办法由国务院办公厅负责解释。

第三十四条　本办法自印发之日起施行。

国务院办公厅转发教育部等部门关于建立中小学校舍安全保障长效机制意见的通知

国办发〔2013〕103号

各省、自治区、直辖市人民政府，国务院各部委、各直属机构：

教育部、发展改革委、公安部、监察部、财政部、国土资源部、住房城乡建设部、水利部、审计署、安全监管总局、地震局、气象局《关于建立中小学校舍安全保障长效机制的意见》已经国务院同意，现转发给你们，请认真贯彻执行。

国务院办公厅

2013年11月7日

关于建立中小学校舍安全保障长效机制的意见

为贯彻落实《中华人民共和国防震减灾法》和《国家中长期教育改革和发展规划纲要（2010—2020年）》，进一步提高全国中小学校舍防震减灾能力，实现城乡中小学校舍安全达标，现就建立中小学校舍安全保障长效机制（以下简称长效机制）提出如下意见。

一、充分认识建立长效机制的重要意义

校舍安全直接关系师生生命安全，社会关注度高、影响面广。党中央、国务院历来高度重视校舍安全工作，新世纪以来，先后部署实施了一系列校舍建设工程，建立了农村义务教育中小学校舍维修改造长效机制，特别是从2009年起，部署实施了全国中小学校舍安全工程，在各级各类城乡中小学开展校舍抗震加固和提高综合防灾能力建设，校舍安全隐患大幅减少，安全状况进一步改善。但我国中小学的学生规模大、农村学校多、基础条件差，保障校舍安全是一项长期的艰巨任务。建立长效机制，为提高中小学校舍安全管理水平和防灾减灾能力提供制度保障，是坚持以人为本、落实国家防灾减灾总体部署的必然要求，是坚持教育优先发展、办好人民满意教育的重要内容。各地区、各有关部门要统一思想，提高认识，按照国务院决策部署，切实把保障校舍安全的各项任务落实到位。

二、覆盖范围和总体要求

（一）覆盖范围。全国城镇和农村、公立和民办、教育系统和非教育系统的所有中小学（含幼儿园）。

（二）总体要求。明确和落实各级政府及其相关部门责任，综合考虑城镇化发展、人口变化等因素，紧密结合教育事业发展、防灾减灾、校园建设等规划和各类教育建设专项工程，统筹实施校舍安全保障长效机制。坚持建管并重，通过维修、加固、重建、改扩建等多种形式，逐步使所有校舍满足国家规定的建设标准、重点设防类抗震设防标准和国家综合防灾要求，同时加强对校舍的日常管理和定期维护。加强对中小学校舍规划布局、安全排查、施工建设、使用维护、信息公告、责任追究等各环节的管理，建立健全符合国情的中小学校舍安全保障制度体系。

三、长效机制的主要内容

（一）建立校舍安全年检制度。对城乡各级各类中小学现有校舍每半年要组织一次安全隐患排查。经排查后需要鉴定的，由当地教育行政部门委托有资质的专业机构及时进行相关鉴定。对未达到重点设防类抗震设防标准或达到设计使用年限仍需继续使用的校舍，每年进行一次鉴定；达到重点设防类抗震设防标准的，每5年进行一次鉴定。校舍排查鉴定结果要及时录入中小学校舍信息管理系统以便查询。

（二）完善校舍安全预警机制。地方各级政府要将校舍安全纳入当地防灾减灾总体规划，对本行政区域内中小学校舍灾害风险进行综合评估，指导学校编制相应的应急预案，并组织师生开展应急演练。地方各级教育、公安、国土资源、水利、地震、气象等部门要建立联动机制，及时向学校发出灾害预警信息，妥善做好师生应急避险和转移安置；对存在重大安全隐患、影响安全使用的校舍，要及时发布安全预警。

（三）建立校舍安全信息通报公告制度。教育部会同统计局、住房城乡建设部、发展改革委、财政部、国土资源部、公安部等部门对全国中小学校舍信息数据进行统计分析，向各省级政府通报可能存在安全隐患的校舍信息，并每年定期向社会发布全国中小学校舍安全信息公告。地方各级政府也要建立相应的信息通报和公告制度。

（四）完善校舍安全隐患排除机制。对经鉴定存在安全隐患、影响安全使用的校舍要及时排除隐患，由省级政府综合考虑行政区域内各市、县面临自然灾害的危险程度以及校舍状况等因素，区分轻重缓急制定相应的年度实施计划；县级政府结合本地实际，分类分步组织实施。优先考虑将部分有条件的中小学建成应急避难场所。

（五）严格校舍安全项目管理制度。中小学校舍维修、加固、重建、改扩建项目，必须严格执行项目法人责任制、招投标制、工程监理制、合同管理制。项目勘察、设计、施工和工程监理单位必须具有相应资质，严格执行国家质量安全有关法律法规和工程建设强制性标准。项目竣工后，应由建设单位按规定组织勘察、设计、施工、监理等单位及项目学校进行竣工验收并备案。位于洪泛区、蓄滞洪区、山区高原等地质灾害易发区的学校，其防险自保设施应通过水利、国土资源等主管部门验收合格，否则不得交付使用。

（六）健全校舍安全责任追究制度。对发生因校舍倒塌或其他因防范不力造成安全事故导致师生伤亡的地区，要依法追究当地政府主要负责人责任。如因校舍选址不当或建筑质量问题导致垮塌的，评估鉴定、勘察设计、施工监理等单位负责人要依法承担责任。对挤占、挪用、克扣、截留、套取长效机制专项资金、违规乱收费或玩忽职守影响校舍安全的，要依法追究相关负责人的责任。

四、工作要求和保障措施

（一）加强组织领导。地方政府是保障中小学校舍安全的责任主体，主要负责人要亲自抓、负总责，分管负责人具体负责。建立长效机制由省级政府统筹组织、市级政府协调指导、县级政府组织实施。教育、发展改革、公安、监察、财政、国土资源、住房城乡建设、水利、审计、安全监管、地震、气象等部门要各司其职，加强协调，密切配合。

（二）合理分担资金投入。各级政府要将保障中小学校舍安全资金纳入财政预算，统筹各类校舍建设项目，加大对经济落后地区的支持力度。保障农村义务教育阶段中小学校舍安全资金由中央和地方共同承担。省级政府负责统筹落实地方资金，制定省、市、县三级政府具体分担办法。中央财政通过农村中小学校舍维修改造长效机制，重点支持中西部地区农村义务教育阶段学校，对东部地区给予适当奖补。其他教育阶段保障校舍安全资金由地方及其他渠道安排。民办、外资和企（事）业办中小学所需资金由投资方和本单位负责落实，当地政府给予支持指导并监管。建立长效机制的资金实行分账核算，专款专用，资金支付按照财政国库管理制度有关规定执行。

（三）落实扶持鼓励政策。校舍建设项目涉及的行政事业性收费和政府性基金，应予以免收；涉及的经营服务性收费，在服务双方协商基础上可适当予以减收或免收。鼓励社会各界捐资捐物支持中小学校舍建设。企业通过公益性社会团体或者县级以上政府及其部门对中小学校舍建设的捐赠支出，按照相关税收政策规定予以税前扣除。

（四）提高管理信息化水平。中小学校舍信息管理系统是提高校舍安全管理水平的重要保障和技术支撑，各地要及时更新数据，加强维护，完善功能，充分发挥信息管理系统在年检、预警、信息发布、隐患排除、责任追究等方面的作用，切实提高校舍安全管理科学化、精细化水平。

（五）加强监督检查。中小学校舍安全工作实行国家重点督查、省市定期巡查、县级经常自查的监督检查机制。地方政府要把中小学校舍安全工作作为教育督导的重要内容，每年向同级人大、政协报告、通报工作情况，接受法律监督和民主监督。设置监督举报电话和公众意见箱，广泛接受社会监督。

（六）加大安全教育和宣传力度。各级各类学校要严格落实国家教学计划规定的安全教育时间和课程，对学生开展防灾和安全教育，向师生普及安全知识。要培养师生良好的安全行为习惯，掌握应急避险技能，提高师生防灾安全意识和自救互救能力。要采取多种形式向全社会宣传中小学校舍安全保障政策，认真总结、宣传推广典型经验，努力营造全社会支持、监督和推进中小学校舍安全工作的良好氛围。

国家安全生产监督管理总局令

第43号

《危险化学品输送管道安全管理规定》已经2011年12月31日国家安全生产监督管理总局局长办公会议审议通过，现予公布，自2012年3月1日起施行。

国家安全生产监督管理总局局长　骆琳

2012年1月17日

危险化学品输送管道安全管理规定

第一章　总　则

第一条　为了加强危险化学品输送管道的安全管理，预防和减少危险化学品输送管道生产安全事故，保护人民群众生命财产安全，根据《中华人民共和国安全生产法》和《危险化学品安全管理条例》，制定本规定。

第二条　生产、储存危险化学品的单位在厂区外公共区域埋地、地面和架空的危险化学品输送管道及其附属设施(以下简称危险化学品管道)的安全管理，适用本规定。

原油、天然气、煤层气和城镇燃气管道的安全管理，不适用本规定。

第三条　对危险化学品管道享有所有权或者运行管理权的单位(以下简称管道单位)应当依照有关安全生产法律法规和本规定，落实安全生产主体责任，建立、健全有关危险化学品管道安全生产的规章制度和操作规程并实施，接受安全生产监督管理部门依法实施的监督检查。

第四条　各级安全生产监督管理部门负责危险化学品管道安全生产的监督检查，并依法对危险化学品管道建设项目实施安全条件审查。

第五条　任何单位和个人不得实施危害危险化学品管道安全生产的行为。

对危害危险化学品管道安全生产的行为，任何单位和个人均有权向安全生产监督管理部门举报。接受举报的安全生产监督管理部门应当依法予以处理。

第二章　危险化学品管道的规划

第六条　危险化学品管道建设应当遵循安全第一、节约用地和经济合理的原则，并按照相关国家标准、行业标准和技术规范进行科学规划。

第七条　禁止光气、氯气等剧毒气体化学品管道穿(跨)越公共区域。

严格控制氨、硫化氢等其他有毒气体的危险化学品管道穿(跨)越公共区域。

第八条　危险化学品管道建设的选线应当避开地震活动断层和容易发生洪灾、地质灾害的区域；确实无法避开的，应当采取可靠的工程处理措施，确保不受地质灾害影响。

危险化学品管道与居民区、学校等公共场所以及建筑物、构筑物、铁路、公路、航道、港口、市政设施、通讯设施、军事设施、电力设施的距离，应当符合有关法律、行政法规和国家标准、行业标准的规定。

第三章　危险化学品管道的建设

第九条　对新建、改建、扩建的危险化学品管道，建设单位应当依照国家安全生产监督管理总局有关危险化学品建设项目安全监督管理的规定，依法办理安全条件审查、安全设施设计审查、试生产(使用)方案备案和安全设施竣工验收手续。

第十条　对新建、改建、扩建的危险化学品管道，建设单位应当依照有关法律、行政法规的规定，委托具备相应资质的设计单位进行设计。

第十一条　承担危险化学品管道的施工单位应当具备有关法律、行政法规规定的相应资质。施工单位应当按照有关法律、法规、国家标准、行业标准和技术规范的规定，以及经过批准的安全设施设计进行施工，并对工程质量负责。

参加危险化学品管道焊接、防腐、无损检测作业的人员应当具备相应的操作资格证书。

第十二条　负责危险化学品管道工程的监理单位应当对管道的总体建设质量进行全过程监督，并对危险化学品管道的总体建设质量负责。管道施工单位应当严格按照有关国家标准、行业标准的规定对管道的焊缝和防腐质量进行检查，并按照设计要求对管道进行压力试验和气密性试验。

对敷设在江、河、湖泊或者其他环境敏感区域的危险化学品管道，应当采取增加管道压力设计等级、增加防护套管等措施，确保危险化学品管道安全。

第十三条　危险化学品管道试生产(使用)前，管道单位应当对有关保护措施进行安全检查，科学制定安全投入生产(使用)方案，并严格按照方案实施。

第十四条　危险化学品管道试压半年后一直未投入生产(使用)的，管道单位应当在其投入生产(使用)前重新进行气密性试验；对敷设在江、河或者其他环境敏感区域的危险化学品管道，应当相应缩短重新进行气密性试验的时间间隔。

第四章　危险化学品管道的运行

第十五条　危险化学品管道应当设置明显标志。发现标志毁损的，管道单位应当及时予以修复或者更新。

第十六条　管道单位应当建立、健全危险化学品管道巡扩制度，配备专人进行日常巡护。巡护人员发现危害危险化学品管道安全生产情形的，应当立即报告单位负责人并及时处理。

第十七条　管道单位对危险化学品管道存在的事故隐患应当及时排除；对自身排除确有困难的外部事故隐患，应当向当地安全生产监督管理部门报告。

第十八条　管道单位应当按照有关国家标准、行业标准和技术规范对危险化学品管道进行定期检测、维护，确保其处于完好状态；对安全风险较大的区段和场所，应当进行重点监测、监控；对不符合安全标准的危险化学品管道，应当及时更新、改造或者停止使用，并向当地安全生产监督管理部门报告。对涉及更新、改造的危险化学品管道，还应当按照本办法第九条的规定办理安全条件审查手续。

第十九条　管道单位发现下列危害危险化学品管道安全运行行为的，应当及时予以制止，无法处置时应当向当地安全生产监督管理部门报告：

（一）擅自开启、关闭危险化学品管道阀门；

（二）采用移动、切割、打孔、砸撬、拆卸等手段损坏管道及其附属设施；

（三）移动、毁损、涂改管道标志；

（四）在埋地管道上方和巡查便道上行驶重型车辆；

（五）对埋地、地面管道进行占压，在架空管道线路和管桥上行走或者放置重物；

（六）利用地面管道、架空管道、管架桥等固定其他设施缆绳悬挂广告牌、搭建构筑物；

（七）其他危害危险化学品管道安全运行的行为。

第二十条　禁止在危险化学品管道附属设施的上方架设电力线路、通信线路。

第二十一条　在危险化学品管道及其附属设施外缘两侧各5米地域范围内，管道单位发现下列危害管道安全运行的行为的，应当及时予以制止，无法处置时应当向当地安全生产监督管理部门报告：

（一）种植乔木、灌木、藤类、芦苇、竹子或者其他根系深达管道埋设部位可能损坏管道防腐层的深根植物；

（二）取土、采石、用火、堆放重物、排放腐蚀性物质、使用机械工具进行挖掘施工、工程钻探；

（三）挖塘、修渠、修晒场、修建水产养殖场、建温室、建家畜棚圈、建房以及修建其他建(构)筑物。

第二十二条　在危险化学品管道中心线两侧及危险化学品管道附属设施外缘两侧5米外的周边范围内，管道单位发现下列建(构)筑物与管道线路、管道附属设施的距离不符合国家标准、行业标准要求的，应当及时向当地安全生产监督管理部门报告：

（一）居民小区、学校、医院、餐饮娱乐场所、车站、商场等人口密集的建筑物；

（二）加油站、加气站、储油罐、储气罐等易燃易爆物品的生产、经营、存储场所；

（三）变电站、配电站、供水站等公用设施。

第二十三条　在穿越河流的危险化学品管道线路中心线两侧500米地域范围内，管道单位发现有实施抛锚、拖锚、挖沙、采石、水下爆破等作业的，应当及时予以制止，无法处置时应当向当地安全生产监督管理部门报告。但在保障危险化学品管道安全的条件下，为防洪和航道通畅而实施的养护疏浚作业除外。

第二十四条　在危险化学品管道专用隧道中心线两侧1000米地域范围内，管道单位发现有实施采石、采矿、爆破等作业的，应当及时予以制止，无法处置时应当向当地安全生产监督管理部门报告。

在前款规定的地域范围内，因修建铁路、公路、水利等公共工程确需实施采石、爆破等作业的，应当按照本规定第二十五条的规定执行。

第二十五条　实施下列可能危及危险化学品管道安全运行的施工作业的，施工单位应当在开工的7日前书面通知管道单位，将施工作业方案报管道单位，并与管道单位共同制定应急预案，采取相应的安全防护措施，管道单位应当指派专人到现场进行管道安全保护指导：

（一）穿(跨)越管道的施工作业；

（二）在管道线路中心线两侧5米至50米和管道附属设施周边100米地域范围内，新建、改建、扩建铁路、公路、河渠，架设电力线路，埋设地下电缆、光缆，设置安全接地体、避雷接地体；

（三）在管道线路中心线两侧200米和管道附属设施周边500米地域范围内，实施爆破、地震法勘探或者工程挖掘、工程钻探、采矿等作业。

第二十六条　施工单位实施本规定第二十四条第二款、第二十五条规定的作业，应当符合下列条件：

（一）已经制定符合危险化学品管道安全运行要求的施工作业方案；

（二）已经制定应急预案；

（三）施工作业人员已经接受相应的危险化学品管道保护知识教育和培训；

（四）具有保障安全施工作业的设备、设施。

第二十七条　危险化学品管道的专用设施、永工防护设施、专用隧道等附属设施不得用于其他用途；确需用于其他用途的，应当征得管道单位的同意，并采取相应的安全防护措施。

第二十八条　管道单位应当按照有关规定制定本单位危险化学品管道事故应急预案，配备相应的应急救援人员和设备物资，定期组织应急演练。

发生危险化学品管道生产安全事故，管道单位应当立即启动应急预案及响应程序，采取有效措施进行紧急处置，消除或者减轻事故危害，并按照国家规定立即向事故发生地县级以上安全生产监督管理部门报告。

第二十九条　对转产、停产、停止使用的危险化学品管道，管道单位应当采取有效措施及时妥善处置，并将处置方案报县级以上安全生产监督管理部门。

第五章　监督管理

第三十条　省级、设区的市级安全生产监督管理部门应当按照国家安全生产监督管理总局有关危险化学品建设项目安全监督管理的规定，对新建、改建、扩建管道建设项目办理安全条件审查、安全设施设计审查、试生产(使用)方案备案和安全设施竣工验收手续。

第三十一条　安全生产监督管理部门接到管道单位依照本规定第十七条、第十九条、第二十一条、第二十二条、第二十三条、第二十四条提交的有关报告后，应当及时依法予以协调、移送有关主管部门处理或者报请本级人民政府组织处理。

第三十二条　县级以上安全生产监督管理部门接到危险化学品管道生产安全事故报告后，应当按照有关规定及时上报事故情况，并根据实际情况采取事故处置措施。

第六章　法律责任

第三十三条　新建、改建、扩建危险化学品管道建设项目未经安全条件审查的，由安全生产监督管理部门责令停止建设，限期改正；逾期不改正的，处50万元以上100万元以下的罚款；构成犯罪的，依法追究刑事责任。

危险化学品管道建设单位将管道建设项目发包给不具备相应资质等级的勘察、设计、施工单位或者委托给不具有相应资质等级的工程监理单位的，由安全生产监督管理部门移送建设行政主管部门依照《建设工程质量管理条例》第五十四条规定予以处罚。

第三十四条　有下列情形之一的，由安全生产监督管理部门责令改正，可以处5万元以下的罚款；拒不改正的，处5万元以上10万元以下的罚款；情节严重的，责令停产停业整顿。

(一)管道单位未对危险化学品管道设置明显标志或者未按照本规定对管道进行检测、维护的；

(二)进行可能危及危险化学品管道安全的施工作业，施工单位未按照规定书面通知管道单位，或者未与管道单位共同制定应急预案并采取相应的防护措施，或者管道单位未指派专人到现场进行管道安全保护指导的。

第三十五条　对转产、停产、停止使用的危险化学品管道，管道单位未采取有效措施及时、妥善处置的，由安全生产监督管理部门责令改正，处5万元以上10万元以下的罚款；构成犯罪的，依法追究刑事责任。

对转产、停产、停止使用的危险化学品管道，管道单位未按照本规定将处置方案报县级以上安全生产监督管理部门的，由安全生产监督管理部门责令改正，可以处1万元以下的罚款；拒不改正的，处1万元以上5万元以下的罚款。

第三十六条　违反本规定，采用移动、切割、打孔、砸撬、拆卸等手段实施危害危险化学品管道安全行为，尚不构成犯罪的，由有关主管部门依法给予治安管理处罚。

第七章　附　则

第三十七条　本规定所称公共区域是指厂区(包括化工园区、工业园区)以外的区域。

第三十八条　本规定所称危险化学品管道附属设施包括：

（一）管道的加压站、计量站、阀室、阀井、放空设施、储罐、装卸栈桥、装卸场、分输站、减压站等站场；

（二）管道的水工保护设施、防风设施、防雷设施、抗震设施、通信设施、安全监控设施、电力设施、管堤、管桥以及管道专用涵洞、隧道等穿（跨）越设施；

（三）管道的阴极保护站、阴极保护测试桩、阳极地床、杂散电流排流站等防腐设施；

（四）管道的其他附属设施。

第三十九条　本规定施行前在管道保护距离内已经建成的人口密集场所和易燃易爆物品的生产、经营、存储场所，应当由所在地人民政府根据当地的实际情况，有计划、分步骤地搬迁、清理或者采取必要的防护措施。

第四十条　本规定自2012年3月1日起施行。

国家安全生产监督管理总局令

第44号

新修订的《安全生产培训管理办法》已经2011年12月31日国家安全生产监督管理总局局长办公会议审议通过，现予公布，自2012年3月1日起施行。原国家安全生产监督管理局（国家煤矿安全监察局）2004年12月28日公布的《安全生产培训管理办法》同时废止。

国家安全生产监督管理总局局长　骆琳

2012年1月19日

安全生产培训管理办法

（2012年1月19日国家安全监管总局令第44号公布，
根据2013年8月29日国家安全监管总局令第63号修正）

第一章　总　则

第一条　为了加强安全生产培训管理，规范安全生产培训秩序，保证安全生产培训质量，促进安全生产培训工作健康发展，根据《中华人民共和国安全生产法》和有关法律、行政法规的规定，制定本办法。

第二条　安全培训机构、生产经营单位从事安全生产培训（以下简称安全培训）活动以及安全生产监督管理部门、煤矿安全监察机构、地方人民政府负责煤矿安全培训的部门对安全培训工作实施监督管理，适用本办法。

第三条　本办法所称安全培训是指以提高安全监管监察人员、生产经营单位从业人员和从事安全生产工作的相关人员的安全素质为目的的教育培训活动。

前款所称安全监管监察人员是指县级以上各级人民政府安全生产监督管理部门、各级煤矿安全监察机构从事安全监管监察、行政执法的安全生产监管人员和煤矿安全监察人员；生产经营单位从业人员是指生产经营单位主要负责人、安全生产管理人员、特种作业人员及其他从业人员；从事安全生产工作的相关人员是指从事安全教育培训工作的教师、危险化学品登记机构的登记人员和承担安全评价、咨询、检测、检验的人员及注册安全工程师、安全生产应急救援人员等。

第四条　安全培训工作实行统一规划、归口管理、分级实施、分类指导、教考分离的原则。

国家安全生产监督管理总局（以下简称国家安全监管总局）指导全国安全培训工作，依法对全国的安全培训工作实施监督管理。

国家煤矿安全监察局（以下简称国家煤矿安监局）指导全国煤矿安全培训工作，依法对全国煤矿安全培训工作实施监督管理。

国家安全生产应急救援指挥中心指导全国安全生产应急救援培训工作。

县级以上地方各级人民政府安全生产监督管理部门依法对本行政区域内的安全培训工作实施监督管理。

省、自治区、直辖市人民政府负责煤矿安全培训的部门、省级煤矿安全监察机构（以下统称省级煤矿安全培训监管机构）按照各自工作职责，依法对所辖区域煤矿安全培训工作实施监督管理。

第五条　安全培训的机构应当具备从事安全培训工作所需要的条件。从事危险物品的生产、经营、储存单位和矿山企业主要负责人、安全生产管理人员、特种作业人员以及注册安全工程师等相关人员培训的安全培训机构，应当将教师、教学和实习实训设施等情况书面报告所在地安全生产监督管理部门、煤矿安全培训监管机构。

国家鼓励安全生产相关社会组织对安全培训机构实行自律管理。

第二章　安全培训

第六条　安全培训应当按照规定的安全培训大纲进行。

安全监管监察人员，危险物品的生产、经营、储存单位与非煤矿山企业的主要负责人、安全生产管理人员和特种作业人员及从事安全生产工作的相关人员的安全培训大纲，由国家安全监管总局组织制定。

煤矿企业的主要负责人、安全生产管理人员和特种作业人员的培训大纲由国家煤矿安监局组织制定。

除危险物品的生产、经营、储存单位和矿山企业以外其他生产经营单位的主要负责人、安全生产管理人员及其他从业人员的安全培训大纲，由省级安全生产监督管理部门、省级煤矿安全培训监管机构组织制定。

第七条　国家安全监管总局、省级安全生产监督管理部门定期组织优秀安全培训教材的评选。

安全培训机构应当优先使用优秀安全培训教材。

第八条　国家安全监管总局负责省级以上安全生产监督管理部门的安全生产监管人员、各级煤矿安全监察机构的煤矿安全监察人员的培训工作；组织、指导和监督中央企业总公司、总厂或者集团公司的主要负责人和安全生产管理人员的培训工作。

省级安全生产监督管理部门负责市级、县级安全生产监督管理部门的安全生产监管人员的培训工作；组织、指导和监督省属生产经营单位、所辖区域内中央企业的分公司、子公司及其所属单位的主要负责人和安全生产管理人员的培训工作；组织、指导和监督特种作业人员的培训工作。

市级、县级安全生产监督管理部门组织、指导和监督本行政区域内除中央企业、省属生产经营单位以外的其他生产经营单位的主要负责人和安全生产管理人员的安全培训工作。

省级煤矿安全培训监管机构组织、指导和监督所辖区域内煤矿企业的主要负责人、安全生产管理人员和特种作业人员的培训工作。

危险化学品登记机构的登记人员和承担安全评价、咨询、检测、检验的人员及注册安全工程师、安全生产应急救援人员的安全培训按照有关法律、法规、规章的规定进行。

除主要负责人、安全生产管理人员、特种作业人员以外的生产经营单位的从业人员的安全培训，由生产经营单位负责。

第九条　对从业人员的安全培训，具备安全培训条件的生产经营单位应当以自主培训为主，也可以委托具备安全培训条件的机构进行安全培训。

不具备安全培训条件的生产经营单位，应当委托具有安全培训条件的机构对从业人员进行安全培训。

第十条　生产经营单位应当建立安全培训管理制度，保障从业人员安全培训所需经费，对从业人员进行与其所从事岗位相应的安全教育培训；从业人员调整工作岗位或者采用新工艺、新技术、新设备、新材料的，应当对其进行专门的安全教育和培训。未经安全教育和培训合格的从业人员，不得上岗作业。

从业人员安全培训情况，生产经营单位应当建档备查。

第十一条　生产经营单位从业人员的培训内容和培训时间，应当符合《生产经营单位安全培训规定》和有关标准的规定。

第十二条　中央企业的分公司、子公司及其所属单位和其他生产经营单位，发生造成人员死亡的生产安全事故的，其主要负责人和安全生产管理人员应当重新参加安全培训。

特种作业人员对造成人员死亡的生产安全事故负有直接责任的，应当按照《特种作业人员安全技术培训考核管理规定》重新参加安全培训。

第十三条　国家鼓励生产经营单位实行师傅带徒弟制度。

矿山新招的井下作业人员和危险物品生产经营单位新招的危险工艺操作岗位人员，除按照规定进行安全培训外，还应当在有经验的职工带领下实习满2个月后，方可独立上岗作业。

第十四条　国家鼓励生产经营单位招录职业院校毕业生。

职业院校毕业生从事与所学专业相关的作业，可以免予参加初次培训，实际操作培训除外。

第十五条　安全培训机构应当建立安全培训工作制度和人员培训档案，落实安全培训计划。安全培训相关情况，应当记录备查。

第十六条　安全培训机构从事安全培训工作的收费，应当符合法律、法规的规定。法律、法规没有规定的，应当按照行业自律标准或者指导性标准收费。

第十七条　国家鼓励安全培训机构和生产经营单位利用现代信息技术开展安全培训，包括远程培训。

第三章　安全培训的考核

第十八条　安全监管监察人员、从事安全生产工作的相关人员、依照有关法律法规应当取得安全资格证的生产经营单位主要负责人和安全生产管理人员、特种作业人员的安全培训的考核，应当坚持教考分离、统一标准、统一题库、分级负责的原则，分步推行有远程视频监视的计算机考试。

第十九条　安全监管监察人员，危险物品的生产、经营、储存单位及非煤矿山企业主要负责人、安全生产管理人员和特种作业人员，以及从事安全生产工作的相关人员的考核标准，由国家安全监管总局统一制定。

煤矿企业的主要负责人、安全生产管理人员和特种作业人员的考核标准，由国家煤矿安监局制定。

除危险物品的生产、经营、储存单位和矿山企业以外其他生产经营单位主要负责人、安全生产管理人员及其他从业人员的考核标准，由省级安全生产监督管理部门制定。

第二十条　国家安全监管总局负责省级以上安全生产监督管理部门的安全生产监管人员、各级煤矿安全监察机构的煤矿安全监察人员的考核；负责中央企业的总公司、总厂或者集团公司的主要负责人和安全生产管理人员的考核。

省级安全生产监督管理部门负责市级、县级安全生产监督管理部门的安全生产监管人员的考核；负责省属生产经营单位和中央企业分公司、子公司及其所属单位的主要负责人和安全生产管理人员的考核；负责特种作业人员的考核。

市级安全生产监督管理部门负责本行政区域内除中央企业、省属生产经营单位以外的其他生产经营单位的主要负责人和安全生产管理人员的考核。

省级煤矿安全培训监管机构负责所辖区域内煤矿企业的主要负责人、安全生产管理人员和特种作业人员的考核。

除主要负责人、安全生产管理人员、特种作业人员以外的生产经营单位的其他从业人员的考核，由生产经营单位按照省级安全生产监督管理部门公布的考核标准，自行组织考核。

第二十一条　安全生产监督管理部门、煤矿安全培训监管机构和生产经营单位应当制定安全培训的考核制度，建立考核管理档案备查。

第四章　安全培训的发证

第二十二条　接受安全培训人员经考核合格的，由考核部门在考核结束后10个工作日内颁发相应的证书。

第二十三条　安全生产监管人员经考核合格后，颁发安全生产监管执法证；煤矿安全监察人员经考核合格后，颁发煤矿安全监察执法证；危险物品的生产、经营、储存单位和矿山企业主要负责人、安全生产管理人员经考核合格后，颁发安全资格证；特种作业人员经考核合格后，颁发《中华人民共和国特种作业操作证》（以下简称特种作业操作证）；危险化学品登记机构的登记人员经考核合格后，颁发上岗证；其他人员经培训合格后，颁发培训合格证。

第二十四条　安全生产监管执法证、煤矿安全监察执法证、安全资格证、特种作业操作证和上岗证的式样，由国家安全监管总局统一规定。培训合格证的式样，由负责培训考核的部门规定。

第二十五条　安全生产监管执法证、煤矿安全监察执法证、安全资格证的有效期为3年。有效期届满需要延期的，应当于有效期届满30日前向原发证部门申请办理延期手续。

特种作业人员的考核发证按照《特种作业人员安全技术培训考核管理规定》执行。

第二十六条　特种作业操作证和省级安全生产监督管理部门、省级煤矿安全培训监管机构颁发的主要负责人、安全生产管理人员的安全资格证，在全国范围内有效。

第二十七条　承担安全评价、咨询、检测、检验的人员和安全生产应急救援人员的考核、发证，按照有关法律、法规、规章的规定执行。

第五章　监督管理

第二十八条　安全生产监督管理部门、煤矿安全培训监管机构应当依照法律、法规和本办法的规定，加强对安全培训工作的监督管理，对生产经营单位、安全培训机构违反有关法律、法规和本办法的行为，依法作出处理。

省级安全生产监督管理部门、省级煤矿安全培训监管机构应当定期统计分析本行政区域内安全培训、考核、发证情况，并报国家安全监管总局。

第二十九条　安全生产监督管理部门和煤矿安全培训监管机构应当对安全培训机构开展安全培训活动的情况进行监督检查，检查内容包括：

（一）具备从事安全培训工作所需要的条件的情况；

（二）建立培训管理制度和教师配备的情况；

（三）执行培训大纲、建立培训档案和培训保障的情况；

（四）培训收费的情况；

（五）法律法规规定的其他内容。

第三十条　安全生产监督管理部门、煤矿安全培训监管机构应当对生产经营单位的安全培训情况进行监督检查，检查内容包括：

（一）安全培训制度、年度培训计划、安全培训管理档案的制定和实施的情况；

（二）安全培训经费投入和使用的情况；

（三）主要负责人、安全生产管理人员和特种作业人员安全培训和持证上岗的情况；

（四）应用新工艺、新技术、新材料、新设备以及转岗前对从业人员安全培训的情况；

（五）其他从业人员安全培训的情况；

（六）法律法规规定的其他内容。

第三十一条　任何单位或者个人对生产经营单位、安全培训机构违反有关法律法规和本办法的行为，均有权向安全生产监督管理部门、煤矿安全监察机构、煤矿安全培训监管机构报告或者举报。

接到举报的部门或者机构应当为举报人保密，并按照有关规定对举报进行核查和处理。

第三十二条　监察机关依照《中华人民共和国行政监察法》等法律、行政法规的规定，对安全生产监督管理部门、煤矿安全监察机构、煤矿安全培训监管机构及其工作人员履行安全培训工作监督管理职责情况实施监察。

第六章　法律责任

第三十三条　安全生产监督管理部门、煤矿安全监察机构、煤矿安全培训监管机构的工作人员在安全培训监督管理工作中滥用职权、玩忽职守、徇私舞弊的，依照有关规定给予处分；构成犯罪的，依法追究刑事责任。

第三十四条　安全培训机构有下列情形之一的，责令限期改正，处1万元以下的罚款；逾期未改正的，给予警告，处1万元以上3万元以下的罚款：

（一）不具备安全培训条件的；

（二）未按照统一的培训大纲组织教学培训的；

（三）未建立培训档案或者培训档案管理不规范的。

安全培训机构采取不正当竞争手段，故意贬低、诋毁其他安全培训机构的，依照前款规定处罚。

第三十五条　生产经营单位主要负责人、安全生产管理人员、特种作业人员以欺骗、贿赂等不正当手段取得安全资格证或者特种作业操作证的，除撤销其相关资格证外，处3000元以下的罚款，并自撤销其相关资格证之日起3年内不得再次申请该资格证。

第三十六条　生产经营单位有下列情形之一的，责令改正，处3万元以下的罚款：

（一）从业人员安全培训的时间少于《生产经营单位安全培训规定》或者有关标准规定的；

（二）矿山新招的井下作业人员和危险物品生产经营单位新招的危险工艺操作岗位人员，未经实习期满独立上岗作业的；

（三）相关人员未按照本办法第十二条规定重新参加安全培训的。

第三十七条　生产经营单位存在违反有关法律、法规中安全生产教育培训的其他行为的，依照相关法律法规的规定予以处罚。

第七章　附　则

第三十八条　本办法自2012年3月1日起施行。2004年12月28日公布的《安全生产培训管理办法》（原国家安全生产监督管理局〈国家煤矿安全监察局〉令第20号）同时废止。

国家安全生产监督管理总局令

第45号

《危险化学品建设项目安全监督管理办法》已经2012年1月4日国家安全生产监督管理总局局长办公会议审议通过，现予公布，自2012年4月1日起施行。国家安全生产监督管理总局2006年9月2日公布的《危险化学品建设项目安全许可实施办法》同时废止。

国家安全生产监督管理总局局长 骆琳

2012年1月30日

危险化学品建设项目安全监督管理办法

第一章 总 则

第一条 为了加强危险化学品建设项目安全监督管理，规范危险化学品建设项目安全审查，根据《中华人民共和国安全生产法》和《危险化学品安全管理条例》等法律、行政法规，制定本办法。

第二条 中华人民共和国境内新建、改建、扩建危险化学品生产、储存的建设项目以及伴有危险化学品产生的化工建设项目（包括危险化学品长输管道建设项目，以下统称建设项目），其安全审查及其监督管理，适用本办法。

危险化学品的勘探、开采及其辅助的储存，原油和天然气勘探、开采的配套输送及储存，城镇燃气的输送及储存等建设项目，不适用本办法。

第三条 本办法所称建设项目安全审查，是指建设项目安全条件审查、安全设施的设计审查和竣工验收。

建设项目的安全审查由建设单位申请，安全生产监督管理部门根据本办法分级负责实施。建设项目未经安全审查的，不得开工建设或者投入生产（使用）。

第四条 国家安全生产监督管理总局指导、监督全国建设项目安全审查的实施工作，并负责实施下列建设项目的安全审查：

（一）国务院审批（核准、备案）的；

（二）跨省、自治区、直辖市的。

省、自治区、直辖市人民政府安全生产监督管理部门（以下简称省级安全生产监督管理部门）指导、监督本行政区域内建设项目安全审查的监督管理工作，确定并公布本部门和本行政区域内由设区的市级人民政府安全生产监督管理部门（以下简称市级安全生产监督管理部门）实施的前款规定以外的建设项目范围，并报国家安全生产监督管理总局备案。

第五条 建设项目有下列情形之一的，应当由省级安全生产监督管理部门负责安全审查：

（一）国务院投资主管部门审批（核准、备案）的；

（二）生产剧毒化学品的；

（三）省级安全生产监督管理部门确定的本办法第四条第一款规定以外的其他建设项目。

第六条 负责实施建设项目安全审查的安全生产监督管理部门根据工作需要，可以将其负责实施的建设项目安全审查工作，委托下一级安全生产监督管理部门实施。委托实施安全审查的，审查结果由委托的安全生产监督管理部门负责。跨省、自治区、直辖市的建设项目和生产剧毒化学品的建设项目，不得委托实施安全审查。

建设项目有下列情形之一的，不得委托县级人民政府安全生产监督管理部门实施安全审查：

（一）涉及国家安全生产监督管理总局公布的重点监管危险化工工艺的；

（二）涉及国家安全生产监督管理总局公布的重点监管危险化学品中的有毒气体、液化气体、易燃液体、爆炸品，且构成重大危险源的。

接受委托的安全生产监督管理部门不得将其受托的建设项目安全审查工作再委托其他单位实施。

第七条　建设项目的设计、施工、监理单位和安全评价机构应当具备相应的资质，并对其工作成果负责。

涉及重点监管危险化工工艺、重点监管危险化学品或者危险化学品重大危险源的建设项目，应当由具有石油化工医药行业相应资质的设计单位设计。

第二章　建设项目安全条件审查

第八条　建设单位应当在建设项目的可行性研究阶段，对下列安全条件进行论证，编制安全条件论证报告：

（一）建设项目是否符合国家和当地政府产业政策与布局；

（二）建设项目是否符合当地政府区域规划；

（三）建设项目选址是否符合《工业企业总平面设计规范》（GB50187）、《化工企业总图运输设计规范》（GB50489）等相关标准；涉及危险化学品长输管道的，是否符合《输气管道工程设计规范》（GB50251）、《石油天然气工程设计防火规范》（GB50183）等相关标准；

（四）建设项目周边重要场所、区域及居民分布情况，建设项目的设施分布和连续生产经营活动情况及其相互影响情况，安全防范措施是否科学、可行；

（五）当地自然条件对建设项目安全生产的影响和安全措施是否科学、可行；

（六）主要技术、工艺是否成熟可靠；

（七）依托原有生产、储存条件的，其依托条件是否安全可靠。

第九条　建设单位应当在建设项目的可行性研究阶段，委托具备相应资质的安全评价机构对建设项目进行安全评价。

安全评价机构应当根据有关安全生产法律、法规、规章和国家标准、行业标准，对建设项目进行安全评价，出具建设项目安全评价报告。安全评价报告应当符合《危险化学品建设项目安全评价细则》的要求。

第十条　建设项目有下列情形之一的，应当由甲级安全评价机构进行安全评价：

（一）国务院及其投资主管部门审批（核准、备案）的；

（二）生产剧毒化学品的；

（三）跨省、自治区、直辖市的；

（四）法律、法规、规章另有规定的。

第十一条　建设单位应当在建设项目开始初步设计前，向与本办法第四条、第五条规定相应的安全生产监督管理部门申请建设项目安全条件审查，提交下列文件、资料，并对其真实性负责：

（一）建设项目安全条件审查申请书及文件；

（二）建设项目安全条件论证报告；

（三）建设项目安全评价报告；

（四）建设项目批准、核准或者备案文件和规划相关文件（复制件）；

（五）工商行政管理部门颁发的企业营业执照或者企业名称预先核准通知书（复制件）。

第十二条　建设单位申请安全条件审查的文件、资料齐全，符合法定形式的，安全生产监督管理部门应当当场予以受理，并书面告知建设单位。

建设单位申请安全条件审查的文件、资料不齐全或者不符合法定形式的，安全生产监督管理部门应当自收到申请文件、资料之日起五个工作日内一次性书面告知建设单位需要补正的全部内容；逾期不告知的，收到申请文件、资料之日起即为受理。

第十三条　对已经受理的建设项目安全条件审查申请，安全生产监督管理部门应当指派有关人员或者组织专家对申请文件、资料进行审查，并自受理申请之日起四十五日内向建设单位出具建设项目安全条件审查意见书。建设项目安全条件审查意见书的有效期为两年。

根据法定条件和程序，需要对申请文件、资料的实质内容进行核实的，安全生产监督管理部门应当指派两名以上工作人员对建设项目进行现场核查。

建设单位整改现场核查发现的有关问题和修改申请文件、资料所需时间不计算在本条规定的期限内。

第十四条　建设项目有下列情形之一的，安全条件审查不予通过：

（一）安全条件论证报告或者安全评价报告存在重大缺陷、漏项的，包括建设项目主要危险、有害因素辨识和评价不全或者不准确的；

（二）建设项目与周边场所、设施的距离或者拟建场址自然条件不符合有关安全生产法律、法规、规章和国家标准、行业标准的规定的；

（三）主要技术、工艺未确定，或者不符合有关安全生产法律、法规、规章和国家标准、行业标准的规定的；

（四）国内首次使用的化工工艺，未经省级人民政府有关部门组织的安全可靠性论证的；

（五）对安全设施设计提出的对策与建议不符合法律、法规、规章和国家标准、行业标准的规定的；

（六）未委托具备相应资质的安全评价机构进行安全评价的；

（七）隐瞒有关情况或者提供虚假文件、资料的。

建设项目未通过安全条件审查的，建设单位经过整改后可以重新申请建设项目安全条件审查。

第十五条　已经通过安全条件审查的建设项目有下列情形之一的，建设单位应当重新进行安全条件论证和安全评价，并申请审查：

（一）建设项目周边条件发生重大变化的；

（二）变更建设地址的；

（三）主要技术、工艺路线、产品方案或者装置规模发生重大变化的；

（四）建设项目在安全条件审查意见书有效期内未开工建设，期限届满后需要开工建设的。

第三章　建设项目安全设施设计审查

第十六条　设计单位应当根据有关安全生产的法律、法规、规章和国家标准、行业标准以及建设项目安全条件审查意见书，按照《化工建设项目安全设计管理导则》（AQ/T3033），对建设项目安全设施进行设计，并编制建设项目安全设施设计专篇。建设项目安全设施设计专篇应当符合《危险化学品建设项目安全设施设计专篇编制导则》的要求。

第十七条　建设单位应当在建设项目初步设计完成后、详细设计开始前，向出具建设项目安全条件审查意见书的安全生产监督管理部门申请建设项目安全设施设计审查，提交下列文件、资料，并对其真实性负责：

（一）建设项目安全设施设计审查申请书及文件；

（二）设计单位的设计资质证明文件（复制件）；

（三）建设项目安全设施设计专篇。

第十八条　建设单位申请安全设施设计审查的文件、资料齐全，符合法定形式的，安全生产监督管理部门应当当场予以受理；未经安全条件审查或者审查未通过的，不予受理。受理或者不予受理的情况，安全生产监督管理部门应当书面告知建设单位。

安全设施设计审查申请文件、资料不齐全或者不符合要求的，安全生产监督管理部门应当自收到申请文件、资料之日起五个工作日内一次性书面告知建设单位需要补正的全部内容；逾期不告知的，收到申请文件、资料之日起即为受理。

第十九条　对已经受理的建设项目安全设施设计审查申请，安全生产监督管理部门应当指派有关人员或者组织专家对申请文件、资料进行审查，并在受理申请之日起二十个工作日内作出同意或者不同意建设项目安全设施设计专篇的决定，向建设单位出具建设项目安全设施设计的审查意见书；二十个工作日内不能出具审查意见的，经本部门负责人批准，可以延长十个工作日，并应当将延长的期限和理由告知建设单位。

根据法定条件和程序，需要对申请文件、资料的实质内容进行核实的，安全生产监督管理部门应当指派两名以上工作人员进行现场核查。

建设单位整改现场核查发现的有关问题和修改申请文件、资料所需时间不计算在本条规定的期限内。

第二十条　建设项目安全设施设计有下列情形之一的，审查不予通过：

（一）设计单位资质不符合相关规定的；

（二）未按照有关安全生产的法律、法规、规章和国家标准、行业标准的规定进行设计的；

（三）对未采纳的建设项目安全评价报告中的安全对策和建议，未作充分论证说明的；

（四）隐瞒有关情况或者提供虚假文件、资料的。

建设项目安全设施设计审查未通过的，建设单位经过整改后可以重新申请建设项目安全设施设计的审查。

第二十一条　已经审查通过的建设项目安全设施设计有下列情形之一的，建设单位应当向原审查部门申请建设项目安全设施变更设计的审查：

（一）改变安全设施设计且可能降低安全性能的；

（二）在施工期间重新设计的。

第四章　建设项目试生产（使用）

第二十二条　建设项目安全设施施工完成后，建设单位应当按照有关安全生产法律、法规、规章和国家标准、行业标准的规定，对建设项目安全设施进行检验、检测，保证建设项目安全设施满足危险化学品生产、储存的安全要求，并处于正常适用状态。

第二十三条　建设单位应当组织建设项目的设计、施工、监理等有关单位和专家，研究提出建设项目试生产（使用）（以下简称试生产〈使用〉）可能出现的安全问题及对策，并按照有关安全生产法律、法规、规章和国家标准、行业标准的规定，制定周密的试生产（使用）方案。试生产（使用）方案应当包括下列有关安全生产的内容：

（一）建设项目设备及管道试压、吹扫、气密、单机试车、仪表调校、联动试车等生产准备的完成情况；

（二）投料试车方案；

（三）试生产（使用）过程中可能出现的安全问题、对策及应急预案；

（四）建设项目周边环境与建设项目安全试生产（使用）相互影响的确认情况；

（五）危险化学品重大危险源监控措施的落实情况；

（六）人力资源配置情况；

（七）试生产（使用）起止日期。

第二十四条　建设单位在采取有效安全生产措施后，方可将建设项目安全设施与生产、储存、使用的主体装置、设施同时进行试生产（使用）。

试生产（使用）前，建设单位应当组织专家对试生产（使用）方案进行审查。

试生产（使用）时，建设单位应当组织专家对试生产（使用）条件进行确认，对试生产（使用）

过程进行技术指导。

第二十五条　建设单位应当在试生产（使用）前，将试生产（使用）方案，报送出具安全设施设计审查意见书的安全生产监督管理部门备案，提交下列文件、资料，并对其真实性负责：

（一）试生产（使用）方案备案表；

（二）试生产（使用）方案；

（三）设计、施工、监理单位对试生产（使用）方案以及是否具备试生产（使用）条件的意见；

（四）专家对试生产（使用）方案的审查意见；

（五）安全设施设计重大变更情况的报告；

（六）施工过程中安全设施设计落实情况的报告；

（七）组织设计漏项、工程质量、工程隐患的检查情况，以及整改措施的落实情况报告；

（八）建设项目施工、监理单位资质证书（复制件）；

（九）建设项目质量监督手续（复制件）；

（十）主要负责人、安全生产管理人员、注册安全工程师资格证书（复制件），以及特种作业人员名单；

（十一）从业人员安全教育、培训合格的证明材料；

（十二）劳动防护用品配备情况说明；

（十三）安全生产责任制文件，安全生产规章制度清单、岗位操作安全规程清单；

（十四）设置安全生产管理机构和配备专职安全生产管理人员的文件（复制件）。

第二十六条　安全生产监督管理部门应当对建设单位报送备案的文件、资料进行审查；符合法定形式的，应当自收到备案文件、资料之日起五个工作日内出具试生产（使用）备案意见书。

第二十七条　建设项目试生产期限应当不少于三十日，不超过一年。需要延期的，可以向原备案部门提出申请。经两次延期后仍不能稳定生产的，建设单位应当立即停止试生产，组织设计、施工、监理等有关单位和专家分析原因，整改问题后，按照本章的规定重新制定试生产（使用）方案并报安全生产监督管理部门备案。

第五章　建设项目安全设施竣工验收

第二十八条　建设项目安全设施施工完成后，施工单位应当编制建设项目安全设施施工情况报告。建设项目安全设施施工情况报告应当包括下列内容：

（一）施工单位的基本情况，包括施工单位以往所承担的建设项目施工情况；

（二）施工单位的资质情况（提供相关资质证明材料复印件）；

（三）施工依据和执行的有关法律、法规、规章和国家标准、行业标准；

（四）施工质量控制情况；

（五）施工变更情况，包括建设项目在施工和试生产期间有关安全生产的设施改动情况。

第二十九条　建设项目试生产期间，建设单位应当按照本办法的规定委托有相应资质的安全评价机构对建设项目及其安全设施试生产（使用）情况进行安全验收评价，且不得委托在可行性研究阶段进行安全评价的同一安全评价机构。

安全评价机构应当根据有关安全生产的法律、法规、规章和国家标准、行业标准进行评价。建设项目安全验收评价报告应当符合《危险化学品建设项目安全评价细则》的要求。

第三十条　建设单位应当在建设项目试生产期限结束前向出具建设项目安全设施设计审查意见书的安全生产监督管理部门申请建设项目安全设施竣工验收，提交下列文件、资料，并对其真实性负责：

（一）建设项目安全设施竣工验收申请书及文件；

（二）建设项目安全设施施工、监理情况报告；

（三）建设项目安全验收评价报告；

（四）试生产（使用）期间是否发生事故、采取的防范措施以及整改情况报告；

（五）为从业人员缴纳工伤保险费的证明材料（复制件）；

（六）危险化学品事故应急预案备案登记表（复制件）；

（七）构成危险化学品重大危险源的，还应当提交危险化学品重大危险源备案证明文件（复制件）。

第三十一条　建设单位提交的建设项目安全设施竣工验收申请文件、资料齐全，符合法定形式的，安全生产监督管理部门应当予以受理，并书面告知建设单位。

建设项目安全设施竣工验收申请文件、资料不齐全或者不符合法定形式的，安全生产监督管理部门应当自收到申请文件、资料之日起五个工作日内一次性书面告知建设单位需要补正的全部内容；逾期不告知的，收到申请文件、资料之日起即为受理。

第三十二条　已经受理的建设项目安全设施竣工验收申请，安全生产监督管理部门应当指派有关人员或者组织专家对申请文件、资料进行审查，并自受理申请之日起二十个工作日内作出同意或者不同意建设项目安全设施投入生产（使用）的决定，向建设单位出具建设项目安全设施竣工验收意见书；二十个工作日内不能出具验收意见书的，经本部门负责人批准，可以延长十个工作日，但应当将延长的期限和理由告知建设单位。

根据法定条件和程序，需要对申请文件、资料的实质内容进行核实的，安全生产监督管理部门应当指派两名以上工作人员进行现场核查。

建设单位整改现场核查发现的有关问题和修改申请文件、资料所需时间不计算在本条规定的期限内。

第三十三条　建设项目安全设施有下列情形之一的，建设项目安全设施竣工验收不予通过：

（一）未委托具备相应资质的施工单位施工的；

（二）未按照已经通过审查的建设项目安全设施设计施工或者施工质量未达到建设项目安全设施设计文件要求的；

（三）建设项目安全设施的施工不符合国家标准、行业标准的规定的；

（四）建设项目安全设施竣工后未按照本办法的规定进行检验、检测，或者经检验、检测不合格的；

（五）未委托具备相应资质的安全评价机构进行安全验收评价的；

（六）安全设施和安全生产条件不符合或者未达到有关安全生产法律、法规、规章和国家标准、行业标准的规定的；

（七）安全验收评价报告存在重大缺陷、漏项，包括建设项目主要危险、有害因素辨识和评价不正确的；

（八）隐瞒有关情况或者提供虚假文件、资料的。

建设项目安全设施竣工验收未通过的，建设单位经过整改后可以再次向原验收部门申请建设项目安全设施竣工验收。

第三十四条　建设单位应当自收到同意投入生产（使用）的建设项目安全设施竣工验收意见书之日起十个工作日内，按照有关法律法规及其配套规章的规定申请有关危险化学品的其他安全许可。

建设项目安全设施竣工验收意见，可以作为生产、经营、使用安全许可的现场核查意见。

第六章　监督管理

第三十五条　建设项目在通过安全条件审查之后、安全设施竣工验收之前，建设单位发生变更的，变更后的建设单位应当及时将证明材料和有关情况报送负责建设项目安全审查的安全生产监督管理部门。

第三十六条　有下列情形之一的，负责审查的安全生产监督管理部门或者其上级安全生产监督管理部门可以撤销建设项目的安全审查：

（一）滥用职权、玩忽职守的；

（二）超越法定职权的；

（三）违反法定程序的；

（四）申请人不具备申请资格或者不符合法定条件的；

（五）依法可以撤销的其他情形。

建设单位以欺骗、贿赂等不正当手段通过安全审查的，应当予以撤销。

第三十七条　安全生产监督管理部门应当建立健全建设项目安全审查档案及其管理制度，并及时将建设项目的安全审查情况通报有关部门。

第三十八条　各级安全生产监督管理部门应当按照各自职责，依法对建设项目安全审查情况进行监督检查，对检查中发现的违反本办法的情况，应当依法作出处理，并通报实施安全审查的安全生产监督管理部门。

第三十九条　市级安全生产监督管理部门应当在每年1月31日前，将本行政区域内上一年度建设项目安全审查的实施情况报告省级安全生产监督管理部门。

省级安全生产监督管理部门应当在每年2月15日前，将本行政区域内上一年度建设项目安全审查的实施情况报告国家安全生产监督管理总局。

第七章　法律责任

第四十条　安全生产监督管理部门工作人员徇私舞弊、滥用职权、玩忽职守，未依法履行危险化学品建设项目安全审查和监督管理职责的，依法给予处分。

第四十一条　未经安全条件审查或者安全条件审查未通过，新建、改建、扩建生产、储存危险化学品的建设项目的，责令停止建设，限期改正；逾期不改正的，处50万元以上100万元以下的罚款；构成犯罪的，依法追究刑事责任。

建设项目发生本办法第十五条规定的变化后，未重新申请安全条件审查，以及审查未通过擅自建设的，依照前款规定处罚。

第四十二条　建设单位有下列行为之一的，依照《中华人民共和国安全生产法》有关建设项目安全设施设计审查、竣工验收的法律责任条款给予处罚：

（一）建设项目安全设施设计未经审查或者审查未通过，擅自建设的；

（二）建设项目安全设施设计发生本办法第二十一条规定的情形之一，未经变更设计审查或者变更设计审查未通过，擅自建设的；

（三）建设项目的施工单位未根据批准的安全设施设计施工的；

（四）建设项目安全设施未经竣工验收或者验收不合格，擅自投入生产（使用）的。

第四十三条　建设单位有下列行为之一的，责令改正，可以处1万元以下的罚款；逾期未改正的，处1万元以上3万元以下的罚款：

（一）建设项目安全设施竣工后未进行检验、检测的；

（二）在申请建设项目安全审查时提供虚假文件、资料的；

（三）未组织有关单位和专家研究提出试生产（使用）可能出现的安全问题及对策，或者未制定周密的试生产（使用）方案，进行试生产（使用）的；

（四）未组织有关专家对试生产（使用）方案进行审查、对试生产（使用）条件进行检查确认的；

（五）试生产（使用）方案未报安全生产监督管理部门备案的。

第四十四条　建设单位隐瞒有关情况或者提供虚假材料申请建设项目安全审查的，不予受理或者审查不予通过，给予警告，并自安全生产监督管理部门发现之日起一年内不得再次申请该审查。

建设单位采用欺骗、贿赂等不正当手段取得建设项目安全审查的，自安全生产监督管理部门撤销建设项目安全审查之日起三年内不得再次申请该审查。

第四十五条　承担安全评价、检验、检测工作的机构出具虚假报告、证明的，依照《中华人民共和国安全生产法》的有关规定给予处罚。

第八章　附　则

第四十六条　对于规模较小、危险程度较低和工艺路线简单的建设项目，安全生产监督管理部门可以适当简化建设项目安全审查的程序和内容。

第四十七条　建设项目分期建设的，安全生产监督管理部门可以分期进行安全条件审查、安全设施设计审查、试生产方案备案及安全设施竣工验收。

第四十八条　本办法所称新建项目，是指有下列情形之一的项目：

（一）新设立的企业建设危险化学品生产、储存装置（设施），或者现有企业建设与现有生产、储存活动不同的危险化学品生产、储存装置（设施）的；

（二）新设立的企业建设伴有危险化学品产生的化学品生产装置（设施），或者现有企业建设与现有生产活动不同的伴有危险化学品产生的化学品生产装置（设施）的。

第四十九条　本办法所称改建项目，是指有下列情形之一的项目：

（一）企业对在役危险化学品生产、储存装置（设施），在原址更新技术、工艺、主要装置（设施）、危险化学品种类的；

（二）企业对在役伴有危险化学品产生的化学品生产装置（设施），在原址更新技术、工艺、主要装置（设施）的。

第五十条　本办法所称扩建项目，是指有下列情形之一的项目：

（一）企业建设与现有技术、工艺、主要装置（设施）、危险化学品品种相同，但生产、储存装置（设施）相对独立的；

（二）企业建设与现有技术、工艺、主要装置（设施）相同，但生产装置（设施）相对独立的伴有危险化学品产生的。

第五十一条　实施建设项目安全审查所需的有关文书的内容和格式，由国家安全生产监督管理总局另行规定。

第五十二条　省级安全生产监督管理部门可以根据本办法的规定，制定和公布本行政区域内需要简化安全条件审查和分期安全条件审查的建设项目范围及其审查内容，并报国家安全生产监督管理总局备案。

第五十三条　本办法施行后，负责实施建设项目安全审查的安全生产监督管理部门发生变化的（已通过安全设施竣工验收的建设项目除外），原安全生产监督管理部门应当将建设项目安全审查实施情况及档案移交根据本办法负责实施建设项目安全审查的安全生产监督管理部门。

第五十四条　本办法自2012年4月1日起施行。国家安全生产监督管理总局2006年9月2日公布的《危险化学品建设项目安全许可实施办法》同时废止。

国家安全生产监督管理总局令

第46号

《煤层气地面开采安全规程（试行）》已经2011年12月31日国家安全生产监督管理总局局长办公会议审议通过，现予公布，自2012年4月1日起施行。

国家安全生产监督管理总局局长 骆琳
2012年2月22日

煤层气地面开采安全规程（试行）

（2012年2月22日国家安全监管总局令第46号公布，根据2013年8月29日国家安全监管总局令第63号修正）

第一章 总 则

第一条 为了加强煤层气地面开采的安全管理，预防和减少生产安全事故，保障从业人员生命健康和财产安全，根据《中华人民共和国安全生产法》等法律、行政法规，制定本规程。

第二条 在中华人民共和国境内从事煤层气地面开采及有关设计、钻井、固井、测井、压裂、排采、集输、压缩等活动的安全生产，适用本规程。

国家标准、行业标准对煤矿井下瓦斯抽采和低浓度瓦斯输送安全另行规定的，依照其规定。

第三条 煤层气地面开采企业以及承包单位（以下统称煤层气企业）应当遵守国家有关安全生产的法律、行政法规、规章、标准和技术规范，依法取得安全生产许可证，接受煤矿安全监察机构的监察。

国家鼓励煤矿企业采用科学方法抽采煤层气。依法设立的煤矿企业地面抽采本企业煤层气应当遵守本规程，但不需要另行取得安全生产许可证。

第四条 煤层气企业应当建立安全生产管理机构，配备相应的专职安全生产管理人员；建立健全安全管理制度和操作规程，落实安全生产责任制，配备满足需要的安全设备和装备。

第五条 煤层气企业的主要负责人对本单位的安全生产工作全面负责。

煤层气企业的主要负责人和安全生产管理人员应当按照有关规定经专门培训并考核合格取得安全资格证书。

第六条 煤层气企业应当制订安全生产教育和培训计划，对从业人员进行安全生产教育和培训，保证从业人员具备必要的安全生产知识，熟悉有关的安全生产规章制度和安全操作规程，掌握本岗位的安全操作技能。未经安全生产教育和培训合格的从业人员，不得上岗作业。

煤层气企业的特种作业人员，应当按照有关规定经专门的安全作业培训，取得特种作业操作资格证书，方可上岗作业。

第七条 煤层气企业应当按照有关规定提取、使用满足安全生产需要的安全生产费用，保障煤层气地面开采的安全。

第八条 煤层气企业应当按照有关规定制定生产安全事故应急预案，组织定期演练，并根据安全生产条件的变化及时修订。

发生生产安全事故后，煤层气企业应当立即采取有效措施组织救援，防止事故扩大，避免人员伤亡和减少财产损失，并按照有关规定及时报告安全生产监管监察部门。

第九条　煤层气地面开采区域存在煤矿矿井的，煤层气企业应当与煤矿企业进行沟通，统筹考虑煤层气地面开采项目方案和煤矿开采计划，共享有关地质资料和工程资料，确保煤层气地面开采安全和煤矿井下安全。

第二章　一般规定

第十条　煤层气地面开采项目应当按照有关规定进行安全条件论证和安全预评价。

第十一条　新建、改建、扩建煤层气开采项目的安全设施，必须与主体工程同时设计、同时施工、同时投入生产和使用。安全设施投资应当纳入建设项目概算。

第十二条　煤层气地面开采项目的总体开发方案和煤层气集输管线、站场、供电等工程设计应当由具有相应资质的单位承担。煤层气井钻井、压裂、排采、修井等施工方案，由煤层气企业负责。

煤层气企业应当建立健全施工方案的审查制度，严格安全条件的审查。施工方案未经煤层气企业主要负责人审查同意的，施工单位不得施工。

第十三条　煤层气地面开采项目的工程施工应当由具有相应资质的监理单位进行监督。监理单位应当按照国家建设工程监理规范的要求对工程施工质量进行监督。

第十四条　煤层气企业进行工程发包时，应当对承包单位的资质条件和安全生产业绩进行审查，与承包单位签订专门的安全生产管理协议，或者在承包合同中约定各自的安全生产管理职责。煤层气企业对承包单位的安全生产工作统一协调、管理。

第十五条　煤层气企业应当经常开展安全生产检查及事故隐患排查，对发现的安全生产问题和事故隐患，应当立即采取措施进行整改；不能立即整改的，应当制订整改方案限期处理。

第十六条　煤层气企业应当对安全阀、压力表、传感器和监测设备进行定期校验、检定。煤层气企业的特种设备应当按照有关规定定期检测。

第十七条　煤层气企业应当建立相应的消防机构，配备专职或者兼职消防人员和必要的装备、器材，或者与所在地消防、应急救援机构签订消防救援合同。

第十八条　煤层气企业应当建立劳动防护用品配备、使用和管理制度，为从业人员提供符合国家标准或者行业标准的劳动防护用品。

煤层气企业应当对从业人员进行劳动防护用品使用的培训，指导、教育从业人员正确佩戴和使用劳动防护用品。

第十九条　煤层气企业进行电焊、气焊（割）等明火作业或其他可能产生火花的作业，应当编制专门的安全技术措施，并经本企业技术负责人审查批准。井场、站场内禁止烟火。

第二十条　煤层气企业应当建立设备管理专人负责制度。设备管理应当符合下列要求：

（一）安全标志正确、齐全、清晰，设置位置合理；

（二）定期进行巡检、维护和保养，确保设备始终处于完好状态；

（三）机械传动部位安装安全防护栏或者防护罩；

（四）按照有关规定对设备进行换季维护保养，防止设备锈蚀、冻裂；

（五）带压设备定期进行试压，合格后方可使用。

第二十一条　站场控制室内的气体探测控制仪超限断电后，煤层气企业应当立即组织专人对相应的设备和室内环境进行检查。严禁强行送电、开机。

第三章　硫化氢防护

第二十二条　在含硫化氢矿区进行施工作业和煤层气生产前，煤层气企业应当对所有生产作业人员和现场监督人员进行硫化氢防护的培训。培训内容应当包括课堂防护知识和现场实际操作，并符合培训时间规定。

对于临时作业人员和其他非定期派遣人员，在施工作业和煤层气生产前，煤层气企业应当对其进行硫化氢防护知识的教育。

第二十三条　在含硫化氢环境中进行生产作业，应当配备固定式和携带式硫化氢监测仪。硫化氢监测仪应当按照有关规定进行定期校验和鉴定。硫化氢重点监测区域应当设有醒目的标志，并设置硫化氢监测探头和报警器。

硫化氢监测仪发出不同级别报警时，煤层气企业应当按照行业标准《含硫化氢油气井安全钻井推荐作法》（SY/T 5087）的规定采取相应的措施。

第二十四条　煤层气企业在含硫化氢环境中进行生产作业，应当配备相应的防护装备，并符合下列要求：

（一）在钻井、试井、修井、井下作业以及站场作业中，配备正压式空气呼吸器及与其匹配的空气压缩机；

（二）有专人管理硫化氢防护装置，确保处于备用状态；

（三）进行检修和抢险作业时，携带硫化氢监测仪和正压式空气呼吸器。

第二十五条　在含硫化氢的矿区，场地及设备的布置应当考虑季节风向。在有可能形成硫化氢和二氧化硫的聚集处，应当确保有良好的通风条件，设置警示标志，使用防爆通风设备，并设置逃生通道及安全区。

第二十六条　在含硫化氢环境中进行钻井、井下作业和煤层气生产以及气体处理所使用的材料及设备，应当适合用于含硫化氢环境。

第二十七条　在含硫化氢环境中进行生产作业时，煤层气企业应当制订防硫化氢应急预案。钻井、井下作业的防硫化氢应急预案，应当规定煤层气井点火程序和决策人。

第二十八条　煤层气企业在含硫化氢的矿区进行煤层气井钻井，应当符合下列要求：

（一）地质及工程设计考虑硫化氢防护的特殊要求；

（二）采取防喷措施，防喷器组及其管线闸门和附件能够满足预期的井口压力；

（三）井场内禁止烟火，并采取控制硫化氢着火的措施；

（四）使用适合于含硫化氢地层的钻井液，并监测、控制钻井液pH值；

（五）在含硫化氢地层取芯和进行测试作业时，采取有效的防硫化氢措施。

第二十九条　在煤层气企业含硫化氢的煤层气井进行井下作业，应当符合下列要求：

（一）采取防喷措施；

（二）采取控制硫化氢着火的措施；

（三）当发生修井液气侵，硫化氢气体逸出时，立即通过分离系统分离或者采取其他处理措施；

（四）进入盛放修井液的密闭空间或者限制通风区域，可能产生硫化氢气体时，采取相应的人身安全防护措施；

（五）进行对射孔作业、压裂作业等特殊作业时，采取硫化氢防护措施。

第三十条　在进行含硫化氢的煤层气生产和气体处理作业时，煤层气企业应当对煤层气处理装置的腐蚀进行监测和控制，对可能的硫化氢泄漏进行检测，制订硫化氢防护措施。

作业人员进入可能有硫化氢泄漏的井场、站场、低凹区、污水区及其他硫化氢易于积聚的区域时，以及进入煤层气净化厂的脱硫、再生、硫回收、排污放空区进行检修和抢险时，应当携带正压式空气呼吸器。

第三十一条　含硫化氢煤层气井废弃时，煤层气企业应当考虑废弃方法和封井的条件，使用水泥封隔产出硫化氢的地层。

埋地管线、地面流程管线废弃时，应当经过吹扫净化、封堵塞或者加盖帽。容器应当用清水冲洗、吹扫并排干，敞开在大气中，并采取防止铁的硫化物燃烧的措施。

第四章　工程设计

第三十二条　煤层气企业编写工程设计方案前，应当充分收集有关资料，对作业现场及其周边环境进行调研，并进行危险源辨识和风险评价。

第三十三条　煤层气井不得布置在滑坡、崩塌、泥石流等地质灾害易发地带。

第三十四条　气井井口与周围建（构）筑物、设施的间距应当符合行业标准《煤层气地面开采防火防爆安全规程》（AQ1081）的规定。

第三十五条　钻井作业时，生活区、值班房应当置于井架侧面，且处于最小频率风向的下风侧，与井口的间距不小于10米。井场发电房与柴油罐的间距应当不小于5米。

第三十六条　井控装置的远程控制台应当安装在井架大门侧前方、距井口不少于25米的专用活动房内，并在周围保持2米以上的行人通道。

第三十七条　钻井工程地质设计应当收集区域地质资料，确定各含水层组深度，制订相应的安全措施。

第三十八条　钻机及配套设备应当满足钻井设计的要求。钻机的额定钻进深度应当大于钻井深度。井架提升能力应当满足钻具重量、地质条件的要求。

动力设施应当满足钻机、泥浆泵、排水泵等设施所需功率。

第三十九条　钻井工艺技术应当有利于保护煤储层，并制订井漏、井涌、井喷、井塌、卡钻、防斜等复杂情况的安全技术措施。

第四十条　探井设计应当参考本地区钻井所采用的井身结构。井径应当留有余地。套管系列设计应当能够保证施工安全。表层套管应当至少下到稳定基岩内10米。

第四十一条　固井作业设计应当保证后续增产作业施工的安全。

套管柱应当进行强度设计，综合考虑内应力、挤应力和拉应力，以满足后续作业的需要。

第四十二条　设计方案应当对各种复杂情况提出预防和处理措施。

第四十三条　煤层气企业应当建立测井安全操作管理和事故处理措施。煤层气企业应当对放射源等危险物品的储存、运输、使用和防护作出特别规定。

第四十四条　煤层气企业应当建立爆炸物品运输和使用、爆炸器材存储和销毁、废旧爆炸物品安全销毁的管理制度。

煤层气企业应当建立防止地面爆炸、施工深度错误、炸枪（卡枪）及炸坏套管的安全防范和处理措施。

第四十五条　所选压裂井口的耐压等级应当大于设计的最高井口压力，泵车组安全阀的设定压力值不得超过生产套管抗内压强度的80%。煤层气企业应当建立砂堵、砂卡、设备损坏等事故的应急处理措施。

第四十六条　排采设备地基、底座基础应当满足载荷要求。电缆、变速箱、其他电气设备、连接设施配套设备应当与电机功率匹配。抽油杆柱应当满足疲劳应力强度要求。

第四十七条　排采泵的防冲距合理值应当根据下泵深度、泵型号、抽油杆的规格及机械性能确定，避免正常工作时柱塞碰泵。

第四十八条　井口应当设置排采沉淀池，煤层气井排出的水经过沉淀后，满足有关规定要求后方可进行排放；水管线应当以一定的坡度通向排采沉淀池，保证水流畅通。

第四十九条　煤层气企业对可能产生静电危险的下列设备和管线应当设置防静电装置：

（一）进出装置或者设施处；

（二）爆炸危险场所的边界；

（三）煤层气储罐、过滤器、脱水装置、缓冲器等及其连接部分；

（四）管道分支处以及直线段每隔 200—300米处；

（五）压缩机的吸入口和加气机本身及槽车与加气机连接环节。

在站场入口和主要的操作场所，煤层气企业应当安装人体静电导除装置，防静电接地装置的接地电阻应当不大于100欧姆。

在连接管线的法兰连接处，煤层气企业应当设置金属跨接线（绝缘法兰除外）。当法兰用5根以上螺栓连接时，法兰可以不用金属线跨接，但必须构成电气通路。

第五十条　工程和设备的防静电接地应当符合下列要求：

（一）设施设备和车辆的防静电接地，不得使用链条类导体连线；

（二）防静电接地、防感应雷接地和电气设备接地共同设置的，其接地电阻不大于10欧姆；

（三）防静电接地装置单独设置的，接地电阻不大于100欧姆，埋设周围情况良好；

（四）防静电接地不得使用防直击雷引下线和电气工作零线，测量点位置不得设在爆炸危险区域内；

（五）检修设备、管线可能导致防静电接地系统断路时，预先设置临时性接地，检修完毕后及时恢复。

第五十一条　进站槽车的防静电应当符合下列要求：

（一）槽车及槽车驾驶员、押运员持有合法有效的证件；

（二）槽车设置汽车专用静电接地装置，接地电阻不大于100欧姆；

（三）槽车的防静电接地线连接在作业场所的专用防静电接地点上，且不得采用缠绕等不可靠的连接方法；

（四）槽车的防静电接地连线采用专用导静电橡胶拖地线或者铜芯软绞线。

第五十二条　防雷应当符合下列安全要求：

（一）建（构）筑物、工艺设备、架空管线、各种罐体、电气设备等设置防雷接地装置；

（二）进入变（配）电室的高压电路安装与设备耐压水平相适应的过电压（-电涌）保护器；

（三）信息系统配电线路的首、末端与电子器件连接时，装设与电子器件耐压水平相适应的过电压（电涌）保护器；

（四）防雷接地电阻不得大于10欧姆，引下线地面以下0.3米至地面以上1.7米无破坏，接地测试断接点接触良好，埋设周围情况良好；

（五）防雷装置保护范围不得缩小；

（六）防雷击接地措施不得影响输气管线阴极保护效果；

（七）接地装置定期由具备资质的单位进行测试。

第五十三条　煤层气企业应当在站场内设置风向标，并悬挂在有关人员可以看到的位置。

第五十四条　压缩机房应当符合下列要求：

（一）压缩机房设置防爆应急照明系统；

（二）采用封闭式厂房时，有煤层气泄漏的报警装置、良好的机械通风设施和足够的泄压面积；

（三）压缩机房电缆沟使用软土或者沙子埋实，并与配电间的电缆沟严密隔开；

（四）压缩机房有醒目的安全警示标志。

第五章　钻井与固井

第五十五条　井场应当平整、坚固。井架地基填方部分不得超过四分之一面积。填方部分应当采取加固措施。

煤层气企业在山坡上修筑井场时，当地层坚硬、稳固时，井场边坡坡度不得大于85度；当地层松软时，井场边坡坡度不得大于60度。必要时，砌筑护坡、挡土墙。

第五十六条　煤层气企业应当对井场的井架、油罐安装防雷防静电接地装置，其接地电阻应当不大于10欧姆。

第五十七条　暴雨、洪水季节，在山沟、洼陷等低凹地带施工时，煤层气企业应当加高地基，修筑防洪设施。

第五十八条　煤层气企业应当在井场配备足够数量的消防器材。消防器材应当由专人管理，定期维护保养，不得挪作他用。消防器材摆放处应当保持通道畅通，确保取用方便。

第五十九条　煤层气企业应当在井场、钻台及井架梯子的入口处，钻台上、高空作业区和绞车、柴油机、发电机等机械设备处，以及油罐区、消防器材房、消防器材箱等场所和设备设施上设置相应的安全警示标志。

第六十条　煤层气企业进行立、放井架及吊装作业，应当与架空线路保持安全距离，并采取措施防止损害架空线路。

第六十一条　井架绷绳安设不少于4根，绷绳强度应当与钻机匹配，地锚牢固可靠。

第六十二条　钻机水龙头和高压水龙带应当设有保险绳。

第六十三条　钻台地板铺设应当平整、紧密、牢固。井架2层以上平台应当安装可靠防护栏杆，防护栏高度应当大于1.2米，采用防滑钢板。

活动工作台应当安装制动、防坠、防窜、行程限制、安全挂钩、手动定位器等安全装置。

第六十四条　钻机钢丝绳安全系数应当大于7；吊卡处于井口时，绞车滚筒钢丝绳圈数不少于7圈；钢丝绳固定连接绳卡应当不少于3个。

第六十五条　发电机应当配备超载保护装置。电动机应当配备短路、过载保护装置。

第六十六条　柴油机排气管应当无破损、无积炭，其出口不得指向循环罐，不得指向油罐区。井场油罐阀门应当无渗漏，罐口封闭上锁，并有专人管理。

第六十七条　井场电气设备应当设保护接零或者保护接地，保护接地电阻应当小于4欧姆。

第六十八条　井场电力线路应当采用电缆，并架空架设；经过通道、设备处应当增加防护套。井场电器安装技术要求参照国家对井场电气安装技术的要求执行。

第六十九条　煤层气企业安装、拆卸井架时，井架上下不得同时作业。

第七十条　施工现场应当有可靠的通信联络，并保持24小时畅通。

第七十一条　煤层气企业安装井控装置时，放喷管线的布局应当考虑当地季节风向、居民区、道路、油罐区、电力线及各种设施等情况。

第七十二条　钻进施工应当符合下列要求：

（一）符合国家标准、行业标准有关常规钻进安全技术的要求；

（二）一开、二开、钻目标煤层前等重要工序，由钻井监理进行全面的安全检查，经验收合格后方可作业；

（三）钻井队按照规定程序和操作规程进行操作，执行钻井作业设计中有关防火防爆的安全技术要求；

（四）选择适当的钻井液；

（五）钻进施工中如出现异常情况，及时采取应急措施，立即启动应急预案。

第七十三条　下套管作业应当符合下列要求：

（一）吊套管上钻台，使用适当的钢丝绳，不得使用棕绳；

（二）套管上扣时推荐使用套管动力钳，下放套管时密切观察指重表读数变化并按程序操作，发现异常及时处理；

（三）套管串总重量不得大于钻机或者井架的提升能力，否则需采取相应的减重措施。套管下放时，需边下放边灌注钻井液，以免将浮鞋、浮箍压坏。

第七十四条　固井作业应当符合下列要求：

（一）摆车时设专人指挥，下完套管需先灌满套管，不得直接开泵洗井；

（二）开泵顶水泥浆时，所有人员不得靠近井口、泵房、高压管汇、安全阀及放压管线。

第六章 测 井

第七十五条 煤层气企业进行测井施工前，应当召开安全会，提出作业安全要求。

测井施工现场不具备安全生产条件的，不得进行测井作业。

第七十六条 井场钻台前方10米以外应当有摆放测井车辆的开阔地带。器材堆置不得影响车辆的进出及就位。

第七十七条 车载仪器及专用器具上井前，煤层气企业应当妥善包装和固定，运输中禁止与有碍安全的货物混装。车载计算机必须采取防震、防尘措施。

测井车辆行车前及长途行车途中，应当做好车况、放射源及仪器设备安全检查。途中留宿的，必须将车辆停放在安全场所。

第七十八条 测井人员不得擅离职守，不允许在井架、钻台上进行与测井无关的其他作业，未经许可不得动用非本岗位的仪器设备。

第七十九条 摆放测井设备应当充分考虑风向。测井仪器车等工作场所的电源、温度、湿度应当符合安全需要，并做好相应消防措施。测井车应当接地良好，电路系统不得有短路和漏电现象。

当钻井井口一定区域内可能有煤层气积聚时，煤层气企业应当停止测井作业。

第八十条 测井前，煤层气企业应当将井口附近的无关物品移开，及时清除钻台转盘及钻台作业面上的钻井液。冬季测井施工时，应当及时清除深度丈量轮和电缆上的结冰。在井口装卸放射源或者其他仪器时，应当先将井口盖好，不得将工具放在转盘上。

仪器开机前，煤层气企业应当对电源、仪器接线及接地、各部件及计算机、需固定装置的安装状况、绞车的刹车及变速装置进行复查。测井过程中，操作人员应当观察仪器、设备的工作状态，发现异常情况及时处理。

第八十一条 下井仪器应当正确连接，牢固可靠。出入井口时，煤层气企业应当有专人在井口指挥。

第八十二条 绞车启动后，电缆提升和下放过程中，应当避免紧急刹车和骤然加速，工作人员应当避开绞车和电缆活动影响区，严禁触摸和跨越电缆。

第八十三条 仪器起下速度应当均匀，不得超过4000米/小时，距井底200米时应当减速慢下；进入套管鞋时，起速不得超过600米/小时，仪器上起离井口约300米时，应当有专人在井口指挥，减速慢行。

第八十四条 下井仪器遇阻时，操作人员应当将仪器提出井口，通井后再进行测井作业。严禁遇阻强冲。

第八十五条 下井仪器遇卡时，操作人员应当立即停车，缓慢上下活动；如仍未解脱，应当迅速研究具体的处理措施。

第八十六条 仪器在井底及裸眼井段静止时间不得超过1分钟，对停留时间有特殊要求的测井项目除外。

第八十七条 仪器工作结束后，操作人员应当将各操纵部件恢复到安全位置。严禁在通电状态下搬运仪器设备和拔、插接线。

第八十八条 夜间施工时，井场应当保障照明良好。

第八十九条 遇有七级以上大风、暴雨、雷电、大雾等恶劣天气，煤层气企业应当暂停测井作业。如正在测井作业，应当将仪器起入套管内，并关闭仪器电源。

第九十条 测井作业时，井内产出硫化氢或者其他有毒、有害气体的，煤层气企业应当按照有关规定采取相应防护措施，并制订测井方案，待批准后方可进行测井作业。

第九十一条 放射源必须存放在专用源库中，源库的设计及源库内外的剂量当量率应当符合国家有关油(气)田测井用密封型放射源卫生防护标准的要求。煤层气企业应当建立健全放射源的使用档案及领用、保管制度。

施工区应当建立临时源库，源库应当设有警戒标志并有防盗、防丢失措施。

第九十二条　运输放射源的防护容器应当加锁。容器外表面除应当标示放射性核素名称、活度、电离辐射警告标志外，还应当标示容器的编号。防护容器、运源车内及车附近的剂量当量率应当符合国家有关油(气)田测井用密封型放射源卫生防护标准的要求。

第九十三条　放射源必须专车运输、专人押运，中途停车、住宿时应当有专人监护。

运源车严禁搭乘无关人员和押运生活消费品。未采取足够安全防护措施的运源车不得进入人口密集区和在公共停车场停留。

第九十四条　在室外、野外从事放射源工作时，煤层气企业必须根据辐射水平或者放射性污染的可能范围划出警戒区，在醒目位置设置电离辐射警告标志，设专人监护，防止无关人员进入警戒区。

第九十五条　煤层气企业应当定期对从事放射性工作的人员进行个人剂量监测和职业健康检查，建立个人剂量档案和职业健康监护档案。如被确认为放射损伤者，煤层气企业应当将其调离放射性工作并及时治疗。

拟参加放射性工作的人员，必须经过体检；有不适应症者，不得参加此项工作。测井施工人员应当按照辐射防护的时间、距离、屏蔽原则，采取最优化的辐射防护方式，进行装、卸放射源作业，禁止直接接触放射源。

第九十六条　严禁打开放射源的密封外壳，严禁使用密封破坏的可溶性放射源测井。必须裸露使用放射源时，应当使用专用工具。放射性液体和固体废物应当收集在贮存设施内封存，定期上交当地环境保护行政主管部门处理。

第九十七条　放射源的调拨、处理、转让、废弃处理，以及遇有放射源被盗、遗失等放射性事故时，煤层气企业必须按照《放射性同位素与射线装置安全和防护条例》和《放射事故管理规定》的规定进行妥善处理。

放射源掉入井内的，煤层气企业应当及时打捞，并指定专人负责实施；打捞失败的，应当检测放射源所在位置，并按照有关规定打水泥塞封固。

第九十八条　严禁在放射工作场所吸烟、进食和饮水。

第七章　射　孔

第九十九条　射孔作业前应当通井。

射孔作业现场周围的车辆、人员不得使用无线电通信设备；装配现场除工作人员外，严禁其他人员进入，严禁吸烟和使用明火。装配时，操作人员应当站在射孔枪的安全方位。

第一百条　煤层气企业在井口进行接线时，应当将枪身全部下入井内，电缆芯对地短路放电后方可接通。未起爆的枪身应当在断开引线并做好绝缘后，方可起出井口。未起爆的枪身或者已装好的枪身不再进行施工时，应当在圈闭相应的作业区域内及时拆除雷管和射孔弹。

使用过的射孔弹、雷管不得再次使用。

第一百零一条　撞击式井壁取心器炸药的使用，应当遵守国家有关火工品安全管理的规定。

第一百零二条　检测雷管时，检测人员应当使用爆破欧姆表测量，下深超过70米时方可接通电源。

第一百零三条　大雾、雷雨、七级风以上(含七级)天气及夜间不得进行射孔和井壁取心作业。

第一百零四条　施工结束返回后，施工人员应当直接将剩余火工品送交库房，并与保管员办理交接手续。

爆炸物品的销毁，应当符合国家有关石油射孔和井壁取心用爆炸物品销毁标准的规定。

第八章　压　裂

第一百零五条　井场应当具备能摆放压裂设备并方便作业的足够面积，设有明确的安全警示标志。

第一百零六条　施工作业前，施工人员应当详细了解井场内地下管线及电缆分布情况，并按照设计要求做好施工前准备。

第一百零七条　新井、一年内未进行任何作业的老井均应当进行通井。通井时遇到异常情况的，施工人员应当在采取有效措施后方可继续作业。

第一百零八条　压裂设备、井口装置和地面管汇应当满足压裂施工工艺和压力要求。

压裂施工所用高压泵安全销子的剪断压力不得超过高压泵额定最高工作压力。井口应当用专用支架或者其他方式固定。高压管线长度每间隔8米时应当有固定高压管线的措施。

以井口10米为半径，沿泵车出口至井口地面流程两侧10米为边界，设定为高压危险区，并使用专用安全带设置封闭的安全警戒线。

第一百零九条　摆放设备时，煤层气企业应当安排好混砂车与管汇车、管汇车与压裂泵车、压裂泵车距井口的距离。仪表车应当安放在能看到井口、视野开阔的地点。

第一百一十条　压裂施工必须在白天进行。煤层气企业应当对压裂施工进行统一指挥，指挥员应当随时掌握施工动态，保持通讯系统畅通。

第一百一十一条　煤层气企业在施工前应当召开安全会，提出安全要求，明确安全阀限定值，同时进行下列安全检查：

（一）检查压裂设备、校对仪表，确保压裂主机及辅机的工作状况良好，待修或者未达到施工要求的设备不得参加施工；

（二）按照设计要求试压合格，各部阀门应当灵活好用。设备和管线泄漏时，应当在停泵、泄压后方可检修；

（三）压裂车逐台逐挡充分循环排空，排净残液、余砂。

第一百一十二条　施工期间煤层气企业应当派专人负责巡视边界，严禁非施工人员进入井场。高压区必须设有警戒，无关人员不得进入。

第一百一十三条　施工中进出井场的车辆排气管应当安装阻火器。施工车辆通过井场地面裸露的油、气管线及电缆时，煤层气企业应当采取防止碾压的保护措施。

第一百一十四条　泵车操作应当平稳，严禁无故换挡或者停车。出现故障必须停车时，操作人员应当及时通知指挥员采取措施。

第一百一十五条　压裂期间，煤层气企业必须有专人监测剩余压裂液液面、支撑剂剩余量和供应情况，确保连续供液和供砂。

第一百一十六条　加砂过程中，压力突然上升或者发生砂堵时，煤层气企业应当及时研究处理，不得强行憋压。

使用放射性示踪剂的，应当按照有关规定采取相应的防护措施，并定期对放射性示踪剂的活度、存储装置是否完好进行检测，对接触人员进行体检。

第一百一十七条　压裂施工后，煤层气企业应当对设备的气路系统、液压系统、吸入排出系统、仪表系统、混合系统、柱塞泵、卡车、燃料系统等进行安全检查和维修保养。

第九章　排　采

第一百一十八条　排采井场应当符合下列要求：

（一）平整、清洁、无杂草；

（一）井场周围应当设围栏，围栏高度不得低于1.7米，并有明确的警示标识；

（三）井场内所有可能对人体产生碰伤、挤伤或者其他伤害的危险物体均应当涂以红色标记，以示警告。

第一百一十九条　煤层气企业应当将排采沉淀池布置在井场围栏范围内；布置在排采围栏范围外时，应当设独立围栏。

第一百二十条　选择放空火炬的位置应当考虑当地全年主风向，置于全年最小频率风向的上风侧。

第一百二十一条　排采设备应当置于远离放空火炬的一侧摆放，发电机排气筒方向不得正对井口。煤层气企业应当定期用可燃气体检测仪检测阀门、管线是否漏气，发现漏气应当立即检修处理。

气、水管线应当分别安装气、水阀门，气管线应当涂成黄色，水管线应当涂成绿色。

第一百二十二条　煤层气企业应当定期检查气水分离器（如有）的阀门、安全阀是否灵活好用。

第一百二十三条　煤层气企业应当对气水分离器（如有）定期排水，防止造成水堵或者积聚。

第一百二十四条　抽油机的安装应当符合下列要求：

（一）地基夯实，水泥基础坐落在土质均匀的原土上，冰冻地区应当开挖至冰冻层以下；

（二）基础表面没有裂纹、变形现象；

（三）抽油机底座与基础墩接触面紧密贴实，地角螺栓不得悬空；

（四）平衡块与曲柄的装配面及曲柄燕尾槽内严禁夹入杂物。

第一百二十五条　抽油机启动前，煤层气企业应当确保抽油机各部位牢固可靠、刹车及皮带松紧适宜、供电系统正常。

第一百二十六条　工作人员巡检时应当与抽油机保持一定的安全距离，刹车操作后应当合上保险装置。抽油机运转或者未停稳时，不得接触、靠近抽油机的运转部位，也不得进行润滑、加油或者调整皮带等操作。

第一百二十七条　进行调整冲程、更换悬绳器等高空作业时，操作人员应当系好安全带并站稳，防止滑落跌伤和工具掉落伤人。

第一百二十八条　更换井口装置时，煤层气企业应当在施工现场配备防火、防爆设施。割焊井口时，煤层气企业必须制订相应的安全技术措施。

第一百二十九条　螺杆泵设备运行期间，应当确保各连接部位无松动、减速箱不漏（缺）油、皮带无松弛、光杆不下滑、机体无过热现象。

第一百三十条　欠载跳闸时，工作人员应当排除方卡子松动、传动部分打滑、断杆卸载等原因后方可开机；过载跳闸时，应当排除短路、缺相现象后方可开机。

第一百三十一条　排采设备的控制柜应当有防护措施，埋地电缆处应当有明显标记。

第一百三十二条　测量电潜泵机组参数时，测量人员必须把控制柜总电源断开，并悬挂警示牌。

第一百三十三条　电潜泵停机时，不得带负荷拉闸。电潜泵出现故障停机时，如未查明原因并排除故障，不得二次启动。

第一百三十四条　动液面测试前，必须在关闭套管阀门并释放压力后，方可安装井口连接器。测试动液面时，应当采用氮气进行击发，严禁采用声弹进行击发。

第一百三十五条　连接器安装完毕后，连接器上的放空阀应当关严，缓慢打开套管阀门。

对有套压井，有关人员必须在套管阀门打开时无异常情况下方可装接信号线。

第一百三十六条　测试结束后，测试人员应当关严套管阀门，打开放空阀门，拆除各连接电缆后，方可卸下井口连接器。

第一百三十七条　示功图测试前，抽油机驴头必须停在下死点，拉住刹车；操作人员应当选择安全的操作位置安装仪器；仪器安装后，必须确保挂上保险装置。

第一百三十八条　修井时，探砂面、冲砂起下管柱应当按照国家有关常规修井作业规程的安全规定执行。

第一百三十九条　冲砂前，水龙带必须拴保险绳，循环管线应当不刺不漏。冲砂时，禁止人员穿越高压区。

第一百四十条　下泵时，井口应当安装防掉、防碰装置，严防井下落物和因碰撞产生火花。禁止挂单吊环操作。

修井机绷绳强度应当与修井机匹配，并确保地锚牢固可靠。

第一百四十一条　洗井时，泵车、水罐车等设备的摆放场地应当处于便于操作的安全位置，出口管线连接应当平直，末端用地锚固定。

第一百四十二条　洗井前必须试压合格，各部阀门应当灵活好用。

第一百四十三条　洗井期间，提升动力设备应当连续运转，不得熄火。泵压升高，洗井不通时，应当及时分析处理，不得强行憋泵；设备和管线泄漏时，应当在停泵、泄压后方可检修。

发生严重漏失时，应当采取有效堵漏措施后再进行施工。

第一百四十四条　煤层气企业应当对报废的煤层气井进行封井处理，建立报废煤层气井的档案，并有施工单位和煤层气企业等有关部门的验收意见。

第一百四十五条　报废的煤层气井的井筒必须用水泥浆或者水泥砂浆封固，封固高度为从井底到最上面一个可采煤层顶板以上100米。废弃的井筒必须在井口打水泥塞，并将地面以下1.5米套管割掉，用钢板将套管焊住，然后填土至与地面平齐。

第十章　煤层气集输

第一百四十六条　煤层气集输管线线路走向应当根据地形、工程地质、沿线井场（站场）的地理位置以及交通运输、动力等条件，确定最优线路。

管线线路的选择应当符合下列要求：

（一）线路顺直、平缓，减少与天然和人工障碍物的交叉；

（二）避开重要的军事设施、易燃易爆仓库、国家重点文物保护单位等区域；

（三）避开城镇规划区、大型站场、飞机场、火车站和国家级自然保护区等区域。当受条件限制，管线需要在上述区域内通过时，必须征得有关部门同意，留出足够的安全距离，并采取相应的安全保护措施；

（四）严禁管线通过铁路或者公路的隧道、桥梁（管线专用公路的隧道、桥梁除外）以及铁路编组站、大型客运站和变电所；

（五）避开地下杂散电流干扰大的区域；当避开确有困难时，需采取符合标准、规范的排流措施；

（六）避开不良工程地质地段；需选择合适的位置和方式穿越。

第一百四十七条　煤层气管线及管线组件的材质选择，应当综合考虑使用压力、温度、煤层气特性、使用地区、经济性等因素。

煤层气管线及管线组件的材质选择应当符合下列要求：

（一）采用材料的强度、寿命满足安全要求，煤层气集输钢质管道的设计符合《油气集输设计规范》（GB50350）的有关规定，煤层气采气聚乙烯管道的设计符合《聚乙烯燃气管道工程技术规程》（CJJ63）的有关规定；

（二）材料生产企业按照相应标准生产，并提供产品质量证明书；

（三）选用的管线组件符合安全标准并有质量证明书；

（四）管线材质满足当地的抗震要求；

（五）采用钢管和钢质组件时，应当根据强度等级、管径、壁厚、焊接方式及使用环境温度等因素提出材料韧性要求；

（六）穿越铁路、公路、大型河流及人口稠密区时，采用钢管，管线组件严禁使用铸铁件。

第一百四十八条　煤层气集输管线应当采用埋地方式敷设，特殊地段也可以采用土堤、地面、架空等方式敷设。管线敷设应当满足抗震要求。

第一百四十九条　埋地管线坡度应当根据地形的要求，采用弹性敷设，管线埋地深度应当在冻土层以下。覆土层最小厚度、管沟边坡和沟底宽度应当符合国家有关输气管道工程设计规范标准的规定。

管线与其他管线交叉时，其垂直净距一般不得小于0.3米；当小于0.3米时，两管间应当设置坚固的绝缘隔离物。管线与电力、通信电缆交叉时，其垂直净距不得小于0.5米。管线在交叉点两侧各延伸10米以上的管段，应当采用相应的最高绝缘等级。

管线改变方向时，应当优先采用弹性敷设(曲率半径应当大于或者等于管线直径的1000倍)，垂直面上弹性敷设管线的曲率半径应当大于管线在自重作用下产生的挠度曲线的曲率半径。曲率半径的计算应当符合国家有关输气管道工程设计规范标准的规定。

第一百五十条　用于改变管线走向的弯头的曲率半径应当大于或者等于外直径的4倍，并便于清管器或者检测仪器顺利通过。现场冷弯弯管的最小曲率半径应当符合国家有关输气管道工程设计规范标准的规定。弯管上的环向焊缝应当进行X射线检查。

管线不得采用斜口连接，不允许采用褶皱弯或者虾米弯，管子对接偏差不得大于3度。

第一百五十一条　管线穿、跨越铁路、公路、河流时，应当符合国家油气输送管道穿越工程设计规范标准和油气输送管道跨越工程设计规范标准的有关规定。

第一百五十二条　管线沿线应当设置里程桩、转角桩、标志桩和警示牌等永久性标志。里程桩应当沿气流前进方向从管线起点至终点每500米连续设置。里程桩可以与阴极保护测试桩结合设置。

第一百五十三条　钢制埋地集输管线的设计应当符合国家有关防腐绝缘与阴极保护标准的有关规定。

管线阴极保护达不到规定要求的，经检测确认防腐层发生老化时，煤层气企业应当及时进行防腐层大修。

第一百五十四条　裸露或者架空的管线应当有良好的防腐绝缘层，带保温层的，采取保温和防水措施。管线应当定期排水，防止造成水堵、冰堵。

站场的进出站两端管线，应当加装绝缘接头，确保干线阴极保护可靠性。

第一百五十五条　煤层气企业应当依据煤层气田地面建设总体规划以及所在地区城镇规划、集输管线走向，结合地形、地貌、工程和水文地质条件，统一规划站场的选址及布局，并远离地质灾害易发区，在站场服务年限内避免受采空区、采动区的影响，确保站场安全。

第一百五十六条　站场应当布置在人员集中场所及明火或者散发火花地点全年最小频率风向的上风侧，站场主要设施与周边有关设施的安全距离应当符合下列要求：

（一）与居民区、村镇、公共设施的防火间距不小于30米；

（二）与相邻厂矿企业、35千伏及以上变电所的防火间距不小于30米；

（三）与公路的间距不小于10米；

（四）与铁路线的间距不小于20米；

（五）与架空通信线、架空电力线的间距不小于1.5倍杆高；

（六）与采石场等爆炸作业场地的间距不小于300米。

第一百五十七条　站场内平面布置、防火安全、场内道路交通及与外界公路的连接应当符合《石油天然气工程设计防火规范》（GB50183）的有关规定。

第一百五十八条　站场的防洪设计标准，应当综合考虑站场规模和受淹损失等因素，集气站重现期为10年至25年，中心处理站重现期为25年至50年。

第一百五十九条　放空管应当位于站场生产区最小频率风向的上风侧，且处于站场外地势较高处，其高度应当比附近建(构)筑物高出2米以上，且总高度不得小于10米。放空管距站场的距离一般不小于10米；当放空量大于12000立方米/小时且等于或者小于40000立方米/小时时，放空管距站场的距离应当不小于40米。

第一百六十条　站场设备应当由具备国家规定资质的企业生产，有产品合格证书并满足安全要求。

第一百六十一条　煤层气企业应当定时记录设备的运转状况，定期分析主要设备的运行状态。安全阀和压力表应当定期进行校验。调节阀、减压阀、高(低)压泄压阀等主要阀门应当按照相应运行和维护规程进行操作和维护，并按照规定定期校验。

第一百六十二条　煤层气企业应当在站场的进口处设置明显的安全警示牌、进站须知和逃生路线图，并应当向进入站场的外来人员告知安全注意事项等。

站场应当设置不低于1.7米的非燃烧材料围墙或者围栏，并设置安全警示标志。

站场内大于或者等于35千伏的变配电站应当设置不低于1.5米的围栏。

第一百六十三条　站场的供电负荷和供电电源应当根据《石油天然气安全规程》（AQ2012）的有关规定确定。用电设备及线路走向应当合理，导体选择及线路敷设应当符合安全规定，线路应当无老化、破损和裸露现象。

第一百六十四条　配电室应当有应急照明，配电室门应当外开，保持通风良好，并安装挡鼠板。电缆沟应当无积水，地沟应当封堵。地沟可燃气体浓度应当定期检验，避免沟内窜气。

第一百六十五条　站场内对管线进行吹扫、试压时，煤层气企业应当编制作业方案，制订安全技术措施。

强度试验和气密试验时发现管线泄漏的，煤层气企业应当查明原因，制订修理方案和安全措施后方可进行修理。

第一百六十六条　压缩机应当允许煤层气组分、进气压力、进气温度和进气量有一定的波动范围。

第一百六十七条　压缩机启动及事故停车安全联锁应当完好。

压缩机的吸入口应当有防止空气进入的措施；压缩机的各级进口应当设凝液分离器或者机械杂质过滤器。分离器应当有排液、液位控制和高液位报警及放空等设施。

第一百六十八条　在煤层气脱水装置前应当设置分离器。

脱水器前及压缩机的出口管线上的截断阀前应当分别设置安全阀。

第一百六十九条　煤层气脱水装置中，气体管线应当选用全启式安全阀，液体管线应当选用微启式安全阀。安全阀弹簧应当具有可靠的防腐蚀性能或者必要的防腐保护措施。

第一百七十条　含硫化氢的煤层气应当脱硫、脱水。距煤层气处理厂较远的酸性煤层气，如因管输产生游离水，应当先脱水、后脱硫。

第一百七十一条　在煤层气处理及输送过程中使用化学药剂时，煤层气企业应当严格执行技术操作规程和措施要求，并落实防冻伤、防中毒和防化学伤害等措施。

第一百七十二条　煤层气企业应当在脱硫溶液系统中设过滤器。

第一百七十三条　进脱硫装置的原料气总管线和再生塔应当设安全阀，液硫储罐最高液位之上应当设置灭火蒸汽管。储罐四周应当设置闭合的不燃烧材料防护墙，墙高应当为1米，四周应当设置相应的消防设施。

第一百七十四条　在含硫容器内作业时，煤层气企业应当进行有毒气体测试，并备有正压式空气呼吸器。

第一百七十五条　集输系统投产应当符合下列要求：

（一）管线与设备的严密性试验合格；

（二）各单体设备、分系统试运行正常，设备工作状态良好，集输系统整体联合试运行正常；

（三）集气管线全线进行试压、清管；

（四）制订安全措施和应急预案。

第一百七十六条　管线投运前，煤层气企业应当对管线内的空气进行置换，避免空气与煤层气混合。

置换过程中的混合气体应当利用放空系统放空，并以放空口为中心设立隔离区并禁止烟火。进行氮气置换时，进入管线的氮气温度应当不低于5摄氏度；排放氮气时应当防止大量氮气聚集造成人员窒息，管线中氮气量过大时应当提前进行多点排放。

第一百七十七条　对管线的监控应当遵守下列规定：

（一）对重要工艺参数及工作状态进行连续检测和记录；

（二）根据沿线情况定期对集输管线进行巡线检查，但每季度至少徒步巡查一次；

（三）定时巡查线路分水器，及时排放污水，并有防止冰冻的措施；

（四）在雨季、汛期或者其他灾害发生后加密巡查；

（五）定期对装有阴极保护设施的管线保护电位进行测试。

第一百七十八条　对站场的监控应当遵守下列规定：

（一）压力、计量仪表灵敏准确，设备、管汇无渗漏。根据集输流程分布情况，在站场设置限压放空和压力高、低限报警设施；

（二）定时巡查站场内的分离器，及时将污水排放，并有防止冰冻的措施；

（三）站场工艺装置区、计量工作间等位于爆炸危险区域内的电气设备及照明采用防爆电器，其选型、安装和电气线路的布置符合《爆炸和火灾危险环境电力装置设计规范》（GB50058）的规定。

第一百七十九条　维护与抢修时，应当制订相应的维护与抢修安全措施和实施方案，合理配备专职维护与抢修队伍，抢修物资装备。

第一百八十条　维护与抢修现场应当采取保护措施，划分安全界线，设置警戒线、警示牌。进入作业场地的人员应当穿戴劳动防护用品。与作业无关的人员不得进入警戒区内。

第十一章　煤层气压缩

第一百八十一条　压缩站厂房建筑应当符合下列要求：

（一）压缩机地基基础满足设计载荷要求；

（二）阀组间、压缩机等厂房使用耐火材料，采用不发火地面；

（三）阀组间、压缩机等厂房的门窗向外开启，建筑面积大于100平方米的厂房至少有两个疏散门，并保持通道畅通；

（四）阀组间、压缩机等厂房设置通风设备。

第一百八十二条　压缩工艺流程设计应当根据输气系统工艺要求，满足气体的除尘、分液、增压、冷却和机组的启动、停机、正常操作及安全保护等要求。

煤层气处理后应当符合压缩机组对气质的技术要求。

第一百八十三条　压缩机应当符合下列安全要求：

（一）压缩机组有紧急停车和安全保护联锁装置；

（二）压缩机控制系统设置压力、温度显示与保护联动装置；

（三）压缩机前设置缓冲罐；

（四）煤层气压缩机单排布置；

（五）在高寒地区或者风沙地区压缩机组采用封闭式厂房，其他地区采用敞开式或者半敞开式厂房。

第一百八十四条　新安装或者检修投运压缩机系统装置前，煤层气企业应当对机泵、管线、容器、装置进行系统氮气置换，置换合格后方可投运。

第一百八十五条　设置压缩机组的吸气、排气和泄气管线时，应当避免管线的振动对建筑物造成有害影响；应当有防止空气进入吸气管线的措施，必要时高压排出管线应当设单向阀。

第一百八十六条　压缩机与站内其他建(构)筑物的防火间距应当符合《石油天然气工程设计防火规范》的规定。

第一百八十七条　压缩机组运行时应当符合下列安全保护要求：

（一）压缩机级间设置安全阀，安全阀的泄放能力不得小于压缩机的安全泄放量；

（二）压缩机进、出口设置高、低压报警和停机装置，冷却系统设置温度报警及停车装置，润滑油系统设置低压报警及停机装置。

第一百八十八条　压缩机气液处理应当符合下列要求：

（一）压缩机的卸载排气不得对外放散；

（二）回收气可以输送至压缩机进口缓冲罐；

（三）对压缩机排出的冷凝液进行集中处理。

第一百八十九条　压缩煤层气储气设备应当符合下列安全要求：

（一）储气瓶符合国家有关安全规定和标准；

（二）储气井的设计、建造和检验符合国家有关高压气地下储气井标准的规定；

（三）储气瓶组或者储气井与站内汽车通道相邻一侧，设置安全防撞栏或者采取其他防撞设施；

（四）储气瓶组(储气井)进气总管上设置安全阀及紧急放空管、压力表；每个储气瓶(井)出口设置截止阀。

第一百九十条　煤层气压力储罐（球罐、卧式罐）应当安装紧急放空、安全泄压设施及压力仪表。煤层气储罐（柜）检修动火时，应当经放空、清洗、强制通风，并检验气体中甲烷浓度（低于0.5%为合格）。

第一百九十一条　煤层气企业应当对煤层气储罐定期检测。煤层气储罐区应当有明显的安全警示标志。

第一百九十二条　固定式储罐应当有喷淋水或者遮阳设施。冬季应当有保温防冻措施。

第一百九十三条　压缩煤层气加气机不得设在室内，加气机附近应当设置防撞柱(栏)。

在寒冷地区应当选用适合当地环境温度条件的加气机。

第一百九十四条　加气机的加气软管及软管接头应当选用具有抗腐蚀性能的材料。加气软管上应当设置拉断阀，拉断阀在外力作用下分开后，两端应当自行密封。

第一百九十五条　进站管线上应当设置紧急截断阀，手动紧急截断阀的位置应当便于发生事故时及时切断气源。储气瓶组(储气井)与加气枪之间应当设储气瓶组(储气井)截断阀、主截断阀、紧急截断阀和加气截断阀。

第一百九十六条　工艺安全及监控系统应当符合下列要求：

（一）在站场压力设备和容器上设置安全阀；

（二）当工艺管线、设备或者容器排污可能释放出大量气体时，将其引入分离设备，分出的气体引入气体放空系统，液体引入储罐或者处理系统；

（三）每台压缩机有独立的温度和压力保护装置；

（四）压缩站在管线进站截断阀上游和出站截断阀下游设置限压泄放设施。

第一百九十七条　站场供电和电气安全应当符合下列要求：

（一）站场的消防、通信、控制、仪表等使用不间断电源或者双回路供电，消防、控制、配电等重要场所设置应急照明；

（二）站场内管汇、阀组、压缩机等爆炸危险区域必须使用防爆电气设施，电气线路使用阻燃电缆，线路的敷设采取防爆安全措施；

（三）配电室有防水、防鼠措施，安装挡鼠板，安全通道畅通，指示标志明显。

第一百九十八条　压缩站的防爆应当符合下列要求：

（一）压缩站按照防爆安全要求划分爆炸危险场所；

（二）使用防爆电气设备前，检查其产品合格证、产品安全标志及其安全性能，检查合格并签发合格证后方可使用；

（三）防爆电气设备安装、检查、保养、检修由具有专业资格的人员操作，并在机房、调配区设置“爆炸危险场所”标志牌；

（四）固定电气设备安装稳固，防止外力碰撞、损伤。

第一百九十九条　压缩站内电气设备应当符合下列防爆要求：

（一）整洁，部件齐全紧固，无松动、无损伤、无机械变形，场所清洁，无杂物和易燃物品；

（二）选型符合《爆炸和火灾危险环境有关电力设计规范》的要求；

（三）电缆进线装置密封可靠，空余接线孔封闭符合要求；

（四）设备保护、联锁、检测、报警、接地等装置齐全完整；

（五）防爆灯具的防爆结构、保护罩保持完整；

（六）接地端子接触良好，无松动、无折断、无腐蚀；

（七）应急照明设施符合防爆要求。

第二百条　防爆电气设备检查检修时应当符合下列要求：

（一）日常检查中严禁带电打开设备的密封盒、接线盒、进线装置、隔离密封盒等；

（二）禁止带电检修或者移动电气设备、线路、拆装防爆灯具和更换防爆灯泡、灯管；

（三）断电处悬挂警告牌；

（四）禁止用水冲洗防爆电气设备；

（五）对检修现场的电源电缆线头进行防爆处理；

（六）检修带有电容、电感、探测头等储能元件的防爆设备时，在按照规定放尽能量后方可作业；

（七）检修过程中不得损伤防爆设备的隔爆面；

（八）紧固螺栓不得任意调换或者缺少；

（九）记录检修项目、内容、测试结果、零部件更换、缺陷处理等情况，并归档保存。

第二百零一条　操作压缩机时应当符合下列要求：

（一）定时进行设备和仪表的日常巡检与维护，确保其完好；

（二）定期校验安全阀、压力表，确保其准确性；

（三）开机前检查注油器和机身的油量是否达到开机要求，电气设备是否完好，煤层气泄漏监测系统自检有无问题，管线是否松动，阀门及法兰是否有漏气、漏水现象，阀门是否在正确位置，电机有无卡塞情况；

（四）操作时严格执行设备操作规程，注意高温管线，防止烫伤，防止超压、超温及机件损坏；

（五）机器运转过程中随时检查气压、水压、电压、排气温度以及压缩机的振动强度，发现问题及时处理；

（六）压缩机运转过程中观察每一级的气体温度和循环水的温度；

（七）压缩机运转过程中按照规定排污，并密切注意末级排气压力；当压力达到一定值时，及时告知加气工；发生不正常的响声或者压力、温度超出允许范围时，立即停机检查，排除故障；出现紧急情况时，按照事故紧急处理预案进行处理。

第二百零二条　清洗设备、器具时应当符合下列要求：

（一）严禁使用汽油、苯等易燃品清洗设备、器具和地坪；

（二）严禁使用压缩气体清扫储存易燃油品油罐；

（三）严禁使用化纤、塑料、丝绸等容易产生静电的制品擦拭物体及设备；

（四）清洗设备时，作业人员按照规定着装并消除人体静电。

第二百零三条　人员着装和防静电应当符合下列要求：

（一）进入爆炸危险场所，穿着有劳动安全标志的防静电服、棉布工作服和防静电鞋；

（二）进入爆炸危险场所前，预先触摸人体消静电球；

（三）严禁在爆炸危险场所穿衣、脱衣、拍打服装以及梳头、打闹等；

（四）爆炸危险场所的地坪不得涂刷绝缘油漆，或者铺设非导静电的材料。

第二百零四条　人员操作应当符合下列要求：

（一）经过本工种专业安全培训，通过考试取得合格证后，持证上岗；

（二）掌握岗位应急预案的执行程序，遇到紧急情况，能够按照应急措施迅速作出处理；

（三）熟悉本岗位装置的工作原理、构造、性能、技术特征、零部件的名称和作用；

（四）熟悉本岗位电气控制设备的操作方法和有关的电气基本知识；

（五）按照规定穿好工作服，并佩戴有关劳动防护用品；

（六）排污时严禁操作人员将手伸向排污口；

（七）排污时发现异常情况立即报告，由专业人员处理。

第十二章　附　则

第二百零五条　本规程下列用语的含义：

煤层气，是指赋存在煤层中以甲烷为主要成分、以吸附在煤基质颗粒表面为主、部分游离于煤孔隙中或者溶解于煤层水中的烃类气体。

煤层气地面开采，是指煤层气井的钻井、测井、压裂等施工环节及后期的排采管理、管线集输和压缩工程。

煤层气企业，是指专门从事煤层气地面开采的企业。

井位，是指为了进行煤层气开采而综合各种地质资料进行设计和优选出来的井的布置位置。

排采，是指通过抽排煤层及其围岩中的地下水来降低煤储层的压力，诱导甲烷从煤层中解吸出来。

煤层气井，是指通过地面钻井进入煤层，利用煤层气自身赋存压力与钻井空间的压力差释放煤层气的井孔。

裸眼井，是指在煤层顶部下套管后，一直钻进煤层至设计深度终孔，使煤层裸露的煤层气井。

站场，是指收集煤层气气源，进行净化处理，压缩输送的站场。

阈限值，是指长期暴露的工作人员不会受到不利影响的某种有毒物质在空气中的最大浓度。

安全临界浓度，是指工作人员在露天安全工作8小时可接受的硫化氢最高浓度。

危险临界浓度，是指达到此浓度时，对生命和健康会产生不可逆转的或者延迟性的影响。

置换，是指用氮气等惰性气体将作业管道、设备等集输系统内的空气或者可燃气体替换出来的一种方法。

动火，是指在易燃易爆危险区域内和煤层气容器、管线、设备或者盛装过易燃易爆物品的容器上，使用焊、割等工具，能直接或者间接产生明火的施工作业。

第二百零六条　本规程自2012年4月1日起施行。煤层气地面开采活动施行的其他规程、规范与本规程相抵触的，依照本规程执行。

国家安全生产监督管理总局令

第47号

《工作场所职业卫生监督管理规定》已经2012年3月6日国家安全生产监督管理总局局长办公会议审议通过，现予公布，自2012年6月1日起施行。国家安全生产监督管理总局2009年7月1日公布的《作业场所职业健康监督管理暂行规定》同时废止。

国家安全生产监督管理总局局长　骆琳

2012年4月27日

工作场所职业卫生监督管理规定

第一章 总 则

第一条　为了加强职业卫生监督管理工作，强化用人单位职业病防治的主体责任，预防、控制职业病危害，保障劳动者健康和相关权益，根据《中华人民共和国职业病防治法》等法律、行政法规，制定本规定。

第二条　用人单位的职业病防治和安全生产监督管理部门对其实施监督管理，适用本规定。

第三条　用人单位应当加强职业病防治工作，为劳动者提供符合法律、法规、规章、国家职业卫生标准和卫生要求的工作环境和条件，并采取有效措施保障劳动者的职业健康。

第四条　用人单位是职业病防治的责任主体，并对本单位产生的职业病危害承担责任。

用人单位的主要负责人对本单位的职业病防治工作全面负责。

第五条　国家安全生产监督管理总局依照《中华人民共和国职业病防治法》和国务院规定的职责，负责全国用人单位职业卫生的监督管理工作。

县级以上地方人民政府安全生产监督管理部门依照《中华人民共和国职业病防治法》和本级人民政府规定的职责，负责本行政区域内用人单位职业卫生的监督管理工作。

第六条　为职业病防治提供技术服务的职业卫生技术服务机构，应当依照《职业卫生技术服务机构监督管理暂行办法》和有关标准、规范、执业准则的要求，为用人单位提供技术服务。

第七条　任何单位和个人均有权向安全生产监督管理部门举报用人单位违反本规定的行为和职业病危害事故。

第二章　用人单位的职责

第八条　职业病危害严重的用人单位，应当设置或者指定职业卫生管理机构或者组织，配备专职职业卫生管理人员。

其他存在职业病危害的用人单位，劳动者超过100人的，应当设置或者指定职业卫生管理机构或者组织，配备专职职业卫生管理人员；劳动者在100人以下的，应当配备专职或者兼职的职业卫生管理人员，负责本单位的职业病防治工作。

第九条　用人单位的主要负责人和职业卫生管理人员应当具备与本单位所从事的生产经营活动相适应的职业卫生知识和管理能力，并接受职业卫生培训。

用人单位主要负责人、职业卫生管理人员的职业卫生培训，应当包括下列主要内容：

（一）职业卫生相关法律、法规、规章和国家职业卫生标准；

（二）职业病危害预防和控制的基本知识；

（三）职业卫生管理相关知识；

（四）国家安全生产监督管理总局规定的其他内容。

第十条　用人单位应当对劳动者进行上岗前的职业卫生培训和在岗期间的定期职业卫生培训，普及职业卫生知识，督促劳动者遵守职业病防治的法律、法规、规章、国家职业卫生标准和操作规程。

用人单位应当对职业病危害严重的岗位的劳动者，进行专门的职业卫生培训，经培训合格后方可上岗作业。

因变更工艺、技术、设备、材料，或者岗位调整导致劳动者接触的职业病危害因素发生变化的，用人单位应当重新对劳动者进行上岗前的职业卫生培训。

第十一条　存在职业病危害的用人单位应当制订职业病危害防治计划和实施方案，建立、健全下列职业卫生管理制度和操作规程：

（一）职业病危害防治责任制度；

（二）职业病危害警示与告知制度；

（三）职业病危害项目申报制度；

（四）职业病防治宣传教育培训制度；

（五）职业病防护设施维护检修制度；

（六）职业病防护用品管理制度；

（七）职业病危害监测及评价管理制度；

（八）建设项目职业卫生“三同时”管理制度；

（九）劳动者职业健康监护及其档案管理制度；

（十）职业病危害事故处置与报告制度；

（十一）职业病危害应急救援与管理制度；

（十二）岗位职业卫生操作规程；

（十三）法律、法规、规章规定的其他职业病防治制度。

第十二条　产生职业病危害的用人单位的工作场所应当符合下列基本要求：

（一）生产布局合理，有害作业与无害作业分开；

（二）工作场所与生活场所分开，工作场所不得住人；

（三）有与职业病防治工作相适应的有效防护设施；

（四）职业病危害因素的强度或者浓度符合国家职业卫生标准；

（五）有配套的更衣间、洗浴间、孕妇休息间等卫生设施；

（六）设备、工具、用具等设施符合保护劳动者生理、心理健康的要求；

（七）法律、法规、规章和国家职业卫生标准的其他规定。

第十三条　用人单位工作场所存在职业病目录所列职业病的危害因素的，应当按照《职业病危害项目申报办法》的规定，及时、如实向所在地安全生产监督管理部门申报职业病危害项目，并接受安全生产监督管理部门的监督检查。

第十四条　新建、改建、扩建的工程建设项目和技术改造、技术引进项目（以下统称建设项目）可能产生职业病危害的，建设单位应当按照《建设项目职业卫生“三同时”监督管理暂行办法》的规定，向安全生产监督管理部门申请备案、审核、审查和竣工验收。

第十五条　产生职业病危害的用人单位，应当在醒目位置设置公告栏，公布有关职业病防治的规章制度、操作规程、职业病危害事故应急救援措施和工作场所职业病危害因素检测结果。

存在或者产生职业病危害的工作场所、作业岗位、设备、设施，应当按照《工作场所职业病危害警示标识》（GBZ158）的规定，在醒目位置设置图形、警示线、警示语句等警示标识和中文警示说明。警示说明应当载明产生职业病危害的种类、后果、预防和应急处置措施等内容。

存在或产生高毒物品的作业岗位，应当按照《高毒物品作业岗位职业病危害告知规范》（GBZ/T203）的规定，在醒目位置设置高毒物品告知卡，告知卡应当载明高毒物品的名称、理化特性、健康危害、防护措施及应急处理等告知内容与警示标识。

第十六条　用人单位应当为劳动者提供符合国家职业卫生标准的职业病防护用品，并督促、指导劳动者按照使用规则正确佩戴、使用，不得发放钱物替代发放职业病防护用品。

用人单位应当对职业病防护用品进行经常性的维护、保养，确保防护用品有效，不得使用不符合国家职业卫生标准或者已经失效的职业病防护用品。

第十七条　在可能发生急性职业损伤的有毒、有害工作场所，用人单位应当设置报警装置，配置现场急救用品、冲洗设备、应急撤离通道和必要的泄险区。

现场急救用品、冲洗设备等应当设在可能发生急性职业损伤的工作场所或者临近地点，并在醒目位置设置清晰的标识。

在可能突然泄漏或者逸出大量有害物质的密闭或者半密闭工作场所，除遵守本条第一款、第二款规定外，用人单位还应当安装事故通风装置以及与事故排风系统相联锁的泄漏报警装置。

生产、销售、使用、贮存放射性同位素和射线装置的场所，应当按照国家有关规定设置明显的放射性标志，其入口处应当按照国家有关安全和防护标准的要求，设置安全和防护设施以及必要的防护安全联锁、报警装置或者工作信号。放射性装置的生产调试和使用场所，应当具有防止误操作、防止工作人员受到意外照射的安全措施。用人单位必须配备与辐射类型和辐射水平相适应的防护用品和监测仪器，包括个人剂量测量报警、固定式和便携式辐射监测、表面污染监测、流出物监测等设备，并保证可能接触放射线的工作人员佩戴个人剂量计。

第十八条 用人单位应当对职业病防护设备、应急救援设施进行经常性的维护、检修和保养，定期检测其性能和效果，确保其处于正常状态，不得擅自拆除或者停止使用。

第十九条 存在职业病危害的用人单位，应当实施由专人负责的工作场所职业病危害因素日常监测，确保监测系统处于正常工作状态。

第二十条 存在职业病危害的用人单位，应当委托具有相应资质的职业卫生技术服务机构，每年至少进行一次职业病危害因素检测。

职业病危害严重的用人单位，除遵守前款规定外，应当委托具有相应资质的职业卫生技术服务机构，每三年至少进行一次职业病危害现状评价。

检测、评价结果应当存入本单位职业卫生档案，并向安全生产监督管理部门报告和向劳动者公布。

第二十一条 存在职业病危害的用人单位，有下述情形之一的，应当及时委托具有相应资质的职业卫生技术服务机构进行职业病危害现状评价：

（一）初次申请职业卫生安全许可证，或者职业卫生安全许可证有效期届满申请换证的；

（二）发生职业病危害事故的；

（三）国家安全生产监督管理总局规定的其他情形。

用人单位应当落实职业病危害现状评价报告中提出的建议和措施，并将职业病危害现状评价结果及整改情况存入本单位职业卫生档案。

第二十二条 用人单位在日常的职业病危害监测或者定期检测、现状评价过程中，发现工作场所职业病危害因素不符合国家职业卫生标准和卫生要求时，应当立即采取相应治理措施，确保其符合职业卫生环境和条件的要求；仍然达不到国家职业卫生标准和卫生要求的，必须停止存在职业病危害因素的作业；职业病危害因素经治理后，符合国家职业卫生标准和卫生要求的，方可重新作业。

第二十三条 向用人单位提供可能产生职业病危害的设备的，应当提供中文说明书，并在设备的醒目位置设置警示标识和中文警示说明。警示说明应当载明设备性能、可能产生的职业病危害、安全操作和维护注意事项、职业病防护措施等内容。

用人单位应当检查前款规定的事项，不得使用不符合要求的设备。

第二十四条 向用人单位提供可能产生职业病危害的化学品、放射性同位素和含有放射性物质的材料的，应当提供中文说明书。说明书应当载明产品特性、主要成分、存在的有害因素、可能产生的危害后果、安全使用注意事项、职业病防护和应急救治措施等内容。产品包装应当有醒目的警示标识和中文警示说明。贮存上述材料的场所应当在规定的部位设置危险物品标识或者放射性警示标识。

用人单位应当检查前款规定的事项，不得使用不符合要求的材料。

第二十五条 任何用人单位不得使用国家明令禁止使用的可能产生职业病危害的设备或者材料。

第二十六条 任何单位和个人不得将产生职业病危害的作业转移给不具备职业病防护条件的单位和个人。不具备职业病防护条件的单位和个人不得接受产生职业病危害的作业。

第二十七条 用人单位应当优先采用有利于防治职业病危害和保护劳动者健康的新技术、新工艺、新材料、新设备，逐步替代产生职业病危害的技术、工艺、材料、设备。

第二十八条 用人单位对采用的技术、工艺、材料、设备，应当知悉其可能产生的职业病危害，并采取相应的防护措施。对有职业病危害的技术、工艺、设备、材料，故意隐瞒其危害而采用的，用人单位对其所造成的职业病危害后果承担责任。

第二十九条 用人单位与劳动者订立劳动合同（含聘用合同，下同）时，应当将工作过程中可能产生的职业病危害及其后果、职业病防护措施和待遇等如实告知劳动者，并在劳动合同中写明，不得隐瞒或者欺骗。

劳动者在履行劳动合同期间因工作岗位或者工作内容变更，从事与所订立劳动合同中未告知的存在职业病危害的作业时，用人单位应当依照前款规定，向劳动者履行如实告知的义务，并协商变更原劳动合同相关条款。

用人单位违反本条规定的，劳动者有权拒绝从事存在职业病危害的作业，用人单位不得因此解除与劳动者所订立的劳动合同。

第三十条　对从事接触职业病危害因素作业的劳动者，用人单位应当按照《用人单位职业健康监护监督管理办法》、《放射工作人员职业健康管理办法》、《职业健康监护技术规范》（GBZ188）、《放射工作人员职业健康监护技术规范》（GBZ235）等有关规定组织上岗前、在岗期间、离岗时的职业健康检查，并将检查结果书面如实告知劳动者。

职业健康检查费用由用人单位承担。

第三十一条　用人单位应当按照《用人单位职业健康监护监督管理办法》的规定，为劳动者建立职业健康监护档案，并按照规定的期限妥善保存。

职业健康监护档案应当包括劳动者的职业史、职业病危害接触史、职业健康检查结果、处理结果和职业病诊疗等有关个人健康资料。

劳动者离开用人单位时，有权索取本人职业健康监护档案复印件，用人单位应当如实、无偿提供，并在所提供的复印件上签章。

第三十二条　劳动者健康出现损害需要进行职业病诊断、鉴定的，用人单位应当如实提供职业病诊断、鉴定所需的劳动者职业史和职业病危害接触史、工作场所职业病危害因素检测结果和放射工作人员个人剂量监测结果等资料。

第三十三条　用人单位不得安排未成年工从事接触职业病危害的作业，不得安排有职业禁忌的劳动者从事其所禁忌的作业，不得安排孕期、哺乳期女职工从事对本人和胎儿、婴儿有危害的作业。

第三十四条　用人单位应当建立健全下列职业卫生档案资料：

（一）职业病防治责任制文件；

（二）职业卫生管理规章制度、操作规程；

（三）工作场所职业病危害因素种类清单、岗位分布以及作业人员接触情况等资料；

（四）职业病防护设施、应急救援设施基本信息，以及其配置、使用、维护、检修与更换等记录；

（五）工作场所职业病危害因素检测、评价报告与记录；

（六）职业病防护用品配备、发放、维护与更换等记录；

（七）主要负责人、职业卫生管理人员和职业病危害严重工作岗位的劳动者等相关人员职业卫生培训资料；

（八）职业病危害事故报告与应急处置记录；

（九）劳动者职业健康检查结果汇总资料，存在职业禁忌症、职业健康损害或者职业病的劳动者处理和安置情况记录；

（十）建设项目职业卫生“三同时”有关技术资料，以及其备案、审核、审查或者验收等有关回执或者批复文件；

（十一）职业卫生安全许可证申领、职业病危害项目申报等有关回执或者批复文件；

（十二）其他有关职业卫生管理的资料或者文件。

第三十五条　用人单位发生职业病危害事故，应当及时向所在地安全生产监督管理部门和有关部门报告，并采取有效措施，减少或者消除职业病危害因素，防止事故扩大。对遭受或者可能遭受急性职业病危害的劳动者，用人单位应当及时组织救治，进行健康检查和医学观察，并承担所需费用。

用人单位不得故意破坏事故现场、毁灭有关证据，不得迟报、漏报、谎报或者瞒报职业病危害事故。

第三十六条　用人单位发现职业病病人或者疑似职业病病人时，应当按照国家规定及时向所在地安全生产监督管理部门和有关部门报告。

第三十七条　工作场所使用有毒物品的用人单位，应当按照有关规定向安全生产监督管理部门申请办理职业卫生安全许可证。

第三十八条　用人单位在安全生产监督管理部门行政执法人员依法履行监督检查职责时，应当予以配合，不得拒绝、阻挠。

第三章　监督管理

第三十九条　安全生产监督管理部门应当依法对用人单位执行有关职业病防治的法律、法规、规章和国家职业卫生标准的情况进行监督检查，重点监督检查下列内容：

（一）设置或者指定职业卫生管理机构或者组织，配备专职或者兼职的职业卫生管理人员情况；

（二）职业卫生管理制度和操作规程的建立、落实及公布情况；

（三）主要负责人、职业卫生管理人员和职业病危害严重的工作岗位的劳动者职业卫生培训情况；

（四）建设项目职业卫生“三同时”制度落实情况；

（五）工作场所职业病危害项目申报情况；

（六）工作场所职业病危害因素监测、检测、评价及结果报告和公布情况；

（七）职业病防护设施、应急救援设施的配置、维护、保养情况，以及职业病防护用品的发放、管理及劳动者佩戴使用情况；

（八）职业病危害因素及危害后果警示、告知情况；

（九）劳动者职业健康监护、放射工作人员个人剂量监测情况；

（十）职业病危害事故报告情况；

（十一）提供劳动者健康损害与职业史、职业病危害接触关系等相关资料的情况；

（十二）依法应当监督检查的其他情况。

第四十条　安全生产监督管理部门应当建立健全职业卫生监督检查制度，加强行政执法人员职业卫生知识的培训，提高行政执法人员的业务素质。

第四十一条　安全生产监督管理部门应当加强建设项目职业卫生“三同时”的监督管理，建立健全相关资料的档案管理制度。

第四十二条　安全生产监督管理部门应当加强职业卫生技术服务机构的资质认可管理和技术服务工作的监督检查，督促职业卫生技术服务机构公平、公正、客观、科学地开展职业卫生技术服务。

第四十三条　安全生产监督管理部门应当建立健全职业病危害防治信息统计分析制度，加强对用人单位职业病危害因素检测、评价结果、劳动者职业健康监护信息以及职业卫生监督检查信息等资料的统计、汇总和分析。

第四十四条　安全生产监督管理部门应当按照有关规定，支持、配合有关部门和机构开展职业病的诊断、鉴定工作。

第四十五条　安全生产监督管理部门行政执法人员依法履行监督检查职责时，应当出示有效的执法证件。

行政执法人员应当忠于职守，秉公执法，严格遵守执法规范；涉及被检查单位的技术秘密、业务秘密以及个人隐私的，应当为其保密。

第四十六条　安全生产监督管理部门履行监督检查职责时，有权采取下列措施：

（一）进入被检查单位及工作场所，进行职业病危害检测，了解情况，调查取证；

（二）查阅、复制被检查单位有关职业病危害防治的文件、资料，采集有关样品；

（三）责令违反职业病防治法律、法规的单位和个人停止违法行为；

（四）责令暂停导致职业病危害事故的作业，封存造成职业病危害事故或者可能导致职业病危害事故发生的材料和设备；

（五）组织控制职业病危害事故现场。

在职业病危害事故或者危害状态得到有效控制后，安全生产监督管理部门应当及时解除前款第四项、第五项规定的控制措施。

第四十七条　发生职业病危害事故，安全生产监督管理部门应当依照国家有关规定报告事故和组织事故的调查处理。

第四章　法律责任

第四十八条　用人单位有下列情形之一的，给予警告，责令限期改正，可以并处5000元以上2万元以下的罚款：

（一）未按照规定实行有害作业与无害作业分开、工作场所与生活场所分开的；

（二）用人单位的主要负责人、职业卫生管理人员未接受职业卫生培训的。

第四十九条　用人单位有下列情形之一的，给予警告，责令限期改正；逾期未改正的，处10万元以下的罚款：

（一）未按照规定制订职业病防治计划和实施方案的；

（二）未按照规定设置或者指定职业卫生管理机构或者组织，或者未配备专职或者兼职的职业卫生管理人员的；

（三）未按照规定建立、健全职业卫生管理制度和操作规程的；

（四）未按照规定建立、健全职业卫生档案和劳动者健康监护档案的；

（五）未建立、健全工作场所职业病危害因素监测及评价制度的；

（六）未按照规定公布有关职业病防治的规章制度、操作规程、职业病危害事故应急救援措施的；

（七）未按照规定组织劳动者进行职业卫生培训，或者未对劳动者个体防护采取有效的指导、督促措施的；

（八）工作场所职业病危害因素检测、评价结果未按照规定存档、上报和公布的。

第五十条　用人单位有下列情形之一的，责令限期改正，给予警告，可以并处5万元以上10万元以下的罚款：

（一）未按照规定及时、如实申报产生职业病危害的项目的；

（二）未实施由专人负责职业病危害因素日常监测，或者监测系统不能正常监测的；

（三）订立或者变更劳动合同时，未告知劳动者职业病危害真实情况的；

（四）未按照规定组织劳动者进行职业健康检查、建立职业健康监护档案或者未将检查结果书面告知劳动者的；

（五）未按照规定在劳动者离开用人单位时提供职业健康监护档案复印件的。

第五十一条　用人单位有下列情形之一的，给予警告，责令限期改正；逾期未改正的，处5万元以上20万元以下的罚款；情节严重的，责令停止产生职业病危害的作业，或者提请有关人民政府按照国务院规定的权限责令关闭：

（一）工作场所职业病危害因素的强度或者浓度超过国家职业卫生标准的；

（二）未提供职业病防护设施和劳动者使用的职业病防护用品，或者提供的职业病防护设施和劳动者使用的职业病防护用品不符合国家职业卫生标准和卫生要求的；

（三）未按照规定对职业病防护设备、应急救援设施和劳动者职业病防护用品进行维护、检修、检测，或者不能保持正常运行、使用状态的；

（四）未按照规定对工作场所职业病危害因素进行检测、现状评价的；

（五）工作场所职业病危害因素经治理仍然达不到国家职业卫生标准和卫生要求时，未停止存在职业病危害因素的作业的；

（六）发生或者可能发生急性职业病危害事故，未立即采取应急救援和控制措施或者未按照规定及时报告的；

（七）未按照规定在产生严重职业病危害的作业岗位醒目位置设置警示标识和中文警示说明的；

（八）拒绝安全生产监督管理部门监督检查的；

（九）隐瞒、伪造、篡改、毁损职业健康监护档案、工作场所职业病危害因素检测评价结果等相关资料，或者不提供职业病诊断、鉴定所需要的资料的；

（十）未按照规定承担职业病诊断、鉴定费用和职业病病人的医疗、生活保障费用的。

第五十二条　用人单位有下列情形之一的，责令限期改正，并处5万元以上30万元以下的罚款；情节严重的，责令停止产生职业病危害的作业，或者提请有关人民政府按照国务院规定的权限责令关闭：

（一）隐瞒技术、工艺、设备、材料所产生的职业病危害而采用的；

（二）隐瞒本单位职业卫生真实情况的；

（三）可能发生急性职业损伤的有毒、有害工作场所或者放射工作场所不符合本规定第十七条规定的；

（四）使用国家明令禁止使用的可能产生职业病危害的设备或者材料的；

（五）将产生职业病危害的作业转移给没有职业病防护条件的单位和个人，或者没有职业病防护条件的单位和个人接受产生职业病危害的作业的；

（六）擅自拆除、停止使用职业病防护设备或者应急救援设施的；

（七）安排未经职业健康检查的劳动者、有职业禁忌的劳动者、未成年工或者孕期、哺乳期女职工从事接触产生职业病危害的作业或者禁忌作业的；

（八）违章指挥和强令劳动者进行没有职业病防护措施的作业的。

第五十三条　用人单位违反《中华人民共和国职业病防治法》的规定，已经对劳动者生命健康造成严重损害的，责令停止产生职业病危害的作业，或者提请有关人民政府按照国务院规定的权限责令关闭，并处10万元以上50万元以下的罚款。

造成重大职业病危害事故或者其他严重后果，构成犯罪的，对直接负责的主管人员和其他直接责任人员，依法追究刑事责任。

第五十四条　向用人单位提供可能产生职业病危害的设备或者材料，未按照规定提供中文说明书或者设置警示标识和中文警示说明的，责令限期改正，给予警告，并处5万元以上20万元以下的罚款。

第五十五条　用人单位未按照规定报告职业病、疑似职业病的，责令限期改正，给予警告，可以并处1万元以下的罚款；弄虚作假的，并处2万元以上5万元以下的罚款。

第五十六条　安全生产监督管理部门及其行政执法人员未按照规定报告职业病危害事故的，依照有关规定给予处理；构成犯罪的，依法追究刑事责任。

第五十七条　本规定所规定的行政处罚，由县级以上安全生产监督管理部门决定。法律、行政法规和国务院有关规定对行政处罚决定机关另有规定的，依照其规定。

第五章　附　则

第五十八条　本规定下列用语的含义：

（一）工作场所，是指劳动者进行职业活动的所有地点，包括建设单位施工场所；

（二）职业病危害严重的用人单位，是指建设项目职业病危害分类管理目录中所列职业病危害严重行业的用人单位。

建设项目职业病危害分类管理目录由国家安全生产监督管理总局公布。各省级安全生产监督管理部门可以根据本地区实际情况，对分类目录作出补充规定。

第五十九条　本规定未规定的其他有关职业病防治事项，依照《中华人民共和国职业病防治法》和其他有关法律、法规、规章的规定执行。

第六十条　煤矿的职业病防治和煤矿安全监察机构对其实施监察，依照本规定和国家安全生产监督管理总局的其他有关规定执行。

第六十一条　本规定自2012年6月1日起施行。2009年7月1日国家安全生产监督管理总局公布的《作业场所职业健康监督管理暂行规定》同时废止。

国家安全生产监督管理总局令

第48号

《职业病危害项目申报办法》已经2012年3月6日国家安全生产监督管理总局局长办公会议审议通过，现予公布，自2012年6月1日起施行。国家安全生产监督管理总局2009年9月8日公布的《作业场所职业危害申报管理办法》同时废止。

国家安全生产监督管理总局局长　骆琳

2012年4月27日

职业病危害项目申报办法

第一条　为了规范职业病危害项目的申报工作，加强对用人单位职业卫生工作的监督管理，根据《中华人民共和国职业病防治法》，制定本办法。

第二条　用人单位（煤矿除外）工作场所存在职业病目录所列职业病的危害因素的，应当及时、如实向所在地安全生产监督管理部门申报危害项目，并接受安全生产监督管理部门的监督管理。

煤矿职业病危害项目申报办法另行规定。

第三条　本办法所称职业病危害项目，是指存在职业病危害因素的项目。

职业病危害因素按照《职业病危害因素分类目录》确定。

第四条　职业病危害项目申报工作实行属地分级管理的原则。

中央企业、省属企业及其所属用人单位的职业病危害项目，向其所在地设区的市级人民政府安全生产监督管理部门申报。

前款规定以外的其他用人单位的职业病危害项目，向其所在地县级人民政府安全生产监督管理部门申报。

第五条　用人单位申报职业病危害项目时，应当提交《职业病危害项目申报表》和下列文件、资料：

（一）用人单位的基本情况；

（二）工作场所职业病危害因素种类、分布情况以及接触人数；

（三）法律、法规和规章规定的其他文件、资料。

第六条　职业病危害项目申报同时采取电子数据和纸质文本两种方式。

用人单位应当首先通过“职业病危害项目申报系统”进行电子数据申报，同时将《职业病危害项目申报表》加盖公章并由本单位主要负责人签字后，按照本办法第四条和第五条的规定，连同有关文件、资料一并上报所在地设区的市级、县级安全生产监督管理部门。

受理申报的安全生产监督管理部门应当自收到申报文件、资料之日起5个工作日内，出具《职业病危害项目申报回执》。

第七条　职业病危害项目申报不得收取任何费用。

第八条　用人单位有下列情形之一的，应当按照本条规定向原申报机关申报变更职业病危害项目内容：

（一）进行新建、改建、扩建、技术改造或者技术引进建设项目的，自建设项目竣工验收之日起30日内进行申报；

（二）因技术、工艺、设备或者材料等发生变化导致原申报的职业病危害因素及其相关内容发生重大变化的，自发生变化之日起15日内进行申报；

（三）用人单位工作场所、名称、法定代表人或者主要负责人发生变化的，自发生变化之日起15日内进行申报；

（四）经过职业病危害因素检测、评价，发现原申报内容发生变化的，自收到有关检测、评价结果之日起15日内进行申报。

第九条　用人单位终止生产经营活动的，应当自生产经营活动终止之日起15日内向原申报机关报告并办理注销手续。

第十条　受理申报的安全生产监督管理部门应当建立职业病危害项目管理档案。职业病危害项目管理档案应当包括辖区内存在职业病危害因素的用人单位数量、职业病危害因素种类、行业及地区分布、接触人数等内容。

第十一条　安全生产监督管理部门应当依法对用人单位职业病危害项目申报情况进行抽查，并对职业病危害项目实施监督检查。

第十二条　安全生产监督管理部门及其工作人员应当保守用人单位商业秘密和技术秘密。违反有关保密义务的，应当承担相应的法律责任。

第十三条　安全生产监督管理部门应当建立健全举报制度，依法受理和查处有关用人单位违反本办法行为的举报。

任何单位和个人均有权向安全生产监督管理部门举报用人单位违反本办法的行为。

第十四条　用人单位未按照本办法规定及时、如实地申报职业病危害项目的，责令限期改正，给予警告，可以并处5万元以上10万元以下的罚款。

第十五条　用人单位有关事项发生重大变化，未按照本办法的规定申报变更职业病危害项目内容的，责令限期改正，可以并处5000元以上3万元以下的罚款。

第十六条　《职业病危害项目申报表》、《职业病危害项目申报回执》的式样由国家安全生产监督管理总局规定。

第十七条　本办法自2012年6月1日起施行。国家安全生产监督管理总局2009年9月8日公布的《作业场所职业危害申报管理办法》同时废止。

国家安全生产监督管理总局令

第49号

《用人单位职业健康监护监督管理办法》已经2012年3月6日国家安全生产监督管理总局局长办公会议审议通过，现予公布，自2012年6月1日起施行。

国家安全生产监督管理总局局长　骆琳

2012年4月27日

用人单位职业健康监护监督管理办法

第一章 总 则

第一条 为了规范用人单位职业健康监护工作，加强职业健康监护的监督管理，保护劳动者健康及其相关权益，根据《中华人民共和国职业病防治法》，制定本办法。

第二条 用人单位从事接触职业病危害作业的劳动者（以下简称劳动者）的职业健康监护和安全生产监督管理部门对其实施监督管理，适用本办法。

第三条 本办法所称职业健康监护，是指劳动者上岗前、在岗期间、离岗时、应急的职业健康检查和职业健康监护档案管理。

第四条 用人单位应当建立、健全劳动者职业健康监护制度，依法落实职业健康监护工作。

第五条 用人单位应当接受安全生产监督管理部门依法对其职业健康监护工作的监督检查，并提供有关文件和资料。

第六条 对用人单位违反本办法的行为，任何单位和个人均有权向安全生产监督管理部门举报或者报告。

第二章 用人单位的职责

第七条 用人单位是职业健康监护工作的责任主体，其主要负责人对本单位职业健康监护工作全面负责。

用人单位应当依照本办法以及《职业健康监护技术规范》（GBZ188）、《放射工作人员职业健康监护技术规范》（GBZ235）等国家职业卫生标准的要求，制订、落实本单位职业健康检查年度计划，并保证所需要的专项经费。

第八条 用人单位应当组织劳动者进行职业健康检查，并承担职业健康检查费用。

劳动者接受职业健康检查应当视同正常出勤。

第九条 用人单位应当选择由省级以上人民政府卫生行政部门批准的医疗卫生机构承担职业健康检查工作，并确保参加职业健康检查的劳动者身份的真实性。

第十条 用人单位在委托职业健康检查机构对从事接触职业病危害作业的劳动者进行职业健康检查时，应当如实提供下列文件、资料：

（一）用人单位的基本情况；

（二）工作场所职业病危害因素种类及其接触人员名册；

（三）职业病危害因素定期检测、评价结果。

第十一条 用人单位应当对下列劳动者进行上岗前的职业健康检查：

（一）拟从事接触职业病危害作业的新录用劳动者，包括转岗到该作业岗位的劳动者；

（二）拟从事有特殊健康要求作业的劳动者。

第十二条 用人单位不得安排未经上岗前职业健康检查的劳动者从事接触职业病危害的作业，不得安排有职业禁忌的劳动者从事其所禁忌的作业。

用人单位不得安排未成年工从事接触职业病危害的作业，不得安排孕期、哺乳期的女职工从事对本人和胎儿、婴儿有危害的作业。

第十三条 用人单位应当根据劳动者所接触的职业病危害因素，定期安排劳动者进行在岗期间的职业健康检查。

对在岗期间的职业健康检查，用人单位应当按照《职业健康监护技术规范》（GBZ188）等国家职业卫生标准的规定和要求，确定接触职业病危害的劳动者的检查项目和检查周期。需要复查的，应当根据复查要求增加相应的检查项目。

第十四条 出现下列情况之一的，用人单位应当立即组织有关劳动者进行应急职业健康检查：

（一）接触职业病危害因素的劳动者在作业过程中出现与所接触职业病危害因素相关的不适症状的；

（二）劳动者受到急性职业中毒危害或者出现职业中毒症状的。

第十五条　对准备脱离所从事的职业病危害作业或者岗位的劳动者，用人单位应当在劳动者离岗前30日内组织劳动者进行离岗时的职业健康检查。劳动者离岗前90日内的在岗期间的职业健康检查可以视为离岗时的职业健康检查。

用人单位对未进行离岗时职业健康检查的劳动者，不得解除或者终止与其订立的劳动合同。

第十六条　用人单位应当及时将职业健康检查结果及职业健康检查机构的建议以书面形式如实告知劳动者。

第十七条　用人单位应当根据职业健康检查报告，采取下列措施：

（一）对有职业禁忌的劳动者，调离或者暂时脱离原工作岗位；

（二）对健康损害可能与所从事的职业相关的劳动者，进行妥善安置；

（三）对需要复查的劳动者，按照职业健康检查机构要求的时间安排复查和医学观察；

（四）对疑似职业病病人，按照职业健康检查机构的建议安排其进行医学观察或者职业病诊断；

（五）对存在职业病危害的岗位，立即改善劳动条件，完善职业病防护设施，为劳动者配备符合国家标准的职业病危害防护用品。

第十八条　职业健康监护中出现新发生职业病（职业中毒）或者两例以上疑似职业病（职业中毒）的，用人单位应当及时向所在地安全生产监督管理部门报告。

第十九条　用人单位应当为劳动者个人建立职业健康监护档案，并按照有关规定妥善保存。职业健康监护档案包括下列内容：

（一）劳动者姓名、性别、年龄、籍贯、婚姻、文化程度、嗜好等情况；

（二）劳动者职业史、既往病史和职业病危害接触史；

（三）历次职业健康检查结果及处理情况；

（四）职业病诊疗资料；

（五）需要存入职业健康监护档案的其他有关资料。

第二十条　安全生产行政执法人员、劳动者或者其近亲属、劳动者委托的代理人有权查阅、复印劳动者的职业健康监护档案。

劳动者离开用人单位时，有权索取本人职业健康监护档案复印件，用人单位应当如实、无偿提供，并在所提供的复印件上签章。

第二十一条　用人单位发生分立、合并、解散、破产等情形时，应当对劳动者进行职业健康检查，并依照国家有关规定妥善安置职业病病人；其职业健康监护档案应当依照国家有关规定实施移交保管。

第三章　监督管理

第二十二条　安全生产监督管理部门应当依法对用人单位落实有关职业健康监护的法律、法规、规章和标准的情况进行监督检查，重点监督检查下列内容：

（一）职业健康监护制度建立情况；

（二）职业健康监护计划制订和专项经费落实情况；

（三）如实提供职业健康检查所需资料情况；

（四）劳动者上岗前、在岗期间、离岗时、应急职业健康检查情况；

（五）对职业健康检查结果及建议，向劳动者履行告知义务情况；

（六）针对职业健康检查报告采取措施情况；

（七）报告职业病、疑似职业病情况；

（八）劳动者职业健康监护档案建立及管理情况；

（九）为离开用人单位的劳动者如实、无偿提供本人职业健康监护档案复印件情况；

（十）依法应当监督检查的其他情况。

第二十三条　安全生产监督管理部门应当加强行政执法人员职业健康知识培训，提高行政执法人员的业务素质。

第二十四条　安全生产行政执法人员依法履行监督检查职责时，应当出示有效的执法证件。

安全生产行政执法人员应当忠于职守，秉公执法，严格遵守执法规范；涉及被检查单位技术秘密、业务秘密以及个人隐私的，应当为其保密。

第二十五条　安全生产监督管理部门履行监督检查职责时，有权进入被检查单位，查阅、复制被检查单位有关职业健康监护的文件、资料。

第四章　法律责任

第二十六条　用人单位有下列行为之一的，给予警告，责令限期改正，可以并处3万元以下的罚款：

（一）未建立或者落实职业健康监护制度的；

（二）未按照规定制订职业健康监护计划和落实专项经费的；

（三）弄虚作假，指使他人冒名顶替参加职业健康检查的；

（四）未如实提供职业健康检查所需要的文件、资料的；

（五）未根据职业健康检查情况采取相应措施的；

（六）不承担职业健康检查费用的。

第二十七条　用人单位有下列行为之一的，责令限期改正，给予警告，可以并处5万元以上10万元以下的罚款：

（一）未按照规定组织职业健康检查、建立职业健康监护档案或者未将检查结果如实告知劳动者的；

（二）未按照规定在劳动者离开用人单位时提供职业健康监护档案复印件的。

第二十八条　用人单位有下列情形之一的，给予警告，责令限期改正，逾期不改正的，处5万元以上20万元以下的罚款；情节严重的，责令停止产生职业病危害的作业，或者提请有关人民政府按照国务院规定的权限责令关闭：

（一）未按照规定安排职业病病人、疑似职业病病人进行诊治的；

（二）隐瞒、伪造、篡改、损毁职业健康监护档案等相关资料，或者拒不提供职业病诊断、鉴定所需资料的。

第二十九条　用人单位有下列情形之一的，责令限期治理，并处5万元以上30万元以下的罚款；情节严重的，责令停止产生职业病危害的作业，或者提请有关人民政府按照国务院规定的权限责令关闭：

（一）安排未经职业健康检查的劳动者从事接触职业病危害的作业的；

（二）安排未成年工从事接触职业病危害的作业的；

（三）安排孕期、哺乳期女职工从事对本人和胎儿、婴儿有危害的作业的；

（四）安排有职业禁忌的劳动者从事所禁忌的作业的。

第三十条　用人单位违反本办法规定，未报告职业病、疑似职业病的，由安全生产监督管理部门责令限期改正，给予警告，可以并处1万元以下的罚款；弄虚作假的，并处2万元以上5万元以下的罚款。

第五章　附　则

第三十一条　煤矿安全监察机构依照本办法负责煤矿劳动者职业健康监护的监察工作。

第三十二条　本办法自2012年6月1日起施行。

国家安全生产监督管理总局令

第50号

《职业卫生技术服务机构监督管理暂行办法》已经2012年3月6日国家安全生产监督管理总局局长办公会议审议通过，现予公布，自2012年7月1日起施行。

国家安全生产监督管理总局局长　骆琳

2012年4月27日

职业卫生技术服务机构监督管理暂行办法

第一章　总　则

第一条　为了加强对职业卫生技术服务机构的监督管理，规范职业卫生技术服务行为，根据《中华人民共和国职业病防治法》，制定本办法。

第二条　在中华人民共和国境内申请职业卫生技术服务机构资质，从事职业卫生检测、评价等技术服务以及安全生产监督管理部门实施职业卫生技术服务机构资质认可与监督管理，适用本办法。

第三条　本办法所称职业卫生技术服务机构，是指为建设项目提供职业病危害预评价、职业病危害控制效果评价，为用人单位提供职业病危害因素检测、职业病危害现状评价、职业病防护设备设施与防护用品的效果评价等技术服务的机构。

第四条　国家对职业卫生技术服务机构实行资质认可制度。职业卫生技术服务机构应当依照本办法取得职业卫生技术服务机构资质；未取得职业卫生技术服务机构资质的，不得从事职业卫生检测、评价等技术服务。

第五条　职业卫生技术服务机构的资质从高到低分为甲级、乙级、丙级三个等级。

甲级资质由国家安全生产监督管理总局认可及颁发证书。

乙级资质由省、自治区、直辖市人民政府安全生产监督管理部门（以下简称省级安全生产监督管理部门）认可及颁发证书，并报国家安全生产监督管理总局备案。

丙级资质由设区的市级人民政府安全生产监督管理部门（以下简称市级安全生产监督管理部门）认可及颁发证书，并报省级安全生产监督管理部门备案，由省级安全生产监督管理部门报国家安全生产监督管理总局进行登记。

第六条　国家安全生产监督管理总局根据社会经济发展水平、区域经济结构和职业卫生技术服务工作的需要，对职业卫生技术服务机构的设置实行统筹规划、合理布局和总量控制。

第七条　取得甲级资质的职业卫生技术服务机构，可以根据认可的业务范围在全国从事职业卫生技术服务活动。

下列建设项目的职业卫生技术服务，必须由取得甲级资质的职业卫生技术服务机构承担：

（一）国务院及其投资主管部门审批（核准、备案）的建设项目；

（二）核设施、绝密工程等特殊性质的建设项目；

（三）跨省、自治区、直辖市的建设项目；

（四）国家安全生产监督管理总局规定的其他项目。

第八条　取得乙级资质的职业卫生技术服务机构，可以根据认可的业务范围在其所在的省、自治区、直辖市从事职业卫生技术服务活动。

下列建设项目的职业卫生技术服务，必须由取得乙级以上资质的职业卫生技术服务机构承担：

（一）省级人民政府及其投资主管部门审批（核准、备案）的建设项目；

（二）跨设区的市的建设项目；

（三）省级安全生产监督管理部门规定的其他项目。

第九条　取得丙级资质的职业卫生技术服务机构，可以根据认可的业务范围在其所在的设区的市或者省级安全生产监督管理部门指定的范围从事除本办法第七条、第八条规定的建设项目以外的职业卫生技术服务活动。

第二章　资质认可

第十条　国家安全生产监督管理总局、省级安全生产监督管理部门和市级安全生产监督管理部门应当分别设立国家级、省级和市级职业卫生专家库(以下简称专家库)，由专家库专家承担相应的职业卫生技术服务机构资质认可的技术评审工作。

第十一条　从事技术评审的专家应当具备下列条件：

（一）具有相关专业的高级专业技术职称任职资格；

（二）具有连续5年以上相关工作经验；

（三）熟悉相关法律、法规、标准和规范；

（四）具有良好的职业道德和专业素质；

（五）身体健康，能够胜任技术评审工作。

专家库专家任期5年，可连聘连任。

第十二条　专家库专家不得参加与本人有利害关系的职业卫生技术服务机构资质认可的技术评审工作。

被评审的职业卫生技术服务机构不得聘请专家库专家为顾问。

专家库专家不得参加被评审职业卫生技术服务机构的可能有碍技术评审公正的活动。

第十三条　国家安全生产监督管理总局、省级安全生产监督管理部门和市级安全生产监督管理部门应当对专家库专家进行定期复审，并根据资质认可工作的需要，及时进行调整。

第十四条　职业卫生技术服务机构申请甲级资质，应当具备下列条件：

（一）具有法人资格；

（二）注册资金800万元以上，固定资产700万元以上；

（三）工作场所面积不少于700平方米；

（四）有健全的内部管理制度和质量保证体系；

（五）有不少于25名经培训合格的专职技术人员；

（六）有专职技术负责人和质量控制负责人，专职技术负责人具有与所申报业务相适应的高级专业技术职称和5年以上工作经验；

（七）具有与所申请资质、业务范围相适应的检测、评价能力；

（八）法律、行政法规、规章规定的其他条件。

第十五条　职业卫生技术服务机构申请乙级资质，应当具备下列条件：

（一）具有法人资格；

（二）注册资金500万元以上，固定资产400万元以上；

（三）工作场所面积不少于400平方米；

（四）有健全的内部管理制度和质量保证体系；

（五）有不少于20名经培训合格的专职技术人员；

（六）有专职技术负责人和质量控制负责人，专职技术负责人具有与所申报业务相适应的高级专业技术职称和3年以上工作经验；

（七）具有与所申请资质、业务范围相适应的检测、评价能力；

（八）法律、行政法规、规章规定的其他条件。

第十六条　申请职业卫生技术服务机构丙级资质，应当具备下列条件：

（一）具有法人资格；

（二）注册资金300万元以上，固定资产200万元以上；

（三）工作场所面积不少于200平方米；

（四）有健全的内部管理制度和质量保证体系；

（五）有不少于10名经培训合格的专职技术人员；

（六）有专职技术负责人和质量控制负责人，专职技术负责人具有与所申报业务相适应的中级以上专业技术职称和1年以上工作经验；

（七）具有与所申请资质、业务范围相适应的检测、评价能力；

（八）法律、行政法规、规章规定的其他条件。

第十七条　申请职业卫生技术服务机构资质认可，应当提交下列文件、资料：

（一）法定代表人签署的申请表；

（二）法人资格证明或者名称预先核准通知书；

（三）注册资金和固定资产的验资证明；

（四）工作场所产权证明或者租赁合同；

（五）专职技术人员、专职技术负责人、质量控制负责人的名单及其培训合格证书、技术职称证书、工作经历证明；

（六）职业卫生技术服务质量管理文件；

（七）拟开展的职业卫生技术服务项目及资质等级；

（八）在申请职业卫生技术服务业务范围内，能够证明具有相应业务能力的文件、资料；

（九）法律、法规规定的其他文件、资料。

第十八条　申请甲级资质，按照下列程序办理：

（一）申请人将职业卫生技术服务机构资质申请表和本办法第十七条规定的文件、资料，报所在地省级安全生产监督管理部门审核。

（二）省级安全生产监督管理部门应当自收到申请文件、资料之日起5个工作日内对其进行初审并决定是否受理。决定受理的，应当自受理之日起20个工作日内完成审核工作，并将审核意见和全部申请文件、资料报国家安全生产监督管理总局；决定不予受理的，应当向申请人书面说明理由。

（三）国家安全生产监督管理总局应当自收到审核意见和申请文件、资料之日起20个工作日内，组织专家组对申请人进行技术评审，并根据专家组提交的技术评审报告和社会经济发展水平、区域经济结构、统筹规划、总量控制等要求作出资质认可决定。决定认可的，应当自作出决定之日起10个工作日内向申请人颁发资质证书；决定不予认可的，应当向申请人书面说明理由。

第十九条　申请乙级资质，按照下列程序办理：

（一）申请人将职业卫生技术服务机构资质申请表和本办法第十七条规定的文件、资料，报所在地的市级安全生产监督管理部门审核。

（二）市级安全生产监督管理部门应当自收到申请文件、资料之日起5个工作日内对其进行初审并决定是否受理。决定受理的，应当自受理之日起20个工作日内完成审核，并将审核意见和全部申请文件、资料报省级安全生产监督管理部门；决定不予受理的，应当向申请人书面说明理由。

（三）省级安全生产监督管理部门应当自收到审核意见和申请文件、资料之日起20个工作日内，组织专家组对申请人进行技术评审，并根据专家组提交的技术评审报告和区域经济结构、统筹规划、总量控制等要求作出资质认可决定。决定认可的，应当自作出决定之日起10个工作日内向申请人颁发资质证书；决定不予认可的，应当向申请人书面说明理由。

第二十条　申请丙级资质，按照下列程序办理：

（一）申请人将职业卫生技术服务机构资质申请表和本办法第十七条规定的文件、资料，报所在地的县级安全生产监督管理部门审核。

（二）县级安全生产监督管理部门应当自收到申请文件、资料之日起5个工作日内对其进行初审并决定是否受理。决定受理的，应当自受理之日起20个工作日内完成审核，并将审核意见和全部申请文件、资料报市级安全生产监督管理部门；决定不予受理的，应当向申请人书面说明理由。

（三）市级安全生产监督管理部门应当自受理之日起20个工作日内，组织专家组对申请人进行技术评审，并根据专家组提交的技术评审报告和统筹规划、总量控制等要求作出资质认可决定。决定认可的，应当自作出决定之日起10个工作日内向申请人颁发资质证书；决定不予认可的，应当向申请人书面说明理由。

第二十一条　国家安全生产监督管理总局、省级安全生产监督管理部门、市级安全生产监督管理部门（以下统称发证机关）应当从专家库中随机抽取相关专业的3至7名专家组成专家组，对申请人提供的文件、资料进行技术评审。

技术评审包括申请文件、资料的技术审查和现场技术考核。现场技术考核应当包括下列内容：

（一）核查现场有关设备、设施、仪器、仪表等；

（二）考核技术负责人、质量控制负责人及有关专职技术人员的专业知识和操作能力；

（三）抽查原始工作记录、影像资料、报告、总结、档案等资料；

（四）进行必要的盲样检测。

第二十二条　技术评审工作应当自受理资质申请之日起60日内完成，并提交技术评审报告。技术评审报告是发证机关作出职业卫生技术服务机构资质认可决定的重要依据。

专家组技术评审和申请人整改问题所需的时间，不计算在本办法第十八条、第十九条、第二十条规定的期限内。

第二十三条　职业卫生技术服务机构取得资质1年以上，需要增加业务范围的，应当向发证机关提出申请。发证机关应当按照本办法的规定进行认可。

第二十四条　职业卫生技术服务机构的资质证书遗失的，应当及时在有关电视、报刊等媒体上予以声明，并向原发证机关申请补发。

第二十五条　职业卫生技术服务机构甲级、乙级、丙级资质证书有效期均为3年。资质证书有效期满需要延续的，职业卫生技术服务机构应当于期满前3个月向原发证机关提出申请，经复审合格后予以办理延续手续；不合格的，不予办理延续手续，并向申请人书面说明理由。

第二十六条　职业卫生技术服务机构变更名称、法定代表人、注册地址的，应当自变更之日起30日内向原发证机关申请办理资质证书变更手续。

职业卫生技术服务机构分立、合并的，应当申请办理资质证书变更手续或者重新申请职业卫生技术服务机构资质认可。

第二十七条　职业卫生技术服务机构有下列情形之一的，发证机关应当注销其资质：

（一）资质证书有效期届满未申请延续或者不予批准延续的；

（二）被依法终止的；

（三）自行申请注销的。

第二十八条　职业卫生技术服务机构不得转让或者租借其取得的资质证书。

任何单位和个人不得伪造、变造、买卖职业卫生技术服务机构资质证书。

第二十九条　发证机关对取得资质的职业卫生技术服务机构应当及时公告，接受社会监督。

职业卫生技术服务机构资质证书由国家安全生产监督管理总局统一印制。

第三章　技术服务

第三十条　职业卫生技术服务机构应当依法独立开展职业卫生技术服务活动，科学、客观、真实地反映技术服务事项，并对出具的职业卫生技术报告承担法律责任。

第三十一条 职业卫生技术服务机构应当公开办事制度和程序，简化手续，方便服务对象，并采取措施保证服务质量。

第三十二条 取得资质的职业卫生技术服务机构，应当在批准的业务范围和规定的区域范围内开展技术服务工作，并接受技术服务所在地安全生产监督管理部门的监督管理。

取得甲级资质的职业卫生技术服务机构跨省、自治区、直辖市开展职业卫生技术服务，应当填写职业卫生技术服务机构跨省、自治区、直辖市服务工作报告表，报送服务所在地省级安全生产监督管理部门备案，并接受其监督检查。

职业卫生技术服务机构跨省、自治区、直辖市服务工作报告表式样由国家安全生产监督管理总局规定。

第三十三条 职业卫生技术服务机构开展技术服务时，应当依法与建设单位、用人单位签订职业卫生技术服务合同，明确技术服务内容、范围以及双方的权利、义务和责任。

第三十四条 职业卫生技术服务机构从事职业卫生检测、评价技术服务的收费，应当符合法律、法规的规定。法律、法规没有规定的，应当按照行业自律标准或者指导性标准收费；没有行业自律标准和指导性收费标准的，双方可以通过合同协商确定。

第三十五条 职业卫生技术服务机构及其专职技术人员在从事职业卫生技术服务活动中，不得有下列行为：

（一）泄露服务对象的技术秘密和商业秘密；

（二）伪造、变造、转让或者租借资质证书；

（三）超出资质证书业务范围从事技术服务活动；

（四）出具虚假或者失实的职业卫生技术报告；

（五）转包职业卫生技术服务项目；

（六）擅自更改、简化职业卫生技术服务程序和相关内容；

（七）采取不正当竞争手段，故意贬低、诋毁其他职业卫生技术服务机构；

（八）法律、法规规定的其他违法行为。

专职技术人员不得同时在两个以上职业卫生技术机构从业。

第三十六条 职业卫生技术服务机构的职业卫生技术服务过程控制记录、现场勘查记录、影像资料及相关证明材料，应当及时归档，妥善保管。专职技术负责人和质量控制负责人应当按照法律、法规和标准的规定，加强职业卫生技术服务的全过程管理。

职业卫生技术服务机构应当为专职技术人员提供必要的个体防护用品。

第四章 监督管理

第三十七条 发证机关应当加强对职业卫生技术服务机构及专职技术人员的监督检查，重点监督检查下列内容：

（一）职业卫生专职技术人员是否具备从业能力；

（二）是否按照职业卫生技术服务工作规范开展工作；

（三）出具的报告是否符合规范标准；

（四）职业卫生技术服务档案是否完整；

（五）内部质量保证体系文件是否健全；

（六）实际操作中是否存在违规现象；

（七）依法应当监督检查的其他内容。

第三十八条 发证机关应当对取得资质的职业卫生技术服务机构每年进行评估检查。进行年度评估检查时，应当征求服务对象的意见。

第三十九条 安全生产监督管理部门及其工作人员不得有下列行为：

（一）要求用人单位接受指定的职业卫生技术服务机构进行职业卫生技术服务；

（二）以备案为由，变相设立法律、法规规定以外的行政许可；

（三）采取任何形式的地方保护，限制外地职业卫生技术服务机构到本地区开展职业卫生技术服务；

（四）干预职业卫生技术服务机构开展正常活动；

（五）以任何理由或者方式向职业卫生技术服务机构收取或者变相收取费用；

（六）向职业卫生技术服务机构摊派财物、推销产品；

（七）在职业卫生技术服务机构报销任何费用。

第四十条　任何单位或者个人发现职业卫生技术服务机构及其从业人员、安全生产监督管理部门及其工作人员、专家库专家违反有关职业病防治的法律、法规和本办法规定的行为，均有权向安全生产监督管理部门或者有关部门举报。

安全生产监督管理部门应当为举报人保密，并依法对举报进行核查和处理。

第五章　法律责任

第四十一条　安全生产监督管理部门的工作人员徇私舞弊、滥用职权、弄虚作假、玩忽职守，未依法履行职业卫生技术服务机构资质认可和监督管理职责的，依法给予处分。

专家库专家在职业卫生技术服务机构技术评审工作中徇私舞弊、弄虚作假的，撤销其专家库专家资格，终身不得再担任专家库专家。

第四十二条　申请人隐瞒有关情况或者提供虚假材料申请职业卫生技术服务机构资质认可的，不予受理或者不予颁发证书，并自发证机关发现之日起1年内不得再次申请职业卫生技术服务机构资质。

职业卫生技术服务机构在申请资质、资质延续、接受监督检查时，采取弄虚作假等不正当手段的，给予警告，不予颁发证书或者不予延续。

职业卫生技术服务机构以欺骗等不正当手段取得职业卫生技术服务机构资质证书的，撤销其资质证书，并自发证机关撤销其资质证书之日起3年内不得再次申请职业卫生技术服务机构资质。

第四十三条　未取得职业卫生技术服务资质认可，擅自从事职业卫生检测、评价技术服务的，责令立即停止违法行为，没收违法所得；违法所得5000元以上的，并处违法所得2倍以上10倍以下的罚款；没有违法所得或者违法所得不足5000元的，并处5000元以上5万元以下的罚款；情节严重的，对直接负责的主管人员和其他直接责任人员，依法给予降级、撤职或者开除的处分。

第四十四条　从事职业卫生技术服务的机构违反《中华人民共和国职业病防治法》及本办法规定，有下列行为之一的，责令立即停止违法行为，给予警告，没收违法所得；违法所得5000元以上的，并处违法所得2倍以上5倍以下的罚款；没有违法所得或者违法所得不足5000元的，并处5000元以上2万元以下的罚款；情节严重的，由原发证机关取消其相应的资格；对直接负责的主管人员和其他责任人员，依法给予降级、撤职或者开除的处分；构成犯罪的，依法追究刑事责任：

（一）超出规定的业务范围和区域从事职业卫生检测、评价技术服务的；

（二）未按照《中华人民共和国职业病防治法》及本办法履行法定职责的；

（三）出具虚假证明文件的。

第四十五条　职业卫生技术服务机构有下列情形之一的，给予警告，并处1万元以下的罚款；情节严重的，处1万元以上3万元以下的罚款，依照法律、行政法规的规定撤销其相应资质；对相关责任人依法给予处理：

（一）泄露服务对象的技术秘密和商业秘密的；

（二）转让或者租借资质证书的；

（三）转包职业卫生技术服务项目的；

（四）采取不正当竞争手段，故意贬低、诋毁其他职业卫生技术服务机构的；

（五）未按照规定办理资质证书变更手续的；

（六）未依法与建设单位、用人单位签订职业卫生技术服务合同的；

（七）擅自更改、简化职业卫生技术服务程序和相关内容的；

（八）在申请资质、资质延续、接受监督检查时，隐瞒有关情况或者提供虚假文件、资料的。

第四十六条　职业卫生专职技术人员同时在两个以上职业卫生技术服务机构从业的，责令改正，对职业卫生技术服务机构处3万元以下的罚款，对职业卫生专职技术人员处1万元以下的罚款。

第四十七条　已经取得资质认可的职业卫生技术服务机构，不再符合本办法规定的资质条件的，应当依法撤销其资质。

第四十八条　本办法所规定的行政处罚，由市级以上安全生产监督管理部门决定。对甲级职业卫生技术服务机构的行政处罚，国家安全生产监督管理总局可以委托省级安全生产监督管理部门实施。

撤销资质证书由原发证机关决定。

第六章　附　则

第四十九条　2011年12月31日前，已经依照国务院卫生行政部门有关规定取得职业卫生技术服务机构资质证书的职业卫生技术服务机构，应当依照本办法的规定向安全生产监督管理部门申请换发国家安全生产监督管理总局统一印制的资质证书，有效期不变；有效期满后，需要继续从事职业卫生技术服务的，依照本办法的规定申请资质延续。

第五十条　为煤矿服务的职业卫生技术服务机构资质认可及管理另行规定。

第五十一条　职业卫生技术服务机构资质认可有关文书的样式和内容，由国家安全生产监督管理总局统一规定。

第五十二条　本办法所称职业病危害不包括医疗机构的放射性危害。

第五十三条　本办法自2012年7月1日起施行。

国家安全生产监督管理总局令

第51号

《建设项目职业卫生“三同时”监督管理暂行办法》已经2012年3月6日国家安全生产监督管理总局局长办公会议审议通过，现予公布，自2012年6月1日起施行。

国家安全生产监督管理总局局长　骆琳

2012年4月27日

建设项目职业卫生“三同时”监督管理暂行办法

第一章　总　则

第一条　为了预防、控制和消除建设项目可能产生的职业病危害，加强和规范建设项目职业病防护设施建设的监督管理，根据《中华人民共和国职业病防治法》，制定本办法。

第二条　在中华人民共和国领域内可能产生职业病危害的新建、改建、扩建和技术改造、技术引进建设项目（以下统称建设项目）职业病防护设施建设及其监督管理，适用本办法。

本办法所称的可能产生职业病危害的建设项目，是指存在或者产生《职业病危害因素分类目录》所列职业病危害因素的建设项目。

本办法所称的职业病防护设施，是指消除或者降低工作场所的职业病危害因素的浓度或者强度，预防和减少职业病危害因素对劳动者健康的损害或者影响，保护劳动者健康的设备、设施、装置、构（建）筑物等的总称。

第三条　建设单位是建设项目职业病防护设施建设的责任主体。

建设项目职业病防护设施必须与主体工程同时设计、同时施工、同时投入生产和使用（以下简称职业卫生“三同时”）。职业病防护设施所需费用应当纳入建设项目工程预算。

第四条　建设单位对可能产生职业病危害的建设项目，应当依照本办法向安全生产监督管理部门申请职业卫生“三同时”的备案、审核、审查和竣工验收。

建设项目职业卫生“三同时”工作可以与安全设施“三同时”工作一并进行。

第五条　国家安全生产监督管理总局对全国建设项目职业卫生“三同时”实施监督管理，并在国务院规定的职责范围内承担国务院及其有关主管部门审批、核准或者备案的建设项目职业卫生“三同时”的监督管理。

县级以上地方各级人民政府安全生产监督管理部门对本行政区域内的建设项目职业卫生“三同时”实施监督管理，具体办法由省级安全生产监督管理部门制订，并报国家安全生产监督管理总局备案。

上一级人民政府安全生产监督管理部门根据工作需要，可以将其负责的建设项目职业卫生“三同时”监督管理工作委托下一级人民政府安全生产监督管理部门实施。

第六条　国家根据建设项目可能产生职业病危害的风险程度，按照下列规定对其实行分类监督管理：

（一）职业病危害一般的建设项目，其职业病危害预评价报告应当向安全生产监督管理部门备案，职业病防护设施由建设单位自行组织竣工验收，并将验收情况报安全生产监督管理部门备案；

（二）职业病危害较重的建设项目，其职业病危害预评价报告应当报安全生产监督管理部门审核；职业病防护设施竣工后，由安全生产监督管理部门组织验收；

（三）职业病危害严重的建设项目，其职业病危害预评价报告应当报安全生产监督管理部门审核，职业病防护设施设计应当报安全生产监督管理部门审查，职业病防护设施竣工后，由安全生产监督管理部门组织验收。

建设项目职业病危害分类管理目录由国家安全生产监督管理总局制订并公布。省级安全生产监督管理部门可以根据本地区实际情况，对建设项目职业病危害分类管理目录作出补充规定。

第七条　安全生产监督管理部门应当建立职业卫生专家库（以下简称专家库），聘请专家库专家参与建设项目职业卫生“三同时”的审核、审查和竣工验收工作。

专家库专家应当熟悉职业病危害防治的有关法律法规，具有较高的专业技术水平、实践经验和有关业务背景及良好的职业道德，按照客观、公正的原则，对所参与的项目提出审查意见，并对该意见负责。

第八条　安全生产监督管理部门进行职业病危害预评价报告审核、职业病防护设施设计审查以及建设项目职业病防护设施竣工验收，应当从专家库中随机抽取专家参与审核、审查及竣工验收。每项工作从专家库随机抽取的专家不得少于3人。

专家库专家实行回避制度，建设单位及参加建设单位有关工作的专家，不得参与该建设项目职业卫生“三同时”的审核、审查及竣工验收等相应工作。

第九条　建设项目职业病危害预评价和职业病危害控制效果评价，应当由依法取得相应资质的职业卫生技术服务机构承担。

职业卫生技术服务机构应当依照国家法律、行政法规、标准和《职业卫生技术服务机构监督管理暂行办法》的规定，开展职业卫生技术服务工作，保证技术服务结果客观、真实、准确，并对作出的结论承担法律责任。

第二章　职业病危害预评价

第十条　对可能产生职业病危害的建设项目，建设单位应当在建设项目可行性论证阶段委托具有相应资质的职业卫生技术服务机构进行职业病危害预评价，编制预评价报告。

建设项目职业病危害预评价报告应当包括下列主要内容：

（一）建设项目概况；

（二）建设项目可能产生的职业病危害因素及其对劳动者健康危害程度的分析和评价；

（三）建设项目职业病危害的类型分析；

（四）对建设项目拟采取的职业病防护设施的技术分析和评价；

（五）职业卫生管理机构设置和职业卫生管理人员配置及有关制度建设的建议；

（六）对建设项目职业病防护措施的建议；

（七）职业病危害预评价的结论。

第十一条　职业病危害预评价报告编制完成后，建设单位应当组织有关职业卫生专家，对职业病危害预评价报告进行评审。

建设单位对职业病危害预评价报告的真实性、合法性负责。

第十二条　建设单位应当按照本办法第五条、第六条的规定向安全生产监督管理部门申请职业病危害预评价备案或者审核，并提交下列文件、资料：

（一）建设项目职业病危害预评价备案或者审核申请书；

（二）建设项目职业病危害预评价报告；

（三）建设单位对预评价报告的评审意见；

（四）职业卫生专家对预评价报告的审查意见；

（五）职业病危害预评价机构的资质证明（影印件）；

（六）法律、行政法规、规章规定的其他文件、资料。

涉及放射性职业病危害因素的建设项目，建设单位需提交建设项目放射防护预评价报告。

安全生产监督管理部门在收到职业病危害预评价报告备案或者审核申请后，应当对申请文件、资料是否齐全进行核对，并自收到申请之日起5个工作日内作出是否受理的决定或者出具补正通知书。

第十三条　对已经受理的建设项目职业病危害预评价备案申请，安全生产监督管理部门应当对申请文件、资料进行形式审查。符合要求的，自受理之日起20个工作日内予以备案，并向申请人出具备案通知书；不符合要求的，不予备案，书面告知申请人并说明理由。

对已经受理的建设项目职业病危害预评价报告审核申请，安全生产监督管理部门应当对申请文件、资料的合法性进行审核；审核同意的，自受理之日起20个工作日内予以批复；审核不同意的，书面告知建设单位并说明理由。因情况复杂，20个工作日内不能作出批复的，经本部门负责人批准，可以延长10个工作日，并将延长期限的理由书面告知申请人。

第十四条　建设项目职业病危害预评价报告经安全生产监督管理部门备案或者审核同意后，建设项目的选址、生产规模、工艺或者职业病危害因素的种类、职业病防护设施等发生重大变更的，建设单位应当对变更内容重新进行职业病危害预评价，办理相应的备案或者审核手续。

第十五条　建设单位未提交建设项目职业病危害预评价报告或者建设项目职业病危害预评价报告未经安全生产监督管理部门备案、审核同意的，有关部门不得批准该建设项目。

第三章　职业病防护设施设计

第十六条　存在职业病危害的建设项目，建设单位应当委托具有相应资质的设计单位编制职业病防护设施设计专篇。

设计单位、设计人应当对其编制的职业病防护设施设计专篇的真实性、合法性和实用性负责。

第十七条　设计单位应当按照国家有关职业卫生法律法规和标准的要求，编制建设项目职业病防护设施设计专篇。

建设项目职业病防护设施设计专篇应当包括下列内容：

（一）设计的依据；

（二）建设项目概述；

（三）建设项目产生或者可能产生的职业病危害因素的种类、来源、理化性质、毒理特征、浓度、强度、分布、接触人数及水平、潜在危害性和发生职业病的危险程度分析；

（四）职业病防护设施和有关防控措施及其控制性能；

（五）辅助用室及卫生设施的设置情况；

（六）职业病防治管理措施；

（七）对预评价报告中职业病危害控制措施、防治对策及建议采纳情况的说明；

（八）职业病防护设施投资预算；

（九）可能出现的职业病危害事故的预防及应急措施；

（十）可以达到的预期效果及评价。

第十八条　建设单位在职业病防护设施设计专篇编制完成后，应当组织有关职业卫生专家，对职业病防护设施设计专篇进行评审。

建设单位应当会同设计单位对职业病防护设施设计专篇进行完善，并对其真实性、合法性和实用性负责。

第十九条　对职业病危害一般和职业病危害较重的建设项目，建设单位应当在完成职业病防护设施设计专篇评审后，按照有关规定组织职业病防护设施的施工。

第二十条　对职业病危害严重的建设项目，建设单位在完成职业病防护设施设计专篇评审后，应当按照本办法第五条、第六条的规定向安全生产监督管理部门提出建设项目职业病防护设施设计审查的申请，并提交下列文件、资料：

（一）建设项目职业病防护设施设计审查申请书；

（二）建设项目立项审批文件（复印件）；

（三）建设项目职业病防护设施设计专篇；

（四）建设单位对职业病防护设施设计专篇的评审意见；

（五）建设项目职业病防护设施设计单位的资质证明（影印件）；

（六）建设项目职业病危害预评价报告审核的批复文件（复印件）；

（七）法律、行政法规、规章规定的其他文件、资料。

安全生产监督管理部门收到职业病防护设施设计审查申请后，应当对申请文件、资料是否齐全进行核对，并自收到申请之日起5个工作日内作出是否受理的决定或者出具补正通知书。

第二十一条　对已经受理的职业病危害严重的建设项目职业病防护设施设计审查申请，安全生产监督管理部门应当对申请文件、资料的合法性进行审查。审查同意的，自受理之日起20个工作日内予以批复；审查不同意的，书面通知建设单位并说明理由。因情况复杂，20个工作日内不能作出批复的，经本部门负责人批准，可以延长10个工作日，并将延长期限的理由书面告知申请人。

职业病危害严重的建设项目，其职业病防护设施设计未经审查同意的，建设单位不得进行施工，应当进行整改后重新申请审查。

第二十二条　建设项目职业病防护设施设计经审查同意后，建设项目的生产规模、工艺或者职业病危害因素的种类等发生重大变更的，建设单位应当根据变更的内容，重新进行职业病防护设施设计，并在变更之日起30日内按照本办法规定办理相应的审查手续。

第四章 职业病危害控制效果评价与防护设施竣工验收

第二十三条 建设项目职业病防护设施应当由取得相应资质的施工单位负责施工，并与建设项目主体工程同时进行。

施工单位应当按照职业病防护设施设计和有关施工技术标准、规范进行施工，并对职业病防护设施的工程质量负责。

工程监理单位、监理人员应当按照法律法规和工程建设强制性标准，对职业病防护设施施工工程实施监理，并对职业病防护设施的工程质量承担监理责任。

第二十四条 建设项目职业病防护设施建设期间，建设单位应当对其进行经常性的检查，对发现的问题及时进行整改。

第二十五条 建设项目完工后，需要进行试运行的，其配套建设的职业病防护设施必须与主体工程同时投入试运行。

试运行时间应当不少于30日，最长不得超过180日，国家有关部门另有规定或者有特殊要求的行业除外。

第二十六条 建设项目试运行期间，建设单位应当对职业病防护设施运行的情况和工作场所的职业病危害因素进行监测，并委托具有相应资质的职业卫生技术服务机构进行职业病危害控制效果评价。

建设项目没有进行试运行的，应当在其完工后委托具有相应资质的职业卫生技术服务机构进行职业病危害控制效果评价。

建设单位应当为评价活动提供符合检测、评价标准和要求的受检场所、设备和设施。

第二十七条 建设单位在职业病危害控制效果评价报告编制完成后，应当组织有关职业卫生专家对职业病危害控制效果评价报告进行评审。

建设单位对职业病危害控制效果评价报告的真实性和合法性负责。

第二十八条 职业病危害一般的建设项目竣工验收时，由建设单位自行组织职业病防护设施的竣工验收，并自验收完成之日起30日内按照本办法第五条、第六条的规定向安全生产监督管理部门申请职业病防护设施竣工备案，提交下列文件、资料：

（一）建设项目职业病防护设施竣工备案申请书；

（二）建设项目职业病危害预评价报告备案通知书（复印件）；

（三）建设项目立项审批文件（复印件）；

（四）建设项目职业病防护设施设计专篇；

（五）建设项目职业病危害控制效果评价机构的资质证明（影印件）；

（六）建设项目职业病危害控制效果评价报告；

（七）职业卫生专家对职业病危害控制效果评价报告的评审意见；

（八）建设单位对职业病危害控制效果评价报告的评审意见；

（九）建设项目职业病防护设施竣工自行验收情况报告；

（十）法律、行政法规、规章规定的其他文件、资料。

第二十九条 职业病危害较重的建设项目竣工验收时，建设单位应当按照本办法第五条、第六条的规定向安全生产监督管理部门申请建设项目职业病防护设施竣工验收，并提交下列文件、资料：

（一）建设项目职业病防护设施竣工验收申请书；

（二）建设项目职业病危害预评价报告审核批复文件；

（三）建设项目职业病危害控制效果评价机构资质证明（影印件）；

（四）建设项目立项审批文件（复印件）；

（五）建设项目职业病防护设施设计专篇；

（六）建设项目职业病危害控制效果评价报告；

（七）职业卫生专家对职业病危害控制效果评价报告的审查意见；

（八）建设单位对职业病危害控制效果评价报告的评审意见；

（九）建设项目职业病防护设施施工单位和监理单位资质证明（影印件）；

（十）法律、行政法规、规章规定的其他文件、资料。

第三十条　职业病危害严重的建设项目竣工验收时，建设单位应当按照本办法第五条、第六条的规定向安全生产监督管理部门申请建设项目职业病防护设施竣工验收，并提交下列文件、资料：

（一）建设项目职业病防护设施竣工验收申请书；

（二）建设项目职业病防护设施设计审查批复文件（复印件）；

（三）建设项目职业病危害控制效果评价机构资质证明（影印件）；

（四）建设项目职业病危害控制效果评价报告；

（五）职业卫生专家对职业病危害控制效果评价报告的审查意见；

（六）建设单位对职业病危害控制效果评价报告的评审意见；

（七）建设项目职业病防护设施施工单位和监理单位资质证明（影印件）；

（八）法律、行政法规、规章规定的其他文件、资料。

第三十一条　安全生产监督管理部门收到建设项目职业病防护设施竣工备案或者竣工验收申请后，应当对申请文件、资料是否齐全进行核对，并自收到申请之日起5个工作日内作出是否受理的决定或者出具补正通知书。

对已经受理的备案申请，安全生产监督管理部门应当自受理之日起20个工作日内对申请文件、资料的合法性进行审查。符合要求的，予以备案，出具备案通知书；不符合要求的，不予备案，书面通知建设单位说明理由。

对已经受理的竣工验收申请，安全生产监督管理部门应当对建设项目职业病危害控制效果评价报告等申请文件、资料进行合法性审查，对建设项目职业病防护设施进行现场验收，并自受理之日起20个工作日内作出是否通过验收的决定。通过验收的，予以批复；未通过验收的，书面告知建设单位并说明理由。因情况复杂，20个工作日内不能作出批复的，经本部门负责人批准，可以延长10个工作日，并将延长期限的理由书面告知申请人。

第三十二条　分期建设、分期投入生产或者使用的建设项目，其配套的职业病防护设施应当分期与建设项目同步进行验收。

第三十三条　建设项目职业病防护设施竣工后未经安全生产监督管理部门备案同意或者验收合格的，不得投入生产或者使用。

第五章　法律责任

第三十四条　建设单位有下列行为之一的，由安全生产监督管理部门给予警告，责令限期改正；逾期不改正的，处10万元以上50万元以下的罚款；情节严重的，责令停止产生职业病危害的作业，或者提请有关人民政府按照国务院规定的权限责令停建、关闭：

（一）未按照规定进行职业病危害预评价或者未提交职业病危害预评价报告，或者职业病危害预评价报告未经安全生产监督管理部门备案或者审核同意，开工建设的；

（二）建设项目的职业病防护设施未按照规定与主体工程同时投入生产和使用的；

（三）职业病危害严重的建设项目，其职业病防护设施设计未经安全生产监督管理部门审查，或者不符合国家职业卫生标准和卫生要求，进行施工的；

（四）未按照规定对职业病防护设施进行职业病危害控制效果评价、未经安全生产监督管理部门验收或者验收不合格，擅自投入使用的。

第三十五条　建设单位有下列行为之一的，由安全生产监督管理部门给予警告，责令限期改正；逾期不改正的，处3万元以下的罚款：

（一）未按照本办法规定，对职业病危害预评价报告、职业病防护设施设计、职业病危害控制效果评价报告进行评审的；

（二）建设项目的选址、生产规模、工艺、职业病危害因素的种类、职业病防护设施发生重大变更时，未对变更内容重新进行职业病危害预评价或者未重新进行职业病防护设施设计并办理有关手续，进行施工的；

（三）需要试运行的职业病防护设施未与主体工程同时试运行的。

第三十六条　建设单位在职业病危害预评价报告、职业病防护设施设计、职业病危害控制效果评价报告评审以及职业病防护设施验收中弄虚作假的，责令改正，并处5000元以上3万元以下的罚款。

第三十七条　违反本办法规定的其他行为，依照《中华人民共和国职业病防治法》有关规定给予处理。

第六章　附　则

第三十八条　煤矿安全监察机构依照本办法负责煤矿建设项目职业卫生“三同时”的监察工作。

第三十九条　本办法自2012年6月1日起施行。

国家安全生产监督管理总局令

第52号

《煤矿安全培训规定》已经2012年5月3日国家安全生产监督管理总局局长办公会议审议通过，现予公布，自2012年7月1日起施行。

国家安全生产监督管理总局局长　骆琳

2012年5月28日

煤矿安全培训规定

（2012年5月28日国家安全监管总局令第52号公布，
根据2013年8月29日国家安全监管总局令第63号修正）

第一章　总　则

第一条　为了加强和规范煤矿安全培训工作，提高从业人员安全素质，防止和减少伤亡事故，根据《中华人民共和国安全生产法》等有关法律、行政法规，制定本规定。

第二条　煤矿企业从业人员的安全培训、考核、发证、复审及监督管理工作，适用本规定；《安全生产培训管理办法》已有规定的，依照其规定。

煤矿特种作业人员的安全培训、考核、发证、复审及监督管理工作，适用《特种作业人员安全技术培训考核管理规定》。

第三条　本规定所称的煤矿企业主要负责人，是指煤矿股份有限公司、有限责任公司及所属子公司、分公司的董事长、总经理，矿务局局长，煤矿矿长等人员。

第四条　本规定所称的煤矿企业安全生产管理人员，是指煤矿企业分管安全生产工作的副董事长、副总经理、副局长、副矿长、总工程师、副总工程师或者技术负责人，安全生产管理机构负责人及管理人员，生产、技术、通风、机电、运输、地测、调度等职能部门（含煤矿井、区、科、队）的负责人。

第五条　煤矿安全培训工作实行“归口管理、分级实施、统一标准、教考分离”的原则。

国家煤矿安全监察局负责指导和管理全国煤矿企业主要负责人、安全生产管理人员安全资格证，矿长资格证和特种作业人员操作证的培训、考核和发证工作，组织制订煤矿安全培训大纲和考核标准，建立考试题库。

省级煤矿安全监察机构、省（自治区、直辖市）人民政府（以下简称省级人民政府）负责煤矿安全培训的部门根据职责分工，指导、管理本行政区域内煤矿企业有关资格证的培训、考核和发证工作，实施省属煤矿企业、所辖行政区域内中央企业煤矿子公司、分公司及其所属矿井主要负责人和安全生产管理人员的安全培训、考核和发证工作，以及煤矿矿长资格的培训、考核和发证工作。

第六条　煤矿企业主要负责人、安全生产管理人员安全资格证、矿长资格证在全国范围内有效。

第七条　煤矿企业应当建立完善安全培训管理制度，配备专职或者兼职安全培训管理人员，按照国家规定的比例提取教育培训经费。其中，用于安全培训的资金不得低于教育培训经费总额的40%。

第八条　国家鼓励煤矿企业变招工为招生。煤矿企业新招井下从业人员，优先录用技工学校或者中专学校煤矿相关专业的毕业生。

第九条　负责煤矿安全培训的机构（以下简称安全培训机构）应当建立健全安全培训工作制度和培训档案，落实安全培训计划，依照国家统一的煤矿安全培训大纲进行培训。

第二章　从业人员准入条件

第十条　煤矿从业人员应当符合下列基本条件：

（一）身体健康，无职业禁忌症；

（二）年满18周岁且不超过国家法定退休年龄；

（三）具有初中及以上文化程度；

（四）法律、行政法规规定的其他条件。

第十一条　生产能力或者核定能力每年30万吨及以上煤矿和煤与瓦斯突出煤矿的矿长、副矿长、总工程师、副总工程师或者技术负责人除符合本规定第十条的规定外，还应当具备煤矿相关专业大专及以上学历，具有煤矿相关工作3年及以上经历。

生产能力或者核定能力每年30万吨以下煤矿的矿长、副矿长、总工程师、副总工程师或者技术负责人除符合本规定第十条的规定外，还应当具备煤矿相关专业中专及以上学历，具有煤矿相关工作3年及以上经历。

第十二条　生产能力或者核定能力每年30万吨及以上煤矿和煤与瓦斯突出煤矿的安全生产管理机构负责人除符合本规定第十条的规定外，还应当具备煤矿相关专业中专及以上学历，具有煤矿安全生产相关工作2年及以上经历。

生产能力或者核定能力每年30万吨以下煤矿的安全生产管理机构负责人除符合本规定第十条的规定外，还应当具备高中及以上文化程度，具有煤矿安全生产相关工作2年及以上经历。

第十三条　煤矿企业不得安排未经安全培训合格的人员从事生产作业活动。

安全培训机构应当对参加培训人员的基本条件进行审查；符合条件的，方可接受其参加培训。

第三章　安全培训

第十四条　煤矿企业主要负责人、安全生产管理人员应当接受安全资格培训，并经考核合格取得相应安全资格证后，方可任职。煤矿矿长除取得煤矿企业主要负责人安全资格证外，还应当依法接受矿长资格培训，经考核合格取得矿长资格证后，方可任职。矿长资格和安全资格应当合并培训，分别审核发证。

煤矿从事采煤、掘进、机电、运输、通风、地测等工作的班组长应当接受专门的安全培训，经培训合格后，方可任职。

本条前两款规定以外的其他从业人员应当接受与其工作岗位相应的安全培训，经培训合格后，方可上岗作业。

第十五条　对从业人员的安全技术培训，具备安全培训条件的生产经营单位应当以自主培训为主，也可以委托具备安全培训条件的机构进行培训。

不具备安全培训条件的生产经营单位，应当委托具备安全培训条件的机构进行培训。

第十六条　煤矿企业从业人员的安全培训时间应当符合下列规定：

（一）主要负责人、安全生产管理人员安全资格初次培训时间不得少于48学时，每年复训时间不得少于16学时；

（二）煤矿矿长资格和主要负责人安全资格合并培训的，初次培训时间不得少于64学时，每年复训时间不得少于24学时；

（三）从事采煤、掘进、机电、运输、通风、地测等工作的班组长，以及新招入矿的其他从业人员初次安全培训时间不得少于72学时，每年接受再培训的时间不得少于20学时。

第十七条　煤矿从业人员调整工作岗位或者离开本岗位1年以上（含1年）重新上岗前，应当重新接受安全培训；经培训合格后，方可上岗作业。

煤矿首次采用新工艺、新技术、新材料或者使用新设备的，应当对相关岗位从业人员进行专门的安全培训；经培训合格后，方可上岗作业。

第十八条　取得注册安全工程师执业资格证的煤矿企业主要负责人、安全生产管理人员，免予安全资格初次培训；按规定参加煤矿安全类注册安全工程师经继续教育并延续注册、重新注册的，免予复训。

第十九条　煤矿应当建立井下作业人员实习制度，制订新招入矿的井下作业人员实习大纲和计划，安排有经验的职工带领新招入矿的井下作业人员进行实习。新招入矿的井下作业人员实习满4个月后，方可独立上岗作业。

第四章　考核和发证

第二十条　负责煤矿企业主要负责人、安全生产管理人员安全资格和煤矿矿长资格考核发证的部门（以下统称考核发证部门）应当按照国家统一的考核标准对煤矿企业主要负责人、安全生产管理人员进行考核。

第二十一条　考核发证部门应当使用国家考试题库进行安全技术理论知识计算机考试。考试时，考核发证部门可以派员进行现场监考，也可以通过远程监控系统监考。

考核发证部门应当自考试结束之日起5个工作日内公布考试成绩。

第二十二条　煤矿企业主要负责人、安全生产管理人员考试合格后，由本人或其所服务的煤矿企业向考核发证部门申请办理资格证，也可委托安全培训机构申请办理，并提交下列材料：

（一）身份证、学历证书复印件或者学历证明；

（二）工作经历证明；

（三）社区或者县级以上医疗机构出具的体检健康证明。

煤矿企业安全生产管理人员取得注册安全工程师执业资格证的，凭本人注册安全工程师执业证，并提交本条第一款规定的材料，向考核发证部门申请办理资格证。

第二十三条　考核发证部门应当自收到煤矿企业主要负责人、安全生产管理人员申请材料之日起5个工作日内完成审核，作出受理或者不予受理的决定。能够当场作出受理决定的，应当当场作出决定；申请材料不齐全或者不符合要求的，应当当场或者在5个工作日内一次告知申请人需要补正的全部材料和内容，逾期不告知的，自收到申请之日起即为受理。

第二十四条　考核发证部门应当自受理之日起20个工作日内完成审核工作，并作出是否发证的书面决定；对决定发证的，应当自决定之日起10日内向申请人颁发、送达相应的资格证；对决定不发证的，应当说明理由并书面告知申请人。

第二十五条　煤矿企业主要负责人和安全生产管理人员安全资格证、煤矿矿长资格证有效期为3年。

第二十六条　煤矿企业主要负责人和安全生产管理人员安全资格证、煤矿矿长资格证有效期届满需要延期的，持证人应当在期满前60日内向考核发证部门申请办理延期复审手续。申请延期复审前，应当参加相应复训并考核合格。

第二十七条　持证人申请安全资格证、煤矿矿长资格证延期复审的，应当向考核发证部门提交体检健康证明、身份证复印件和资格证原件。审核合格后，由考核发证部门重新发证。

第二十八条　持证人有下列情形之一的，安全资格证、煤矿矿长资格证延期复审不予通过：

（一）体检不合格的；

（二）未按规定参加复训的；

（三）考核不合格的。

第二十九条　煤矿企业主要负责人、安全生产管理人员安全资格证、煤矿矿长资格证遗失或者损毁的，持证人应当向原考核发证部门提出书面申请，经审查确认后，予以补发或者更换，同时宣告原资格证失效。

持证人所服务的煤矿企业等资格证上记载的信息发生变化的，持证人应当自信息变化之日起20日内向原考核发证部门申请变更资格证，并提交有关证明材料。

原考核发证部门应当将信息变更登记的情况在作出变更之日起20日内通报持证人所服务的煤矿企业所在地的考核发证部门。

第五章　监督管理

第三十条　考核发证部门应当每6个月将煤矿主要负责人、安全生产管理人员安全资格证和煤矿矿长资格证的发放情况在当地主要新闻媒体或者本机关网站上公布，接受社会监督。

考核发证部门应当建立煤矿安全培训举报制度，公布举报电话、电子信箱，依法受理并调查处理举报，并将查处结果书面反馈举报人，但举报人的姓名、名称、住址不清的除外。

第三十一条　煤矿安全监察机构、考核发证部门应当对煤矿企业安全培训的下列情况实施重点监督检查；发现违法行为的，依法给予行政处罚：

（一）建立、完善安全培训管理制度和档案，配备专职或者兼职管理人员的情况；

（二）煤矿企业主要负责人、安全生产管理人员安全培训和持证上岗的情况；

（三）煤矿从业人员安全培训的情况；

（四）首次采用新工艺、新技术、新材料或者使用新设备的，相关岗位从业人员接受专门安全培训的情况；

（五）安全培训经费的提取和使用情况。

第三十二条　煤矿安全监察机构、考核发证部门应当对安全培训机构的下列情况实施重点监督检查：

（一）具备从事安全培训工作所需要的条件的情况；

（二）按照国家统一的煤矿安全培训大纲组织培训的情况；

（三）教师的配备情况；

（四）建立完善培训工作制度的情况；

（五）安全培训计划的落实情况；

（六）安全培训档案的建立和管理情况。

第三十三条　考核发证部门发现有下列情形之一的，应当撤销已经颁发的煤矿企业主要负责人和安全生产管理人员安全资格证、矿长资格证：

（一）滥用职权、玩忽职守颁发资格证的；

（二）超越职权颁发资格证的；

（三）违反本规定的准入条件和程序颁发资格证的；

（四）以欺骗、贿赂等不正当手段取得资格证的。

第三十四条　煤矿企业主要负责人、安全生产管理人员有下列情形之一的，考核发证部门应当注销其安全资格证、矿长资格证：

（一）达到法定退休年龄的；

（二）资格证有效期满未延期的；

（三）资格证被依法撤销的；

（四）资格证被依法吊销的；

（五）法律、行政法规规定的其他情形。

考核发证部门应当将注销安全资格证、矿长资格证的情况在当地主要新闻媒体或者本机关网站上发布公告。

第三十五条　考核发证部门应当建立考核发证档案和统计报告制度，每年将培训和考核发证等情况报告国家煤矿安全监察局。

第三十六条　任何单位和个人均不得伪造、变造、买卖资格证，或者使用伪造、变造、买卖的资格证。

第六章　法律责任

第三十七条　考核发证部门向不符合法定条件的煤矿企业主要负责人、安全生产管理人员颁发安全资格证和煤矿矿长资格证的，对主要负责人或者其他直接责任人员，依照有关规定由监察机关或者任免机关按照干部管理权限给予处理；构成犯罪的，依法追究刑事责任。

第三十八条　煤矿企业未建立安全培训管理制度和档案、未配备专职或者兼职安全培训管理人员的，责令限期改正；逾期未改正的，处5000元以上2万元以下的罚款。

第三十九条　安全培训机构有下列行为之一的，责令限期改正，并处5000元以上3万元以下罚款：

（一）不具备安全培训条件的；

（二）未建立安全培训工作制度的；

（三）未按照国家统一的煤矿安全培训大纲实施培训的；

（四）制作虚假培训档案的。

第四十条　煤矿井下作业人员未进行安全培训的，责令限期改正，并按照下列规定对煤矿处以罚款；逾期未改正的，责令煤矿停产整顿，直至有关作业人员培训合格为止：

（一）第一次发现井下作业人员未进行安全培训的，处10万元以上30万元以下的罚款；

（二）第二次发现井下作业人员未进行安全培训的，处40万元以上50万元以下的罚款。

考核发证部门发现煤矿1个月内3次或者3次以上未依照规定对井下作业人员进行安全培训的，应当提请有关地方人民政府对该煤矿依法予以关闭。

煤矿安全生产管理机构、生产、技术、通风、机电、运输、地测、调度等职能部门的人员在井下从事生产、管理等活动的，视同煤矿井下作业人员。

第四十一条　持证人所服务的煤矿企业等资格证上记载的信息发生变化，持证人未依照本规定向原考核发证部门申请变更的，处200元的罚款。

第四十二条　煤矿发生1起较大生产安全责任事故或者1年内发生2起一般生产安全责任事故的，考核发证部门有权责令负有事故责任的矿长和安全生产管理人员参加复训；经复训考核合格的，方可重新上岗；经复训考核不合格的，应当暂停或者撤销其安全资格证和矿长资格证。

对发生重大、特别重大生产安全责任事故且负有主要责任的煤矿，应当撤销其主要负责人的资格证，且其主要负责人终身不得再取得煤矿企业主要负责人安全资格证、煤矿矿长资格证，也不得再担任任何煤矿的矿长。

第四十三条　伪造、变造、买卖或者使用伪造、变造、买卖的资格证，构成违反治安管理行为的，由公安机关依照治安管理的法律、行政法规的规定处罚；构成犯罪的，依法追究刑事责任。

第四十四条　本规定规定的行政处罚，由煤矿安全监察机构、省级人民政府负责煤矿安全培训的部门按照各自的职责实施，法律、行政法规另有规定的除外。

第七章　附　则

第四十五条　煤矿企业主要负责人、安全生产管理人员培训和考试的收费标准，由省级煤矿安全监察机构、省级人民政府负责煤矿安全培训的部门制定，报同级人民政府物价部门批准后执行。证书工本费列入同级财政预算。

第四十六条　本规定自2012年7月1日起施行。

国家安全生产监督管理总局令

第53号

《危险化学品登记管理办法》已经2012年5月21日国家安全生产监督管理总局局长办公会议审议通过，现予公布，自2012年8月1日起施行。原国家经济贸易委员会2002年10月8日公布的《危险化学品登记管理办法》同时废止。

国家安全监管总局局长 杨栋梁

2012年7月1日

危险化学品登记管理办法

第一章　总　则

第一条　为了加强对危险化学品的安全管理，规范危险化学品登记工作，为危险化学品事故预防和应急救援提供技术、信息支持，根据《危险化学品安全管理条例》，制定本办法。

第二条　本办法适用于危险化学品生产企业、进口企业(以下统称登记企业)生产或者进口《危险化学品目录》所列危险化学品的登记和管理工作。

第三条　国家实行危险化学品登记制度。危险化学品登记实行企业申请、两级审核、统一发证、分级管理的原则。

第四条　国家安全生产监督管理总局负责全国危险化学品登记的监督管理工作。

县级以上地方各级人民政府安全生产监督管理部门负责本行政区域内危险化学品登记的监督管理工作。

第二章 登记机构

第五条 国家安全生产监督管理总局化学品登记中心(以下简称登记中心)，承办全国危险化学品登记的具体工作和技术管理工作。

省、自治区、直辖市人民政府安全生产监督管理部门设立危险化学品登记办公室或者危险化学品登记中心(以下简称登记办公室)，承办本行政区域内危险化学品登记的具体工作和技术管理工作。

第六条 登记中心履行下列职责：

（一）组织、协调和指导全国危险化学品登记工作；

（二）负责全国危险化学品登记内容审核、危险化学品登记证的颁发和管理工作；

（三）负责管理与维护全国危险化学品登记信息管理系统（以下简称登记系统）以及危险化学品登记信息的动态统计分析工作；

（四）负责管理与维护国家危险化学品事故应急咨询电话，并提供24小时应急咨询服务；

（五）组织化学品危险性评估，对未分类的化学品统一进行危险性分类；

（六）对登记办公室进行业务指导，负责全国登记办公室危险化学品登记人员的培训工作；

（七）定期将危险化学品的登记情况通报国务院有关部门，并向社会公告。

第七条 登记办公室履行下列职责：

（一）组织本行政区域内危险化学品登记工作；

（二）对登记企业申报材料的规范性、内容一致性进行审查；

（三）负责本行政区域内危险化学品登记信息的统计分析工作；

（四）提供危险化学品事故预防与应急救援信息支持；

（五）协助本行政区域内安全生产监督管理部门开展登记培训，指导登记企业实施危险化学品登记工作。

第八条 登记中心和登记办公室（以下统称登记机构）从事危险化学品登记的工作人员（以下简称登记人员）应当具有化工、化学、安全工程等相关专业大学专科以上学历，并经统一业务培训，取得培训合格证，方可上岗作业。

第九条 登记办公室应当具备下列条件：

（一）有3名以上登记人员；

（二）有严格的责任制度、保密制度、档案管理制度和数据库维护制度；

（三）配备必要的办公设备、设施。

第三章 登记的时间、内容和程序

第十条 新建的生产企业应当在竣工验收前办理危险化学品登记。

进口企业应当在首次进口前办理危险化学品登记。

第十一条 同一企业生产、进口同一品种危险化学品的，按照生产企业进行一次登记，但应当提交进口危险化学品的有关信息。

进口企业进口不同制造商的同一品种危险化学品的，按照首次进口制造商的危险化学品进行一次登记，但应当提交其他制造商的危险化学品的有关信息。

生产企业、进口企业多次进口同一制造商的同一品种危险化学品的，只进行一次登记。

第十二条 危险化学品登记应当包括下列内容：

（一）分类和标签信息，包括危险化学品的危险性类别、象形图、警示词、危险性说明、防范说明等；

（二）物理、化学性质，包括危险化学品的外观与性状、溶解性、熔点、沸点等物理性质，闪点、爆炸极限、自燃温度、分解温度等化学性质；

（三）主要用途，包括企业推荐的产品合法用途、禁止或者限制的用途等；

（四）危险特性，包括危险化学品的物理危险性、环境危害性和毒理特性；

（五）储存、使用、运输的安全要求，其中，储存的安全要求包括对建筑条件、库房条件、安全条件、环境卫生条件、温度和湿度条件的要求，使用的安全要求包括使用时的操作条件、作业人员防护措施、使用现场危害控制措施等，运输的安全要求包括对运输或者输送方式的要求、危害信息向有关运输人员的传递手段、装卸及运输过程中的安全措施等；

（六）出现危险情况的应急处置措施，包括危险化学品在生产、使用、储存、运输过程中发生火灾、爆炸、泄漏、中毒、窒息、灼伤等化学品事故时的应急处理方法，应急咨询服务电话等。

第十三条　危险化学品登记按照下列程序办理：

（一）登记企业通过登记系统提出申请；

（二）登记办公室在3个工作日内对登记企业提出的申请进行初步审查，符合条件的，通过登记系统通知登记企业办理登记手续；

（三）登记企业接到登记办公室通知后，按照有关要求在登记系统中如实填写登记内容，并向登记办公室提交有关纸质登记材料；

（四）登记办公室在收到登记企业的登记材料之日起20个工作日内，对登记材料和登记内容逐项进行审查，必要时可进行现场核查，符合要求的，将登记材料提交给登记中心；不符合要求的，通过登记系统告知登记企业并说明理由；

（五）登记中心在收到登记办公室提交的登记材料之日起15个工作日内，对登记材料和登记内容进行审核，符合要求的，通过登记办公室向登记企业发放危险化学品登记证；不符合要求的，通过登记系统告知登记办公室、登记企业并说明理由。

登记企业修改登记材料和整改问题所需时间，不计算在前款规定的期限内。

第十四条　登记企业办理危险化学品登记时，应当提交下列材料，并对其内容的真实性负责：

（一）危险化学品登记表一式两份；

（二）生产企业的工商营业执照、进口企业的对外贸易经营者备案登记表、中华人民共和国进出口企业资质证书、中华人民共和国外商投资企业批准证书或者台港澳侨投资企业批准证书复制件1份；

（三）与其生产、进口的危险化学品相符并符合国家标准的化学品安全技术说明书、化学品安全标签各1份；

（四）满足本办法第二十二条规定的应急咨询服务电话号码或者应急咨询服务委托书复制件1份；

（五）办理登记的危险化学品产品标准（采用国家标准或者行业标准的，提供所采用的标准编号）。

第十五条　登记企业在危险化学品登记证有效期内，企业名称、注册地址、登记品种、应急咨询服务电话发生变化，或者发现其生产、进口的危险化学品有新的危险特性的，应当在15个工作日内向登记办公室提出变更申请，并按照下列程序办理登记内容变更手续：

（一）通过登记系统填写危险化学品登记变更申请表，并向登记办公室提交涉及变更事项的证明材料1份；

（二）登记办公室初步审查登记企业的登记变更申请，符合条件的，通知登记企业提交变更后的登记材料，并对登记材料进行审查，符合要求的，提交给登记中心；不符合要求的，通过登记系统告知登记企业并说明理由；

（三）登记中心对登记办公室提交的登记材料进行审核，符合要求且属于危险化学品登记证载明事项的，通过登记办公室向登记企业发放登记变更后的危险化学品登记证并收回原证；符合要求但不属于危险化学品登记证载明事项的，通过登记办公室向登记企业提供书面证明文件。

第十六条　危险化学品登记证有效期为3年。登记证有效期满后，登记企业继续从事危险化学品生产或者进口的，应当在登记证有效期届满前3个月提出复核换证申请，并按下列程序办理复核换证：

（一）通过登记系统填写危险化学品复核换证申请表；

（二）登记办公室审查登记企业的复核换证申请，符合条件的，通过登记系统告知登记企业提交本规定第十四条规定的登记材料；不符合条件的，通过登记系统告知登记企业并说明理由；

（三）按照本办法第十三条第一款第三项、第四项、第五项规定的程序办理复核换证手续。

第十七条　危险化学品登记证分为正本、副本，正本为悬挂式，副本为折页式。正本、副本具有同等法律效力。

危险化学品登记证正本、副本应当载明证书编号、企业名称、注册地址、企业性质、登记品种、有效期、发证机关、发证日期等内容。其中，企业性质应当注明危险化学品生产企业、危险化学品进口企业或者危险化学品生产企业（兼进口）。

第四章　登记企业的职责

第十八条　登记企业应当对本企业的各类危险化学品进行普查,建立危险化学品管理档案。

危险化学品管理档案应当包括危险化学品名称、数量、标识信息、危险性分类和化学品安全技术说明书、化学品安全标签等内容。

第十九条　登记企业应当按照规定向登记机构办理危险化学品登记，如实填报登记内容和提交有关材料，并接受安全生产监督管理部门依法进行的监督检查。

第二十条　登记企业应当指定人员负责危险化学品登记的相关工作，配合登记人员在必要时对本企业危险化学品登记内容进行核查。

登记企业从事危险化学品登记的人员应当具备危险化学品登记相关知识和能力。

第二十一条　对危险特性尚未确定的化学品，登记企业应当按照国家关于化学品危险性鉴定的有关规定，委托具有国家规定资质的机构对其进行危险性鉴定；属于危险化学品的，应当依照本办法的规定进行登记。

第二十二条　危险化学品生产企业应当设立由专职人员24小时值守的国内固定服务电话，针对本办法第十二条规定的内容向用户提供危险化学品事故应急咨询服务，为危险化学品事故应急救援提供技术指导和必要的协助。专职值守人员应当熟悉本企业危险化学品的危险特性和应急处置技术，准确回答有关咨询问题。

危险化学品生产企业不能提供前款规定应急咨询服务的，应当委托登记机构代理应急咨询服务。

危险化学品进口企业应当自行或者委托进口代理商、登记机构提供符合本条第一款要求的应急咨询服务，并在其进口的危险化学品安全标签上标明应急咨询服务电话号码。

从事代理应急咨询服务的登记机构，应当设立由专职人员24小时值守的国内固定服务电话，建有完善的化学品应急救援数据库，配备在线数字录音设备和8名以上专业人员，能够同时受理3起以上应急咨询，准确提供化学品泄漏、火灾、爆炸、中毒等事故应急处置有关信息和建议。

第二十三条　登记企业不得转让、冒用或者使用伪造的危险化学品登记证。

第五章　监督管理

第二十四条　安全生产监督管理部门应当将危险化学品登记情况纳入危险化学品安全执法检查内容，对登记企业未按照规定予以登记的，依法予以处理。

第二十五条　登记办公室应当对本行政区域内危险化学品的登记数据及时进行汇总、统计、分析，并报告省、自治区、直辖市人民政府安全生产监督管理部门。

第二十六条　登记中心应当定期向国务院工业和信息化、环境保护、公安、卫生、交通运输、铁路、质量监督检验检疫等部门提供危险化学品登记的有关信息和资料，并向社会公告。

第二十七条　登记办公室应当在每年1月31日前向所属省、自治区、直辖市人民政府安全生产监督管理部门和登记中心书面报告上一年度本行政区域内危险化学品登记的情况。

登记中心应当在每年2月15日前向国家安全生产监督管理总局书面报告上一年度全国危险化学品登记的情况。

第六章 法律责任

第二十八条 登记机构的登记人员违规操作、弄虚作假、滥发证书，在规定限期内无故不予登记且无明确答复，或者泄露登记企业商业秘密的，责令改正，并追究有关责任人员的责任。

第二十九条 登记企业不办理危险化学品登记，登记品种发生变化或者发现其生产、进口的危险化学品有新的危险特性不办理危险化学品登记内容变更手续的，责令改正，可以处5万元以下的罚款；拒不改正的，处5万元以上10万元以下的罚款；情节严重的，责令停产停业整顿。

第三十条 登记企业有下列行为之一的，责令改正，可以处3万元以下的罚款：

（一）未向用户提供应急咨询服务或者应急咨询服务不符合本办法第二十二条规定的；

（二）在危险化学品登记证有效期内企业名称、注册地址、应急咨询服务电话发生变化，未按规定按时办理危险化学品登记变更手续的；

（三）危险化学品登记证有效期满后，未按规定申请复核换证，继续进行生产或者进口的；

（四）转让、冒用或者使用伪造的危险化学品登记证，或者不如实填报登记内容、提交有关材料的；

（五）拒绝、阻挠登记机构对本企业危险化学品登记情况进行现场核查的。

第七章 附 则

第三十一条 本办法所称危险化学品进口企业，是指依法设立且取得工商营业执照，并取得下列证明文件之一，从事危险化学品进口的企业：

（一）对外贸易经营者备案登记表；

（二）中华人民共和国进出口企业资质证书；

（三）中华人民共和国外商投资企业批准证书；

（四）台港澳侨投资企业批准证书。

第三十二条 登记企业在本办法施行前已经取得的危险化学品登记证，其有效期不变；有效期满后继续从事危险化学品生产、进口活动的，应当依照本办法的规定办理危险化学品登记证复核换证手续。

第三十三条 危险化学品登记证由国家安全生产监督管理总局统一印制。

第三十四条 本办法自2012年8月1日起施行。原国家经济贸易委员会2002年10月8日公布的《危险化学品登记管理办法》同时废止。

国家安全生产监督管理总局令

第54号

《烟花爆竹生产企业安全生产许可证实施办法》已经2012年5月21日国家安全生产监督管理总局局长办公会议审议通过，现予公布，自2012年8月1日起施行。原国家安全生产监督管理局、国家煤矿安全监察局2004年5月17日公布的《烟花爆竹生产企业安全生产许可证实施办法》同时废止。

国家安全监管总局局长 杨栋梁

2012年7月1日

烟花爆竹生产企业安全生产许可证实施办法

第一章 总 则

第一条 为了严格烟花爆竹生产企业安全生产准入条件，规范烟花爆竹安全生产许可证的颁发和管理工作，根据《安全生产许可证条例》、《烟花爆竹安全管理条例》等法律、行政法规，制定本办法。

第二条 本办法所称烟花爆竹生产企业（以下简称企业），是指依法设立并取得工商营业执照或者企业名称工商预先核准文件，从事烟花爆竹生产的企业。

第三条 企业应当依照本办法的规定取得烟花爆竹安全生产许可证（以下简称安全生产许可证）。

未取得安全生产许可证的，不得从事烟花爆竹生产活动。

第四条 安全生产许可证的颁发和管理工作实行企业申请、一级发证、属地监管的原则。

第五条 国家安全生产监督管理总局负责指导、监督全国安全生产许可证的颁发和管理工作，并对安全生产许可证进行统一编号。

省、自治区、直辖市人民政府安全生产监督管理部门按照全国统一配号，负责本行政区域内安全生产许可证的颁发和管理工作。

第二章 申请安全生产许可证的条件

第六条 企业的设立应当符合国家产业政策和当地产业结构规划，企业的选址应当符合当地城乡规划。

企业与周边建筑、设施的安全距离必须符合国家标准、行业标准的规定。

第七条 企业的基本建设项目应当依照有关规定经县级以上人民政府或者有关部门批准，并符合下列条件：

（一）建设项目的设计由具有乙级以上军工行业的弹箭、火炸药、民爆器材工程设计类别工程设计资质或者化工石化医药行业的有机化工、石油冶炼、石油产品深加工工程设计类型工程设计资质的单位承担；

（二）建设项目的设计符合《烟花爆竹工程设计安全规范》（GB50161）的要求，并依法进行安全设施设计审查和竣工验收。

第八条 企业的厂房和仓库等基础设施、生产设备、生产工艺以及防火、防爆、防雷、防静电等安全设备设施必须符合《烟花爆竹工程设计安全规范》（GB50161）、《烟花爆竹作业安全技术规程》（GB11652）等国家标准、行业标准的规定。

从事礼花弹生产的企业除符合前款规定外，还应当符合礼花弹生产安全条件的规定。

第九条 企业的药物和成品总仓库、药物和半成品中转库、机械混药和装药工房、晾晒场、烘干房等重点部位应当根据《烟花爆竹企业安全监控系统通用技术条件》（AQ4101）的规定安装视频监控和异常情况报警装置，并设置明显的安全警示标志。

第十条 企业的生产厂房数量和储存仓库面积应当与其生产品种及规模相适应。

第十一条 企业生产的产品品种、类别、级别、规格、质量、包装、标志应当符合《烟花爆竹安全与质量》（GB10631）等国家标准、行业标准的规定。

第十二条 企业应当设置安全生产管理机构，配备专职安全生产管理人员，并符合下列要求：

（一）确定安全生产主管人员；

（二）配备占本企业从业人员总数1%以上且至少有2名专职安全生产管理人员；

（三）配备占本企业从业人员总数5%以上的兼职安全员。

第十三条 企业应当建立健全主要负责人、分管负责人、安全生产管理人员、职能部门、岗位的安全生产责任制，制定下列安全生产规章制度和操作规程：

（一）符合《烟花爆竹作业安全技术规程》（GB11652）等国家标准、行业标准规定的岗位安全操作规程；

（二）药物存储管理、领取管理和余（废）药处理制度；

（三）企业负责人及涉裸药生产线负责人值（带）班制度；

（四）特种作业人员管理制度；

（五）从业人员安全教育培训制度；

（六）安全检查和隐患排查治理制度；

（七）产品购销合同和销售流向登记管理制度；

（八）新产品、新药物研发管理制度；

（九）安全设施设备维护管理制度；

（十）原材料购买、检验、储存及使用管理制度；

（十一）职工出入厂（库）区登记制度；

（十二）厂（库）区门卫值班（守卫）制度；

（十三）重大危险源（重点危险部位）监控管理制度；

（十四）安全生产费用提取和使用制度；

（十五）劳动防护用品配备、使用和管理制度；

（十六）工作场所职业病危害防治制度。

第十四条　企业主要负责人、分管安全生产负责人和专职安全生产管理人员应当经专门的安全生产培训和安全生产监督管理部门考核合格，取得安全资格证。

从事药物混合、造粒、筛选、装药、筑药、压药、切引、搬运等危险工序和烟花爆竹仓库保管、守护的特种作业人员，应当接受专业知识培训，并经考核合格取得特种作业操作证。

其他岗位从业人员应当依照有关规定经本岗位安全生产知识教育和培训合格。

第十五条　企业应当依法参加工伤保险，为从业人员缴纳保险费。

第十六条　企业应当依照国家有关规定提取和使用安全生产费用，不得挪作他用。

第十七条　企业必须为从业人员配备符合国家标准或者行业标准的劳动防护用品，并依照有关规定对从业人员进行职业健康检查。

第十八条　企业应当建立生产安全事故应急救援组织，制订事故应急预案，并配备应急救援人员和必要的应急救援器材、设备。

第十九条　企业应当根据《烟花爆竹流向登记通用规范》（AQ4102）和国家有关烟花爆竹流向信息化管理的规定，建立并应用烟花爆竹流向管理信息系统。

第二十条　企业应当依法进行安全评价。安全评价报告应当包括本办法第六条、第七条、第八条、第九条、第十条、第十七条、第十八条规定条件的符合性评价内容。

第三章　安全生产许可证的申请和颁发

第二十一条　企业申请安全生产许可证，应当向所在地设区的市级人民政府安全生产监督管理部门（以下统称初审机关）提出安全审查申请，提交下列文件、资料，并对其真实性负责：

（一）安全生产许可证申请书（一式三份）；

（二）工商营业执照或者企业名称工商预先核准文件（复制件）；

（三）建设项目安全设施设计审查和竣工验收的证明材料；

（四）安全生产管理机构及安全生产管理人员配备情况的书面文件；

（五）各种安全生产责任制文件（复制件）；

（六）安全生产规章制度和岗位安全操作规程目录清单；

（七）企业主要负责人、分管安全生产负责人、专职安全生产管理人员名单和安全资格证（复制件）；

（八）特种作业人员的特种作业操作证（复制件）和其他从业人员安全生产教育培训合格的证明材料；

（九）为从业人员缴纳工伤保险费的证明材料；

（十）安全生产费用提取和使用情况的证明材料；

（十一）具备资质的中介机构出具的安全评价报告。

第二十二条　新建企业申请安全生产许可证，应当在建设项目竣工验收通过之日起20个工作日内向所在地初审机关提出安全审查申请。

第二十三条　初审机关收到企业提交的安全审查申请后，应当对企业的设立是否符合国家产业政策和当地产业结构规划、企业的选址是否符合城乡规划以及有关申请文件、资料是否符合要求进行初步审查，并自收到申请之日起20个工作日内提出初步审查意见（以下简称初审意见），连同申请文件、资料一并报省、自治区、直辖市人民政府安全生产监督管理部门（以下简称发证机关）。

初审机关在审查过程中，可以就企业的有关情况征求企业所在地县级人民政府的意见。

第二十四条　发证机关收到初审机关报送的申请文件、资料和初审意见后，应当按照下列情况分别作出处理：

（一）申请文件、资料不齐全或者不符合要求的，当场告知或者在5个工作日内出具补正通知书，一次告知企业需要补正的全部内容；逾期不告知的，自收到申请材料之日起即为受理；

（二）申请文件、资料齐全，符合要求或者按照发证机关要求提交全部补正材料的，自收到申请文件、资料或者全部补正材料之日起即为受理。

发证机关应当将受理或者不予受理决定书面告知申请企业和初审机关。

第二十五条　发证机关受理申请后，应当结合初审意见，组织有关人员对申请文件、资料进行审查。需要到现场核查的，应当指派2名以上工作人员进行现场核查；对从事黑火药、引火线、礼花弹生产的企业，应当指派2名以上工作人员进行现场核查。

发证机关应当自受理之日起45个工作日内作出颁发或者不予颁发安全生产许可证的决定。

对决定颁发的，发证机关应当自决定之日起10个工作日内送达或者通知企业领取安全生产许可证；对不予颁发的，应当在10个工作日内书面通知企业并说明理由。

现场核查所需时间不计算在本条规定的期限内。

第二十六条　安全生产许可证分为正副本，正本为悬挂式，副本为折页式。正本、副本具有同等法律效力。

第四章　安全生产许可证的变更和延期

第二十七条　企业在安全生产许可证有效期内有下列情形之一的，应当按照本办法第二十八条的规定申请变更安全生产许可证：

（一）改建、扩建烟花爆竹生产（含储存）设施的；

（二）变更产品类别、级别范围的；

（三）变更企业主要负责人的；

（四）变更企业名称的。

第二十八条　企业有本办法第二十七条第一项情形申请变更的，应当自建设项目通过竣工验收之日起20个工作日内向所在地初审机关提出安全审查申请，并提交安全生产许可证变更申请书（一式三份）和建设项目安全设施设计审查和竣工验收的证明材料。

企业有本办法第二十七条第二项情形申请变更的，应当向所在地初审机关提出安全审查申请，并提交安全生产许可证变更申请书（一式三份）和专项安全评价报告（减少生产产品品种的除外）。

企业有本办法第二十七条第三项情形申请变更的，应当向所在地发证机关提交安全生产许可证变更申请书（一式三份）和主要负责人安全资格证（复制件）。

企业有本办法第二十七条第四项情形申请变更的，应当自取得变更后的工商营业执照或者企业名称工商预先核准文件之日起10个工作日内，向所在地发证机关提交安全生产许可证变更申请书（一式三份）和工商营业执照或者企业名称工商预先核准文件（复制件）。

第二十九条　对本办法第二十七条第一项、第二项情形的安全生产许可证变更申请，初审机关、发证机关应当按照本办法第二十三条、第二十四条、第二十五条的规定进行审查，并办理变更手续。

对本办法第二十七条第三项、第四项情形的安全生产许可证变更申请，发证机关应当自收到变更申请材料之日起5个工作日内完成审查，并办理变更手续。

第三十条　安全生产许可证有效期为3年。安全生产许可证有效期满需要延期的，企业应当于有效期届满前3个月向原发证机关申请办理延期手续。

第三十一条　企业提出延期申请的，应当向发证机关提交下列文件、资料：

（一）安全生产许可证延期申请书（一式三份）；

（二）本办法第二十一条第四项至第十一项规定的文件、资料；

（三）达到安全生产标准化三级的证明材料。

发证机关收到延期申请后，应当按照本办法第二十四条、第二十五条的规定办理延期手续。

第三十二条　企业在安全生产许可证有效期内符合下列条件，在许可证有效期届满时，经原发证机关同意，不再审查，直接办理延期手续：

（一）严格遵守有关安全生产法律、法规和本办法；

（二）取得安全生产许可证后，加强日常安全生产管理，不断提升安全生产条件，达到安全生产标准化二级以上；

（三）接受发证机关及所在地人民政府安全生产监督管理部门的监督检查；

（四）未发生生产安全死亡事故。

第三十三条　对决定批准延期、变更安全生产许可证的，发证机关应当收回原证，换发新证。

第五章　监督管理

第三十四条　安全生产许可证发证机关和初审机关应当坚持公开、公平、公正的原则，严格依照有关行政许可的法律法规和本办法，审查、颁发安全生产许可证。

发证机关和初审机关工作人员在安全生产许可证审查、颁发、管理工作中，不得索取或者接受企业的财物，不得谋取其他不正当利益。

第三十五条　发证机关及所在地人民政府安全生产监督管理部门应当加强对烟花爆竹生产企业的监督检查，督促其依照法律、法规、规章和国家标准、行业标准的规定进行生产。

第三十六条　发证机关发现企业以欺骗、贿赂等不正当手段取得安全生产许可证的，应当撤销已颁发的安全生产许可证。

第三十七条　取得安全生产许可证的企业有下列情形之一的，发证机关应当注销其安全生产许可证：

（一）安全生产许可证有效期满未被批准延期的；

（二）终止烟花爆竹生产活动的；

（三）安全生产许可证被依法撤销的；

（四）安全生产许可证被依法吊销的。

发证机关注销安全生产许可证后，应当在当地主要媒体或者本机关政府网站上及时公告被注销安全生产许可证的企业名单，并通报同级人民政府有关部门和企业所在地县级人民政府。

第三十八条　发证机关应当建立健全安全生产许可证档案管理制度，并应用信息化手段管理安全生产许可证档案。

第三十九条　发证机关应当每6个月向社会公布一次取得安全生产许可证的企业情况，并于每年1月15日前将本行政区域内上一年度安全生产许可证的颁发和管理情况报国家安全生产监督管理总局。

第四十条　企业取得安全生产许可证后，不得出租、转让安全生产许可证，不得将企业、生产线或者工（库）房转包、分包给不具备安全生产条件或者相应资质的其他任何单位或者个人，不得多股东各自独立进行烟花爆竹生产活动。

企业不得从其他企业购买烟花爆竹半成品加工后销售或者购买其他企业烟花爆竹成品加贴本企业标签后销售，不得向其他企业销售烟花爆竹半成品。从事礼花弹生产的企业不得将礼花弹销售给未经公安机关批准的燃放活动。

第四十一条　任何单位或者个人对违反《安全生产许可证条例》、《烟花爆竹安全管理条例》和本办法规定的行为，有权向安全生产监督管理部门或者监察机关等有关部门举报。

第六章　法律责任

第四十二条　发证机关、初审机关及其工作人员有下列行为之一的，给予降级或者撤职的行政处分；构成犯罪的，依法追究刑事责任：

（一）向不符合本办法规定的安全生产条件的企业颁发安全生产许可证的；

（二）发现企业未依法取得安全生产许可证擅自从事烟花爆竹生产活动，不依法处理的；

（三）发现取得安全生产许可证的企业不再具备本办法规定的安全生产条件，不依法处理的；

（四）接到违反本办法规定行为的举报后，不及时处理的；

（五）在安全生产许可证颁发、管理和监督检查工作中，索取或者接受企业财物、帮助企业弄虚作假或者谋取其他不正当利益的。

第四十三条　企业有下列行为之一的，责令停止违法活动或者限期改正，并处1万元以上3万元以下的罚款：

（一）变更企业主要负责人或者名称，未办理安全生产许可证变更手续的；

（二）从其他企业购买烟花爆竹半成品加工后销售，或者购买其他企业烟花爆竹成品加贴本企业标签后销售，或者向其他企业销售烟花爆竹半成品的。

第四十四条　企业有下列行为之一的，依法暂扣其安全生产许可证：

（一）多股东各自独立进行烟花爆竹生产活动的；

（二）从事礼花弹生产的企业将礼花弹销售给未经公安机关批准的燃放活动的；

（三）改建、扩建烟花爆竹生产（含储存）设施未办理安全生产许可证变更手续的；

（四）发生较大以上生产安全责任事故的；

（五）不再具备本办法规定的安全生产条件的。

企业有前款第一项、第二项、第三项行为之一的，并处1万元以上3万元以下的罚款。

第四十五条　企业有下列行为之一的，依法吊销其安全生产许可证：

（一）出租、转让安全生产许可证的；

（二）被暂扣安全生产许可证，经停产整顿后仍不具备本办法规定的安全生产条件的。

企业有前款第一项行为的，没收违法所得，并处10万元以上50万元以下的罚款。

第四十六条　企业有下列行为之一的，责令停止生产，没收违法所得，并处10万元以上50万元以下的罚款：

（一）未取得安全生产许可证擅自进行烟花爆竹生产的；

（二）变更产品类别或者级别范围未办理安全生产许可证变更手续的。

第四十七条　企业取得安全生产许可证后，将企业、生产线或者工（库）房转包、分包给不具备安全生产条件或者相应资质的其他单位或者个人，依照《中华人民共和国安全生产法》的有关规定给予处罚。

第四十八条　本办法规定的行政处罚，由安全生产监督管理部门决定，暂扣、吊销安全生产许可证的行政处罚由发证机关决定。

第七章　附　则

第四十九条　安全生产许可证由国家安全生产监督管理总局统一印制。

第五十条　本办法自2012年8月1日起施行。原国家安全生产监督管理局、国家煤矿安全监察局2004年5月17日公布的《烟花爆竹生产企业安全生产许可证实施办法》同时废止。

国家安全生产监督管理总局令

第55号

《危险化学品经营许可证管理办法》已经2012年5月21日国家安全生产监督管理总局局长办公会议审议通过，现予公布，自2012年9月1日起施行。原国家经济贸易委员会2002年10月8日公布的《危险化学品经营许可证管理办法》同时废止。

国家安全监管总局局长　杨栋梁

2012年7月17日

危险化学品经营许可证管理办法

第一章　总　则

第一条　为了严格危险化学品经营安全条件，规范危险化学品经营活动，保障人民群众生命、财产安全，根据《中华人民共和国安全生产法》和《危险化学品安全管理条例》，制定本办法。

第二条　在中华人民共和国境内从事列入《危险化学品目录》的危险化学品的经营（包括仓储经营）活动，适用本办法。

民用爆炸物品、放射性物品、核能物质和城镇燃气的经营活动，不适用本办法。

第三条　国家对危险化学品经营实行许可制度。经营危险化学品的企业，应当依照本办法取得危险化学品经营许可证（以下简称经营许可证）。未取得经营许可证，任何单位和个人不得经营危险化学品。

从事下列危险化学品经营活动，不需要取得经营许可证：

（一）依法取得危险化学品安全生产许可证的危险化学品生产企业在其厂区范围内销售本企业生产的危险化学品的；

（二）依法取得港口经营许可证的港口经营人在港区内从事危险化学品仓储经营的。

第四条　经营许可证的颁发管理工作实行企业申请、两级发证、属地监管的原则。

第五条　国家安全生产监督管理总局指导、监督全国经营许可证的颁发和管理工作。

省、自治区、直辖市人民政府安全生产监督管理部门指导、监督本行政区域内经营许可证的颁发和管理工作。

设区的市级人民政府安全生产监督管理部门（以下简称市级发证机关）负责下列企业的经营许可

证审批、颁发：

（一）经营剧毒化学品的企业；

（二）经营易制爆危险化学品的企业；

（三）经营汽油加油站的企业；

（四）专门从事危险化学品仓储经营的企业；

（五）从事危险化学品经营活动的中央企业所属省级、设区的市级公司（分公司）；

（六）带有储存设施经营除剧毒化学品、易制爆危险化学品以外的其他危险化学品的企业。

县级人民政府安全生产监督管理部门（以下简称县级发证机关）负责本行政区域内本条第三款规定以外企业的经营许可证审批、颁发；没有设立县级发证机关的，其经营许可证由市级发证机关审批、颁发。

第二章　申请经营许可证的条件

第六条　从事危险化学品经营的单位（以下统称申请人）应当依法登记注册为企业，并具备下列基本条件：

（一）经营和储存场所、设施、建筑物符合《建筑设计防火规范》（GB50016）、《石油化工企业设计防火规范》（GB50160）、《汽车加油加气站设计与施工规范》（GB50156）、《石油库设计规范》（GB50074）等相关国家标准、行业标准的规定；

（二）企业主要负责人和安全生产管理人员具备与本企业危险化学品经营活动相适应的安全生产知识和管理能力，经专门的安全生产培训和安全生产监督管理部门考核合格，取得相应安全资格证书；特种作业人员经专门的安全作业培训，取得特种作业操作证书；其他从业人员依照有关规定经安全生产教育和专业技术培训合格；

（三）有健全的安全生产规章制度和岗位操作规程；

（四）有符合国家规定的危险化学品事故应急预案，并配备必要的应急救援器材、设备；

（五）法律、法规和国家标准或者行业标准规定的其他安全生产条件。

前款规定的安全生产规章制度，是指全员安全生产责任制度、危险化学品购销管理制度、危险化学品安全管理制度（包括防火、防爆、防中毒、防泄漏管理等内容）、安全投入保障制度、安全生产奖惩制度、安全生产教育培训制度、隐患排查治理制度、安全风险管理制度、应急管理制度、事故管理制度、职业卫生管理制度等。

第七条　申请人经营剧毒化学品的，除符合本办法第六条规定的条件外，还应当建立剧毒化学品双人验收、双人保管、双人发货、双把锁、双本账等管理制度。

第八条　申请人带有储存设施经营危险化学品的，除符合本办法第六条规定的条件外，还应当具备下列条件：

（一）新设立的专门从事危险化学品仓储经营的，其储存设施建立在地方人民政府规划的用于危险化学品储存的专门区域内；

（二）储存设施与相关场所、设施、区域的距离符合有关法律、法规、规章和标准的规定；

（三）依照有关规定进行安全评价，安全评价报告符合《危险化学品经营企业安全评价细则》的要求；

（四）专职安全生产管理人员具备国民教育化工化学类或者安全工程类中等职业教育以上学历，或者化工化学类中级以上专业技术职称，或者危险物品安全类注册安全工程师资格；

（五）符合《危险化学品安全管理条例》、《危险化学品重大危险源监督管理暂行规定》、《常用危险化学品贮存通则》（GB15603）的相关规定。

申请人储存易燃、易爆、有毒、易扩散危险化学品的，除符合本条第一款规定的条件外，还应当符合《石油化工可燃气体和有毒气体检测报警设计规范》（GB50493）的规定。

第三章 经营许可证的申请与颁发

第九条 申请人申请经营许可证，应当依照本办法第五条规定向所在地市级或者县级发证机关（以下统称发证机关）提出申请，提交下列文件、资料，并对其真实性负责：

（一）申请经营许可证的文件及申请书；

（二）安全生产规章制度和岗位操作规程的目录清单；

（三）企业主要负责人、安全生产管理人员、特种作业人员的相关资格证书（复制件）和其他从业人员培训合格的证明材料；

（四）经营场所产权证明文件或者租赁证明文件（复制件）；

（五）工商行政管理部门颁发的企业性质营业执照或者企业名称预先核准文件（复制件）；

（六）危险化学品事故应急预案备案登记表（复制件）。

带有储存设施经营危险化学品的，申请人还应当提交下列文件、资料：

（一）储存设施相关证明文件（复制件）；租赁储存设施的，需要提交租赁证明文件（复制件）；储存设施新建、改建、扩建的，需要提交危险化学品建设项目安全设施竣工验收意见书（复制件）；

（二）重大危险源备案证明材料、专职安全生产管理人员的学历证书、技术职称证书或者危险物品安全类注册安全工程师资格证书（复制件）；

（三）安全评价报告。

第十条 发证机关收到申请人提交的文件、资料后，应当按照下列情况分别作出处理：

（一）申请事项不需要取得经营许可证的，当场告知申请人不予受理；

（二）申请事项不属于本发证机关职责范围的，当场作出不予受理的决定，告知申请人向相应的发证机关申请，并退回申请文件、资料；

（三）申请文件、资料存在可以当场更正的错误的，允许申请人当场更正，并受理其申请；

（四）申请文件、资料不齐全或者不符合要求的，当场告知或者在5个工作日内出具补正告知书，一次告知申请人需要补正的全部内容；逾期不告知的，自收到申请文件、资料之日起即为受理；

（五）申请文件、资料齐全，符合要求，或者申请人按照发证机关要求提交全部补正材料的，立即受理其申请。

发证机关受理或者不予受理经营许可证申请，应当出具加盖本机关印章和注明日期的书面凭证。

第十一条 发证机关受理经营许可证申请后，应当组织对申请人提交的文件、资料进行审查，指派2名以上工作人员对申请人的经营场所、储存设施进行现场核查，并自受理之日起30日内作出是否准予许可的决定。

发证机关现场核查以及申请人整改现场核查发现的有关问题和修改有关申请文件、资料所需时间，不计算在前款规定的期限内。

第十二条 发证机关作出准予许可决定的，应当自决定之日起10个工作日内颁发经营许可证；发证机关作出不予许可决定的，应当在10个工作日内书面告知申请人并说明理由，告知书应当加盖本机关印章。

第十三条 经营许可证分为正本、副本，正本为悬挂式，副本为折页式。正本、副本具有同等法律效力。

经营许可证正本、副本应当分别载明下列事项：

（一）企业名称；

（二）企业住所（注册地址、经营场所、储存场所）；

（三）企业法定代表人姓名；

（四）经营方式；

（五）许可范围；

（六）发证日期和有效期限；

（七）证书编号；

（八）发证机关；

（九）有效期延续情况。

第十四条　已经取得经营许可证的企业变更企业名称、主要负责人、注册地址或者危险化学品储存设施及其监控措施的，应当自变更之日起20个工作日内，向本办法第五条规定的发证机关提出书面变更申请，并提交下列文件、资料：

（一）经营许可证变更申请书；

（二）变更后的工商营业执照副本（复制件）；

（三）变更后的主要负责人安全资格证书（复制件）；

（四）变更注册地址的相关证明材料；

（五）变更后的危险化学品储存设施及其监控措施的专项安全评价报告。

第十五条　发证机关受理变更申请后，应当组织对企业提交的文件、资料进行审查，并自收到申请文件、资料之日起10个工作日内作出是否准予变更的决定。

发证机关作出准予变更决定的，应当重新颁发经营许可证，并收回原经营许可证；不予变更的，应当说明理由并书面通知企业。

经营许可证变更的，经营许可证有效期的起始日和截止日不变，但应当载明变更日期。

第十六条　已经取得经营许可证的企业有新建、改建、扩建危险化学品储存设施建设项目的，应当自建设项目安全设施竣工验收合格之日起20个工作日内，向本办法第五条规定的发证机关提出变更申请，并提交危险化学品建设项目安全设施竣工验收意见书（复制件）等相关文件、资料。发证机关应当按照本办法第十条、第十五条的规定进行审查，办理变更手续。

第十七条　已经取得经营许可证的企业，有下列情形之一的，应当按照本办法的规定重新申请办理经营许可证，并提交相关文件、资料：

（一）不带有储存设施的经营企业变更其经营场所的；

（二）带有储存设施的经营企业变更其储存场所的；

（三）仓储经营的企业异地重建的；

（四）经营方式发生变化的；

（五）许可范围发生变化的。

第十八条　经营许可证的有效期为3年。有效期满后，企业需要继续从事危险化学品经营活动的，应当在经营许可证有效期满3个月前，向本办法第五条规定的发证机关提出经营许可证的延期申请，并提交延期申请书及本办法第九条规定的申请文件、资料。

企业提出经营许可证延期申请时，可以同时提出变更申请，并向发证机关提交相关文件、资料。

第十九条　符合下列条件的企业，申请经营许可证延期时，经发证机关同意，可以不提交本办法第九条规定的文件、资料：

（一）严格遵守有关法律、法规和本办法；

（二）取得经营许可证后，加强日常安全生产管理，未降低安全生产条件；

（三）未发生死亡事故或者对社会造成较大影响的生产安全事故。

带有储存设施经营危险化学品的企业，除符合前款规定条件的外，还需要取得并提交危险化学品企业安全生产标准化二级达标证书（复制件）。

第二十条　发证机关受理延期申请后，应当依照本办法第十条、第十一条、第十二条的规定，对延期申请进行审查，并在经营许可证有效期满前作出是否准予延期的决定；发证机关逾期未作出决定的，视为准予延期。

发证机关作出准予延期决定的，经营许可证有效期顺延3年。

第二十一条　任何单位和个人不得伪造、变造经营许可证，或者出租、出借、转让其取得的经营许可证，或者使用伪造、变造的经营许可证。

第四章 经营许可证的监督管理

第二十二条 发证机关应当坚持公开、公平、公正的原则，严格依照法律、法规、规章、国家标准、行业标准和本办法规定的条件及程序，审批、颁发经营许可证。

发证机关及其工作人员在经营许可证的审批、颁发和监督管理工作中，不得索取或者接受当事人的财物，不得谋取其他利益。

第二十三条 发证机关应当加强对经营许可证的监督管理，建立、健全经营许可证审批、颁发档案管理制度，并定期向社会公布企业取得经营许可证的情况，接受社会监督。

第二十四条 发证机关应当及时向同级公安机关、环境保护部门通报经营许可证的发放情况。

第二十五条 安全生产监督管理部门在监督检查中，发现已经取得经营许可证的企业不再具备法律、法规、规章、国家标准、行业标准和本办法规定的安全生产条件，或者存在违反法律、法规、规章和本办法规定的行为的，应当依法作出处理，并及时告知原发证机关。

第二十六条 发证机关发现企业以欺骗、贿赂等不正当手段取得经营许可证的，应当撤销已经颁发的经营许可证。

第二十七条 已经取得经营许可证的企业有下列情形之一的，发证机关应当注销其经营许可证：

（一）经营许可证有效期届满未被批准延期的；

（二）终止危险化学品经营活动的；

（三）经营许可证被依法撤销的；

（四）经营许可证被依法吊销的。

发证机关注销经营许可证后，应当在当地主要新闻媒体或者本机关网站上发布公告，并通报企业所在地人民政府和县级以上安全生产监督管理部门。

第二十八条 县级发证机关应当将本行政区域内上一年度经营许可证的审批、颁发和监督管理情况报告市级发证机关。

市级发证机关应当将本行政区域内上一年度经营许可证的审批、颁发和监督管理情况报告省、自治区、直辖市人民政府安全生产监督管理部门。

省、自治区、直辖市人民政府安全生产监督管理部门应当按照有关统计规定，将本行政区域内上一年度经营许可证的审批、颁发和监督管理情况报告国家安全生产监督管理总局。

第五章 法律责任

第二十九条 未取得经营许可证从事危险化学品经营的，依照《中华人民共和国安全生产法》有关未经依法批准擅自生产、经营、储存危险物品的法律责任条款并处罚款；构成犯罪的，依法追究刑事责任。

企业在经营许可证有效期届满后，仍然从事危险化学品经营的，依照前款规定给予处罚。

第三十条 带有储存设施的企业违反《危险化学品安全管理条例》规定，有下列情形之一的，责令改正，处5万元以上10万元以下的罚款；拒不改正的，责令停产停业整顿；经停产停业整顿仍不具备法律、法规、规章、国家标准和行业标准规定的安全生产条件的，吊销其经营许可证：

（一）对重复使用的危险化学品包装物、容器，在重复使用前不进行检查的；

（二）未根据其储存的危险化学品的种类和危险特性，在作业场所设置相关安全设施、设备，或者未按照国家标准、行业标准或者国家有关规定对安全设施、设备进行经常性维护、保养的；

（三）未将危险化学品储存在专用仓库内，或者未将剧毒化学品以及储存数量构成重大危险源的其他危险化学品在专用仓库内单独存放的；

（四）未对其安全生产条件定期进行安全评价的；

（五）危险化学品的储存方式、方法或者储存数量不符合国家标准或者国家有关规定的；

（六）危险化学品专用仓库不符合国家标准、行业标准的要求的；

（七）未对危险化学品专用仓库的安全设施、设备定期进行检测、检验的。

第三十一条　伪造、变造或者出租、出借、转让经营许可证，或者使用伪造、变造的经营许可证的，处10万元以上20万元以下的罚款，有违法所得的，没收违法所得；构成违反治安管理行为的，依法给予治安管理处罚；构成犯罪的，依法追究刑事责任。

第三十二条　已经取得经营许可证的企业不再具备法律、法规和本办法规定的安全生产条件的，责令改正；逾期不改正的，责令停产停业整顿；经停产停业整顿仍不具备法律、法规、规章、国家标准和行业标准规定的安全生产条件的，吊销其经营许可证。

第三十三条　已经取得经营许可证的企业出现本办法第十四条、第十六条规定的情形之一，未依照本办法的规定申请变更的，责令限期改正，处1万元以下的罚款；逾期仍不申请变更的，处1万元以上3万元以下的罚款。

第三十四条　安全生产监督管理部门的工作人员徇私舞弊、滥用职权、弄虚作假、玩忽职守，未依法履行危险化学品经营许可证审批、颁发和监督管理职责的，依照有关规定给予处分。

第三十五条　承担安全评价的机构和安全评价人员出具虚假评价报告的，依照有关法律、法规、规章的规定给予行政处罚；构成犯罪的，依法追究刑事责任。

第三十六条　本办法规定的行政处罚，由安全生产监督管理部门决定。其中，本办法第三十一条规定的行政处罚和第三十条、第三十二条规定的吊销经营许可证的行政处罚，由发证机关决定。

第六章　附　则

第三十七条　购买危险化学品进行分装、充装或者加入非危险化学品的溶剂进行稀释，然后销售的，依照本办法执行。

使用长输管道输送并经营危险化学品的，应当向经营地点所在地发证机关申请经营许可证。

本办法所称储存设施，是指按照《危险化学品重大危险源辨识》（GB18218）确定，储存的危险化学品数量构成重大危险源的设施。

第三十八条　本办法施行前已取得经营许可证的企业，在其经营许可证有效期内可以继续从事危险化学品经营；经营许可证有效期届满后需要继续从事危险化学品经营的，应当依照本办法的规定重新申请经营许可证。

本办法施行前取得经营许可证的非企业的单位或者个人，在其经营许可证有效期内可以继续从事危险化学品经营；经营许可证有效期届满后需要继续从事危险化学品经营的，应当先依法登记为企业，再依照本办法的规定申请经营许可证。

第三十九条　经营许可证由国家安全生产监督管理总局统一印制。

第四十条　本办法自2012年9月1日起施行。原国家经济贸易委员会2002年10月8日公布的《危险化学品经营许可证管理办法》同时废止。

国家安全生产监督管理总局令

第56号

《安全生产监管监察部门信息公开办法》已经2012年9月3日国家安全生产监督管理总局局长办公会议审议通过，现予公布，自2012年11月1日起施行。

国家安全监管总局局长 杨栋梁

2012年9月21日

安全生产监管监察部门信息公开办法

第一章 总 则

第一条 为了深化政务公开，加强政务服务，保障公民、法人和其他组织依法获取安全生产监管监察部门信息，促进依法行政，依据《中华人民共和国政府信息公开条例》（以下简称《政府信息公开条例》）和有关法律、行政法规的规定，制定本办法。

第二条 安全生产监督管理部门、煤矿安全监察机构（以下统称安全生产监管监察部门）公开本部门信息，适用本办法。

第三条 本办法所称安全生产监管监察部门信息（以下简称信息），是指安全生产监管监察部门在依法履行安全生产监管监察职责过程中，制作或者获取的，以一定形式记录、保存的信息。

第四条 安全生产监管监察部门应当加强对信息公开工作的组织领导，建立健全安全生产政府信息公开制度。

第五条 安全生产监管监察部门应当指定专门机构负责本部门信息公开的日常工作，具体职责是：

（一）组织制订本部门信息公开的制度；

（二）组织编制本部门信息公开指南、公开目录和公开工作年度报告；

（三）组织、协调本部门内设机构的信息公开工作；

（四）组织维护和更新本部门已经公开的信息；

（五）统一受理和答复向本部门提出的信息公开申请；

（六）负责对拟公开信息的保密审查工作进行程序审核；

（七）本部门规定与信息公开有关的其他职责。

安全生产监管监察部门的其他内设机构应当依照本办法的规定，负责审核并主动公开本机构有关信息，并配合协助前款规定的专门机构做好本部门信息公开工作。

第六条 安全生产监管监察部门应当依据有关法律、行政法规的规定加强对信息公开工作的保密审查，确保国家秘密信息安全。

第七条 安全生产监管监察部门负责行政监察的机构应当加强对本部门信息公开工作的监督检查。

第八条 安全生产监管监察部门应当建立健全信息公开的协调机制。安全生产监管监察部门拟发布的信息涉及其他行政机关或者与其他行政机关联合制作的，应当由负责发布信息的内设机构与其他行政机关进行沟通、确认，确保信息发布及时、准确。

安全生产监管监察部门拟发布的信息依照国家有关规定需要批准的，未经批准不得发布。

第九条 安全生产监管监察部门应当遵循依法、公正、公开、便民的原则，及时、准确地公开信息，但危及国家安全、公共安全、经济安全和社会稳定的信息除外。

安全生产监管监察部门发现影响或者可能影响社会稳定、扰乱安全生产秩序的虚假或者不完整信息的，应当按照实事求是和审慎处理的原则，在职责范围内发布准确的信息予以澄清，及时回应社会关切，正确引导社会舆论。

第二章 公开范围

第十条 安全生产监管监察部门应当依照《政府信息公开条例》第九条的规定，在本部门职责范围内确定主动公开的信息的具体内容，并重点公开下列信息：

（一）本部门基本信息，包括职能、内设机构、负责人姓名、办公地点、办事程序、联系方式等；

（二）安全生产法律、法规、规章、标准和规范性文件；

（三）安全生产的专项规划及相关政策；

（四）安全生产行政许可的事项、负责承办的内设机构、依据、条件、数量、程序、期限以及申请行政许可需要提交的全部材料的目录及办理情况；

（五）行政事业性收费的项目、依据、标准；

（六）地方人民政府规定需要主动公开的财政信息；

（七）开展安全生产监督检查的情况；

（八）生产安全事故的发生情况，社会影响较大的生产安全事故的应急处置和救援情况，经过有关人民政府或者主管部门依法批复的事故调查和处理情况；

（九）法律、法规和规章规定应当公开的其他信息。

安全生产有关决策、规定或者规划、计划、方案等，涉及公民、法人和其他组织切身利益或者有重大社会影响的，在决策前应当广泛征求有关公民、法人和其他组织的意见，并以适当方式反馈或者公布意见采纳情况。

第十一条 除本办法第十条规定应当主动公开的信息外，公民、法人或者其他组织可以根据自身生产、生活、科研等特殊需要，申请获取相关信息。

公民、法人或者其他组织使用安全生产监管监察部门公开的信息，不得损害国家利益、公共利益和他人的合法权益。

第十二条 安全生产监管监察部门的下列信息不予公开：

（一）涉及国家秘密以及危及国家安全、公共安全、经济安全和社会稳定的；

（二）属于商业秘密或者公开后可能导致商业秘密被泄露的；

（三）属于个人隐私或者公开后可能导致对个人隐私权造成侵害的；

（四）在日常工作中制作或者获取的内部管理信息；

（五）尚未形成，需要进行汇总、加工、重新制作（作区分处理的除外），或者需要向其他行政机关、公民、法人或者其他组织搜集的信息；

（六）处于讨论、研究或者审查中的过程性信息；

（七）依照法律、法规和国务院规定不予公开的其他信息。

安全生产监管监察部门有证据证明与申请人生产、生活、科研等特殊需要无关的信息，可以不予提供。

与安全生产行政执法有关的信息，公开后可能影响检查、调查、取证等安全生产行政执法活动，或者危及公民、法人和其他组织人身或者财产安全的，安全生产监管监察部门可以暂时不予公开。在行政执法活动结束后，再依照本办法的规定予以公开。

涉及商业秘密、个人隐私，经权利人同意公开，或者安全生产监管监察部门认为不公开可能对公共利益造成重大影响的信息，可以予以公开。

第三章　公开方式和程序

第十三条　安全生产监管监察部门应当通过政府网站、公报、新闻发布会或者报刊、广播、电视等便于公众知晓的方式主动公开本办法第十条规定的信息，并依照《政府信息公开条例》的规定及时向当地档案馆和公共图书馆提供主动公开的信息。具体办法由安全生产监管监察部门与当地档案馆、公共图书馆协商制订。

安全生产监管监察部门可以根据需要，在办公地点设立信息查阅室、信息公告栏、电子信息屏等场所、设施公开信息。

第十四条　安全生产监管监察部门制作的信息，由制作该信息的部门负责公开；安全生产监管监察部门从公民、法人或者其他组织获取的信息，由保存该信息的行政机关负责公开。法律、法规对政府信息公开的权限另有规定的，从其规定。

第十五条　安全生产监管监察部门在制作信息时，应当明确该信息的公开属性，包括主动公开、依申请公开或者不予公开。

对于需要主动公开的信息，安全生产监管监察部门应当自该信息形成或者变更之日起20个工作日内予以公开。法律、法规对公开期限另有规定的，从其规定。

第十六条　公民、法人或者其他组织依照本办法第十一条的规定申请获取信息的，应当按照“一事一申请”的原则填写《信息公开申请表》，向安全生产监管监察部门提出申请；填写《信息公开申请表》确有困难的，申请人可以口头提出，由受理该申请的安全生产监管监察部门代为填写，申请人签字确认。

第十七条　安全生产监管监察部门收到《信息公开申请表》后，负责信息公开的专门机构应当进行审查，符合要求的，予以受理，并在收到《信息公开申请表》之日起3个工作日内向申请人出具申请登记回执；不予受理的，应当书面告知申请人不予受理的理由。

第十八条　安全生产监管监察部门受理信息公开申请后，负责信息公开的专门机构能够当场答复的，应当当场答复；不能够当场答复的，应当及时转送本部门相关内设机构办理。

安全生产监管监察部门受理的信息公开申请，应当自收到《信息公开申请表》之日起15个工作日内按照本办法第十九条的规定予以答复；不能在15个工作日内作出答复的，经本部门负责信息公开的专门机构负责人同意，可以适当延长答复期限，并书面告知申请人，延长答复的期限最长不得超过15个工作日。

申请获取的信息涉及第三方权益的，受理申请的安全生产监管监察部门征求第三方意见所需时间不计算在前款规定的期限内。

第十九条　对于已经受理的信息公开申请，安全生产监管监察部门应当根据下列情况分别予以答复：

（一）属于本部门信息公开范围的，应当书面告知申请人获取该信息的方式、途径，或者直接向申请人提供该信息；

（二）属于不予公开范围的，应当书面告知申请人不予公开的理由、依据；

（三）依法不属于本部门职能范围或者信息不存在的，应当书面告知申请人，对能够确定该信息的公开机关的，应当告知申请人该行政机关的名称和联系方式；

（四）申请内容不明确的，应当书面告知申请人作出更改、补充。

申请获取的信息中含有不应当公开的内容，但是能够作区分处理的，安全生产监管监察部门应当向申请人提供可以公开的信息内容。

第二十条　申请获取的信息涉及商业秘密、个人隐私，或者公开后可能损害第三方合法权益的，受理申请的安全生产监管监察部门应当书面征求第三方的意见。第三方不同意公开的，不得公开；但是，受理申请的安全生产监管监察部门认为不公开可能对公共利益造成重大影响的，应当予以公开，并将决定公开的信息内容和理由书面通知第三方。

第二十一条　公民、法人和其他组织有证据证明与其自身相关的信息不准确的，有权要求更正。受理申请的安全生产监管监察部门经核实后，应当予以更正，并将更正后的信息书面告知申请人；无权更正的，应当转送有权更正的部门或者其他行政机关处理，并告知申请人。

第二十二条　对于依申请公开的信息，安全生产监管监察部门应当按照申请人要求的形式予以提供；无法按照申请人要求的形式提供的，可以通过安排申请人查阅相关资料、提供复制件或者其他适当的形式提供。

第二十三条　安全生产监管监察部门依申请提供信息，除可以按照国家规定的标准向申请人收取检索、复制、邮寄等成本费用外，不得收取其他费用。

申请获取信息的公民确有经济困难的，经本人申请、安全生产监管监察部门负责信息公开的专门机构负责人审核同意，可以减免相关费用。

第四章　监督与保障

第二十四条　安全生产监管监察部门应当建立健全信息发布保密审查制度，明确保密审查的人员、方法、程序和责任。

安全生产监管监察部门在公开信息前，应当依照《中华人民共和国保守国家秘密法》、《安全生产工作国家秘密范围的规定》等法律、行政法规和有关保密制度，对拟公开的信息进行保密审查。

安全生产监管监察部门在保密审查过程中不能确定是否涉及国家秘密的，应当说明信息来源和本部门的保密审查意见，报上级安全生产监管监察部门或者本级保密行政管理部门确定。

第二十五条　安全生产监管监察部门应当编制、公布本部门信息公开指南及信息公开目录，并及时更新。

信息公开指南应当包括信息的分类、编排体系、获取方式和信息公开专门机构的名称、办公地址、办公时间、联系电话、传真号码、电子邮箱等内容。

信息公开目录应当包括信息的索引、名称、信息内容概述、生成日期、公开时间等内容。

第二十六条　安全生产监管监察部门应当建立健全信息公开工作考核制度、社会评议制度和责任追究制度，定期对信息公开工作进行考核、评议。

第二十七条　安全生产监管监察部门应当于每年3月31日前公布本部门上一年度信息公开工作年度报告。年度报告应当包括下列内容：

（一）本部门主动公开信息的情况；

（二）本部门依申请公开信息和不予公开信息的情况；

（三）信息公开工作的收费及减免情况；

（四）因信息公开申请行政复议、提起行政诉讼的情况；

（五）信息公开工作存在的主要问题及改进情况；

（六）其他需要报告的事项。

第二十八条　公民、法人或者其他组织认为安全生产监管监察部门不依法履行信息公开义务的，可以向上级安全生产监管监察部门举报。收到举报的安全生产监管监察部门应当依照《信访条例》的规定予以处理，督促被举报的安全生产监管监察部门依法履行信息公开义务。

第二十九条　公民、法人或者其他组织认为信息公开工作中的具体行政行为侵犯其合法权益的，可以依法申请行政复议或者提起行政诉讼。

第三十条　安全生产监管监察部门及其工作人员违反本办法的规定，有下列情形之一的，由本部门负责行政监察的机构或者其上级安全生产监管监察部门责令改正；情节严重的，对部门主要负责人、直接负责的主管人员和其他直接责任人员依法给予处分；构成犯罪的，依法追究刑事责任：

（一）不依法履行信息公开义务的；

（二）不及时更新公开的信息内容、信息公开指南和信息公开目录的；

（三）违反规定收取费用的；

（四）通过其他组织、个人以有偿服务方式提供信息的；

（五）公开不应当公开的信息的；

（六）故意提供虚假信息的；

（七）违反有关法律法规和本办法规定的其他行为。

第五章 附 则

第三十一条 国家安全生产监督管理总局管理的具有行政职能的事业单位的有关信息公开，参照本办法执行。

第三十二条 本办法自2012年11月1日起施行。

国家安全生产监督管理总局令

第57号

《危险化学品安全使用许可证实施办法》已经2012年10月29日国家安全生产监督管理总局局长办公会议审议通过，现予公布，自2013年5月1日起施行。

国家安全监管总局局长 杨栋梁

2012年11月16日

危险化学品安全使用许可证实施办法

第一章 总 则

第一条 为了严格使用危险化学品从事生产的化工企业安全生产条件，规范危险化学品安全使用许可证的颁发和管理工作，根据《危险化学品安全管理条例》和有关法律、行政法规，制定本办法。

第二条 本办法适用于列入危险化学品安全使用许可适用行业目录、使用危险化学品从事生产并且达到危险化学品使用量的数量标准的化工企业（危险化学品生产企业除外，以下简称企业）。

使用危险化学品作为燃料的企业不适用本办法。

第三条 企业应当依照本办法的规定取得危险化学品安全使用许可证（以下简称安全使用许可证）。

第四条 安全使用许可证的颁发管理工作实行企业申请、市级发证、属地监管的原则。

第五条 国家安全生产监督管理总局负责指导、监督全国安全使用许可证的颁发管理工作。

省、自治区、直辖市人民政府安全生产监督管理部门（以下简称省级安全生产监督管理部门）负责指导、监督本行政区域内安全使用许可证的颁发管理工作。

设区的市级人民政府安全生产监督管理部门（以下简称发证机关）负责本行政区域内安全使用许可证的审批、颁发和管理，不得再委托其他单位、组织或者个人实施。

第二章　申请安全使用许可证的条件

第六条　企业与重要场所、设施、区域的距离和总体布局应当符合下列要求，并确保安全：

（一）储存危险化学品数量构成重大危险源的储存设施，与《危险化学品安全管理条例》第十九条第一款规定的八类场所、设施、区域的距离符合国家有关法律、法规、规章和国家标准或者行业标准的规定；

（二）总体布局符合《工业企业总平面设计规范》（GB50187）、《化工企业总图运输设计规范》（GB50489）、《建筑设计防火规范》（GB50016）等相关标准的要求；石油化工企业还应当符合《石油化工企业设计防火规范》（GB50160）的要求；

（三）新建企业符合国家产业政策、当地县级以上（含县级）人民政府的规划和布局。

第七条　企业的厂房、作业场所、储存设施和安全设施、设备、工艺应当符合下列要求：

（一）新建、改建、扩建使用危险化学品的化工建设项目（以下统称建设项目）由具备国家规定资质的设计单位设计和施工单位建设；其中，涉及国家安全生产监督管理总局公布的重点监管危险化工工艺、重点监管危险化学品的装置，由具备石油化工医药行业相应资质的设计单位设计；

（二）不得采用国家明令淘汰、禁止使用和危及安全生产的工艺、设备；新开发的使用危险化学品从事化工生产的工艺（以下简称化工工艺），在小试、中试、工业化试验的基础上逐步放大到工业化生产；国内首次使用的化工工艺，经过省级人民政府有关部门组织的安全可靠性论证；

（三）涉及国家安全生产监督管理总局公布的重点监管危险化工工艺、重点监管危险化学品的装置装设自动化控制系统；涉及国家安全生产监督管理总局公布的重点监管危险化工工艺的大型化工装置装设紧急停车系统；涉及易燃易爆、有毒有害气体化学品的作业场所装设易燃易爆、有毒有害介质泄漏报警等安全设施；

（四）新建企业的生产区与非生产区分开设置，并符合国家标准或者行业标准规定的距离；

（五）新建企业的生产装置和储存设施之间及其建（构）筑物之间的距离符合国家标准或者行业标准的规定。

同一厂区内（生产或者储存区域）的设备、设施及建(构)筑物的布置应当适用同一标准的规定。

第八条　企业应当依法设置安全生产管理机构，按照国家规定配备专职安全生产管理人员。配备的专职安全生产管理人员必须能够满足安全生产的需要。

第九条　企业主要负责人、分管安全负责人和安全生产管理人员必须具备与其从事生产经营活动相适应的安全知识和管理能力，参加安全资格培训，并经考核合格，取得安全资格证书。

特种作业人员应当依照《特种作业人员安全技术培训考核管理规定》，经专门的安全技术培训并考核合格，取得特种作业操作证书。

本条第一款、第二款规定以外的其他从业人员应当按照国家有关规定，经安全教育培训合格。

第十条　企业应当建立全员安全生产责任制，保证每位从业人员的安全生产责任与职务、岗位相匹配。

第十一条　企业根据化工工艺、装置、设施等实际情况，至少应当制订、完善下列主要安全生产规章制度：

（一）安全生产例会等安全生产会议制度；

（二）安全投入保障制度；

（三）安全生产奖惩制度；

（四）安全培训教育制度；

（五）领导干部轮流现场带班制度；

（六）特种作业人员管理制度；

（七）安全检查和隐患排查治理制度；

（八）重大危险源的评估和安全管理制度；

（九）变更管理制度；

（十）应急管理制度；

（十一）生产安全事故或者重大事件管理制度；

（十二）防火、防爆、防中毒、防泄漏管理制度；

（十三）工艺、设备、电气仪表、公用工程安全管理制度；

（十四）动火、进入受限空间、吊装、高处、盲板抽堵、临时用电、动土、断路、设备检维修等作业安全管理制度；

（十五）危险化学品安全管理制度；

（十六）职业健康相关管理制度；

（十七）劳动防护用品使用维护管理制度；

（十八）承包商管理制度；

（十九）安全管理制度及操作规程定期修订制度。

第十二条　企业应当根据工艺、技术、设备特点和原辅料的危险性等情况编制岗位安全操作规程。

第十三条　企业应当依法委托具备国家规定资质条件的安全评价机构进行安全评价，并按照安全评价报告的意见对存在的安全生产问题进行整改。

第十四条　企业应当有相应的职业病危害防护设施，并为从业人员配备符合国家标准或者行业标准的劳动防护用品。

第十五条　企业应当依据《危险化学品重大危险源辨识》(GB18218)，对本企业的生产、储存和使用装置、设施或者场所进行重大危险源辨识。

对于已经确定为重大危险源的，应当按照《危险化学品重大危险源监督管理暂行规定》进行安全管理。

第十六条　企业应当符合下列应急管理要求：

（一）按照国家有关规定编制危险化学品事故应急预案，并报送有关部门备案；

（二）建立应急救援组织，明确应急救援人员，配备必要的应急救援器材、设备设施，并按照规定定期进行应急预案演练。

储存和使用氯气、氨气等对皮肤有强烈刺激的吸入性有毒有害气体的企业，除符合本条第一款的规定外，还应当配备至少两套以上全封闭防化服；构成重大危险源的，还应当设立气体防护站（组）。

第十七条　企业除符合本章规定的安全使用条件外，还应当符合有关法律、行政法规和国家标准或者行业标准规定的其他安全使用条件。

第三章　安全使用许可证的申请

第十八条　企业向发证机关申请安全使用许可证时，应当提交下列文件、资料，并对其内容的真实性负责：

（一）申请安全使用许可证的文件及申请书；

（二）新建企业的选址布局符合国家产业政策、当地县级以上人民政府的规划和布局的证明材料复制件；

（三）安全生产责任制文件，安全生产规章制度、岗位安全操作规程清单；

（四）设置安全生产管理机构，配备专职安全生产管理人员的文件复制件；

（五）主要负责人、分管安全负责人、安全生产管理人员安全资格证和特种作业人员操作证复制件；

（六）危险化学品事故应急救援预案的备案证明文件；

（七）由供货单位提供的所使用危险化学品的安全技术说明书和安全标签；

（八）工商营业执照副本或者工商核准文件复制件；

（九）安全评价报告及其整改结果的报告；

（十）新建企业的建设项目安全设施竣工验收意见书或备案证明复制件；

（十一）应急救援组织、应急救援人员，以及应急救援器材、设备设施清单。

有危险化学品重大危险源的企业，除应当提交本条第一款规定的文件、资料外，还应当提交重大危险源的备案证明文件。

第十九条　新建企业安全使用许可证的申请，应当在建设项目安全设施竣工验收通过之日起10个工作日内提出。

第四章　安全使用许可证的颁发

第二十条　发证机关收到企业申请文件、资料后，应当按照下列情况分别作出处理：

（一）申请事项依法不需要取得安全使用许可证的，当场告知企业不予受理；

（二）申请材料存在可以当场更正的错误的，允许企业当场更正；

（三）申请材料不齐全或者不符合法定形式的，当场或者在5个工作日内一次告知企业需要补正的全部内容，并出具补正告知书；逾期不告知的，自收到申请材料之日起即为受理；

（四）企业申请材料齐全、符合法定形式，或者按照发证机关要求提交全部补正申请材料的，立即受理其申请。

发证机关受理或者不予受理行政许可申请，应当出具加盖本机关专用印章和注明日期的书面凭证。

第二十一条　安全使用许可证申请受理后，发证机关应当组织人员对企业提交的申请文件、资料进行审查。对企业提交的文件、资料内容存在疑问，需要到现场核查的，应当指派工作人员对有关内容进行现场核查。工作人员应当如实提出书面核查意见。

第二十二条　发证机关应当在受理之日起45日内作出是否准予许可的决定。发证机关现场核查和企业整改有关问题所需时间不计算在本条规定的期限内。

第二十三条　发证机关作出准予许可的决定的，应当自决定之日起10个工作日内颁发安全使用许可证。

发证机关作出不予许可的决定的，应当在10个工作日内书面告知企业并说明理由。

第二十四条　企业在安全使用许可证有效期内变更主要负责人、企业名称或者注册地址的，应当自工商营业执照变更之日起10个工作日内提出变更申请，并提交下列文件、资料：

（一）变更申请书；

（二）变更后的工商营业执照副本复制件；

（三）变更主要负责人的，还应当提供主要负责人经安全生产监督管理部门考核合格后颁发的安全资格证复制件；

（四）变更注册地址的，还应当提供相关证明材料。

对已经受理的变更申请，发证机关对企业提交的文件、资料审查无误后，方可办理安全使用许可证变更手续。

企业在安全使用许可证有效期内变更隶属关系的，应当在隶属关系变更之日起10日内向发证机关提交证明材料。

第二十五条　企业在安全使用许可证有效期内，有下列情形之一的，发证机关按照本办法第二十条、第二十一条、第二十二条、第二十三条的规定办理变更手续：

（一）增加使用的危险化学品品种，且达到危险化学品使用量的数量标准规定的；

（二）涉及危险化学品安全使用许可范围的新建、改建、扩建建设项目的；

（三）改变工艺技术对企业的安全生产条件产生重大影响的。

有本条第一款第一项规定情形的企业，应当在增加前提出变更申请。

有本条第一款第二项规定情形的企业，应当在建设项目安全设施竣工验收合格之日起10个工作日内向原发证机关提出变更申请，并提交建设项目安全设施竣工验收意见书或备案证明等相关文件、资料。

有本条第一款第一项、第三项规定情形的企业，应当进行专项安全验收评价，并对安全评价报告中提出的问题进行整改；在整改完成后，向原发证机关提出变更申请并提交安全验收评价报告。

第二十六条　安全使用许可证有效期为3年。企业安全使用许可证有效期届满后需要继续使用危险化学品从事生产、且达到危险化学品使用量的数量标准规定的，应当在安全使用许可证有效期届满前3个月提出延期申请，并提交本办法第十八条规定的文件、资料。

发证机关按照本办法第二十条、第二十一条、第二十二条、第二十三条的规定进行审查，并作出是否准予延期的决定。

第二十七条　企业取得安全使用许可证后，符合下列条件的，其安全使用许可证届满办理延期手续时，经原发证机关同意，可以不提交第十八条第一款第二项、第五项、第九项和第十八条第二款规定的文件、资料，直接办理延期手续：

（一）严格遵守有关法律、法规和本办法的；

（二）取得安全使用许可证后，加强日常安全管理，未降低安全使用条件，并达到安全生产标准化等级二级以上的；

（三）未发生造成人员死亡的生产安全责任事故的。

企业符合本条第一款第二项、第三项规定条件的，应当在延期申请书中予以说明，并出具二级以上安全生产标准化证书复印件。

第二十八条　安全使用许可证分为正本、副本，正本为悬挂式，副本为折页式，正、副本具有同等法律效力。

发证机关应当分别在安全使用许可证正、副本上注明编号、企业名称、主要负责人、注册地址、经济类型、许可范围、有效期、发证机关、发证日期等内容。其中，“许可范围”正本上注明“危险化学品使用”，副本上注明使用危险化学品从事生产的地址和对应的具体品种、年使用量。

第二十九条　企业不得伪造、变造安全使用许可证，或者出租、出借、转让其取得的安全使用许可证，或者使用伪造、变造的安全使用许可证。

第五章　监督管理

第三十条　发证机关应当坚持公开、公平、公正的原则，依照本办法和有关行政许可的法律法规规定，颁发安全使用许可证。

发证机关工作人员在安全使用许可证颁发及其监督管理工作中，不得索取或者接受企业的财物，不得谋取其他非法利益。

第三十一条　发证机关应当加强对安全使用许可证的监督管理，建立、健全安全使用许可证档案管理制度。

第三十二条　有下列情形之一的，发证机关应当撤销已经颁发的安全使用许可证：

（一）滥用职权、玩忽职守颁发安全使用许可证的；

（二）超越职权颁发安全使用许可证的；

（三）违反本办法规定的程序颁发安全使用许可证的；

（四）对不具备申请资格或者不符合法定条件的企业颁发安全使用许可证的；

（五）以欺骗、贿赂等不正当手段取得安全使用许可证的。

第三十三条　企业取得安全使用许可证后有下列情形之一的，发证机关应当注销其安全使用许可证：

（一）安全使用许可证有效期届满未被批准延期的；

（二）终止使用危险化学品从事生产的；

（三）继续使用危险化学品从事生产，但使用量降低后未达到危险化学品使用量的数量标准规定的；

（四）安全使用许可证被依法撤销的；

（五）安全使用许可证被依法吊销的。

安全使用许可证注销后，发证机关应当在当地主要新闻媒体或者本机关网站上予以公告，并向省级和企业所在地县级安全生产监督管理部门通报。

第三十四条　发证机关应当将其颁发安全使用许可证的情况及时向同级环境保护主管部门和公安机关通报。

第三十五条　发证机关应当于每年1月10日前，将本行政区域内上年度安全使用许可证的颁发和管理情况报省级安全生产监督管理部门，并定期向社会公布企业取得安全使用许可证的情况，接受社会监督。

省级安全生产监督管理部门应当于每年1月15日前，将本行政区域内上年度安全使用许可证的颁发和管理情况报国家安全生产监督管理总局。

第六章　法律责任

第三十六条　发证机关工作人员在对危险化学品使用许可证的颁发管理工作中滥用职权、玩忽职守、徇私舞弊，构成犯罪的，依法追究刑事责任；尚不构成犯罪的，依法给予处分。

第三十七条　企业未取得安全使用许可证，擅自使用危险化学品从事生产，且达到危险化学品使用量的数量标准规定的，责令立即停止违法行为并限期改正，处10万元以上20万元以下的罚款；逾期不改正的，责令停产整顿。

企业在安全使用许可证有效期届满后未办理延期手续，仍然使用危险化学品从事生产，且达到危险化学品使用量的数量标准规定的，依照前款规定给予处罚。

第三十八条　企业伪造、变造或者出租、出借、转让安全使用许可证，或者使用伪造、变造的安全使用许可证的，处10万元以上20万元以下的罚款，有违法所得的，没收违法所得；构成违反治安管理行为的，依法给予治安管理处罚；构成犯罪的，依法追究刑事责任。

第三十九条　企业在安全使用许可证有效期内主要负责人、企业名称、注册地址、隶属关系发生变更，未按照本办法第二十四条规定的时限提出安全使用许可证变更申请或者将隶属关系变更证明材料报发证机关的，责令限期办理变更手续，处1万元以上3万元以下的罚款。

第四十条　企业在安全使用许可证有效期内有下列情形之一，未按照本办法第二十五条的规定提出变更申请，继续从事生产的，责令限期改正，处1万元以上3万元以下的罚款：

（一）增加使用的危险化学品品种，且达到危险化学品使用量的数量标准规定的；

（二）涉及危险化学品安全使用许可范围的新建、改建、扩建建设项目，其安全设施已经竣工验收合格的；

（三）改变工艺技术对企业的安全生产条件产生重大影响的。

第四十一条　发现企业隐瞒有关情况或者提供虚假文件、资料申请安全使用许可证的，发证机关不予受理或者不予颁发安全使用许可证，并给予警告，该企业在1年内不得再次申请安全使用许可证。

企业以欺骗、贿赂等不正当手段取得安全使用许可证的，自发证机关撤销其安全使用许可证之日起3年内，该企业不得再次申请安全使用许可证。

第四十二条　安全评价机构有下列情形之一的，给予警告，并处1万元以下的罚款；情节严重的，暂停资质6个月，并处1万元以上3万元以下的罚款；对相关责任人依法给予处理：

（一）从业人员不到现场开展安全评价活动的；

（二）安全评价报告与实际情况不符，或者安全评价报告存在重大疏漏，但尚未造成重大损失的；

（三）未按照有关法律、法规、规章和国家标准或者行业标准的规定从事安全评价活动的。

第四十三条　承担安全评价的机构出具虚假报告和证明，构成犯罪的，依照刑法有关规定追究刑事责任；尚不够刑事处罚的，没收违法所得，违法所得在5000元以上的，并处违法所得2倍以上5倍以下的罚款，没有违法所得或者违法所得不足5000元的，单处或者并处5000元以上2万元以下的罚款，对其直接负责的主管人员和其他直接责任人员处5000元以上5万元以下的罚款；给他人造成损害的，与企业承担连带赔偿责任。

对有本条第一款违法行为的机构，依法吊销其相应资质；该机构取得的资质由其他部门颁发的，移送相关部门处理。

第四十四条　本办法规定的行政处罚，由安全生产监督管理部门决定；但本办法第三十八条规定的行政处罚，由发证机关决定；第四十二条、第四十三条规定的行政处罚，依照《安全评价机构管理规定》执行。

第七章　附　则

第四十五条　本办法下列用语的含义：

（一）危险化学品安全使用许可适用行业目录，是指国家安全生产监督管理总局根据《危险化学品安全管理条例》和有关国家标准、行业标准公布的需要取得危险化学品安全使用许可的化工企业类别；

（二）危险化学品使用量的数量标准，由国家安全生产监督管理总局会同国务院公安部门、农业主管部门根据《危险化学品安全管理条例》公布；

（三）本办法所称使用量，是指企业使用危险化学品的年设计使用量和实际使用量的较大值；

（四）本办法所称大型化工装置，是指按照原建设部《工程设计资质标准》（建市〔2007〕86号）中的《化工石化医药行业建设项目设计规模划分表》确定的大型项目的化工生产装置。

第四十六条　危险化学品安全使用许可的文书、危险化学品安全使用许可证的样式、内容和编号办法，由国家安全生产监督管理总局另行规定。

第四十七条　省级安全生产监督管理部门可以根据当地实际情况制订安全使用许可证管理的细则，并报国家安全生产监督管理总局备案。

第四十八条　本办法施行前已经进行生产的企业，应当自本办法施行之日起18个月内，依照本办法的规定向发证机关申请办理安全使用许可证；逾期不申请办理安全使用许可证，或者经审查不符合本办法规定的安全使用条件，未取得安全使用许可证，继续进行生产的，依照本办法第三十七条的规定处罚。

第四十九条　本办法自2013年5月1日起施行。

国家安全生产监督管理总局令

第58号

《煤矿矿长保护矿工生命安全七条规定》已经2013年1月15日国家安全生产监督管理总局局长办公会议审议通过，现予公布，自公布之日起施行。

国家安全监管总局局长　杨栋梁

2013年1月24日

煤矿矿长保护矿工生命安全七条规定

一、必须证照齐全，严禁无证照或者证照失效非法生产。

二、必须在批准区域正规开采，严禁超层越界或者巷道式采煤、空顶作业。

三、必须确保通风系统可靠，严禁无风、微风、循环风冒险作业。

四、必须做到瓦斯抽采达标，防突措施到位，监控系统有效，瓦斯超限立即撤人，严禁违规作业。

五、必须落实井下探放水规定，严禁开采防隔水煤柱。

六、必须保证井下机电和所有提升设备完好，严禁非阻燃、非防爆设备违规入井。

七、必须坚持矿领导下井带班，确保员工培训合格、持证上岗，严禁违章指挥。

国家安全生产监督管理总局令

第59号

《工贸企业有限空间作业安全管理与监督暂行规定》已经2013年2月18日国家安全生产监督管理总局局长办公会议审议通过，现予公布，自2013年7月1日起施行。

国家安全监管总局局长 杨栋梁

2013年5月20日

工贸企业有限空间作业
安全管理与监督暂行规定

第一章 总 则

第一条 为了加强对冶金、有色、建材、机械、轻工、纺织、烟草、商贸企业（以下统称工贸企业）有限空间作业的安全管理与监督，预防和减少生产安全事故，保障作业人员的安全与健康，根据《中华人民共和国安全生产法》等法律、行政法规，制定本规定。

第二条 工贸企业有限空间作业的安全管理与监督，适用本规定。

本规定所称有限空间，是指封闭或者部分封闭，与外界相对隔离，出入口较为狭窄，作业人员不能长时间在内工作，自然通风不良，易造成有毒有害、易燃易爆物质积聚或者氧含量不足的空间。工贸企业有限空间的目录由国家安全生产监督管理总局确定、调整并公布。

第三条 工贸企业是本企业有限空间作业安全的责任主体，其主要负责人对本企业有限空间作业安全全面负责，相关负责人在各自职责范围内对本企业有限空间作业安全负责。

第四条 国家安全生产监督管理总局对全国工贸企业有限空间作业安全实施监督管理。

县级以上地方各级安全生产监督管理部门按照属地监管、分级负责的原则，对本行政区域内工贸企业有限空间作业安全实施监督管理。省、自治区、直辖市人民政府对工贸企业有限空间作业的安全生产监督管理职责另有规定的，依照其规定。

第二章 有限空间作业的安全保障

第五条 存在有限空间作业的工贸企业应当建立下列安全生产制度和规程：

（一）有限空间作业安全责任制度；

（二）有限空间作业审批制度；

（三）有限空间作业现场安全管理制度；

（四）有限空间作业现场负责人、监护人员、作业人员、应急救援人员安全培训教育制度；

（五）有限空间作业应急管理制度；

（六）有限空间作业安全操作规程。

第六条　工贸企业应当对从事有限空间作业的现场负责人、监护人员、作业人员、应急救援人员进行专项安全培训。专项安全培训应当包括下列内容：

（一）有限空间作业的危险有害因素和安全防范措施；

（二）有限空间作业的安全操作规程；

（三）检测仪器、劳动防护用品的正确使用；

（四）紧急情况下的应急处置措施。

安全培训应当有专门记录，并由参加培训的人员签字确认。

第七条　工贸企业应当对本企业的有限空间进行辨识，确定有限空间的数量、位置以及危险有害因素等基本情况，建立有限空间管理台账，并及时更新。

第八条　工贸企业实施有限空间作业前，应当对作业环境进行评估，分析存在的危险有害因素，提出消除、控制危害的措施，制订有限空间作业方案，并经本企业负责人批准。

第九条　工贸企业应当按照有限空间作业方案，明确作业现场负责人、监护人员、作业人员及其安全职责。

第十条　工贸企业实施有限空间作业前，应当将有限空间作业方案和作业现场可能存在的危险有害因素、防控措施告知作业人员。现场负责人应当监督作业人员按照方案进行作业准备。

第十一条　工贸企业应当采取可靠的隔断（隔离）措施，将可能危及作业安全的设施设备、存在有毒有害物质的空间与作业地点隔开。

第十二条　有限空间作业应当严格遵守“先通风、再检测、后作业”的原则。检测指标包括氧浓度、易燃易爆物质（可燃性气体、爆炸性粉尘）浓度、有毒有害气体浓度。检测应当符合相关国家标准或者行业标准的规定。

未经通风和检测合格，任何人员不得进入有限空间作业。检测的时间不得早于作业开始前30分钟。

第十三条　检测人员进行检测时，应当记录检测的时间、地点、气体种类、浓度等信息。检测记录经检测人员签字后存档。

检测人员应当采取相应的安全防护措施，防止中毒窒息等事故发生。

第十四条　有限空间内盛装或者残留的物料对作业存在危害时，作业人员应当在作业前对物料进行清洗、清空或者置换。经检测，有限空间的危险有害因素符合《工作场所有害因素职业接触限值第一部分化学有害因素》（GBZ2.1）的要求后，方可进入有限空间作业。

第十五条　在有限空间作业过程中，工贸企业应当采取通风措施，保持空气流通，禁止采用纯氧通风换气。

发现通风设备停止运转、有限空间内氧含量浓度低于或者有毒有害气体浓度高于国家标准或者行业标准规定的限值时，工贸企业必须立即停止有限空间作业，清点作业人员，撤离作业现场。

第十六条　在有限空间作业过程中，工贸企业应当对作业场所中的危险有害因素进行定时检测或者连续监测。

作业中断超过30分钟，作业人员再次进入有限空间作业前，应当重新通风、检测合格后方可进入。

第十七条　有限空间作业场所的照明灯具电压应当符合《特低电压限值》(GB/T3805)等国家标准或者行业标准的规定；作业场所存在可燃性气体、粉尘的，其电气设施设备及照明灯具的防爆安全要求应当符合《爆炸性环境第一部分：设备通用要求》（GB3836.1）等国家标准或者行业标准的规定。

第十八条　工贸企业应当根据有限空间存在危险有害因素的种类和危害程度，为作业人员提供符合国家标准或者行业标准规定的劳动防护用品，并教育监督作业人员正确佩戴与使用。

第十九条　工贸企业有限空间作业还应当符合下列要求：

（一）保持有限空间出入口畅通；

（二）设置明显的安全警示标志和警示说明；

（三）作业前清点作业人员和工器具；

（四）作业人员与外部有可靠的通讯联络；

（五）监护人员不得离开作业现场，并与作业人员保持联系；

（六）存在交叉作业时，采取避免互相伤害的措施。

第二十条　有限空间作业结束后，作业现场负责人、监护人员应当对作业现场进行清理，撤离作业人员。

第二十一条　工贸企业应当根据本企业有限空间作业的特点，制订应急预案，并配备相关的呼吸器、防毒面罩、通讯设备、安全绳索等应急装备和器材。有限空间作业的现场负责人、监护人员、作业人员和应急救援人员应当掌握相关应急预案内容，定期进行演练，提高应急处置能力。

第二十二条　工贸企业将有限空间作业发包给其他单位实施的，应当发包给具备国家规定资质或者安全生产条件的承包方，并与承包方签订专门的安全生产管理协议或者在承包合同中明确各自的安全生产职责。存在多个承包方时，工贸企业应当对承包方的安全生产工作进行统一协调、管理。

工贸企业对其发包的有限空间作业安全承担主体责任。承包方对其承包的有限空间作业安全承担直接责任。

第二十三条　有限空间作业中发生事故后，现场有关人员应当立即报警，禁止盲目施救。应急救援人员实施救援时，应当做好自身防护，佩戴必要的呼吸器具、救援器材。

第三章　有限空间作业的安全监督管理

第二十四条　安全生产监督管理部门应当加强对工贸企业有限空间作业的监督检查，将检查纳入年度执法工作计划。对发现的事故隐患和违法行为，依法作出处理。

第二十五条　安全生产监督管理部门对工贸企业有限空间作业实施监督检查时，应当重点抽查有限空间作业安全管理制度、有限空间管理台账、检测记录、劳动防护用品配备、应急救援演练、专项安全培训等情况。

第二十六条　安全生产监督管理部门应当加强对行政执法人员的有限空间作业安全知识培训，并为检查有限空间作业安全的行政执法人员配备必需的劳动防护用品、检测仪器。

第二十七条　安全生产监督管理部门及其行政执法人员发现有限空间作业存在重大事故隐患的，应当责令立即或者限期整改；重大事故隐患排除前或者排除过程中无法保证安全的，应当责令暂时停止作业，撤出作业人员；重大事故隐患排除后，经审查同意，方可恢复作业。

第四章　法律责任

第二十八条　工贸企业有下列行为之一的，由县级以上安全生产监督管理部门责令限期改正；逾期未改正的，责令停产停业整顿，可以并处5万元以下的罚款：

（一）未在有限空间作业场所设置明显的安全警示标志的；

（二）未按照本规定为作业人员提供符合国家标准或者行业标准的劳动防护用品的。

第二十九条　工贸企业有下列情形之一的，由县级以上安全生产监督管理部门给予警告，可以并处2万元以下的罚款：

（一）未按照本规定对有限空间作业进行辨识、提出防范措施、建立有限空间管理台账的；

（二）未按照本规定对有限空间的现场负责人、监护人员、作业人员和应急救援人员进行专项安全培训的；

（三）未按照本规定对有限空间作业制定作业方案或者方案未经审批擅自作业的；

（四）有限空间作业未按照本规定进行危险有害因素检测或者监测，并实行专人监护作业的；

（五）未教育和监督作业人员按照本规定正确佩戴与使用劳动防护用品的；

（六）未按照本规定对有限空间作业制定应急预案，配备必要的应急装备和器材，并定期进行演练的。

第五章 附 则

第三十条 本规定自2013年7月1日起施行。

国家安全生产监督管理总局令

第60号

《化学品物理危险性鉴定与分类管理办法》已经2013年6月24日国家安全生产监督管理总局局长办公会议审议通过，现予公布，自2013年9月1日起施行。

国家安全监管总局局长 杨栋梁

2013年7月10日

化学品物理危险性鉴定与分类管理办法

第一章 总 则

第一条 为了规范化学品物理危险性鉴定与分类工作，根据《危险化学品安全管理条例》，制定本办法。

第二条 对危险特性尚未确定的化学品进行物理危险性鉴定与分类，以及安全生产监督管理部门对鉴定与分类工作实施监督管理，适用本办法。

第三条 本办法所称化学品，是指各类单质、化合物及其混合物。

化学品物理危险性鉴定，是指依据有关国家标准或者行业标准进行测试、判定，确定化学品的燃烧、爆炸、腐蚀、助燃、自反应和遇水反应等危险特性。

化学品物理危险性分类，是指依据有关国家标准或者行业标准，对化学品物理危险性鉴定结果或者相关数据资料进行评估，确定化学品的物理危险性类别。

第四条 下列化学品应当进行物理危险性鉴定与分类：

（一）含有一种及以上列入《危险化学品目录》的组分，但整体物理危险性尚未确定的化学品；

（二）未列入《危险化学品目录》，且物理危险性尚未确定的化学品；

（三）以科学研究或者产品开发为目的，年产量或者使用量超过1吨，且物理危险性尚未确定的化学品。

第五条 国家安全生产监督管理总局负责指导和监督管理全国化学品物理危险性鉴定与分类工作，公告化学品物理危险性鉴定机构（以下简称鉴定机构）名单以及免予物理危险性鉴定与分类的化学品目录，设立化学品物理危险性鉴定与分类技术委员会（以下简称技术委员会）。

县级以上地方各级人民政府安全生产监督管理部门负责监督和检查本行政区域内化学品物理危险性鉴定与分类工作。

第六条　技术委员会负责对有异议的鉴定或者分类结果进行仲裁，公布化学品物理危险性的鉴定情况。

国家安全生产监督管理总局化学品登记中心（以下简称登记中心）负责化学品物理危险性分类结果的评估与审核，建立国家化学品物理危险性鉴定与分类信息管理系统，为化学品物理危险性鉴定与分类工作提供技术支持，承担技术委员会的日常工作。

第二章　物理危险性鉴定与分类

第七条　鉴定机构应当依照有关法律法规和国家标准或者行业标准的规定，科学、公正、诚信地开展鉴定工作，保证鉴定结果真实、准确、客观，并对鉴定结果负责。

第八条　化学品生产、进口单位（以下统称化学品单位）应当对本单位生产或者进口的化学品进行普查和物理危险性辨识，对其中符合本办法第四条规定的化学品向鉴定机构申请鉴定。

化学品单位在办理化学品物理危险性鉴定过程中，不得隐瞒化学品的危险性成分、含量等相关信息或者提供虚假材料。

第九条　化学品物理危险性鉴定按照下列程序办理：

（一）申请化学品物理危险性鉴定的化学品单位向鉴定机构提交化学品物理危险性鉴定申请表以及相关文件资料，提供鉴定所需要的样品，并对样品的真实性负责；

（二）鉴定机构收到鉴定申请后，按照有关国家标准或者行业标准进行测试、判定。除与爆炸物、自反应物质、有机过氧化物相关的物理危险性外，对其他物理危险性应当在20个工作日内出具鉴定报告，特殊情况下由双方协商确定。

送检样品应当至少保存180日，有关档案材料应当至少保存5年。

第十条　化学品物理危险性鉴定应当包括下列内容：

（一）与爆炸物、易燃气体、气溶胶、氧化性气体、加压气体、易燃液体、易燃固体、自反应物质、自燃液体、自燃固体、自热物质、遇水放出易燃气体的物质、氧化性液体、氧化性固体、有机过氧化物、金属腐蚀物等相关的物理危险性；

（二）与化学品危险性分类相关的蒸气压、自燃温度等理化特性，以及化学稳定性和反应性等。

第十一条　化学品物理危险性鉴定报告应当包括下列内容：

（一）化学品名称；

（二）申请鉴定单位名称；

（三）鉴定项目以及所用标准、方法；

（四）仪器设备信息；

（五）鉴定结果；

（六）有关国家标准或者行业标准中规定的其他内容。

第十二条　申请化学品物理危险性鉴定的化学品单位对鉴定结果有异议的，可以在收到鉴定报告之日起15个工作日内向原鉴定机构申请重新鉴定，或者向技术委员会申请仲裁。技术委员会应当在收到申请之日起20个工作日内作出仲裁决定。

第十三条　化学品单位应当根据鉴定报告以及其他物理危险性数据资料，编制化学品物理危险性分类报告。

化学品物理危险性分类报告应当包括下列内容：

（一）化学品名称；

（二）重要成分信息；

（三）物理危险性鉴定报告或者其他有关数据及其来源；

（四）化学品物理危险性分类结果。

第十四条　化学品单位应当向登记中心提交化学品物理危险性分类报告。登记中心应当对分类报告进行综合性评估，并在30个工作日内向化学品单位出具审核意见。

第十五条　化学品单位对化学品物理危险性分类的审核意见有异议的，可以在收到审核意见之日起15个工作日内向技术委员会申请仲裁。技术委员会应当在收到申请之日起20个工作日内作出仲裁决定。

第十六条　化学品单位应当建立化学品物理危险性鉴定与分类管理档案，内容应当包括：

（一）已知物理危险性的化学品的危险特性等信息；

（二）已经鉴定与分类化学品的物理危险性鉴定报告、分类报告和审核意见等信息；

（三）未进行鉴定与分类化学品的名称、数量等信息。

第十七条　化学品单位对确定为危险化学品的化学品以及国家安全生产监督管理总局公告的免予物理危险性鉴定与分类的危险化学品，应当编制化学品安全技术说明书和安全标签，根据《危险化学品登记管理办法》办理危险化学品登记，按照有关危险化学品的法律、法规和标准的要求，加强安全管理。

第十八条　鉴定机构应当于每年1月31日前向国家安全生产监督管理总局上报上一年度鉴定的化学品品名和工作总结。

第三章　法律责任

第十九条　化学品单位有下列情形之一的，由安全生产监督管理部门责令限期改正，可以处1万元以下的罚款；拒不改正的，处1万元以上3万元以下的罚款：

（一）未按照本办法规定对化学品进行物理危险性鉴定或者分类的；

（二）未按照本办法规定建立化学品物理危险性鉴定与分类管理档案的；

（三）在办理化学品物理危险性的鉴定过程中，隐瞒化学品的危险性成分、含量等相关信息或者提供虚假材料的。

第二十条　鉴定机构在物理危险性鉴定过程中有下列行为之一的，处1万元以上3万元以下的罚款；情节严重的，由国家安全生产监督管理总局从鉴定机构名单中除名并公告：

（一）伪造、篡改数据或者有其他弄虚作假行为的；

（二）未通过安全生产监督管理部门的监督检查，仍从事鉴定工作的；

（三）泄露化学品单位商业秘密的。

第四章　附　则

第二十一条　对于用途相似、组分接近、物理危险性无显著差异的化学品，化学品单位可以向鉴定机构申请系列化学品鉴定。

多个化学品单位可以对同一化学品联合申请鉴定。

第二十二条　对已经列入《危险化学品目录》的化学品，发现其有新的物理危险性的，化学品单位应当依照本办法进行物理危险性鉴定与分类。

第二十三条　本办法自2013年9月1日起施行。

国家安全生产监督管理总局令

第61号

《烟花爆竹企业保障生产安全十条规定》已经2013年7月15日国家安全生产监督管理总局局长办公会议审议通过，现予公布，自公布之日起施行。

国家安全监管总局局长 杨栋梁

2013年7月17日

烟花爆竹企业保障生产安全十条规定

一、必须依法设立、证照齐全有效。

二、必须确保防爆、防火、防雷、防静电设施完备。

三、必须确保中转库、药物总库和成品总库满足生产安全需要。

四、必须落实领导值班和职工进出厂登记制度。

五、必须确保全员培训合格和危险工序持证上岗。

六、严禁转包分包、委托加工和违规使用氯酸钾。

七、严禁超范围、超人员、超药量和擅自改变工房用途。

八、严禁高温、雷雨天气生产作业。

九、严禁违规检维修作业和边施工边生产。

十、严禁串岗和无关人员进入厂区。

国家安全生产监督管理总局令

第62号

《非煤矿山外包工程安全管理暂行办法》已经2013年7月29日国家安全生产监督管理总局局长办公会议审议通过，现予公布，自2013年10月1日起施行。

国家安全监管总局局长 杨栋梁

2013年8月23日

非煤矿山外包工程安全管理暂行办法

第一章 总 则

第一条 为了加强非煤矿山外包工程的安全管理和监督，明确安全生产责任，防止和减少生产安全事故（以下简称事故），依据《中华人民共和国安全生产法》、《中华人民共和国矿山安全法》和其他有关法律、行政法规，制定本办法。

第二条　在依法批准的矿区范围内，以外包工程的方式从事金属非金属矿山的勘探、建设、生产、闭坑等工程施工作业活动，以及石油天然气的勘探、开发、储运等工程与技术服务活动的安全管理和监督，适用本办法。

从事非煤矿山各类房屋建筑及其附属设施的建造和安装，以及露天采矿场矿区范围以外地面交通建设的外包工程的安全管理和监督，不适用本办法。

第三条　非煤矿山外包工程（以下简称外包工程）的安全生产，由发包单位负主体责任，承包单位对其施工现场的安全生产负责。

外包工程有多个承包单位的，发包单位应当对多个承包单位的安全生产工作实施统一协调、管理。

第四条　承担外包工程的勘察单位、设计单位、监理单位、技术服务机构及其他有关单位应当依照法律、法规、规章和国家标准、行业标准的规定，履行各自的安全生产职责，承担相应的安全生产责任。

第五条　非煤矿山企业应当建立外包工程安全生产的激励和约束机制，提升非煤矿山外包工程安全生产管理水平。

第二章　发包单位的安全生产职责

第六条　发包单位应当依法设置安全生产管理机构或者配备专职安全生产管理人员，对外包工程的安全生产实施管理和监督。

发包单位不得擅自压缩外包工程合同约定的工期，不得违章指挥或者强令承包单位及其从业人员冒险作业。

发包单位应当依法取得非煤矿山安全生产许可证。

第七条　发包单位应当审查承包单位的非煤矿山安全生产许可证和相应资质，不得将外包工程发包给不具备安全生产许可证和相应资质的承包单位。

承包单位的项目部承担施工作业的，发包单位除审查承包单位的安全生产许可证和相应资质外，还应当审查项目部的安全生产管理机构、规章制度和操作规程、工程技术人员、主要设备设施、安全教育培训和负责人、安全生产管理人员、特种作业人员持证上岗等情况。

承担施工作业的项目部不符合本办法第二十一条规定的安全生产条件的，发包单位不得向该承包单位发包工程。

第八条　发包单位应当与承包单位签订安全生产管理协议，明确各自的安全生产管理职责。安全生产管理协议应当包括下列内容：

（一）安全投入保障；

（二）安全设施和施工条件；

（三）隐患排查与治理；

（四）安全教育与培训；

（五）事故应急救援；

（六）安全检查与考评；

（七）违约责任。

安全生产管理协议的文本格式由国家安全生产监督管理总局另行制定。

第九条　发包单位是外包工程安全投入的责任主体，应当按照国家有关规定和合同约定及时、足额向承包单位提供保障施工作业安全所需的资金，明确安全投入项目和金额，并监督承包单位落实到位。

对合同约定以外发生的隐患排查治理和地下矿山通风、支护、防治水等所需的费用，发包单位应当提供合同价款以外的资金，保障安全生产需要。

第十条　石油天然气总发包单位、分项发包单位以及金属非金属矿山总发包单位，应当每半年对其承包单位的施工资质、安全生产管理机构、规章制度和操作规程、施工现场安全管理和履行本办法第二十七条规定的信息报告义务等情况进行一次检查；发现承包单位存在安全生产问题的，应当督促其立即整改。

第十一条　金属非金属矿山分项发包单位，应当将承包单位及其项目部纳入本单位的安全管理体系，实行统一管理，重点加强对地下矿山领导带班下井、地下矿山从业人员出入井统计、特种作业人员、民用爆炸物品、隐患排查与治理、职业病防护等管理，并对外包工程的作业现场实施全过程监督检查。

第十二条　金属非金属矿山总发包单位对地下矿山一个生产系统进行分项发包的，承包单位原则上不得超过3家，避免相互影响生产、作业安全。

前款规定的发包单位在地下矿山正常生产期间，不得将主通风、主提升、供排水、供配电、主供风系统及其设备设施的运行管理进行分项发包。

第十三条　发包单位应当向承包单位进行外包工程的技术交底，按照合同约定向承包单位提供与外包工程安全生产相关的勘察、设计、风险评价、检测检验和应急救援等资料，并保证资料的真实性、完整性和有效性。

第十四条　发包单位应当建立健全外包工程安全生产考核机制，对承包单位每年至少进行一次安全生产考核。

第十五条　发包单位应当按照国家有关规定建立应急救援组织，编制本单位事故应急预案，并定期组织演练。

外包工程实行总发包的，发包单位应当督促总承包单位统一组织编制外包工程事故应急预案；实行分项发包的，发包单位应当将承包单位编制的外包工程现场应急处置方案纳入本单位应急预案体系，并定期组织演练。

第十六条　发包单位在接到外包工程事故报告后，应当立即启动相关事故应急预案，或者采取有效措施，组织抢救，防止事故扩大，并依照《生产安全事故报告和调查处理条例》的规定，立即如实地向事故发生地县级以上人民政府安全生产监督管理部门和负有安全生产监督管理职责的有关部门报告。

外包工程发生事故的，其事故数据纳入发包单位的统计范围。

发包单位和承包单位应当根据事故调查报告及其批复承担相应的事故责任。

第三章　承包单位的安全生产职责

第十七条　承包单位应当依照有关法律、法规、规章和国家标准、行业标准的规定，以及承包合同和安全生产管理协议的约定，组织施工作业，确保安全生产。

承包单位有权拒绝发包单位的违章指挥和强令冒险作业。

第十八条　外包工程实行总承包的，总承包单位对施工现场的安全生产负总责；分项承包单位按照分包合同的约定对总承包单位负责。总承包单位和分项承包单位对分包工程的安全生产承担连带责任。

总承包单位依法将外包工程分包给其他单位的，其外包工程的主体部分应当由总承包单位自行完成。

禁止承包单位转包其承揽的外包工程。禁止分项承包单位将其承揽的外包工程再次分包。

第十九条　承包单位应当依法取得非煤矿山安全生产许可证和相应等级的施工资质，并在其资质范围内承包工程。

承包金属非金属矿山建设和闭坑工程的资质等级，应当符合《建筑业企业资质等级标准》的规定。

承包金属非金属矿山生产、作业工程的资质等级，应当符合下列要求：

（一）总承包大型地下矿山工程和深凹露天、高陡边坡及地质条件复杂的大型露天矿山工程的，具备矿山工程施工总承包二级以上（含本级，下同）施工资质；

（二）总承包中型、小型地下矿山工程的，具备矿山工程施工总承包三级以上施工资质；

（三）总承包其他露天矿山工程和分项承包金属非金属矿山工程的，具备矿山工程施工总承包或者相关的专业承包资质，具体规定由省级人民政府安全生产监督管理部门制定。

承包尾矿库外包工程的资质，应当符合《尾矿库安全监督管理规定》。

承包金属非金属矿山地质勘探工程的资质等级，应当符合《金属与非金属矿产资源地质勘探安全生产监督管理暂行规定》。

承包石油天然气勘探、开发工程的资质等级，由国家安全生产监督管理总局或者国务院有关部门按照各自的管理权限确定。

第二十条　承包单位应当加强对所属项目部的安全管理，每半年至少进行一次安全生产检查，对项目部人员每年至少进行一次安全生产教育培训与考核。

禁止承包单位以转让、出租、出借资质证书等方式允许他人以本单位的名义承揽工程。

第二十一条　承包单位及其项目部应当根据承揽工程的规模和特点，依法健全安全生产责任体系，完善安全生产管理基本制度，设置安全生产管理机构，配备专职安全生产管理人员和有关工程技术人员。

承包地下矿山工程的项目部应当配备与工程施工作业相适应的专职工程技术人员，其中至少有1名注册安全工程师或者具有5年以上井下工作经验的安全生产管理人员。项目部具备初中以上文化程度的从业人员比例应当不低于50%。

项目部负责人应当取得安全生产管理人员安全资格证后方可上岗。承包地下矿山工程的项目部负责人不得同时兼任其他工程的项目部负责人。

第二十二条　承包单位应当依照法律、法规、规章的规定以及承包合同和安全生产管理协议的约定，及时将发包单位投入的安全资金落实到位，不得挪作他用。

第二十三条　承包单位应当依照有关规定制订施工方案，加强现场作业安全管理，定期排查并及时治理事故隐患，落实各项规章制度和安全操作规程。

承包单位发现事故隐患后应当立即治理；不能立即治理的应当采取必要的防范措施，并及时书面报告发包单位协商解决，消除事故隐患。

地下矿山工程承包单位及其项目部的主要负责人和领导班子其他成员应当严格依照《金属非金属地下矿山企业领导带班下井及监督检查暂行规定》执行带班下井制度。

第二十四条　承包单位应当接受发包单位组织的安全生产培训与指导，加强对本单位从业人员的安全生产教育和培训，保证从业人员掌握必需的安全生产知识和操作技能。

第二十五条　外包工程实行总承包的，总承包单位应当统一组织编制外包工程应急预案。总承包单位和分项承包单位应当按照国家有关规定和应急预案的要求，分别建立应急救援组织或者指定应急救援人员，配备救援设备设施和器材，并定期组织演练。

外包工程实行分项承包的，分项承包单位应当根据建设工程施工的特点、范围以及施工现场容易发生事故的部位和环节，编制现场应急处置方案，并配合发包单位定期进行演练。

第二十六条　外包工程发生事故后，事故现场有关人员应当立即向承包单位及项目部负责人报告。

承包单位及项目部负责人接到事故报告后，应当立即如实地向发包单位报告，并启动相应的应急预案，采取有效措施，组织抢救，防止事故扩大。

第二十七条　承包单位在登记注册地以外的省、自治区、直辖市从事施工作业的，应当向作业所在地的县级人民政府安全生产监督管理部门书面报告外包工程概况和本单位资质等级、主要负责人、安全生产管理人员、特种作业人员、主要安全设施设备等情况，并接受其监督检查。

第四章　监督管理

第二十八条　承包单位发生较大以上责任事故或者一年内发生三起以上一般事故的，事故发生地的省级人民政府安全生产监督管理部门应当向承包单位登记注册地的省级人民政府安全生产监督管理部门通报。

发生重大以上事故的，事故发生地省级人民政府安全生产监督管理部门应当邀请承包单位的安全生产许可证颁发机关参加事故调查处理工作。

第二十九条　安全生产监督管理部门应当加强对外包工程的安全生产监督检查，重点检查下列事项：

（一）发包单位非煤矿山安全生产许可证、安全生产管理协议、安全投入等情况；

（二）承包单位的施工资质、应当依法取得的非煤矿山安全生产许可证、安全投入落实、承包单位及其项目部的安全生产管理机构、技术力量配备、相关人员的安全资格和持证等情况；

（三）违法发包、转包、分项发包等行为。

第三十条　安全生产监督管理部门应当建立外包工程安全生产信息平台，将承包单位取得有关许可、施工资质和承揽工程、发生事故等情况载入承包单位安全生产业绩档案，实施安全生产信誉评定和公告制度。

第三十一条　外包工程发生事故的，事故数据应当纳入事故发生地的统计范围。

第五章 法律责任

第三十二条　发包单位违反本办法第六条的规定，违章指挥或者强令承包单位及其从业人员冒险作业的，责令改正，处2万元以上3万元以下的罚款；造成损失的，依法承担赔偿责任。

第三十三条　发包单位与承包单位、总承包单位与分项承包单位未依照本办法第八条规定签订安全生产管理协议的，责令限期改正，处1万元以上2万元以下的罚款。

第三十四条　有关发包单位有下列行为之一的，责令限期改正，给予警告，并处1万元以上3万元以下的罚款：

（一）违反本办法第十条、第十四条的规定，未对承包单位实施安全生产监督检查或者考核的；

（二）违反本办法第十一条的规定，未将承包单位及其项目部纳入本单位的安全管理体系，实行统一管理的；

（三）违反本办法第十三条的规定，未向承包单位进行外包工程技术交底，或者未按照合同约定向承包单位提供有关资料的。

第三十五条　对地下矿山实行分项发包的发包单位违反本办法第十二条的规定，在地下矿山正常生产期间，将主通风、主提升、供排水、供配电、主供风系统及其设备设施的运行管理进行分项发包的，责令限期改正，处2万元以上3万元以下罚款。

第三十六条　承包地下矿山工程的项目部负责人违反本办法第二十一条的规定，同时兼任其他工程的项目部负责人的，责令限期改正，处5000元以上1万元以下罚款。

第三十七条　承包单位有下列行为之一的，责令限期改正，给予警告，并处1万元以上3万元以下罚款：

（一）违反本办法第二十二条的规定，将发包单位投入的安全资金挪作他用的；

（二）未按照本办法第二十三条的规定排查治理事故隐患的。

第三十八条　承包单位违反本办法第二十条规定对项目部疏于管理，未定期对项目部人员进行安全生产教育培训与考核或者未对项目部进行安全生产检查的，责令限期改正，处1万元以上3万元以下罚款。

承包单位允许他人以本单位的名义承揽工程的，移送有关部门依法处理。

第三十九条　承包单位违反本办法第二十七条的规定，在登记注册的省、自治区、直辖市以外从事施工作业，未向作业所在地县级人民政府安全生产监督管理部门书面报告本单位取得有关许可和施工资质，以及所承包工程情况的，责令限期改正，处1万元以上3万元以下的罚款。

第四十条　安全生产监督管理部门的行政执法人员在外包工程安全监督管理过程中滥用职权、玩忽职守、徇私舞弊的，依照有关规定给予处分；构成犯罪的，依法追究刑事责任。

第四十一条　本办法规定的行政处罚，由县级人民政府以上安全生产监督管理部门实施。

有关法律、行政法规、规章对非煤矿山外包工程安全生产违法行为的行政处罚另有规定的，依照其规定。

第六章　附　则

第四十二条　本办法下列用语的含义：

（一）非煤矿山，是指金属矿、非金属矿、水气矿和除煤矿以外的能源矿，以及石油天然气管道储运(不含成品油管道)及其附属设施的总称；

（二）金属非金属矿山，是指金属矿、非金属矿、水气矿和除煤矿、石油天然气以外的能源矿，以及选矿厂、尾矿库、排土场等矿山附属设施的总称；

（三）外包工程，是指发包单位与本单位以外的承包单位签订合同，由承包单位承揽与矿产资源开采活动有关的工程、作业活动或者技术服务项目；

（四）发包单位，是指将矿产资源开采活动有关的工程、作业活动或者技术服务项目，发包给外单位施工的非煤矿山企业；

（五）分项发包，是指发包单位将矿产资源开采活动有关的工程、作业活动或者技术服务项目，分为若干部分发包给若干承包单位进行施工的行为；

（六）总承包单位，是指整体承揽矿产资源开采活动或者独立生产系统的所有工程、作业活动或者技术服务项目的承包单位；

（七）承包单位，是指承揽矿产资源开采活动有关的工程、作业活动或者技术服务项目的单位；

（八）项目部，是指承包单位在承揽工程所在地设立的，负责其所承揽工程施工的管理机构；

（九）生产期间，是指新建矿山正式投入生产后或者矿山改建、扩建时仍然进行生产，并规模出产矿产品的时期。

第四十三条　省、自治区、直辖市人民政府安全生产监督管理部门可以根据本办法制订实施细则，并报国家安全生产监督管理总局备案。

第四十四条　本办法自2013年10月1日起施行。

国家安全生产监督管理总局令

第63号

《国家安全监管总局关于修改〈生产经营单位安全培训规定〉等11件规章的决定》已经2013年8月19日国家安全生产监督管理总局局长办公会议审议通过，现予公布，自公布之日起施行。

国家安全监管总局局长　杨栋梁

2013年8月29日

国家安全监管总局关于修改《生产经营单位安全培训规定》等11件规章的决定

为了贯彻落实《国务院关于取消和下放一批行政审批项目等事项的决定》（国发〔2013〕19号）中取消安全培训机构资质认可的规定，加强对安全培训活动的事中和事后监管，国家安全生产监督管理总局决定对《生产经营单位安全培训规定》等11件规章作出如下修改：

一、删去《生产经营单位安全培训规定》第十一条、第十二条。

第二十二条修改为："具备安全培训条件的生产经营单位，应当以自主培训为主；可以委托具备安全培训条件的机构，对从业人员进行安全培训。"

"不具备安全培训条件的生产经营单位，应当委托具备安全培训条件的机构，对从业人员进行安全培训。"

第三十条第一款第四项修改为："生产经营单位特种作业人员未按照规定经专门的安全技术培训并取得特种作业人员操作资格证书，上岗作业的。"

二、将《海洋石油安全生产规定》第二十八条第五项修改为："负责海洋石油生产设施发证检验、专业设备检测检验、安全评价和安全咨询等社会中介服务机构的资质审查。"

第三十三条修改为："承担海洋石油生产设施发证检验、专业设备检测检验、安全评价和安全咨询的中介机构应当具备国家规定的资质。"

三、将《注册安全工程师管理规定》第二十四条第二款修改为："继续教育应当由具备安全培训条件的机构承担。"

四、删去《防治煤与瓦斯突出规定》第三十二条第二款第三项中的"煤矿三级及以上安全培训机构组织的"，删去第四项中的"煤矿二级以上安全培训机构组织的"。

五、将《安全评价机构管理规定》第八条第六项修改为："法定代表人通过具备安全培训条件的机构组织的相关安全生产和安全评价知识培训，并考试合格。"

第九条第五项修改为："法定代表人通过具备安全培训条件的机构组织的相关安全生产和安全评价知识培训，并考试合格。"

六、删去《安全生产监管监察职责和行政执法责任追究的暂行规定》第七条第一款第十项。

七、删去《海洋石油安全管理细则》第八十七条。

第八十九条修改为："作业者和承包者应当组织对海上石油作业人员进行安全生产培训。未经培训并取得培训合格证书的作业人员，不得上岗作业。"

删去第九十条第一款、第九十二条、第九十三条、第九十四条中的"具有资质的培训机构颁发的"。

八、《特种作业人员安全技术培训考核管理规定》增加一条，作为第十条："对特种作业人员的安全技术培训，具备安全培训条件的生产经营单位应当以自主培训为主，也可以委托具备安全培训条件的机构进行培训。

"不具备安全培训条件的生产经营单位，应当委托具备安全培训条件的机构进行培训。"

原第十条、第十一条合并为一条，作为第十一条："从事特种作业人员安全技术培训的机构（以下统称培训机构），应当制订相应的培训计划、教学安排，并按照安全监管总局、煤矿安监局制定的特种作业人员培训大纲和煤矿特种作业人员培训大纲进行特种作业人员的安全技术培训。"

删去第三十四条、第四十三条。

九、《安全生产培训管理办法》增加一条，作为第五条："安全培训的机构应当具备从事安全培训工作所需要的条件。从事危险物品的生产、经营、储存单位和矿山企业主要负责人、安全生产管理人员、特种作业人员以及注册安全工程师等相关人员培训的安全培训机构，应当将教师、教学和实习实训设施等情况书面报告所在地安全生产监督管理部门、煤矿安全培训监管机构。

"国家鼓励安全生产相关社会组织对安全培训机构实行自律管理。"

删去第五条、第六条、第七条、第八条、第九条、第十条、第十一条、第十二条、第十三条、第十四条、第十五条、第十六条。

增加一条，作为第九条："对从业人员的安全培训，具备安全培训条件的生产经营单位应当以自主培训为主，也可以委托具备安全培训条件的机构进行安全培训。

"不具备安全培训条件的生产经营单位，应当委托具有安全培训条件的机构对从业人员进行安全培训。"

删去第二十一条第一款和第二款、第三十九条。

第四十条第一项修改为："具备从事安全培训工作所需要的条件的情况。"第二项修改为："建立培训管理制度和教师配备的情况。"

删去第四十五条第一款中的"情节严重的，撤销其资质证书，并处3万元以下的罚款"。

第四十五条第一款第一项修改为："不具备安全培训条件的。"删去第三项、第五项。

删去第四十六条、第四十七条、第四十八条、第五十条第一项。

十、删去《煤层气地面开采安全规程（试行）》第二十二条第一款中的"培训应当由具有资质的培训机构承担"。

十一、将《煤矿安全培训规定》第九条修改为："负责煤矿安全培训的机构（以下简称安全培训机构）应当建立健全安全培训工作制度和培训档案，落实安全培训计划，依照国家统一的煤矿安全培训大纲进行培训。"

第十五条修改为："对从业人员的安全技术培训，具备安全培训条件的生产经营单位应当以自主培训为主，也可以委托具备安全培训条件的机构进行培训。

"不具备安全培训条件的生产经营单位，应当委托具备安全培训条件的机构进行培训。"

第三十二条第一项修改为："具备从事安全培训工作所需要的条件的情况。"第三项修改为："教师的配备情况。"

第三十九条第一项修改为："不具备安全培训条件的"，删去第四项。

以上11件规章的条文顺序根据本决定作相应调整，重新公布。

本决定自公布之日起施行。

国家安全生产监督管理总局令

第64号

《化工（危险化学品）企业保障生产安全十条规定》已经2013年7月15日国家安全生产监督管理总局局长办公会议审议通过，现予公布，自公布之日起施行。

国家安全监管总局局长　杨栋梁

2013年9月18日

化工（危险化学品）企业保障生产安全十条规定

一、必须依法设立、证照齐全有效。

二、必须建立健全并严格落实全员安全生产责任制，严格执行领导带班值班制度。

三、必须确保从业人员符合录用条件并培训合格，依法持证上岗。

四、必须严格管控重大危险源，严格变更管理，遇险科学施救。

五、必须按照《危险化学品企业事故隐患排查治理实施导则》要求排查治理隐患。

六、严禁设备设施带病运行和未经审批停用报警联锁系统。

七、严禁可燃和有毒气体泄漏等报警系统处于非正常状态。

八、严禁未经审批进行动火、进入受限空间、高处、吊装、临时用电、动土、检维修、盲板抽堵等作业。

九、严禁违章指挥和强令他人冒险作业。

十、严禁违章作业、脱岗和在岗做与工作无关的事。

《化工（危险化学品）企业保障生产安全十条规定》条文释义

《化工（危险化学品）企业保障生产安全十条规定》（以下简称《十条规定》）由5个必须和5个严禁组成，紧抓化工（危险化学品）企业生产安全的主要矛盾和关键问题，规范了化工（危险化学品）企业安全生产过程中集中多发的问题，其主要特点是：

一是重点突出，针对性强。《十条规定》在归纳总结近年来造成危险化学品生产安全事故主要因素的基础上，从企业必须依法取得相关证照、建立健全并落实安全生产责任制等安全管理规章制度、严格从业人员资格及培训要求等方面强调了化工（危险化学品）企业保障生产安全的最基本的规定，突出了遏制危险化学品生产安全事故的关键因素。

二是编制依法，执行有据。《十条规定》中的每一个必须、每一个严禁，都是以《中华人民共和国安全生产法》、《危险化学品安全管理条例》及其配套规章等重要法规标准为依据，都是有法可依的，化工（危险化学品）企业必须严格执行。违反了规定，就要依法进行处罚。

三是简明扼要，便于普及。《十条规定》的内容只有十句话，239个字，言简意赅，一目了然。虽然这些内容过去都有规定，但散落在多项法规标准之中，许多化工（危险化学品）企业负责人、安全管理人员和从业人员对其不够熟悉。《十条规定》明确将法规标准中规定的化工（危险化学品）企业应该做、必须做的最基本的要求规范出来，便于企业及相关人员记忆和执行。

为深刻领会、准确理解《十条规定》的内容和要求，现逐条进行简要解释说明如下。

一、必须依法设立、证照齐全有效

依法设立是要求：企业的设立应当符合国家产业政策和当地产业结构规划；企业的选址应当符合当地城乡规划；新建化工企业必须按照有关规定进入化工园区（或集中区），必须经过正规设计，必须装备自动监控系统及必要的安全仪表系统，周边距离不足和城区内的化工企业要搬迁进入化工园区。

证照齐全主要是指各种企业安全许可证照，包括建设项目“三同时”审查和各类相应的安全许可证不仅要齐全，还要确保在有效期内。

依法设立是企业安全生产的首要条件和前提保障。安全生产行政审批是危险化学品企业准入的首要关口，是检查企业是否具备基本安全生产条件的重要环节，是安全监管部门强化安全生产监管的重要行政手段。而非法生产行为一直是引发事故，特别是较大以上群死群伤事故的主要原因之一。例如，2013年3月1日，辽宁省朝阳市建平县鸿商贸有限责任公司硫酸储罐爆炸泄漏事故，导致7人死亡、2人受伤。事故企业未取得工商注册，在项目建设过程中，除办理了临时占地手续外，项目可研、环评、安全评价、设计等相关手续均未办理。

二、必须建立健全并严格落实全员安全生产责任制，严格执行领导带班值班制度

安全生产责任制是生产经营单位安全生产的重要制度，建立健全并严格落实全员安全生产责任制，是企业加强安全管理的重要基础。严格领导带班值班制度是强化企业领导安全生产责任意识、及时掌握安全生产动态的重要途径，是及时应对突发事件的重要保障。

安全生产责任制不健全、不落实，领导带班值班制度执行不严格往往是事故发生的首要潜在因素。例如，2012年12月31日，山西省潞城市山西潞安集团天脊煤化工集团股份有限公司苯胺泄漏事故，造成区域环境污染事件，直接经济损失约235.92万元。事故直接原因虽然是事故储罐进料管道上的金属软管破裂导致的，但经调查发现安全生产责任制不落实（当班员工18个小时不巡检）和领导带班值班制度未严格落实是导致事故发生的重要原因。

三、必须确保从业人员符合录用条件并培训合格，依法持证上岗

化工生产、储存、使用过程中涉及品种繁多、特性各异的危险化学品，涉及复杂多样的工艺技术、设备、仪表、电气等设施。特别是近年来，化工生产呈现出装置大型化、集约化的发展，对从业人员提出了更高的要求。因此，从业人员的良好素质是化工企业实现安全生产必须具备的基础条件。只有经过严格的培训，掌握生产工艺及设备操作技能、熟知本岗位存在的安全隐患及防范措施、需要取证的岗位依法取证后，才能承担并完成自己的本职工作，保证自身和装置的安全。

不符合录用条件、不具备相关知识和技能、不持证上岗的“三不”人员从事化工生产极易发生事故。例如，2012年2月28日，河北省石家庄市赵县河北克尔化工有限公司重大爆炸事故，造成29人死亡、46人受伤，直接经济损失4459万元。事故暴露出的主要问题之一就是公司从业人员不具备化工生产的专业技能。该公司车间主任和重要岗位员工多为周边村里的农民（初中以下文化程度），缺乏化工生产必备的专业知识和技能，未经有效的安全教育培训即上岗作业，把危险程度较低的生产过程变成了高度危险的生产过程，针对突发异常情况，缺乏及时有效应对紧急情况的知识和能力，最终导致事故发生。

四、必须严格管控重大危险源，严格变更管理，遇险科学施救

严格管控危险化学品重大危险源是有效预防、遏制重特大事故的重要途径和基础性、长效性措施。2011年12月1日起施行的《危险化学品重大危险源监督管理暂行规定》（国家安全监管总局令第40号）明确提出了对危险化学品重大危险源要完善监测监控手段和落实安全监督管理责任等要求。由于构成危险化学品重大危险源的危险化学品数量较大，一旦发生事故，造成的后果和影响十分巨大。例如，2008年8月26日，广西河池市广维化工股份有限公司爆炸事故，造成21人死亡、59人受伤，厂区附近3公里范围共11500多名群众疏散，直接经济损失7586万元。事后调查发现，该起事故与罐区重大危险源监控措施不到位有直接关系，事故储罐没有安装液位、温度、压力测量监控仪表和可燃气体泄漏报警仪表。

变更管理是指对人员、工作过程、工作程序、技术、设施等永久性或暂时性的变化进行有计划的控制，确保变更带来的危害得到充分识别，风险得到有效控制。变更按内容分为工艺技术变更、设备设施变更和管理变更等。变更管理在我国化工企业安全管理中是薄弱环节。发生变更时，如果未对风险进行分析并采取安全措施，就极易形成重大事故隐患，甚至造成事故。例如，2010年7月16日，辽宁省大连市的大连中石油国际储运有限公司原油罐区发生的输油管道爆炸事故，造成严重环境污染和1名作业人员失踪、1名消防战士牺牲。该起事故是未严格执行变更管理程序导致事故发生的典型案例。事故单位的原油硫化氢脱除剂的活性组分由有机胺类变更为过氧化氢，脱除剂组分发生了变更，加注过程操作条件也发生了变化，但企业没有针对这些变更进行风险分析，也没有制订风险控制方案，导致了在加剂过程中发生火灾爆炸事故，大火持续燃烧15个小时，泄漏原油流入附近海域。

在作业遇险时，不能保证自身安全的情况下盲目施救，往往会使事故扩大，造成施救者受到伤害甚至死亡。例如，2012年5月26日，江苏省盐城市大丰跃龙化学有限公司中毒事故，导致2人死亡。事故原因是尾气吸收岗位因有毒气体外逸并在密闭空间积聚，导致当班操作人员中毒，当班职工在组织救援的过程中因防范措施不当，盲目施救，致使3名救援人员在施救过程中相继中毒。

五、必须按照《危险化学品企业事故隐患排查治理实施导则》要求排查治理隐患

隐患是事故的根源。排查治理隐患，是安全生产工作的最基本任务，是预防和减少事故的最有效手段，也是安全生产的重要基础性工作。

《危险化学品企业事故隐患排查治理实施导则》对企业建立并不断完善隐患排查体制机制、制订完善管理制度、扎实开展隐患排查治理工作提出了明确要求和细致的规定。隐患排查走过场、隐患消除不及时，都可能成为事故的诱因。例如，2011年11月6日，吉林省松原市松原石油化工股份有限公司气体分馏车间发生爆炸引起火灾，造成4人死亡、1人重伤、6人轻伤。事后调查发现，事故发生时，气体分馏装置存在硫化氢腐蚀，事发前曾出现硫化氢严重超标现象，企业没有据此缩短设备监测检查周期、排查隐患、加强维护保养，充分暴露出企业隐患治理工作没有落实到位，为事故发生埋下了祸根。

六、严禁设备设施带病运行和未经审批停用报警联锁系统

设备、设施是化工生产的基础，设备、设施带病运行是事故的主要根源之一。例如，2010年5月9日，上海中石化高桥分公司炼油事业部储运2号罐区石脑油储罐火灾事故，造成1613＃罐罐顶掀开，1615＃罐罐顶局部开裂，经济损失60余万元。事故直接原因是1613＃油罐铝制浮盘腐蚀穿孔，造成罐内硫化亚铁遇空气自燃。事故企业2003年至事发时只做过一次内壁防腐，石脑油罐罐壁和铝制浮盘严重腐蚀，一直带病运行，最终导致了事故的发生。

报警联锁系统是规范危险化学品企业安全生产管理、降低安全风险、保证装置的平稳运行、安全生产的有效手段，是防止事故发生的重要措施，也是提升企业本质安全水平的有效途径。未经审批、随意停用报警联锁系统会给安全生产造成极大的隐患。例如，2011年7月11日，广东省惠州市中海油炼化公司惠州炼油分公司芳烃联合装置火灾事故，造成重整生成油分离塔塔底泵的轴承、密封及进出口管线及附近管线、电缆及管廊结构等损毁。直接原因是重整生成油分离塔塔底泵非驱动端的止推轴承损坏，造成轴剧烈振动和轴位移，导致该泵非驱动端的两级机械密封的严重损坏造成泄漏，泄漏的介质遇到轴套与密封端盖发生硬摩擦产生的高温导致着火。但是调查发现，事故发生的一个重要原因是由于DCS通道不足，仪表系统没有按照规范设置泵的机械密封油罐低液位信号，进入控制室的信号只设置了状态显示，没有声光报警，致使控制室值班人员未能及时发现异常情况。

七、严禁可燃和有毒气体泄漏等报警系统处于非正常状态

可燃气体和有毒气体泄漏等报警系统是可燃有毒气体泄漏的重要预警手段。可燃和有毒气体含量超出安全规定要求但不能被检测出时，极易发生事故。例如，2010年11月20日，榆社化工股份有限公司树脂二厂2＃聚合厂房内发生了空间爆炸，造成4人死亡、2人重伤、3人轻伤，经济损失2500万元。虽然事故直接原因是位于2＃聚合厂房四层南侧待出料的9号釜顶部氯乙烯单体进料管与总排空管控制阀下连接的上弯头焊缝开裂导致氯乙烯泄漏，泄漏的氯乙烯漏进9号釜一层东侧出料泵旁的混凝土柱上的聚合釜出料泵启动开关，产生电气火花，引起厂房内的氯乙烯气体空间爆炸，但是本应起到报警作用的泄漏气体检测仪却没有发出报警，未起到预防事故发生的作用，最终导致了事故的发生。

八、严禁未经审批进行动火、进入受限空间、高处、吊装、临时用电、动土、检维修、盲板抽堵等作业

化工企业动火、进入受限空间、高处、吊装、临时用电、动土、检维修、盲板抽堵等作业均具有很大的风险。严格八大作业的安全管理，就是要审查作业过程中风险是否分析全面，确认作业条件是否具备、安全措施是否足够并落实，相关人员是否按要求现场确认、签字。同时，必须加强作业过程监督，作业过程中必须有监护人进行现场监护。作业过程中因审批制度不完善、执行不到位导致的人身伤亡的事故时有发生。例如，2010年6月29日，辽宁省辽阳市中石油辽阳石化分公司炼油厂原油输转站1个3万立方米的原油罐在清罐作业过程中，发生可燃气体爆燃事故，致使罐内作业人员3人死亡、7人受伤。事故的主要原因之一就是作业现场负责人在没有监护人员在场的情况下，带领作业人员进入作业现场作业，同时，在“有限空间作业票”和“进入有限空间作业安全监督卡”上的安全措施未落实，用阀门代替盲板，就签字确认，使工人在存在较大事故隐患的环境里作业，导致了事故的发生。

九、严禁违章指挥和强令他人冒险作业

违章指挥，往往会造成额外的风险，给作业者带来伤害，甚至是血的教训，违章指挥和强令他人冒险作业是不顾他人安全的恶劣行为，经常成为事故的诱因。例如，2010年7月28日，江苏省南京市扬州鸿运建设配套工程有限公司在江苏省南京市栖霞区迈皋桥街道万寿村15号的原南京塑料四厂旧址平整拆迁土地过程中，挖掘机挖穿了地下丙烯管道，丙烯泄漏后遇到明火发生爆燃事故，造成22人死亡、120人住院治疗，事故还造成周边近2平方公里范围内的3000多户居民住房及部分商店玻璃、门窗不同程度受损。事故的主要原因之一就是因为现场施工安全管理缺失，施工队伍盲目施工，现场作业负责人在明知拆除地块内有地下丙烯管道的情况下，不顾危险，违章指挥，野蛮操作，造成管道被挖穿，从而酿成重大事故。

十、严禁违章作业、脱岗和在岗做与工作无关的事

作业人员在岗期间，若脱岗、酒后上岗，从事与工作无关的事，一旦生产过程中出现异常情况，不能及时发现和处理，往往造成严重后果。例如，2008年9月14日，辽宁省辽阳市金航石油化工有限公司爆炸事故，造成2人死亡、1人下落不明、2人受轻伤。事故原因就是在滴加异辛醇进行硝化反应的过程中，当班操作工违章脱岗，反应失控时没能及时发现和处置导致的。

国家安全生产监督管理总局令

第65号

《烟花爆竹经营许可实施办法》已经2013年9月16日国家安全生产监督管理总局局长办公会议审议通过，现予公布，自2013年12月1日起施行。国家安全生产监督管理总局2006年8月26日公布的《烟花爆竹经营许可实施办法》同时废止。

国家安全生产监督管理总局局长　杨栋梁

2013年10月16日

烟花爆竹经营许可实施办法

第一章　总　则

第一条　为了规范烟花爆竹经营单位安全条件和经营行为，做好烟花爆竹经营许可证颁发和管理工作，加强烟花爆竹经营安全监督管理，根据《烟花爆竹安全管理条例》等法律、行政法规，制定本办法。

第二条　烟花爆竹经营许可证的申请、审查、颁发及其监督管理，适用本办法。

第三条　从事烟花爆竹批发的企业（以下简称批发企业）和从事烟花爆竹零售的经营者（以下简称零售经营者）应当按照本办法的规定，分别取得《烟花爆竹经营（批发）许可证》（以下简称批发许可证）和《烟花爆竹经营（零售）许可证》（以下简称零售许可证）。

从事烟花爆竹进出口的企业，应当按照本办法的规定申请办理批发许可证。

未取得烟花爆竹经营许可证的，任何单位或者个人不得从事烟花爆竹经营活动。

第四条　烟花爆竹经营单位的布点，应当按照保障安全、统一规划、合理布局、总量控制、适度竞争的原则审批；对从事黑火药、引火线批发和烟花爆竹进出口的企业，应当按照严格许可条件、严格控制数量的原则审批。

批发企业不得在城市建成区内设立烟花爆竹储存仓库，不得在批发（展示）场所摆放有药样品；严格控制城市建成区内烟花爆竹零售点数量，且烟花爆竹零售点不得与居民居住场所设置在同一建筑物内。

第五条　烟花爆竹经营许可证的颁发和管理，实行企业申请、分级发证、属地监管的原则。

国家安全生产监督管理总局（以下简称安全监管总局）负责指导、监督全国烟花爆竹经营许可证的颁发和管理工作。

省、自治区、直辖市人民政府安全生产监督管理部门（以下简称省级安全监管局）负责制订本行政区域的批发企业布点规划，统一批发许可编号，指导、监督本行政区域内烟花爆竹经营许可证的颁发和管理工作。

设区的市级人民政府安全生产监督管理部门（以下简称市级安全监管局）根据省级安全监管局的批发企业布点规划和统一编号，负责本行政区域内烟花爆竹批发许可证的颁发和管理工作。

县级人民政府安全生产监督管理部门（以下简称县级安全监管局，与市级安全监管局统称发证机关）负责本行政区域内零售经营布点规划与零售许可证的颁发和管理工作。

第二章　批发许可证的申请和颁发

第六条　批发企业应当符合下列条件：

（一）具备企业法人条件。

（二）符合所在地省级安全监管局制定的批发企业布点规划。

（三）具有与其经营规模和产品相适应的仓储设施。仓库的内外部安全距离、库房布局、建筑结构、疏散通道、消防、防爆、防雷、防静电等安全设施以及电气设施等，符合《烟花爆竹工程设计安全规范》（GB50161）等国家标准和行业标准的规定。仓储区域及仓库安装有符合《烟花爆竹企业安全监控系统通用技术条件》（AQ4101）规定的监控设施，并设立符合《烟花爆竹安全生产标志》（AQ4114）规定的安全警示标志和标识牌。

（四）具备与其经营规模、产品和销售区域范围相适应的配送服务能力。

（五）建立安全生产责任制和各项安全管理制度、操作规程。安全管理制度和操作规程至少包括：仓库安全管理制度、仓库保管守卫制度、防火防爆安全管理制度、安全检查和隐患排查治理制度、事故应急救援与事故报告制度、买卖合同管理制度、产品流向登记制度、产品检验验收制度、从业人员安全教育培训制度、违规违章行为处罚制度、企业负责人值（带）班制度、安全生产费用提取和使用制度、装卸（搬运）作业安全规程。

（六）有安全管理机构或者专职安全生产管理人员。

（七）主要负责人、分管安全生产负责人、安全生产管理人员具备烟花爆竹经营方面的安全知识和管理能力，并经培训考核合格，取得相应资格证书。仓库保管员、守护员接受烟花爆竹专业知识培训，并经考核合格，取得相应资格证书。其他从业人员经本单位安全知识培训合格。

（八）按照《烟花爆竹流向登记通用规范》（AQ4102）和烟花爆竹流向信息化管理的有关规定，建立并应用烟花爆竹流向信息化管理系统。

（九）有事故应急救援预案、应急救援组织和人员，并配备必要的应急救援器材、设备。

（十）依法进行安全评价。

（十一）法律、法规规定的其他条件。

从事烟花爆竹进出口的企业申请领取批发许可证，应当具备前款第一项至第三项和第五项至第十一项规定的条件。

第七条　从事黑火药、引火线批发的企业，除具备本办法第六条规定的条件外，还应当具备必要的黑火药、引火线安全保管措施，自有的专用运输车辆能够满足其配送服务需要，且符合国家相关标准。

第八条　批发企业申请领取批发许可证时，应当向发证机关提交下列申请文件、资料，并对其真实性负责：

（一）批发许可证申请书（一式三份）；

（二）企业法人营业执照副本或者企业名称工商预核准文件复制件；

（三）安全生产责任制文件、事故应急救援预案备案登记文件、安全管理制度和操作规程的目录清单；

（四）主要负责人、分管安全生产负责人、安全生产管理人员和仓库保管员、守护员的相关资格证书复制件；

（五）具备相应资质的设计单位出具的库区外部安全距离实测图和库区仓储设施平面布置图；

（六）具备相应资质的安全评价机构出具的安全评价报告，安全评价报告至少包括本办法第六条第三项、第四项、第八项、第九项和第七条规定条件的符合性评价内容；

（七）建设项目安全设施设计审查和竣工验收的证明材料；

（八）从事黑火药、引火线批发的企业自有专用运输车辆以及驾驶员、押运员的相关资质（资格）证书复制件；

（九）法律、法规规定的其他文件、资料。

第九条 发证机关对申请人提交的申请书及文件、资料，应当按照下列规定分别处理：

（一）申请事项不属于本发证机关职责范围的，应当即时作出不予受理的决定，并告知申请人向相应发证机关申请；

（二）申请材料存在可以当场更改的错误的，应当允许或者要求申请人当场更正，并在更正后即时出具受理的书面凭证；

（三）申请材料不齐全或者不符合要求的，应当当场或者在5个工作日内书面一次告知申请人需要补正的全部内容；逾期不告知的，自收到申请材料之日起即为受理；

（四）申请材料齐全、符合要求或者按照要求全部补正的，自收到申请材料或者全部补正材料之日起即为受理。

第十条 发证机关受理申请后，应当对申请材料进行审查。需要对经营储存场所的安全条件进行现场核查的，应当指派2名以上工作人员组织技术人员进行现场核查。对烟花爆竹进出口企业和设有1.1级仓库的企业，应当指派2名以上工作人员组织技术人员进行现场核查。负责现场核查的人员应当提出书面核查意见。

第十一条 发证机关应当自受理申请之日起30个工作日内作出颁发或者不予颁发批发许可证的决定。

对决定不予颁发的，应当自作出决定之日起10个工作日内书面通知申请人并说明理由；对决定颁发的，应当自作出决定之日起10个工作日内送达或者通知申请人领取批发许可证。

发证机关在审查过程中，现场核查和企业整改所需时间，不计算在本办法规定的期限内。

第十二条 批发许可证的有效期限为3年。

批发许可证有效期满后，批发企业拟继续从事烟花爆竹批发经营活动的，应当在有效期届满前3个月向原发证机关提出延期申请，并提交下列文件、资料：

（一）批发许可证延期申请书（一式三份）；

（二）本办法第八条第三项、第四项、第五项、第八项规定的文件、资料；

（三）安全生产标准化达标的证明材料。

第十三条 发证机关受理延期申请后，应当按照本办法第十条、第十一条规定，办理批发许可证延期手续。

第十四条 批发企业符合下列条件的，经发证机关同意，可以不进行现场核查，直接办理批发许可证延期手续：

（一）严格遵守有关法律、法规和本办法规定，无违法违规经营行为的；

（二）取得批发许可证后，持续加强安全生产管理，不断提升安全生产条件，达到安全生产标准化二级以上的；

（三）接受发证机关及所在地人民政府安全生产监督管理部门的监督检查的；

（四）未发生生产安全伤亡事故的。

第十五条　批发企业在批发许可证有效期内变更企业名称、主要负责人和注册地址的，应当自变更之日起10个工作日内向原发证机关提出变更，并提交下列文件、资料：

（一）批发许可证变更申请书（一式三份）；

（二）变更后的企业名称工商预核准文件或者工商营业执照副本复制件；

（三）变更后的主要负责人安全资格证书复制件。

批发企业变更经营许可范围、储存仓库地址和仓储设施新建、改建、扩建的，应当重新申请办理许可手续。

第三章　零售许可证的申请和颁发

第十六条　零售经营者应当符合下列条件：

（一）符合所在地县级安全监管局制定的零售经营布点规划；

（二）主要负责人经过安全培训合格，销售人员经过安全知识教育；

（三）春节期间零售点、城市长期零售点实行专店销售。乡村长期零售点在淡季实行专柜销售时，安排专人销售，专柜相对独立，并与其他柜台保持一定的距离，保证安全通道畅通；

（四）零售场所的面积不小于10平方米，其周边50米范围内没有其他烟花爆竹零售点，并与学校、幼儿园、医院、集贸市场等人员密集场所和加油站等易燃易爆物品生产、储存设施等重点建筑物保持100米以上的安全距离；

（五）零售场所配备必要的消防器材，张贴明显的安全警示标志；

（六）法律、法规规定的其他条件。

第十七条　零售经营者申请领取零售许可证时，应当向所在地发证机关提交申请书、零售点及其周围安全条件说明和发证机关要求提供的其他材料。

第十八条　发证机关受理申请后，应当对申请材料和零售场所的安全条件进行现场核查。负责现场核查的人员应当提出书面核查意见。

第十九条　发证机关应当自受理申请之日起20个工作日内作出颁发或者不予颁发零售许可证的决定，并书面告知申请人。对决定不予颁发的，应当书面说明理由。

第二十条　零售许可证上载明的储存限量由发证机关根据国家标准或者行业标准的规定，结合零售点及其周围安全条件确定。

第二十一条　零售许可证的有效期限由发证机关确定，最长不超过2年。零售许可证有效期满后拟继续从事烟花爆竹零售经营活动，或者在有效期内变更零售点名称、主要负责人、零售场所和许可范围的，应当重新申请取得零售许可证。

第四章　监督管理

第二十二条　批发企业、零售经营者不得采购和销售非法生产、经营的烟花爆竹和产品质量不符合国家标准或者行业标准规定的烟花爆竹。

批发企业不得向未取得零售许可证的单位或者个人销售烟花爆竹，不得向零售经营者销售礼花弹等应当由专业燃放人员燃放的烟花爆竹；从事黑火药、引火线批发的企业不得向无《烟花爆竹安全生产许可证》的单位或者个人销售烟火药、黑火药、引火线。

零售经营者应当向批发企业采购烟花爆竹，不得采购、储存和销售礼花弹等应当由专业燃放人员燃放的烟花爆竹，不得采购、储存和销售烟火药、黑火药、引火线。

第二十三条　禁止在烟花爆竹经营许可证载明的储存（零售）场所以外储存烟花爆竹。

烟花爆竹仓库储存的烟花爆竹品种、规格和数量，不得超过国家标准或者行业标准规定的危险等级和核定限量。

零售点存放的烟花爆竹品种和数量，不得超过烟花爆竹经营许可证载明的范围和限量。

第二十四条　批发企业对非法生产、假冒伪劣、过期、含有违禁药物以及其他存在严重质量问题的烟花爆竹，应当及时、妥善销毁。

对执法检查收缴的前款规定的烟花爆竹，不得与正常的烟花爆竹产品同库存放。

第二十五条　批发企业应当建立并严格执行合同管理、流向登记制度，健全合同管理和流向登记档案，并留存3年备查。

黑火药、引火线批发企业的采购、销售记录，应当自购买或者销售之日起3日内报所在地县级安全监管局备案。

第二十六条　烟花爆竹经营单位不得出租、出借、转让、买卖、冒用或者使用伪造的烟花爆竹经营许可证。

第二十七条　烟花爆竹经营单位应当在经营（办公）场所显著位置悬挂烟花爆竹经营许可证正本。批发企业应当在储存仓库留存批发许可证副本。

第二十八条　对违反本办法规定的程序、超越职权或者不具备本办法规定的安全条件颁发的烟花爆竹经营许可证，发证机关应当依法撤销其经营许可证。

取得烟花爆竹经营许可证的单位依法终止烟花爆竹经营活动的，发证机关应当依法注销其经营许可证。

第二十九条　发证机关应当坚持公开、公平、公正的原则，严格依照本办法的规定审查、核发烟花爆竹经营许可证，建立健全烟花爆竹经营许可证的档案管理制度和信息化管理系统，并定期向社会公告取证企业的名单。

省级安全监管局应当加强烟花爆竹经营许可工作的监督检查，并于每年3月15日前，将本行政区域内上年度烟花爆竹经营许可证的颁发和管理情况报告安全监管总局。

第三十条　任何单位或者个人对违反《烟花爆竹安全管理条例》和本办法规定的行为，有权向安全生产监督管理部门或者监察机关等有关部门举报。

第五章　法律责任

第三十一条　对未经许可经营、超许可范围经营、许可证过期继续经营烟花爆竹的，责令其停止非法经营活动，处2万元以上10万元以下的罚款，并没收非法经营的物品及违法所得。

第三十二条　批发企业有下列行为之一的，责令其限期改正，处5000元以上3万元以下的罚款：

（一）在城市建成区内设立烟花爆竹储存仓库，或者在批发（展示）场所摆放有药样品的；

（二）采购和销售质量不符合国家标准或者行业标准规定的烟花爆竹的；

（三）在仓库内违反国家标准或者行业标准规定储存烟花爆竹的；

（四）在烟花爆竹经营许可证载明的仓库以外储存烟花爆竹的；

（五）对假冒伪劣、过期、含有超量、违禁药物以及其他存在严重质量问题的烟花爆竹未及时销毁的；

（六）未执行合同管理、流向登记制度或者未按照规定应用烟花爆竹流向管理信息系统的；

（七）未将黑火药、引火线的采购、销售记录报所在地县级安全监管局备案的；

（八）仓储设施新建、改建、扩建后，未重新申请办理许可手续的；

（九）变更企业名称、主要负责人、注册地址，未申请办理许可证变更手续的；

（十）向未取得零售许可证的单位或者个人销售烟花爆竹的。

第三十三条　批发企业有下列行为之一的，责令其停业整顿，依法暂扣批发许可证，处2万元以上10万元以下的罚款，并没收非法经营的物品及违法所得；情节严重的，依法吊销批发许可证：

（一）向未取得烟花爆竹安全生产许可证的单位或者个人销售烟火药、黑火药、引火线的；

（二）向零售经营者供应非法生产、经营的烟花爆竹的；

（三）向零售经营者供应礼花弹等按照国家标准规定应当由专业人员燃放的烟花爆竹的。

第三十四条　零售经营者有下列行为之一的，责令其停止违法行为，处1000元以上5000元以下的罚款，并没收非法经营的物品及违法所得；情节严重的，依法吊销零售许可证：

（一）销售非法生产、经营的烟花爆竹的；

（二）销售礼花弹等按照国家标准规定应当由专业人员燃放的烟花爆竹的。

第三十五条　零售经营者有下列行为之一的，责令其限期改正，处1000元以上5000元以下的罚款；情节严重的，处5000元以上3万元以下的罚款：

（一）变更零售点名称、主要负责人或者经营场所，未重新办理零售许可证的；

（二）存放的烟花爆竹数量超过零售许可证载明范围的。

第三十六条　烟花爆竹经营单位出租、出借、转让、买卖烟花爆竹经营许可证的，责令其停止违法行为，处1万元以上3万元以下的罚款，并依法撤销烟花爆竹经营许可证。

冒用或者使用伪造的烟花爆竹经营许可证的，依照本办法第三十一条的规定处罚。

第三十七条　申请人隐瞒有关情况或者提供虚假材料申请烟花爆竹经营许可证的，发证机关不予受理，该申请人1年内不得再次提出烟花爆竹经营许可申请。

以欺骗、贿赂等不正当手段取得烟花爆竹经营许可证的，应当予以撤销，该经营单位3年内不得再次提出烟花爆竹经营许可申请。

第三十八条　安全生产监督管理部门工作人员在实施烟花爆竹经营许可和监督管理工作中，滥用职权、玩忽职守、徇私舞弊，未依法履行烟花爆竹经营许可证审查、颁发和监督管理职责的，依照有关规定给予处分；构成犯罪的，依法追究刑事责任。

第三十九条　本办法规定的行政处罚，由安全生产监督管理部门决定，暂扣、吊销经营许可证的行政处罚由发证机关决定。

第六章　附　则

第四十条　烟花爆竹经营许可证分为正本、副本，正本为悬挂式，副本为折页式，具有同等法律效力。

烟花爆竹经营许可证由安全监管总局统一规定式样。

第四十一条　省级安全监管局可以依据国家有关法律、行政法规和本办法的规定制订实施细则。

第四十二条　本办法自2013年12月1日起施行，安全监管总局2006年8月26日公布的《烟花爆竹经营许可实施办法》同时废止。

江苏省人民政府文件

苏政发〔2012〕112号

省政府关于坚持科学发展
全面提升全省安全发展水平的意见

各市、县（市、区）人民政府，省各委办厅局，省各直属单位：

为认真贯彻《国务院关于坚持科学发展安全发展促进安全生产形势持续稳定好转的意见》（国发〔2011〕40号）精神，坚持科学发展、安全发展，构建安全生产责任网、监督网、保障网，全面提升全省安全发展水平，努力推动全省安全生产形势从明显好转向根本好转转变，现结合我省实际，提出以下意见：

一、落实安全生产责任

（一）严格企业安全生产主体责任。企业必须严格遵守和执行安全生产法律法规、规章制度与技术标准，依法依规加强安全生产。严格落实教育培训、隐患治理、职业卫生、应急救援等安全措施，加大安全投入，努力改善安全生产条件，不断提升安全保障能力。企业主要负责人、实际控制人要承担安全生产和职业病防治第一责任人的责任，对企业安全生产和职业卫生工作全面负责。强化企业技术负责人技术决策和指挥权，注重发挥注册安全工程师对企业安全状况诊断、评估、整改方面的作用。

（二）强化各级政府安全生产属地监管责任。全省各级政府必须始终坚持科学发展、安全发展，把安全作为发展的前提和基础，使经济社会发展建立在安全保障能力不断增强、劳动者生命安全和身体健康有可靠保障的基础之上。要坚持“守土有责”，切实履行安全生产属地管理职责，认真执行安全生产工作例会和定期检查督查制度，及时研究解决涉及安全生产的重大问题，对辖区内各类企业包括中央、省属企业切实加强安全监管。严格落实地方行政首长安全生产第一责任人的责任，健全政府领导班子成员安全生产“一岗双责”制度。

（三）履行部门安全生产行业监管责任。各有关部门和单位要按照相关法律法规和职责规定，遵循“管生产必须管安全”、“谁主管谁负责、谁审批谁负责”原则，明确本部门和单位负责安全生产工作的领导、机构、人员，对职责范围内的安全生产工作加强监督管理。要进一步健全安全生产综合监管与行业管理相结合的工作机制，强化安监部门对安全生产的综合监管，全面落实行业主管部门管理和指导职责，形成齐抓共管的安全生产工作格局。

二、强化重点行业领域安全监管

（四）加强道路交通安全综合治理。全面实施交通安全生命保障工程，进一步完善道路交通安全长效管理机制。认真执行客运车辆安全技术标准，严禁客运车辆挂靠运营和非法改装车辆从事旅客运输。严格长途客运、危险品运输车辆驾驶人资格准入，建立长途客车驾驶人强制休息制度。加强公路路面管控，严厉打击超员、超载、超限、超速、疲劳驾驶、酒后驾驶、吸毒人员驾驶、高速公路违规停车等交通违法行为。加强县乡和农村道路综合治理，改善农村地区道路安全通行条件，提升农村交通安全管理基础工作水平。强化道路运输车辆动态监管，按照统一标准强制安装具有行驶记录功能的卫星定位装置并实行联网联控。建立符合各地实际的接送中小学生、幼儿园车辆及专用校车安全运营和管理制度，依法强化安全监管。

（五）严格工业领域安全监管。各地要按照全省第三轮化工生产企业专项整治的统一部署，进一步整合化工集中区，明确产业定位，优化企业布局，推进化工集中区安全管理一体化建设。加强化工集中区专门消防站建设和管理。严格控制城镇涉及危险化学品的建设项目，加快城区高风险危险化学品生产、储存企业搬迁。强化危险化学品生产经营企业安全监管，生产和使用属于重点监控的危险化学品的装置，必须进行自动化改造，构成重大危险源的危险化学品生产装置和储存设施，必须健全安全检测监控体系。穿越公共区域的危险化学品输送管道，要明确监管责任主体，落实安全管理措施，防止发生事故危及公共安全。全省沿海沿江危险化学品生产、储存、运输企业要严格落实水污染防治措施。加强对民用船舶修造企业安全生产的指导协调。严格锅炉、压力容器、起重机械、电梯、游乐设施等特种设备安全监督管理。加强对有色、建材、机械、冶金、烟草、纺织、轻工、民用爆炸物品等企业的安全生产监督管理。

（六）深化建设工程领域安全专项整治。按照“谁发证、谁审批、谁负责”的原则，进一步落实建设工程招投标、资质审批、施工许可、现场作业等各环节的安全监管责任，特别要对房屋拆除、民房修建和各类开发区、工业园区工程建设项目加强安全监管。以防坍塌、防高处坠落事故为重点，持续开展建筑施工领域安全专项整治，认真排查治理深基坑、高支模、起重机械设备、脚手架等建设工程和设备安装安全隐患。督促建设单位和施工企业严格执行地面施工挖掘作业安全管理制度，确保地下管网安全。严禁企业出租、出借相关资质证书或者无资质的企业挂靠有资质的企业，严厉打击工程项目施工企业无相关资质证书和安全生产许可证、超越资质范围承揽工程、擅自分包转包工程等违法违规行为。

（七）确保煤矿和非煤矿山生产安全。健全“通风可靠、抽采达标、监控有效、管理到位”的煤矿瓦斯综合治理工作体系。加大煤矿防治水工作力度，开展煤矿防治水能力评估。大力推进煤矿安全科技进步，加快煤矿安全生产技术集成体系建设，推广应用先进适用技术装备，提高煤矿采掘机械化水平。按时完成煤矿井下安全避险系统建设，提升煤矿安全保障能力。稳步推广地下矿山充填开采技术，新建地下矿山应优先采用充填采矿法。加大地下矿山采空区隐患治理力度，落实采空区监测监控措施。加快尾矿库在线监测及尾矿综合利用等先进适用技术的推广运用，新建尾矿库应采用一次性筑坝技术。

（八）促进水上交通和渔业作业安全生产形势平稳。严格遵守船舶最低安全配员规则和船舶签证管理规则等规章制度。以客船、客滚船、客渡船、高速客船、危险品运输船和旅游船舶（艇）为重点，加强水上交通安全监督检查和执法，严厉打击无证无照船舶运输、载客、渡运等违法违规行为。加强渡口渡船安全管理，督促跨江、跨河、跨海大桥及架空管线业主或者经营管理单位落实防碰撞措施。严格落实渔业船舶出海作业编组和渔业船员持证上岗等制度，全面推进海洋捕捞渔船更新改造工程，继续深入开展海洋涉渔“三无”船舶专项整治，加强渔业安全监督检查和执法，严厉打击非法违法从事渔业生产经营的行为。

（九）推进公共消防安全管理。全省各级政府要把消防规划纳入城乡总体规划，切实加强消防投入和公共消防设施建设。大力实施社会消防安全“防火墙”工程，深入推进网格化消防安全管理。以高层地下建筑、人员密集场所、“三合一”场所为重点，持续开展火灾隐患排查整治活动，确保社会面消防安全形势稳定。落实建设工程项目消防安全设计审核、验收和备案抽查制度，严禁使用不符合消防安全的装修装饰材料和建筑外保温材料。严格落实人员密集场所、大型集会活动等消防安全措施，严防发生群死群伤火灾事故。

（十）做好农机安全监督管理工作。认真贯彻国务院《农业机械安全监督管理条例》，深化“平安农机”创建活动，健全基层监管体系，落实各级政府农机安全监管责任和农机合作社安全主体责任。加强农机安全监理基础设施装备建设，严格把好拖拉机、联合收割机登记关、检验关及驾驶人培训关、考试发证关。公安、农机等部门要加大联合执法力度，建立信息互通制度，切实提高拖拉机、联合收割机牌证率、检验率和驾驶人持证率，增强农机防范事故能力。

（十一）狠抓烟花爆竹流通市场安全监管。严格烟花爆竹市场准入，认真执行烟花爆竹批发企业建设项目安全设施设计审查和竣工验收制度，严厉打击违法违规生产、经营、运输、储存和燃放烟花爆竹的行为。

三、严格安全生产执法与问责

（十二）加大安全生产执法力度。健全安全生产执法联席会议制度和联合执法工作机制，提高执法效能。安全生产执法机构要统一标志、规范执法，增强执法的严肃性和权威性。县级以上安监部门及负有安全生产行业监管职责的部门应当制订安全生产和职业卫生监督年度执法工作计划，报经同级政府批准后实施。依法严厉打击各类非法违法生产经营和建设行为，严格落实停产整顿、关闭取缔、严格问责等惩治措施，切实维护安全生产法制秩序。

（十三）依法严肃查处各类事故。按照“科学严谨、依法依规、实事求是、注重实效”的原则，认真调查处理每一起事故，依法严肃追究事故单位和有关责任人的责任，及时向社会公布调查进展和处理结果。发生重大、较大生产安全事故和有较大影响的生产安全事故，除按照有关规定进行调查处理外，上一级政府安委会要对其查处情况实行挂牌督办。从2012年开始，省安委会每年对各地、各行业的事故调查处理和责任追究情况开展一次专项检查，对未按规定时限和督办要求完成督办任务的地区及行业主管部门，要在全省范围内予以通报。

（十四）建立事故调查处理和重大行政处罚备案制度。由设区的市政府组织调查处理的较大生产安全事故，市政府批复后应当将事故调查报告和批复决定报省安监局备案。设区的市安监局对非法违法生产经营建设单位实施10万元以上罚款、没收违法所得价值在10万元以上、撤销有关资质或者吊销有关许可证等重大行政处罚的，应当报省安监局备案。

四、夯实安全生产基础

（十五）完善安全生产制度和标准体系。负有安全生产行业监管职责的部门和单位要抓紧建立完善涉及高速公路、港口码头、大型桥梁隧道、城市轨道交通、地下管网、特种设备、超高层建筑等建设、运行、管理的安全制度。根据产业升级和技术保障需要，修订完善地方和行业安全技术标准。探索创新与经济运行、社会管理相适应的安全监管模式，健全与企业信誉、项目核准、用地审批、证券融资、银行贷款等方面挂钩的安全生产约束机制。

（十六）加大安全生产人才培养力度。加强安全科学与工程学科建设，在高等院校、技工院校设置安全管理、安全工程等专业学科，规划新建安全工程类高等教育和职业教育，重点培养安全工程中高级技术和管理人才。鼓励高等院校、职业学校进一步落实完善校企合作办学、对口单招、订单式培养等政策，加快培养高危行业专业人才和生产一线急需技能型人才。

（十七）严格安全生产准入条件。认真执行安全生产许可制度，强化建设项目安全核准，把安全生产作为高危行业建设项目审批的前置条件，未通过安全评估的不准立项，未经批准擅自开工建设的依法取缔。不得将高危行业项目变通为非高危行业项目立项审批，报批项目与实际建设项目不一致的，投资主管部门必须撤销审批，在建项目必须停止建设，已完工项目必须停止投运，坚决防止安全无保障的企业准入。新建、改建、扩建项目安全设施和职业危害防护设施必须与主体工程同时设计、同时施工、同时投入生产和使用。

（十八）加强产业政策引导。加大高危行业企业重组力度，进一步整合浪费资源、安全保障低的落后产能，加快淘汰不符合安全标准、职业病危害严重、危及安全生产的落后技术、工艺和装备。对存在落后技术设备、构成重大安全隐患的企业，要予以公布，责令其限期整改，逾期未整改的依法予以关闭。大力发展安全产业，积极开展安全装备融资租赁业务，促进企业提升安全装备水平。

（十九）推进安全生产标准化建设。把安全生产标准化与安全评价、行政许可、安全生产风险抵押、安全生产责任保险等结合起来，推进岗位达标、专业达标和企业达标。督促一级企业抓巩固、二级企业抓提升、三级企业抓改进、不达标企业抓整改，经限期整改仍不达标的责令其关闭退出，促进企业安全条件明显改善、管理水平明显提高。

（二十）深化隐患排查治理。企业应当建立全员排查、专家检查、动态分析、登记报告、分级治理等隐患排查治理制度，落实整改措施、责任、资金、时限和预案，及时消除事故隐患。对重大危险源，要登记建档，定期开展检测、评估和实时监控。认真执行高危行业企业重要安全生产事项备案及年检的有关规定。严格重大安全隐患挂牌督办制度，确保监控、整改、防范等措施落实到位。

（二十一）加强职业病防治。严格执行《中华人民共和国职业病防治法》，认真实施国家和省职业病防治规划，切实做好职业卫生“三同时”、职业卫生许可、职业病危害项目申报、职业健康监护、职业病危害重点行业专项整治、职业病危害事故查处等专项工作。切实抓好煤（矽）尘、高毒物质等职业病危害防范治理。对可能产生职业病危害的建设项目，必须进行职业病危害预评价，未提交职业病危害预评价报告或者预评价报告未经审核同意的，一律不得建设。

五、提升安全生产保障能力

（二十二）加大安全生产投入。建立各级政府、企业和社会共同承担的安全生产投入长效机制。加强省级安全生产专项资金使用管理，市、县（市、区）人民政府可根据本地实际建立安全生产专项资金。完善有利于安全生产的财税金融政策，强化政府投资对安全投入的引导和带动作用，将交警、运政、路政、农机监理各项经费按规定纳入政府预算。制订企业安全生产费用提取使用、安全产品所得税优惠等政策的实施细则，并确保落实到位。企业在年度财务预算中必须确定必要的安全投入，提足用好安全生产费用。落实和完善工伤保险的有关规定，稳步推行高危行业安全生产责任保险。

（二十三）发挥安全科技支撑作用。整合安全科技资源，充分发挥大专院校、科研机构、国家和省级重点实验室、企事业单位的技术优势和安全生产专家的作用，健全安全技术创新体系。加快建成省级矿山类、非矿山类和职业卫生实验室。鼓励各类安全技术、装备、工艺、产品研发，适时组织安全生产科技成果评定、推广。建设煤矿灾害综合防治、非煤矿山典型灾害监测预警、危险化学品危险工艺生产装置自动化控制系统、职业病防治、重大危险源监控和应急救援等方面的先进技术应用示范项目。推进感知矿山等基于物联网的安全生产信息化建设。

（二十四）发展和利用安全生产社会服务资源。强化各级各类行业协会和商会的组织、协调、带动作用，整合社会安全生产服务机构力量，推动各类安全生产和职业卫生评价、培训、咨询、检测检验与标准化评审等专业服务机构健康发展。建立和完善服务价格与信用体系。

（二十五）加强安全监管监察机构和队伍建设。国家级和省级开发区要明确承担安全生产监督管理职能的机构。设区的市实行“一局一支队”模式（建制局及下辖安全生产监察支队），县、市推广“一局一大队”模式（建制局及下辖安全生产监察大队）。乡镇（街道）要明确安全生产监督管理职能、机构和工作人员，村委（居委）会要明确专（兼）职人员负责安全生产工作。加快职业卫生监督管理机构建设。加强省、市、县（市、区）三级安全生产行政执法队伍建设，在乡镇（街道）和工业园区、开发区探索安全生产监督管理委托执法。

六、完善安全生产应急救援体系

（二十六）加强应急救援体系建设。整合建设化工、道路交通、水上交通、消防、矿山、职业病防治等省级应急救援综合基地。各地要根据实际，依托大型企业、公安消防等救援力量和专业应急救援小分队，逐步建立以应急基地为覆盖、以消防救援为主体、以专业应急小分队为补充的应急救援体系。健全应急救援队伍社会化服务补偿机制，鼓励和引导社会力量参与应急救援。

（二十七）健全应急救援机构和应急机制。市、县（市、区）安监部门要明确承担安全生产应急管理职责的机构，督促乡镇（街道）、村（社区）和企业落实安全生产应急管理职责。加强公安、住房城乡建设、交通运输、环保、卫生、安监、海洋渔业、地震、气象、海事等部门的协调配合，深化各级安全生产应急管理机构与各类应急救援队伍之间的协作联动，不断提高应急处置效率。

（二十八）完善应急救援基础条件。加强应急救援装备建设，强化应急物资和紧急运输能力储备。建设覆盖省、市、县（市、区）三级高危行业应急预案、应急队伍、应急专家、应急物资、应急医疗等信息的应急资源数据库。加快建设各市和一批重点县（市、区）应急救援信息中心。推进海上应急搜救能力建设。

（二十九）强化预案管理和应急演练。进一步强化和规范应急预案的编制、评审、备案、修订、演练、宣传等工作，切实增强应急预案的针对性、操作性和实效性。各地、各有关部门要定期组织事故应急演练，切实提高事故救援实战能力。企业生产现场带班人员、班组长和调度人员遇到险情时，要按照预案规定，立即组织停产撤人。

七、开展安全生产宣传教育和文化建设

（三十）深化安全生产普法宣传和示范创建活动。加强安全生产法制教育，普及安全生产法律知识，提高全民安全法制意识，切实增强依法生产经营建设的自觉性。广泛开展安全生产、应急避险、职业病防治等知识进企业、进工地、进乡村、进社区、进学校、进家庭等宣传活动，继续开展“安全生产月”、“安康杯”知识竞赛等专项活动。推进安全发展示范城市、安全发展工业园区、安全村镇、安全社区、安全校园等创建工作，提升社会安全保障能力和服务水平。

（三十一）大力培育发展安全文化。充分利用社会资源和市场机制，培育发展安全文化产业，打造安全文化精品，促进安全文化市场繁荣。在企业全面建立“1+3”安全监控体系，在煤矿企业全面推行“白国周班组管理法”，积极构筑群防、群控、群治工作机制。健全企业和从业人员安全信用体系，完善失信惩戒制度，将企业诚信和安全生产标准化建设等级作为安全文化建设评定的重要量化指标，推进安全文化示范企业、安全生产先进班组创建。

（三十二）加强安全技能培训和考核。企业主要负责人、安全管理人员、特种作业人员必须经严格培训考核、持证上岗，职工必须经安全培训合格后上岗。以高危行业企业一线操作人员、农民工、外包施工企业人员为重点，开展新聘人员强制性岗前安全培训。鼓励大型企业建立健全安全生产职业教育和培训机构。

八、加强安全生产组织领导和监督检查

（三十三）健全安全生产工作格局。各地要进一步完善政府统一领导、部门依法监管、企业全面负责、群众参与监督、全社会广泛支持的安全生产工作格局。要切实加强对安全生产工作的组织领导，充分发挥各级政府安委会及其办公室的指导协调作用，落实各成员单位的工作责任。各级领导干部要牢固树立科学发展、安全发展意识，真正把安全生产工作摆在突出位置，切实抓好安全生产重要工作的部署、推进、检查和考核。

（三十四）加强安全生产绩效考核。县级以上政府要把安全生产控制考核指标纳入经济社会发展考核评价指标体系，加大安全生产分值和考核权重。各级安委会要完善考核办法，每年年底对下一级政府和同级政府相关部门进行考核。严格实行“一票否决”制度，对年度安全生产责任目标考核不合格的地区及有关部门，不得享受年度考核奖励，主要负责人、分管负责人当年考核不得评为优秀等次，两年内不得被表彰奖励，国有或国有控股企业班子成员不得享受年度考核奖励。对获得年度安全生产责任目标考核合格以上等次的地区及有关部门，由上一级政府给予奖励。

（三十五）发挥社会公众的参与监督作用。推进安全生产政务公开，健全行政许可网上申请、受理、审批制度。建立安全生产新闻发布和救援工作报道机制。完善隐患、事故举报奖励制度，及时调查核实其所反映的问题并依法作出处理，处理结果要向社会公示。鼓励新闻媒体和社会公众对安全生产工作进行监督，支持工会、共青团、妇联等群众组织开展群众性安全生产监督。

江苏省人民政府
2012年8月19日

江苏省人民政府文件

苏政发〔2013〕34号

省政府关于加强道路交通安全工作的实施意见

各市、县（市、区）人民政府，省各委办厅局，省各直属单位：

为认真贯彻《国务院关于加强道路交通安全工作的意见》（国发〔2012〕30号），进一步加强我省道路交通安全工作，促进道路交通安全形势持续稳定好转，为全省经济社会持续健康发展营造良好环境，结合我省实际，提出以下实施意见。

一、严格运输企业安全监管

（一）严格运输企业市场准入。严把新设运输企业安全生产条件审核关。完善运输企业安全管理激励约束机制，推进企业诚信体系建设，落实公路客运企业“红、黄、绿”三色交通安全信誉等级管理制度，将运输企业交通安全记录作为企业诚信等级评定、信誉考核的重要参考依据，并与客运线路招投标、运力投放、道路经营许可以及保险费率、银行信贷等挂钩。

（二）推行运输企业规模化、公司化、集约化经营。加快培育客货运龙头企业，坚决淘汰管理松散、以包代管、安全生产主体责任落实不到位的运输企业。加强客运班线整合，鼓励同一线路起讫点客运企业组建线路公司实行整条线路的统一经营。鼓励同方向客运班线通过整合调整由同一经营主体经营。对经交通运输部门确定需整合的省、市际客运线路，相关企业先行协商完成同一线路的经营主体整合；经协商未能完成整合的，线路经营期限届满后，通过服务质量招投标方式重新确定经营主体。推进客运班线公司化经营改造，力争全省市、县际客运班线2013年年底前公司化经营率达到80%以上，“十二五”末基本完成公司化改造。对未按要求完成公司化改造的，由交通运输部门收回相关班线的经营权。实行承包经营的客运班线，客运企业与承包人（责任人）签订的承包经营（责任经营）合同应报所在地设区的市交通运输部门备案，承包期限原则上为1年，且不得超过客运班线经营期限。因客运企业管理不到位造成承包人（责任人）私下转让或者变相转让客运经营权的，客运企业应承担相应责任。

（三）加强企业安全生产标准化建设。制订运输企业安全达标考核标准。运输企业要健全安全生产管理机构，严格执行安全生产制度、规范和技术标准，强化对车辆和驾驶人的安全管理，加大道路交通安全投入，提足、用好安全生产费用。建立专业运输企业交通安全质量管理体系，健全客货运、危险品运输企业安全评估制度，对安全管理混乱、存在重大安全隐患的企业，依法责令其停业整顿，对整改仍不达标的，依法取消其相应资质。

（四）加强长途客运安全监管。科学编制超长途线路发展规划，严格客运班线审批和监管，加强班线途经道路的安全适应性评估，合理确定营运线路、车型和时段。严格控制1000公里以上的跨省长途客运班线。清理整顿现有超长途客运班线，整改不合格的，坚决停止运营。创造条件推行长途客运车辆凌晨2时至5时停止运行或者实行落地轮换驾驶员的接驳运输。凌晨2时至5时，除空载客车、机场班车可以通行高速公路外，其他未实行落地轮换驾驶员接驳运输的营运客车必须停止运行。对本省客运车辆，运输企业要通过车载卫星定位和视频装置强化动态监控，落实驾驶人停车换人、落地休息制度；对外省客运车辆，要加强巡逻管控，对上述时段行驶的长途客运车辆，一律强制驾驶人落地休息。客运车辆夜间行驶速度不得超过日间限速80%，夜间不得通行安全条件不达标的三级以下山区公路。夜间遇暴雨、浓雾等影响交通安全的恶劣天气时，有关部门可以采取临时管制措施，暂停客运车辆运行。

（五）加大校车安全监管力度。严格落实《校车安全管理条例》和《省政府关于校车安全工程的实施意见》（苏政发〔2012〕125号）。县级人民政府对本地校车安全管理工作负总责，统筹协调有关部门和乡镇政府履行校车安全管理职责，研究确定与本地经济社会发展水平相适应的校车安全管理方式。在坚持就近入学、建设寄宿制学校、充分发挥公共交通作用的基础上，根据学校分布、需要校车服务的学生人数和道路交通状况等，因地制宜制订校车服务计划，积极探索建立“政府主导、财政补贴、市场运作、专业管理”的校车运行模式。鼓励有条件的地区通过成立专业运营单位或者政府购买运营服务等方式，逐步实现校车运营管理的专业化和集约化。

（六）严格旅游客运安全监管。制订旅游客运安全管理办法。交通运输部门要加强对旅游包车客运企业的运营监管，开展专项稽查行动，依法查处旅游包车超许可范围从事班线经营、长期异地经营等违章行为。公安部门要严格旅游客运车辆安全检查工作，进一步规范交通安全服务站设置及检查程序，加强对旅游包车特别是省际旅游包车的登记检查。旅游部门要加强旅行社安全监督管理，进一步强化旅游行程和线路安排的安全评估，加强对旅行社及其导游的安全教育培训。所有营运客车包括旅游包车必须由客运企业出资购置，新增的旅游包车必须全部实行公司化经营。新增车辆不实行公司化经营的，公安部门不发放车辆行驶证，交通运输部门不办理行政许可。根据运行里程严格按规定配备包车驾驶人，进一步完善包车业务网上申请和备案制度，严禁发放空白旅游包车牌证。汽车租赁经营者不得出租9座以上客运车辆。对未取得包车牌证非法营运或者以旅游包车名义擅自从事班车营运的，交通运输部门要依法从严处罚。

（七）加强运输车辆动态监管。制订道路运输车辆动态监督管理办法，规范卫星定位装置安装使用行为。客运车辆、危险货物运输车辆、重型载货车辆、半挂牵引车辆、校车应严格按规定安装使用具有行驶记录功能的卫星定位装置，鼓励农村客运车辆安装使用卫星定位装置。现有卧铺客车应同时安装车载视频装置，鼓励跨市以上长途营运客车、旅游包车和剧毒化学品运输车辆安装车载视频装置。运输企业要落实安全监控主体责任，切实加强对所属车辆和驾驶人的动态监管，严格落实长途客运驾驶人停车换人、落地休息制度，确保客运驾驶人24小时累计驾驶时间不超过8小时，日间连续驾驶不超过4小时，夜间连续驾驶不超过2小时，每次停车休息时间不少于20分钟。运输企业要确保车载卫星定位装置工作正常、监控有效，对不按规定使用或者故意损坏卫星定位装置的，要严肃追究相关责任人和企业负责人的责任。

二、狠抓驾驶人培训和考试管理

（八）加强驾驶人培训考试工作。严格执行驾驶人考试标准，严密考试程序，严把驾驶人考试关。严格交通事故责任倒查，凡发生一次死亡3人以上交通责任事故的，一律对驾驶人培训、考试和发证等环节组织倒查。在汽车类交通技工学校增加汽车驾驶专业，招收年满18周岁的高中毕业生进行3年学历教育。将大客车驾驶人培训纳入职业教育体系，同时，由省公安厅、交通运输厅联合审核认可驾驶培训机构，招收年满20周岁、符合大客车驾驶人身体条件的青年进行不少于半年的学习训练。客运企业要对客运驾驶人进行技术等级评定，按照驾驶年龄、遵章守法、安全通车里程等情况，确定驾驶人高、中、低等技术等级，并与待遇挂钩。

（九）强化驾驶人培训机构监管。科学、合理调控驾驶人培训市场，提高驾驶人培训机构准入门槛。加强教练员队伍培训管理，实行信息化管理，严禁驾校挂靠培训。全面推动驾培机构使用指纹识别、视频、卫星定位等监控手段，保证培训学时和培训里程。凡场地、设施、教练员等条件不符合规定和标准，以及大中型客货教练车未安装使用驾培智能化管理系统终端及卫星定位系统，或者智能终端、卫星定位系统不能真实反映学员培训学时的，一律停止其大中型客货车驾驶人培训资格，不予安排考试。全面启用江苏省机动车驾驶人培训考试信息共享系统，实现考试预约信息网上流转，候考排队计算机处理，杜绝人为干预。凡不使用驾培智能化管理系统终端或者智能终端不能真实反映学员培训学时的教练车，不得在驾驶证管理系统中登记备案，不得安排培训、考试。定期向社会公开驾驶人培训机构的培训质量、考试合格率以及毕业学员的交通违法率和肇事率，并作为资质审核的重要依据。

（十）加强客货运驾驶人安全教育管理。严格客货运驾驶人从业资格审核与培训考试，严把驾驶人聘用管理关。公安、交通运输部门要共同设立客货运“荣誉驾驶人”和“黑名单”驾驶人信息库，实现客货运驾驶人从业情况、交通违法行为、交通事故等信息共享。加强对长期在本地经营的异地客货运车辆和驾驶人安全管理。督促运输企业加强驾驶人聘用管理，对发生道路交通事故致人死亡且负同等以上责任的，交通违法记满12分的，有酒后驾驶、超员20%以上、超速50%（高速公路超速20%）以上，年度违法超限超载运输3次以上，或者12个月内有3次以上超速违法记录及有吸毒史的客运驾驶人，要严格依法处罚，并建议企业采取调离岗位、解聘等措施，及时消除安全隐患。对逾期未审验的驾驶人，督促企业暂停其参加营运；对有交通违法行为未处理的，通报企业督促接受处理。加强对新驾驶人的学成前教育、客货运驾驶人的经常性教育和非营运驾驶人的普及性教育，开展安全文明驾驶争先创优活动。

三、加强车辆安全监管

（十一）加强车辆生产企业的政策引导。推动机动车生产企业兼并重组，调整产品结构，鼓励发展安全、节能、环保的车辆产品，杜绝引进生产不符合国家安全技术标准车辆的企业。对生产变型拖拉机、未列入国家公告的电动汽车和三轮车、超标电动自行车等的企业，要引导其逐步退出市场。

（十二）加强机动车安全管理。严格机动车登记检验、使用维修和报废等管理，推动机动车生产企业诚信体系建设。严格检验检测机构资格和计量认证管理，加强机动车安全技术检验和营运车辆综合性能检测，对大中型客货车、校车的限速装置、座椅安全带等安全装置以及轮胎安装牢固性等安全状况不符合GB7258—2012标准或者与公告不一致的，一律不予注册登记和通过检验。依托重点车辆源头监管系统，定期对大中型客货车检验情况进行集中清理，逾期未检验的，及时告知所有人或者管理人。严格报废汽车回收企业资格认定和监督管理，依法打击制造和销售拼装车行为，严禁拼装车和报废汽车上路行驶。对道路交通事故中涉及车辆非法生产、改装、拼装以及机动车产品严重质量安全问题的，要依法严处。严禁无资质企业生产、销售电动汽车，加大对无牌电动汽车监管力度，严肃查处违规生产企业和销售商家。

（十三）加强电动自行车安全监管。加强对电动自行车生产、销售、登记和使用等环节的监管。质监部门要加强电动自行车生产许可证管理，经济和信息化部门要严格电动自行车生产行业管理，工商部门要依法加强电动自行车销售企业日常监管，对违规生产、销售不合格产品的企业，要依法责令整改并严格处罚、公开曝光。公安部门要加强电动自行车通行秩序管理，严格查处电动自行车交通违法行为。各市、县（市、区）人民政府要加强政策引导，逐步淘汰更新在用的超出国家标准的电动自行车。

四、提高道路交通安全保障水平

（十四）加强道路交通安全设施建设。根据国家公路交通安全设施技术规范和行业标准，制订符合我省实际的公路安全设施建设标准。严格落实交通安全设施与道路建设主体工程同时设计、同时施工、同时投入使用的"三同时"制度，新建、改建、扩建公路工程在交工验收时，要吸收公安、安监等部门人员参加，验收不合格的一律不得通车运行。按照"谁批准、谁负责"的原则，对未通过验收即通车、发生重大交通事故的，要追究相关部门领导责任。各市、县（市、区）人民政府要有计划、分步骤地逐年增加和改善道路交通安全设施，收费公路经营企业要加强公路养护管理，安全设施有缺失、损毁的要及时修复。对因交通安全设施缺失导致重大事故的，要限期整改，整改到位前暂停该区域新建道路项目审批。

（十五）打造干线公路"平安走廊"。加强高速公路和国省道干线公路安全设施和管理设施建设，力争全省主干线公路均建有高清智能监控、高速传输3G移动视频、高清晰LED情报板、高音安全提示系统、高标准安全防护设施。高速公路每2公里应建有一套视频监控，每10公里应建有一块LED情报板；普通国省道城镇段每10公里、非城镇段每20—30公里应建有一套高清智能监控、交通监测设施，城市出入口等重点路段应加密布设。与双向4车道公路相交的路口应安装信号灯和闯红灯抓拍系统，与路宽3.5米以上公路相交的路口应安装视频监控。

（十六）开展安全隐患排查治理。各市、县（市、区）人民政府要完善道路交通安全隐患排查治理制度，落实治理资金和责任单位。有关部门要强化交通事故统计分析，排查确定事故多发点段和存在安全隐患路段，全面梳理桥涵隧道、客货运场站等风险点，设立管理台账，明确治理责任单位和时限，强化对整治情况的全过程监督检查。加强农作物秸秆综合利用，严格公路两侧农作物秸秆禁烧监管，严防因焚烧产生的烟雾影响交通安全。

五、严密路面车辆执法管控

（十七）整治交通违法行为。加强公路巡逻管控，加大营运客车、危险货物运输车等重点车辆检查力度。公安部门负责打击和整治超速超员超载、疲劳驾驶、酒后驾驶、吸毒后驾驶、货车违法占道行驶、不按规定使用安全带等交通违法行为；交通运输部门负责查处超限、违规运输危险品、无从业资格驾驶营运车辆、客运车辆不按规定线路行驶等违法违规行为；农机部门负责整治变型拖拉机超速超载、违规载人、无牌无证等违法违规行为。建立客货运车辆和驾驶人严重交通违法行为有奖举报制度，鼓励和引导广大群众举报严重交通违法行为。

（十八）加强城市道路交通秩序管理。严格执行交通影响评价制度，控制城市道路停车泊位，提高道路停车泊位利用效率。完善城市道路交通管理设施，加大城市公共停车场建设，规范机动车通行和停放秩序，改善道路通行条件。推进智能交通系统建设应用，优化交通组织，提高管控能力和通行效率。健全渣土车等重型车辆运输管理制度，坚决取缔交通违法行为。建立文明交通信息服务系统，为驾驶人提供出行服务。推广代驾服务措施，鼓励大型餐饮娱乐企业或者其他社会组织组建代驾队伍，并加强代驾人的教育培训和监督管理。

（十九）提升道路交通安全执法效能。推进高速公路全程监控等智能交通管理系统建设，安装区间测速设备，对机动车进行全程测速。推进不停车超限检测系统建设，对货运车辆实施快速检测。推进公路交巡警中队勤务指挥室建设，完善多层次、全方位的交通指挥控制和诱导提示系统，实现扁平化、可视化指挥调度和动态管控。

（二十）完善道路交通应急处置机制。进一步加强道路交通事故应急救援体系建设，完善应急救援预案，定期组织演练。健全公安、卫生、质监等部门联动的省、市、县三级交通事故紧急救援机制。完善道路交通事故社会救助基金制度和实施细则，确保事故受伤人员得到及时有效的医疗救治。将远程医疗会诊系统拓展覆盖到县级人民医院，提高事故伤员医疗救治效率。加密高速公路清障点位建设。推进公路灾害性天气预报和预警系统建设，季节性浓雾多发地区，10—15公里应建有一套高速气象监测站点，浓雾多发的山区、水网地区应适当加密。

六、深化农村道路交通安全管理

（二十一）深化平安畅通县市和交通安全“四项示范”创建。推进平安畅通县市创建，开展交通安全示范乡镇、示范企业、示范学校、示范公路等“四项示范”和“平安农机”创建活动。各县（市、区）人民政府要加强农村道路交通安全组织体系建设，落实乡镇政府监管责任，加强乡镇道路交通安全管控。建立和完善公安交巡警、交通路政、交通运管与农机安全监理机构的道路联动联查和信息互通制度，发挥农村派出所、农机安全监理机构以及驾驶人协会、村委会的作用，建立专、兼职道路交通安全管理队伍，扩大农村道路交通管理覆盖面。

（二十二）改善农村道路交通环境。落实县级人民政府农村公路建设养护管理主体责任，加大农村公路建设和养护力度。新建、改建农村公路要根据需要同步建设安全设施，已建成的农村公路要按照“安全、有效、经济、实用”的原则逐步完善安全设施。统筹城乡公共交通发展，以城市公交同等优惠条件扶持发展农村公共交通，拓展延伸农村地区客运覆盖范围，着力解决农村群众安全出行问题。完善农业机械安全监督管理体系，加强拖拉机、联合收割机等农业机械安全管理，提高农业机械上牌率、检验率、持证率。划定变型拖拉机限制通行区域，严格变型拖拉机存量管理，引导其逐步退出农村运输市场。

七、开展交通安全宣传教育

（二十三）建立交通安全宣传教育长效机制。全省各级人民政府要制订并组织实施道路交通安全宣传教育计划，加大宣传投入，实现交通安全宣传教育社会化、制度化。强化对中小学生和幼儿园儿童交通安全教育的指导与监督，认真落实《中小学公共安全教育指导纲要》，确保每个学生每学期接受交通安全教育累计不少于2小时，参加文明交通社会实践活动每学期不少于1次。建立由公安民警和教师担任交通安全辅导员的制度，充分发挥校讯通、校园网络作用，定期开展文明交通主题教育。

（二十四）夯实交通安全宣传教育基础。针对驾驶人、中小学生、城市市民、农村群众等不同交通参与者群体的特点和需求，编制科学、系统、实用的文明交通系列读本和音像资料，制作交通安全题材的电子游戏、网络视频、微电影等。每个县（市、区）要以社会公共安全教育基地为依托，至少建立1个集儿童交通安全情景教育、青少年交通安全游戏体验、安全驾驶模拟训练教育和违法（事故）案例3D警示教育等多功能于一体的交通安全教育基地。

（二十五）建立文明交通媒体公益宣传机制。宣传、公安、广电、工商、新闻出版等部门和单位要联合制订文明交通公益宣传方案，公布媒体文明交通公益广告年度刊播计划，推动广播、电视、报刊、网络等新闻媒体和户外媒体建立文明交通公益宣传机制。要在广播、电视、报刊、网络和户外媒体刊载文明交通公益广告，办好交通广播电台，有条件的地区，开办交通电视频道，充分发挥交通安全专业媒体和栏目优势。

（二十六）开展交通安全“五进”活动。定期走进专业运输企业、学校、农村、家庭、社区开展交通安全宣传教育活动。推动学校、社区、村镇等设置交通安全宣传员，配合专职公安民警开展“五进”宣传。积极拓展“五进”宣传阵地，建立交通安全警示提示信息发布平台，加强事故典型案例警示教育，开展交通安全文明驾驶人评选活动，利用各种手段促进驾驶人依法、安全、文明驾车。

（二十七）推进交通安全文化建设。倡导“自律、包容、礼让、文明”的现代文明交通理念，引导公众增强文明交通道德判断力和荣誉感，自觉履行道路交通安全法定义务和社会责任。推广应用江苏文明交通小天使系列形象标志，丰富具有江苏地域文化特色的交通安全艺术品种。组织开展群众性文明交通主题活动，将交通安全文化融入村镇、社区、企业、校园文化，引导群众在文化建设、文化活动中自我教育、自我服务、自我提高。

八、加大道路交通事故责任追究力度

（二十八）制订落实交通安全奖惩制度。严格执行重大事故挂牌督办制度，完善重大道路交通事故“现场联合督导、统筹协调调查、挂牌通报警示、重点约谈检查、跟踪整改落实”的联合督办工作机制。研究制订道路交通安全奖惩制度，对成效显著的单位予以表扬和奖励。凡发生一次死亡10人以上重大道路交通事故，或者1年内发生3起一次死亡5人以上较大道路交通事故的，事故发生地和肇事车辆、机动车驾驶人所在地的市人民政府要向省人民政府作出检查。对1年内发生2起一次死亡5人以上较大事故或者发生性质严重、造成重大社会影响的较大道路交通事故的，省安委办要会同省有关部门和单位及时约谈相关市、县（市、区）人民政府和部门负责人。

（二十九）加大交通事故责任追究力度。制订重特大道路交通事故处置规范和责任追究办法，健全重大道路交通事故信息公开制度。对发生重大及以上或者6个月内发生2起较大及以上责任事故的运输企业，依法责令其停业整顿；停业整顿后符合安全生产条件的，准予恢复运营，但客运企业3年内不得新增客运班线，旅游企业3年内不得新增旅游车辆；停业整顿仍不具备安全生产条件的，依法核减相应许可或者吊销其道路运输经营许可证，并责令其办理变更、注销登记直至依法吊销营业执照。对道路交通事故发生负有责任的单位及其负责人，依法依规予以处罚，构成犯罪的，依法追究其刑事责任。发生重特大道路交通事故的，要依法追究有关政府及其部门的责任。

九、强化道路交通安全组织保障

（三十）加强道路交通安全工作的组织领导。实行道路交通安全地方行政首长负责制，定期分析研判安全形势，研究部署重点工作。认真执行道路交通事故总结报告制度，市级人民政府每年1月10日前，要将本地区道路交通安全工作情况向省人民政府作出书面报告。

（三十一）落实部门监督管理职责。有关部门要按照“谁主管、谁负责，谁审批、谁负责”的原则，依法履行职责，落实监管责任，构建权责一致、分工负责、齐抓共管、综合治理的协调联动机制。进一步发挥各级道路交通安全工作联席会议作用，加强工作统筹协调和联动，及时研究解决道路交通安全工作中的困难和问题。

（三十二）完善道路交通安全保障机制。建立政府、企业和社会共同承担的道路交通安全长效投入机制，拓展道路交通安全资金保障来源，推动完善相关财政、税收、信贷支持政策，强化政府投资对道路交通安全投入的引导和带动作用。根据道路里程、机动车增长等情况，将高速公路交通安全执勤执法营房、实施接驳运输和节点运输所需的驾驶人落地休息接驳点、旅客配载点等配套设施与高速公路建设同步规划设计、同步投入使用，并给予资金保障。已建成的高速公路，经营管理单位要积极创造条件予以配合支持，完善有关设施。

江苏省人民政府

2013年3月20日